신화와 인생

A JOSEPH CAMPBELL COMPANION
Copyright ⓒ 1991 by The Joseph Campbell Foundation
Introduction copyright ⓒ 1991 by Diane K. Osbon
All rights reserved.

Korean translation copyright ⓒ 2009 Galapagos Publishing Co.
Korean translation rights arranged with HarperCollins Publishers, Inc.
through Eric Yang Agency, Seoul.

이 책의 한국어판 저작권은 EYA(Eric Yang Agency)를 통한
HarperCollins Publishers, Inc.와의 독점계약으로 한국어 판권을
'도서출판 갈라파고스'가 소유합니다.
저작권법에 의하여 한국 내에서 보호를 받는 저작물이므로
무단전재와 복제를 금합니다.

조지프 캠벨 선집

신화와 인생

조지프 캠벨 지음/ 다이앤 K. 오스본 엮음/ 박중서 옮김

갈라파고스

■일러두기
1. 본문에 인용된 성서 번역은 공동 번역 개정판(1999)에 따랐다.
2. 본문에 인용된 책의 우리말 번역본이 있는 경우에는 최대한 활용했다.
3. 각주의 인용문 관련 서지사항에서 괄호 안에 명기한 쪽수는 우리말 번역본의 해당 부분 쪽수를 가리킨다.

조지프에게
젊은 파르치팔에게
불멸의 인물에게

들어가는 말
캠벨 사상의 정수, 그 아름다운 내면과의 마주침

> 이 새로운 종류의 물리학에는 장(場)과 물질
> 모두를 위한 자리는 전무하다.
> 왜냐하면 유일한 실재는 장뿐이기 때문이다.[1]
> – 알베르트 아인슈타인

바로 이 장(場)이라는 곳이 동양의 신비주의와 서양의 과학이 만나는 곳이다. '타트 트밤 아시(Tat tvam asi)', 즉 "네가 바로 그것이다." 이것이 캠벨 철학의 근간이다. 물질이란 없다. 모든 것이 장이다. 그러한 구별과 제한은 단지 우리 마음속에만 있을 뿐이다.

자기 자신을 또는 자기가 속한 집단을 구별하는 것 – 가령 "어, 아니야, '우리'는 달라" 하고 말하는 것 – 은 스스로를 전체성에 대립시킨다. 그것은 우리의 선택 폭을 좁히고 우리 자신이 들어갈 감옥의 벽을 만든다. 자신의 사고와 삶에서 이원성(duality)을 만드는 것은, 곧 대립을 만드는 행위이다.

조지프 캠벨은 1983년의 어느 한 달 동안 에설런 연구소[2]에서 열린 작은 세미나(10명 정원)에서 전문가적인 감성으로 참석자들의 인생을 살펴보았다. 다들 신화의 영역에 대단한 응집력과 집중력을 보이며 완전히 몰두해 있었다. 하루는 에설런 연구소의 소장이 세미나 중에 자기가 참관해도 되겠느냐고 물어보자 조지프는 곧바로 이렇게 대답했다. "그건 적절치 않겠습니다." 왜냐하면 참석자들 사이에는 이미 [외부인의 침입을 허용치 않는] 성스러운 원(sacred circle)이 만들어졌었고, 그 안에서만큼은 서로를 깊이 이해하고, 의심한 바들을 털어놓았으며, 마법과 환희에 관한 이야기를 교환할 수 있었기 때문이다. 조지프는 이 세미나를 마치면서 다들 이렇게 모이게 된 것을 운명이라고 확신한다고 말했다. 그 한 사람이 지닌 놀라운 힘의 장에서 우러난 진정한 인간성이야말로 그가 모두에게 준 선물이었다. 파르치팔과 마찬가지로, "그는 천사도 성자도 아니었다. 용기와 동정심이라는 한 쌍의 덕, 거기에 한 가지 더 보태자면 의리라는 덕을 갖추고 모험을 떠나며 행동하는 살아 있는 인간이었다. 그는 초자연적인 은총이 아니라 바로 이러한 덕목에서 확고한 모습을 보여 줌으로써 마침내 성배를 손에 넣게 된다." [3]

　나는 조지프과 함께 보낸 시간들로부터 이 책에 대한 영감을 얻었다. 여기에 수록된 글들 가운데 상당 부분은 에설런에서 있었던 수개월간의 길고 집중적인 세미나에서 가져온 것이다. 또 이 책에 균형과 광휘를 드러내기 위해서 그의 저서에서 가져온 적절한 인용문들은 이탤릭체와 삽입문 형식으로 수록했다. 도입의 단계(「영웅의 여정을 시작하기 전에」)는 물론이고, 이 책 전체에 걸쳐 나오는 수많은 잠언은 그가 평소에 애용하던 표현으로, 그와 함께 보낸 몇 년 동안 내가 일지에 기록한 것들이다. 이 책의 나머지는 세 부분으로 나누어지는데, 그 각각은 의식의 세 가지 층위 또는 단계에 상응한다.

첫 번째 단계(「현세에서의 삶」)는 주로 골반에 위치한 에너지의 중심부(차크라)의 주제 - 생존, 섹스, 그리고 힘 - 를 다루고 있다. 여기서 조지프는 돈, 이성, 노년의 양상, 죽음, 결혼, 전쟁, 출산, 제의 등에 관한 자신의 생각을 밝히고 있다. 그는 다른 누군가가 원하는 바대로 행동하는 것은 노예의 도덕이며, 영혼과 육체에 있어 죽음과 부패로 나아가는 길이라고 가르쳤다. 그리고 다른 사람이 말을 할 때에는 그 말 자체가 아니라, 말하고자 하는 '의도'에 귀를 기울이라고 조언했다. 그 의도가 오만이거나 악의이거나 무지인 경우가 종종 있다는 것이다. 그는 예를 들어 누군가 우리를 향해 이기적이라고 말할 경우, 십중팔구는 '그들'이 원하는 바를 우리가 하지 않기 때문이라고 설명했다. 우리가 스스로의 선택 폭을 제한하게 되면, 우리는 자신의 세계관을 제한하게 되고, 그런 제한이 지나치면 우리 역시 '세계의 경찰관', 즉 자기가 자신을 위해 만들어 놓은 상자 밖으로 남들이 나가지 못하도록 눈을 부릅뜨고 감시하는 사람이 될 수 있다는 것이다.

두 번째 단계(「깨달음을 향한 길」)는 우리 스스로에 대한 깊은 사랑과 진리의 가능성을 열어 준다. 자신을 사랑함으로써 우리는 스스로의 희열을 향해 나아가는 것이며, 캠벨에 따르면 여기서 희열이란 우리의 가장 높은 (종교적) 열광(enthusiasm)을 의미한다. '엔테오스(entheos)'라는 단어는 '신으로 가득 찬'이라는 뜻이다. 우리를 신성으로 가득 채우는 것을 향해 나아가는 것, 즉 시간이 존재하지 않는 곳을 향해 나아가는 것이야말로 우리를 둘러싼 세계를 바꾸기 위해 모두가 반드시 해야 하는 일이다. 그런 뒤에야 우리는 애쓰지 않고도 자연스럽게 다른 사람들을 사랑하게 되고, 그들로 하여금 스스로 부과한 제한을 넘어

나아가도록, 그리고 각자의 길로 나아가도록 해 줄 수 있다. 최종 목표는 이 세계를 바로잡기 위해 바깥으로 투사되었던 그 에너지를 안쪽으로 돌려 스스로를 바로잡는 – 스스로의 진로를 따라 나아가고, 여러 세계들 사이에서 균형을 잡고 춤추는 – 바로 그 경지로 성장해 나아가는 것이다.

우리가 마지막 층위(「성스러운 삶과의 조우」)까지 성장해 나아가면, 우리는 스스로의 선택을 통해 환영〔'마야(maya)'〕의 차단막을 걷어 올리고 지상에 펼쳐져 있는 아버지의 왕국을 드러낼 수 있음을 알게 된다. 왜냐하면 우리가 그 마야를 만든 장본인이기 때문이다. 그러면 천체의 리듬이 우리 속으로 들어오고, 우주의 박동이 우리의 것이 된다.

조지프는 상징 그 너머를, 즉 그것이 표상하고 있는 풍부함을 바라보는 법을 내게 가르쳐 주었다. 그의 말에 따르면, 상징 그 너머를 바라볼 수 없는 사람들은 "기껏 식당까지 찾아가서는 메뉴판만 먹어치우고," 정작 메뉴판에 나온 진짜 음식은 거들떠보지도 않는 것과 같다. 이 세상에는 이처럼 메뉴판만 먹어치우는 경우가 너무나도 허다하고, 그 결과 공허감과 영혼의 곤궁이 비롯되는 것이다.

그와 함께 있으면 자연 속에서건 대화 속에서건 그가 관심을 집중하는 모든 것이 일종의 불꽃이 되어, 그의 정신 속에 있는 방대한 도서관, 그 풍부함과 지속성의 끝없는 원천이 되는 그곳 안의 또 다른 책 한 권을 비춰 주는 작용을 한다는 것을 깨달을 수 있었다. 그의 열린 태도는 경이와 마법의 가장 거대한 원천이 바로 그 자신임을 드러내고 있었다. 그가 맨 처음 깊은 사랑을 느낀 대상이 아메리카 인디언, 즉 자연의 모든 부분을 성스럽게 여긴 사람들이었던 것도 어쩌면 자연스러운 일이다.

그 환희 속에서 살아가는 것 자체가 건강이었다. 그리고 – 조지프의 말을 그대로 따르자면 – 우리 각자의 희열을 따르는 것은 방종한 것이 아니라, 오히려 생명력이 넘치는 것이었다. 여러분의 모든 신체 구조는 이것이 이 세계에서 살아남는 방법임을, 그리고 여러분이 제공해야 할 최상의 것을 이 세상에 주는 방법임을 알고 있다. '지금도' 각자를 위한 길이 저기서 우리를 기다리고 있으며, 일단 그 길에 들어서기만 하면, 이전까지는 열리지 않았던, 그리고 다른 어느 누구를 위해서도 열리지 않을 문들이 열리게 될 것이다. 모든 것이 착착 맞아떨어지기 시작할 것이며, 심지어 어머니 대자연 역시 그 여정을 도울 것이다.

나는 우리가 신들을 향해 한 걸음을 내딛기만 하면 신들은 우리를 향해 열 걸음을 다가서리라는 사실을 깨달았다. 그 한 걸음, 여정의 그 영웅적인 첫 걸음은 여러분의 울타리 바깥으로 또는 그 가장자리 너머로 나아가는 것이며, 우리는 가끔 심지어 도움을 받고 있음을 깨닫기도 전에 발걸음을 먼저 내딛어야만 한다. 영웅의 여정은 탄생에 비유되어 왔다. 처음에는 안전한 장소에서 따뜻하고 아늑한 상태로 시작된다. 그러다가 신호가 오고, 그것이 점점 강렬해지면, 이제 떠날 때가 된 것이다. 우리에게 허락된 시간이 다 지나도록 거기 머물러만 있으면 썩어 버리게 된다. 피와 찢어짐과 고통이 없다면 새로운 생명도 있을 수 없다.

"인생의 의미란 무엇일까요?" 조지프는 종종 이렇게 묻고 나서 곧 스스로 답하곤 했다. "아무런 의미도 없습니다. 다만 우리가 거기에 의미를 부여했을 뿐이죠." 카를 융과 마찬가지로 조지프는 노년기를 인생의 감소기로 본 것이 아니라 오히려 만개의 시기로 보았다. 우리가 인생이라는 컵을 가득 채우고, 태워 버릴 것은 다 태워 버렸다면 노년의 고요는 오히려 반가울 것이다. 그러나 인생을 제대로 살지 못했다면 우리는 노년의 문턱에 도달해서도 뭔가 불만족스러운 욕구 때문에 눈길을 자꾸 뒤로 돌리게 될 것이다. 융의 말마따나 "인생에 대해 작별을 고하지 못하는 노인은 인생을 포용할 수 없는 젊은이와 마찬가지로 연약하고 병약하게 보인다."[4]

조지프는 우리가 환희 속에서 살아가는 길을 선택할 수 있는데, 그것은 '저 바깥'의 어떤 다른 곳이나 다른 사람에게 있는 것이 아니며, 우리는 굳이 다른 어딘가로 가거나 어떤 무언가를 혹은 어느 누군가를 굳이 소유할 필요가 없다고 가르쳤다. "바로 '여기' 있다, 바로 '여기' 있다, 바로 '여기' 있다." 오로지 필요한 것이라곤 의식의 전환뿐이다.

"너희가 어린아이처럼 되지 못한다면, 너희는 하늘나라에 들어가지 못할 것이다."[5]

어렸을 때 우리는 뭔가를 조용히 바라보기만 해야 할 때가 있음을, 그렇게 해야만 사람이건 짐승이건 우리가 원하는 대상을 우리 앞으로 불러들일 수 있음을 알고 있었다. 그건 매우 쉬운 일이었고, 그런 마법은 곳곳에 존재했다. 지금은 비록 가면들의 세계에서 그 어린 시절의 마법을 잃어버렸지만.

우리는 다시 어린아이로 돌아가야만 한다. [본문에 나오는] 조지프의 말마따나 "자기발견의 사자(獅子)는 사사건건 '너는 할지니'라고 주문하는 그 용을 죽여야만 한다."

조지프와 함께 일하고 난 다음부터, 나는 매년 크리스마스 때마다 내 안의 영적이고 창조적인 아이의 탄생을 기념하고 있다. 불을 밝힌 트리는 소원을 성취시켜 주는 나무이자 세계수이며 '세계의 축'이다. 그리고 새싹이 땅에서 솟아나 하늘을 향해 자라날 즈음 나는 해방과 부활을 기념하는 의미에서 부활절을 축하한다. 어머니 대지를 떠나 아버지 영에게 가는 것이다. 이제 모든 부활절 달걀은 우주의 알, 즉 알을 깨고 나오는 병아리와도 같은 영혼의 탄생을 나타내는 상징이다. 모든 부활절 토끼는 작아졌다 커졌다 하는 달의 주기 – 항상 변하면서도, 항상 똑같은 – 에 관한 상징이다.

어느 아파치 족 이야기꾼 노인은 우리에게 다음과 같은 이야기를 되새겨 준다. "식물, 바위, 불, 물, 그 모두는 살아 있다. 그것들은 우리를 바라보고, 우리의 필요를 이해한다. 그것들은 우리가 스스로를 보호할 무기를 전혀 갖고 있지 못한 때를 알고, 그때가 되면 스스로를 드러내 우리에게 이야기한다."[6]

나는 조지프가 즐겨 인용하던 영지주의의「도마의 복음서」한 구절을 기억한다. "장작을 쪼개면 그곳에 내가 있고, 돌을 들어 올리면 그곳에 내가 있느니라."[7]

"왜 저 나무들 아래를 걷다 보면 항상 크고 아름다운 생각들이 내 머릿속에 돋아나는 것일까?" 월트 휘트먼은 묻는다. "생각건대 겨울과 여름 내내 그 나무들 위에 걸려 있던 생각들이 마침 내가 지나갈 때 과실처럼 떨어졌기 때문이리라."[8]

스코틀랜드 핀드혼 사람들은 그렇게 굳게 믿었다. 나무의 의식이 '제재소 너머까지도' 이어진다고, 즉 나무들이 자신들의 몸으로 만들어진 집은 물론이고 거기 사는 사람들까지도 알고 있다고 말이다.[9]

    이 집과
             이 의자와
                        이 페이지도 마찬가지리라.

바로 여기 있다.　바로 여기 있다.　바로 여기 있다.

— 다이앤 K. 오스본

차례

들어가는 말
캠벨 사상의 정수, 그 아름다운 내면과의 마주침
7

도입의 단계
영웅의 여정을 시작하기 전에
17

의식의 첫 번째 단계
현세에서의 삶
39

의식의 두 번째 단계
깨달음을 향한 길
153

의식의 세 번째 단계
성스러운 삶과의 조우
343

옮긴이의 말 428
주 434
찾아보기 457

*

도입의 단계

영웅의 여정을 시작하기 전에

In the Field

여러분의 지금 모습 그대로.
이것이 바로 여러분이 평생 누릴 특권이다.

꼭 해야 할 일이라면
마치 놀이를 하듯 하라.

*

인생은 아무런 의미가 없다.
우리가 거기에 의미를 부여했을 뿐이다.

인생의 의미란
무엇이든 갖다 붙이면 그만이다.

진정한 의미란 살아 있음 바로 그것이다.

전사(戰士)의 방식이란
삶에 대해 "예"라고 하는 것,
그 모든 것에 대해 "예"라고 하는 것이다.

✻

이 세상의 슬픔에
기쁜 마음으로 참여하라.

우리는 이 세상의 슬픔을 치유할 수는 없지만,
기쁨 안에서 사는 삶을 선택할 수는 있다.

✻

만약 우리가 세계의 문제를
해결하는 것에 대해 이야기하고 있다면
우리는 단단히 잘못 짚은 셈이다.

이 세계는 완벽하다. 그것은 혼란의 도가니이다.
이 세계는 항상 그렇게 혼란의 도가니였다.

우리는 세계를 변화시키려 해서는 안 된다.
우리의 임무는 자신의 삶을
바로잡는 것이기 때문이다.

우리는 스스로가 계획해 두었던 삶을
기꺼이 내팽개칠 수 있어야 한다. 그래야만
우리를 기다리는 다른 삶을 살 수 있을 것이니까.

✱

낡은 허물을 벗어던져야만
새로운 껍질이 나오기 때문이다.

✱

예전 것에 집착하면 앞으로 나아갈 수 없다.
어떤 형상에 매달리게 되면
우리는 썩을 위험에 직면한 것이다.

✱

지옥이란 말라붙은 삶이다.

✱

욕심꾸러기,
뭔가를 고수하려 하고 붙들어 놓으려고만 하는 우리 안의
그 욕심꾸러기를 반드시 없애 버려야만 한다.

✳
현재의 형상에만 매달리면,
우리는 다음의 형상을 지니지 못하게 된다.
계란을 깨뜨리지 않고서
오믈렛을 만들 수 있겠는가.

✳
파괴가 있은 다음에 창조가 있다.

완벽으로부터는
아무것도 나오지 않는다.

모든 과정은 우선 뭔가를
깨뜨리는 것과 연관된다.

생명이 움트기 위해서는
반드시 흙이 부서져야만 한다.

씨앗이 죽지 않는다면
식물이 생길 수 없다.

빵이란 결국
밀의 죽음으로부터 나온 것이다.

✽

생명이란 다른 생명들을 희생시켜 살아가는 것이다.

✽

우리 자신의 생명은
다른 사람들의
희생에 근거한 것이다.

✻

자신이 살 만한 가치를 지녔다면
그 가치를 기꺼이 취하라.

✻

우리의 삶에 진정한 목표가 있다면
그것은 바로 삶을 경험하는 것,
고통과 기쁨 모두를 경험하는 것이다.

✻

이 세상은 우리의 짝이며,
우리 역시 이 세상의 짝이다.

우리 안의
더 깊은 힘을 찾아내는
기회는
삶이 가장 힘겹게 느껴질 때
비로소 찾아온다.

✻

삶의 고통과 잔인함에 대한
부정은
결국 삶에 대한 부정이다.

✻

그 모든 것에 대해서 "예"라고
말할 수 있게 된 후에
우리는 비로소 존재하게 된다.

✻

어떤 것에 대해 [의례적으로] 공정한 태도를 지니는 것은
곧 그것을 모독하는 것이나 마찬가지다.

✻

경외심은 우리를 앞으로 나아가게 만든다.

✱
여러분 자신의 길을 따라
삶을 계속해 나아가는 동안에는
혹시 새똥이 떨어진다 해도
그걸 닦느라 신경 쓰진 마라.

✱
여러분이 현재 처한 상황을
희극적인 시각으로 바라보면
여러분은 영적인 거리를 얻게 된다.
결국 유머 감각이 여러분을 구원하리라.

영원은
여기와 지금으로
이루어진 차원이다.

신은 여러분 안에 살고 있다.

✻

여러분 자신의 중심에서 살아가라.

✻

여러분의 진정한 의무는
공동체로부터 멀리 떠나
여러분만의 희열을 느끼는 것이다.

✻

사회가 그 체제를
개인에게 강요할 때
사회는 곧 적이 된다.

그 용에게는 수많은 비늘이 있으니,
그 각각에는 "너는 할지니"라고 적혀 있다.

"너는 할지니"라고 하는 용을 죽여라.
그 용을 죽인 사자는
비로소 아이가 된다.

*

깨뜨리고 나옴은
[남이 보여 준] 희열의 모범을 따르고,
옛 장소에서 떠나고,
여러분의 영웅 여정을 시작하여,
여러분만의 희열을 따르는 것이다.

뱀이 그 허물을 벗어 버리듯,
여러분은 지난 날을 내팽개쳐라.

여러분만의 희열을 따르라.

영웅적인 삶은 '각자만의' 모험을 실행하는 것이다.

✻

모험으로의 부름을 따르는 것에는
아무런 안전도 보장되지 않는다.

✻

결과가 어떻게 될지를
미리 안다면
그 무슨 재미가 있겠는가.

✻

그런 부름을 거부하는 것은
부패를 의미한다.

여러분이 긍정적으로 경험하지 않는 것은
결국 부정적으로 경험될 것이다.

✻

여러분은 숲으로 들어간다.
그것도 가장 어두운 곳을 골라서

그곳에는 아무런 길도 없다.

만약 그곳에 어떤 길이 있다면,
그것은 다른 누군가의 길이다.

그것은 여러분 자신의 길이 아니다.

만약 다른 누군가의 길을 따라간다면,
여러분은 자신의 잠재력을
깨닫지 못하게 될 것이다.

보석이 있는 곳을 찾아가는
영웅의 여정에 담긴 목표는
영혼에서 여러 층위를 발견하고
그것들을 파헤쳐
마침내 여러분 자신이
붓다의 의식이며
그리스도라는
신비에 도달하는 것이다.

그것이 바로 [인생] 여정이다.

*

그것은 바로
몰입이 물방울처럼 떨어져 내리는
여러분의 마음 속 정점(靜點)을
찾아내는 것이다.

심연 속으로 내려감으로써
우리는 삶의 보물을 발견할 수 있다.

여러분이 비틀거리며 넘어지려는 곳,
거기에 여러분의 보물이 묻혀 있다.

여러분이 차마 들어가기 겁내던
바로 그 동굴이, 여러분이 그토록
찾아 헤매던 것의 원천임이 밝혀진다.
동굴 속에 숨어 있던, 그 무시무시하던
저주받은 것이
바로 그 중심이 된다.

*

여러분은 보석을 발견하고,
보석은 여러분을 끌어당긴다.

*

영적인 것을 사랑하게 되면,
여러분은 세속적인 것도 얕보지 않을 것이다.

✱
여정의 목적은
공감이다.

여러분이 여러 대립자들을
지나쳐 왔을 때,
여러분은 이미 공감에 도달했던 것이다.

✱
목표는 보석을 다시 이 세계로
가져오는 것이고,
그 두 가지를 서로 합치는 것이다.

겉으로는 따로따로인 듯
보이는 사물들도
근본적으로는 하나에 불과하다.

대립자의 세계 너머에는
보이지는 않지만 경험되는
통일성과 동질성이 우리 모두에게 있다.

✽

오늘날 지구는
유일하게 적절한 '내집단(內潗團)'이다.

✽

여러분은 반드시
희열을 느끼고 돌아와
그것을 통합시켜[서 완전하게 만들어]야 한다.

✽

귀환은
어디에서나
광휘를 목격하는 것이다.

✱

스리 라마크리슈나는 말했다.
"깨달음을 찾으려는 자라면
마치 머리에 불붙은 사람이
연못을 찾는 것과 같은 간절함이
반드시 있어야만 한다."

✱

여러분이 모든 것을 원한다면,
신들은 그것을 주리라.
하지만 여러분은 반드시 준비가 되어 있어야 한다.

거대한 풍파 속에서도
신과 같은 침착함으로 살아가는 것이
목표가 되어야 한다.
마치 디오니소스가 표범에 올라타고도
갈가리 찢기지 않은 것처럼.

*

어느 아메리카 인디언 소년이
입문제의를 행할 때
이런 조언을 얻었다.

"삶의 길을 가다 보면
커다란 구렁을 보게 될 것이다.

뛰어넘으라.

네가 생각하는 것만큼 넓진 않으리라."

*

의식의 첫 번째 단계

현세에서의 삶

Living
In the World

하나님에게 동산이 하나 있었는데, 동산지기가 필요해서 아담을 만들었다. 아담은 심심했다. 그는 맡은 일을 잘 수행하고 있었지만 그건 재미가 없었다. 하나님은 아담에게 즐거움이 필요하다는 것을 알고, 아담을 즐겁게 해 줄 동물들을 만들었다. 그 동물들과 무엇을 할까 생각하던 아담은 결국 동물들에게 이름을 지어 주기로 했다.

그러고 나서 하나님이 말했다. "어디 시작해 볼까." 그래서 하나님은 아담을 잠재우고, 그의 갈비뼈로 이브를 만들었다. 제임스 조이스의 말마따나 이브는 "커틀릿 사이즈의 배우자"[1]였다. 바로 그때부터 문제가 시작되었고, 우리는 그 게임에 참여하게 되었다.

남자와 여자, 삶과 죽음, 선과 악.
이런 것이 대립자의 문제들이다.

이로부터 시작된 문제가 바로 이원성의 발견이었다. 그것은 바로 타락이었다. 그 이전까지는 이원성에 대한 진정한 인식조차 없었다. 이 동산에 어떻게 이원성이 발생하게 되었는가? 그곳에는 금지된 나무가 두 가지 있었다. "이곳에 있는 나무의 과실은 무엇이든 먹어도 되지만, 이것과 저것은 안 된다." 첫 번째 나무는 바로 선과 악 또는 이원성에 관한 지식의 나무였고 두 번째 나무는 영원한 생명에 관한 지식의 나무였다.

뱀—시간의 장(수많은 대립자들이 있는)에서 달(月)의 의식(意識)[2] 과 생명을 나타내는—은 이브를 보고는 그녀가 지루해하고 있음이 분명하다고 생각했다. 실제로도 대부분의 아내들은 남편이 밖에 나가 일하는 내내 지루함을 느끼기 마련이다. 그럴 때마다 십중팔구 누군가가 한 사람 나타나게 되는데, 이번에는 바로 작은 뱀 한 마리가 그 역할을 맡은 것이었다.

뱀이 말했다. "이것 봐, 이 나무에는 아주 재미있는 게 있거든. 그 멍청한 노인네는 신경 쓰지 마. 그냥 한 입만 먹으면 진짜 뭔가를 알게 될 거라니까." 그리하여 그녀는 과실을 한 입 먹었고, 아담이 다가오자 이렇게 말했다. "이것 봐, 먹어도 괜찮은걸."

그래서 아담 역시 과실을 한 입 먹었고, 나중에 저녁 무렵 동산의 서늘한 곳을 거닐던 하나님은 한 쌍의 남녀가 무화과 잎사귀를 걸친 것을 보고 이렇게 말했다. "무슨 일이냐? 너희가 잎사귀를 걸쳤구나."

여자가 남자를 부추겼고,
그로써 남자가 그리하였으니,
그 결과는 여자가 감내할 것이니라.

두 사람은 하나님께 지금까지 있었던 일을 말했고, 그리하여 어디 선가 많이 본 듯한 상황이 전개되었다. 남자는 여자를 비난했고, 여자는 뱀을 비난했다. 그러자 하나님은 그들 모두에게 훨씬 더 큰 저주를 내렸다. 남자의 처벌은 비교적 가벼운 편이었다. 그저 일하고 땀을 흘리면 그만이었으니까. 반면 여자는 고통 속에서 아이를 낳아야만 했고, 뱀은 남은 평생 배로 기어 다녀야만 했다. 하나님은 이들을 동산 밖으로 쫓아냈고, 그 문 앞에 두 케루빔을 문지기로 삼아 불타는 칼을 들고 서 있게 했다. 이것이야말로 왜 우리가 오늘날 동산 대신 이 추운 바깥에 머물고 있는지에 대한 설명이다.

기독교와 유대교는
귀양살이의 종교다.
인간은 동산에서 쫓겨난 존재이기 때문이다.

지금은 터무니없는 말이라고 생각하지만, 불과 150년 전만 해도 성직자와 철학자, 정부 고관을 비롯한 모든 사람들이 이 이야기를 사실이라고 믿었다. 오늘날 우리는 그런 것은 전혀 없었음을 정확히 알고 있다. 지구상 그 어디에도 에덴동산은 없었고, 뱀이 말할 줄 알던 시절도, 선사시대의 '타락'도, 동산에서의 추방도, 대홍수도, 노아의 방주도 없었다는 것을 알고 있다. 주된 서양 종교의 역사는 허구에 기반하고 있다. 하지만 신기하게도 다른 종교들 역시 이 같은 전설에 뿌리를 두고 있다. 어느 전설이나 이와 유사한 이야기가 있다. 하지만 그 어디에도 에덴동산이나 뱀, 나무, 대홍수 같은 것은 실제로 없었다.[3]

뱀으로 말하자면
동산에서도 가장 똑똑한 존재였다.
아담과 이브는
시간의 장 속으로 내던져졌다.

"처음에는 인간의 모습을 한 아트만(자아)만이 있었다. 그가 주위를 둘러보니, 그가 아닌 다른 존재는 있지를 않았다. (……)

그는 남자와 여자가 서로 부둥켜안고 있는 것과 같은 크기가 되었다. 그 자신을 둘로 떨어지게 하였다. 거기에서 남편과 아내가 생겨났다. 성자 야자발키야도 몸은 과일(배)을 두 쪽으로 나눈 것 같이 절반이라 하였다. 나머지 절반은 대공(大空)인 여자로 채워지는 것이니, 그는 여자와 하나가 되었으며, 거기에서 인간이 나게 되었다. (……)

그녀는 암소가 되었다. 그는 수소가 되어 그녀와 결합하였으니, 거기에서 소가 나왔다. 그녀가 암말이 되자, 그는 수말이 되어 그녀와 결합하였다. 그녀가 암탕나귀가 되자, 그는 수탕나귀가 되어 그녀와 결합하였으니, 그로부터 단단한 발굽이 있는 짐승들이 태어났다. 그녀가 암염소가 되자, 그는 숫염소가 되었다. 그녀가 암양이 되자, 그는 숫양이 되어 그녀와 결합하였다. 그로부터 염소와 양들이 생겨났다. 이렇게 해서 그는 개미에서부터 모든 생물에 이르기까지, 모두 양성(兩性)의 성교를 통해 만들었다. -『브리하다란야카 우파니샤드』[4]

결혼이란
자웅동체를 재건하는 것이다.

여러분이 오로지 사랑 때문에 결혼한다면
그 결혼은 오래 가지 못할 것이다.

여러분은 또한 다른 층위에서도 결혼하여
자웅동체를 재건하고,
완벽한 전체를 만드는
남자와 여자가 되어야 한다.

플라톤의 『향연』에 나오는 우화도 고려해 보라. 여기서 아리스토파네스는 창세기와 동일한 신화를 다음과 같이 좀 장난스럽게 표현하고 있다. 최초의 사람들은 "둥근 모양을 하고 있었으며, 팔과 다리는 각각 네 개씩 달려 있었습니다. 그리고 똑같이 생긴 두 얼굴이 서로 반대편을 향하여 붙은 채로 둥근 목 위에 달려 있었습니다. 귀는 네 개고 생식기는 둘이었지요. 그 나머지에 대해서는 이것들에서 미루어 짐작이 갈 줄 압니다." 플라톤의 이야기에 따르면 이 최초의 인간들은 남성-남성과 남성-여성 그리고 여성-여성의 세 종류로 되어 있었다. 그런데 그들은 놀라운 힘을 가졌다. 신들은 그들의 위력을 두려워하였다. 따라서 제우스는 그 인간들을 모두 두 동강 내기로 결심했다. 마치 사과를 절여서 저장하려고 할 때 절반으로 쪼개듯 말이다. (……) "그래서 본래의 몸이 갈라졌을 때, 그 반쪽은 각각 다른 반쪽을 그리워하고 다시 한 몸이 되려 하였습니다. 그래서 그것들은 서로 목을 끌어안고 꼭 붙어 있으려고 하였으며, 또 서로 떠나서는 아무것도 하려고 하지 않았기 때문에 결국 굶어죽고 말았습니다. (……) 이렇듯 사람들이 서로 사랑한다는 것은 먼 옛날부터 그들 속에 깃들어 있는 것입니다. 이는 본래의 몸뚱이 부분을 다시 한데 모아 둘에서 하나가 되게 하여, 인간 본연의 모습을 회복하려고 하는 것이지요. 그런즉 서로 분리되어 있는 우리들 각자는 한 인간의 나머지 절반입니다. 마치 넙치처럼 한 쪽 면만 갖고 있는 것이지요. 그래서 사람마다 자기의 다른 반쪽을 항상 찾는 것입니다."[5]

> 배우자를 찾을 때,
> 만약 여러분의 직관이 훌륭한 경우,
> 적임자를 찾을 것이다. 만약 훌륭하지 못하다면,
> 계속해서 잘못된 사람만 발견하게 될 것이다.

이른바 남녀간의 운명이라는 것이 있느냐 없느냐에 대해 사람들은 무엇이라고 말하는가? 그런 것이 있음은 나도 느끼지만, 그렇다고 오로지 운명만을 믿지는 않는다. 내 경우에는 새러 로렌스 칼리지에서 강의하면서 예쁜 여학생들을 많이 상대했는데, 그러다 보면 어딘가 약간 마음이 들뜨는 느낌이 드는 강의가 분명히 있었다. 6개월이나 걸려서야 나는 그 원인 제공자가 누구인지 알게 되었고, 그 순간 나는 이미 사랑에 빠졌음을 깨달았다.

실제로는 지금의 내 아내를 처음 봤을 때부터 그런 느낌을 받았지만, 나는 한동안 그 사실을 전혀 모르고 있었다. 그녀는 계속 강의를 들었고, 나는 마음이 계속 들떠 있었다. 도대체 누가 이런 짓을 하는 것일까? 마침내 나는 그녀가 누구인지를 알아냈고, 그야말로 순수하고 아름다운 관계가 시작되었으며, 나는 한참 뒤에야 내 마음을 전하기 위해 아주 은근한 표시를 했다. 곧 졸업할 그녀에게 책을 한 권 선물한 것이었다. 바로 슈펭글러의 『서구의 몰락』이었다. 작은 선물이었지만 의미심장한 것이기도 했다.

나 자신의 그런 투사(投射)[6]의 배후에는 뭔가가 있었다. 왜 다른 누구도 아닌 바로 나에게서 이런 투사가 나온 것일까? 그 투사는 내 깊은 삶의 경험에 근거하고 있었고, 바로 그곳에서 한 사람의 운명이 비롯되기 때문이다. 그 투사는 여러분 자신의 삶에 의해 구축되는 것이다. 내 삶이 – 내가 여성에 대해 지닌 모든 경험(심지어 유년 시절에 있었던 것까지도 포함해서)이 – 그 투사를 그런 식으로 만들어 놓은 것이다.

따라서 그것이 바로 운명이다. 즉 그것은 여러분 자신의 몸 속에 있는 에너지의 잠재성이 성취된 것이다. 그 에너지는 특별한 방식으로 작용하며, 그것으로부터의 작용이 여러분에게 다가오는 것이다.

[남성의 경우] 투사 형성 요인은 아니마 또는 아니마로 표상되는 무의식이다. 꿈에서건, 환상에서건, 공상에서건, 그녀(아니마)가 나타날 때는 인격화된 형태를 취하고, 따라서 그녀가 구현하는 요인들이 여성적 존재의 모든 뛰어난 특성들을 보유하고 있음을 예시한다. 그녀는 의식의 발명품이 아니라, 무의식의 자발적인 산물인 것이다. 또한 그녀는 어머니의 대체 형상도 아니다. 그와는 반대로, 어머니의 이미지를 그토록 무시무시할 정도로 강력하게 만들어 주는 장엄한 성질들은 그런 아니마의 집합적 원형 – 모든 남자 아이들 속에 새로이 현현되는 – 으로부터 유래되었을 가능성이 매우 크다. – 융[7]

어머니의 몸이
갓난아기에게는 최초의 세계나 다름없다.
그때 이후로 어린이의 '아니마' 투사는
바로 어머니에 대한 것이 된다.

어머니가 마치 그 아들에게 있어서는 투사 형성 요인의 최초 보유자인 것과 마찬가지로, 아버지는 그 딸에게 있어서 그렇다. (……) 여성은 남성적 요소에 의해 보충되며 따라서 그녀의 무의식은 이른바 남성적 각인을 지니게 된다. 이는 남자와 여자 간의 상당한 심리학적 차이로 귀결되며, 따라서 나는 여성에 있어 투사 형성 요인을 정신이나 영혼을 의미하는 아니무스라고 불러 왔다. (……) 아니마와 아니무스가 만나면, 아니무스는 강력한 검을 뽑고, 아니마는 환상과 유혹의 독을 내뿜는다. 그 결과는 항상 부정적이지는 않다. 왜냐하면 그 둘은 나란히 사랑에 빠질 가능성이 있기 때문이다(첫눈에 반한 사랑의 매우 특별한 경우라고 하겠다). - 융[8]

여러분의 아니마 또는 아니무스는
이성(異性)에 대한 반응으로 알 수 있다.

이에 대한 원초적인 이미지로서 고대 바빌로니아 신화에 나오는 위대한 태양신이며, 이 세계의 조각가이자 창조자인 신 마르두크가 있다. 그는 과연 무엇을 가지고 이 세계를 창조했는가? 바로 자기 할머니인 티아마트였다. 할머니가 괴물의 모습으로 나타나자, 손자는 할머니의 몸을 두 동강 내었다.

마음만 먹으면 자신을 직접이라도 쪼갤 수 있었겠지만, 그녀는 손자가 그 일의 대행자가 되도록 허락했다. 왜냐하면 이 세계가 존속하기 위해서는 저 바깥에서 어느 누군가가 자신의 행동에 대한 그런 식의 확신을 가져야만 하기 때문이다. 그녀는 매우 관대한 여인이었다. 그래서 자기가 직접 할 수 있음에도 불구하고, 어린 손자가 자기 혼자 힘으로 그 일을 하고 있다고 생각하게끔 내버려 두었던 것이다.

그것이 바로 아니무스의 방식이다. 여성 자신도 할 수 있지만, 대신 남성에게 위임하는 그 어떤 일을 투사하는 것이다. 존재 가치로는 [여자에 비해] 그 절반만큼도 중요하지 않지만, 남자는 특화된 신체를 지닌 기계나 다름없어서, 그런 일을 너끈히 해낼 수 있는 것이다. [여성으로서의] 여러분 속에 있는 힘을 자각하는 것은 시작에 불과하다. 그 힘에 의해 가능한 행동이 여성으로서의 여러분보다는 오히려 남성에 의해 더 적절하게 이루어진다는 사실을 깨닫는 것이야말로 곧 관계에 대한 진정한 인식이다.

어떤 여성이 자기 안에 있는 힘을 자각하면, 그때부터 그녀는 남성을 본인에게 결여되었다고 생각했던 것의 한 예로서가 아니라, 오히려 한 객체로서 보기 시작한다. 남성의 경우, 한 남성이 한 여성을 보았을 때 오로지 함께 침대에 누울 사람으로만 바라본다면, 그는 그녀를 오로지 자신의 어떤 결여의 충족과 연관시켜서만 바라볼 뿐, 그녀를 제대로 보지 못하는 것이다. 비유하자면 소를 보았을 때, 머릿속으로는 오로지 스테이크만 생각하는 격이랄까.

사랑에 빠지는 것은 본성이 나타나는 것이다.
이성(異性)에게 자기 마음을
빼앗기는 것이 그 시작이다.

우리의 신학자들이 여전히 '아가페'와 '에로스'에 대하여, 그리고 그 둘의 근본적 대립에 대하여, 마치 그 둘이 '사랑'이라는 원리의 궁극적인 표현인 것처럼 쓰고 있는 것은 놀라운 일이다. '아가페'는 '자비'요 신적이자 영적인 것이고 '공동체 내에서 서로를 향한 것'이며, '에로스'는 '욕정'이요 자연적이자 육적인 것이고, '섹스의 충동, 욕구, 기쁨'이라는 것이다.[9] 설교대에 올라서는 어느 누구도 이 두 가지와 대비되는 제3의 선별적이고 차별적인 원리 '아모르'에 대해서 들어 보지 못한 것 같다. '아모르'는 오른쪽 길(승화시키는 영, 정신, 인간 공동체)도 아니요, 왼쪽 길(자연의 자연발생, 음경과 자궁의 상호 자극)도 아니며, 바로 앞에 있는 길, 눈의 길이며 눈이 심장에 보내는 메시지이다.

이 점과 관련하여 위대한 음유시인(어쩌면 가장 위대하다고 말할 수 있을지도 모르겠다) 지로 드 보르네유가 쓴 시가 있다.

> 이렇게 사랑은 눈을 통하여 마음을 얻는다.
> 눈은 마음의 정찰병으로서
> 마음이 즐거이 가지고자 하는 것을 찾아
> 돌아다니기 때문이다.
> 눈과 마음이 완전한 조화를 이룰 때,
> 이 둘이 하나의 결의로 단단하게 뭉칠 때,
> 그때 눈으로 들어와 마음으로부터 환영받는 것에서
> 완전한 사랑이 태어난다.
> 이렇게 마음의 움직임에 의해 태어나거나 시작되지 않으면

사랑은 다른 방법으로는 태어날 수도 시작될 수도 없다.

눈과 사랑의 은총에 의해서, 명령에 의해서
눈과 사랑의 기쁨으로부터
사랑은 태어나, 깨끗한 희망을 품고
친구들을 위로하러 다닌다.
모든 진정한 연인들은
사랑이 완벽하게 착한 마음임을 알기 때문에,
사랑이 반드시 마음과 눈으로부터 태어남을 알기 때문에,
눈은 사랑을 꽃피우고 마음은 사랑을 성숙케 함을 알기 때문에,
사랑은 눈과 마음이 뿌린 씨앗의 열매임을 알기 때문에[10]

음유시인의 사랑은
두 눈의 마주침으로 인해 태어난다.
두 눈은 사랑의 척후병이다.
고결한 마음이라면, 사랑이 태어난다.

사랑에 눈을 뜨는 순간, 어떤 것이 명백히 외부로부터 "영원히 그의 영혼 속으로 옮겨 갔고, [조이스의 말이다] (……) 그의 영혼은 그 부름을 받고 뛰었다. 살며, 과오를 범하며, 타락해 보고, 승리하고, 삶에서 삶을 재창조하는 거다!"[11]

사랑은 삶의 경험일 뿐만 아니라,
또한 신비적 경험이기도 하다.
궁정연애에서는 사랑의 고통,
그 충족의 불가능성이
삶의 본질로 간주된다.

한 영혼이 제 운명을 저주하고, 운명의 장난에 저항할 때 그의 고통은 더욱 고통스러워진다. 위험도 마찬가지다. 그러나 여기에 대응하는 것은 감정이 아닌 힘이다. 세계 도처에서 사람들 입에 오르내리는 이런 이야기를 한 곳에 모아 보면 일치하는 하나의 필연적인 공통분모가 엿보인다.[12]

사랑이 멀리 있으면
삶도 멀리 있다.

사랑은 정확히 삶만큼 강력하다.

사랑의 상실과 깨어진 관계의 고통은 투사의 과부하 상태이다. 백이면 백 그렇다. 젊은 시절에 여러분의 삶은 "나한테는 이게 전부야"라고 여겨지는 놀라운 꿈이다. [애정] 관계 역시 그런 환상이 충족되는 것에 불과하다. 따라서 그 외의 다른 삶은 생각할 수조차 없다. 이러한 전적인 투사에 대한 느낌, 타자의 안에 있는 모든 것에 대한 느낌을 그 어떤 논리도 감히 억누르지 못한다. 이에 관해서라면 누구나 성인이 되어 한 번쯤 맺어 본 관계를 상기해 보는 것만으로도 충분하리라. 마치 그게 전부인 것 같았지만, 곧이어 무슨 이유에선가 깨어지고 만 관계 말이다.

어떤 관계가 깨어지면 그 당사자가 마음의 안정을 찾고 새로운 관계에 몰두하기까지 약간의 시간이 걸리게 마련이다. 깨어진 직후, 그러니까 아직 새로운 관계에 몰두하기 전, 삶에서 그 모든 가능성들이 박탈되었을 때, 고통스러운 반응이 일어난다. 어떤 사람들에게는 이것이야말로 위험한 시기가 된다.

영혼은 상처의 치유법을 알지만, 그 치유법은 아픔을 준다. 때로는 애초의 상처보다도 그것의 치유가 더 많은 아픔을 주지만, 만약 그걸 견딜 수만 있다면 여러분은 더 강해질 것이다. 왜냐하면 그로써 여러분은 보다 넓은 [삶의] 기반을 찾은 셈이기 때문이다. 전념한다는 것은 범위를 좁히는 것이며, 그런 전념이 실패로 끝나면 여러분은 보다 넓은 [삶의] 기반으로 물러나, 그걸 부여잡기 위한 힘을 얻는 것이다.

니체는 내게 그와 같은 일을 해 준 사람이었다. 그의 삶 가운데 어떤 순간에 이르러 '운명적 사랑'이라는 생각이 그에게 떠올랐다. 여러분의 운명이 무엇이건 간에, 그 어떤 곤란을 겪건 간에, [이에 대해] 여러분은 이렇게 말할 것이다. "*이것이 내가 필요로 하던 것이다.*" 파멸처럼 보일 수도 있겠지만, 그것이 기회인 양, 도전인 양 다가가라. 여러분이 그 순간에 사랑을 - 낙담이 아니라 - 가져온다면, 여러분은 힘이 거기 있음을 발견할 것이다. 여러분이 견뎌 내는 재난은 그 무엇이건 간에 여러분의 성격, 여러분의 됨됨이, 여러분의 삶을 향상시킨다. 이 얼마나 큰 특권인가! 이야말로 여러분 자신의 본성을 자발적으로 샘솟게 할 기회다.

그러면 여러분의 삶을 되돌아보면서, 여러분은 마치 어마어마한 실패인 양 보였던 파멸 직후의 순간들이 사실은 여러분이 지금 누리고 있는 삶을 만들어 준 사건들이었음을, 그것이 명백한 사실임을 알게 될 것이다. 여러분에게 벌어지는 일 가운데 긍정적이지 않은 것은 하나도 없다. 비록 그 순간에는 부정적인 재난처럼 느껴지지만, 사실은 그렇지 않은 것이다. 재난은 여러분을 뒤로 물러서게 하지만, [거꾸로 생각하자면] 여러분이 힘을 드러내야 할 때가 되었기 때문에 그런 재난이 생기는 것이다.

>영혼의 어두운 밤이 지나야
>곧이어 계시가 나타난다.
>
>모든 것이 사라지고,
>온통 어둠인 것처럼 보일 때,
>새로운 삶이, 하나같이 내가
>필요로 하던 것들이 나타난다.

진과 나는 46년 동안 결혼 생활을 하면서 감정과 지성 양면에서 일종의 교류를 가진 결과, 이른바 "하나이지만 둘이며, 둘이지만 하나인" 상황을 경험하게 되었다. 물론 말로 설명하라면 힘들겠지만, 그게 무슨 의미인지는 너무나도 잘 알게 되었다. 그것은 괴테의 말마따나 '금혼(金婚)'이며, 그 느낌이 삶에서 명백한 사실로 굳어질 때는 너무나도 아름답다.

신화학은 여러분으로 하여금
자신의 한가운데로 쏟아지는
에너지의 신비를 깨닫게 해 준다.

그 안에 여러분의 영원이 놓여 있다.

그런 경험이 얼마나 아름다운지를 깨달을 수 있을 만큼 신화학에 대해 충분히 잘 안다면 얼마나 멋지겠는가. 그런 경험을 해 본 사람도 물론 많겠지만, 대개는 그게 뭔지도 정확히 모른다. 신화의 이미지에 별자리처럼 박혀 있는 그 오랜 깨달음들의 한 가지 훌륭한 점은, 그 깨달음들 덕분에 지금 여러분이 경험하고 있는 것이 무엇인지를 여러분도 알 수 있다는 점이다.

신화학이란 특정한 시대,
특정한 문화에서 인간 영혼의
경험, 행동, 성취에 관한 은유를

간직한 이미지들이 조합된 것이다.

금혼이라는 목표는 관계의 첫 순간부터 암시되고 있다. 노년은 어린이의 세대에 이미 내재된 것이다. 어린이의 노년은 일찌감치 저만치서 기다리고 있는 것이다. 이와 유사하게 여러분은 나이를 먹을수록 자신이 아직 꼬마임을, 그리고 자신의 옛 경험이란 이제 겨우 시작된 것들임을 깨닫게 된다. 그것은 언제나 하나인 시스템이었던 것이다.

이것은 제임스 조이스의 『피네간의 경야』에서 중요한 테마 가운데 하나다. 그가 만들어 낸 여주인공 아나 리비아 플루라벨의 이미지는, 더블린을 관통해 흐르는 리피 강을 의인화한 것이다.

리피 강은 더블린 남부의 언덕에서 어린 소녀로 등장하고, 그 춤추는 작은 개울들이 장차 강을 형성하게 된다. 이후 그 강은 북쪽으로 흐르며 아름다운 교외 지역을 지나는데, 그곳에서 강은 가정을 꾸리는 어머니가 된다. 다시 말해 그곳은 생의 중간점이다. 강은 여전히 똑같은 강이다. 그런 다음, 강은 굽이치고 흐르며 더블린을 관통하고, 마침내 오래되고 더러운 도시의 강이 되어 도시의 갖가지 오물들을 바다로, 아버지 바다로 끌고 간다. 그러면 태양이 수증기를 구름 위로 끌어올리고, 이제 그것은 푸른 하늘의 어머니 자궁 속에서 작은 구름이 된다. 그 구름은 언덕 위로 흘러가 산 위에 비를 내린다.

인생의 전반기에
우리는 사회에 봉사한다. 이것은 종속이다.
인생의 후반기에

우리는 내면으로 돌아선다. 이것은 해방이다.

그녀는 여전히 똑같은 사람, 여전히 똑같은 강이다. 조이스가 서술한 대로 여러분은 어린 소녀 속에서 늙은 여인을, 늙은 여인 속에서 어린 소녀를 느낄 수 있다. 놀라운 일이다. 그것이 여러분이 나이 드는 것을 실제로 느끼는 방식이다. 여러분이 내면에 갖고 있는 경험들에 주의를 기울이기만 하면 알 수 있다.

흔히 이런 말들을 한다. 노인은 어제 있었던 일조차 기억하지 못하지만, 무려 50년 전에 있었던 일만큼은 무척이나 또렷하게 기억한다고. 정말 그렇다. 노년에 이르면 여러분은 긴급한 일과로부터 해방되고, 그 무엇보다도 더 생생한 자신의 기억 시스템 속으로 침잠한다. 여러분의 부모님과 함께 했던 중대한 순간들이 이제 거기 여러분과 함께 있는 것이다. 그 순간들이 중요해진다. 그것은 관계란 것이 어떠했는지를 조명하는 데 도움을 주는 명확한 순간들이다.

가끔 나는 뒤돌아보면서 생각한다. "이런 바보, 하나부터 열까지 놓친 것투성이라니." 어떤 나이에 이르면, 내가 이제껏 살아 온 길에서 보이는 것이라곤 오로지 부정적인 것들뿐이라는 사실 때문에 쓴웃음을 짓게 된다. 그때에, 그리고 내가 멍청한 바보였던 또 다른 때에 나는 계속해서 뭔가를 놓치기만 했다. 이제 나는 그 일에 관해 생각하지 않으려 노력한다. 나는 그저 천국에 가고 싶은데, 그곳에 가면 아마 그런 일은 전혀 기억할 필요가 없을 것이기 때문이다.

노쇠의 시기에 이르러
여러분은 자신의 삶을 되돌아보며
감사하고
마치 집으로 돌아가는 것처럼
죽음을 향해 나아간다.

    단테는 연옥을 통과해 나오면서 그곳의 강물을 마심으로써 자신의 모든 죄를 기억 밖으로 씻겨 나가게 했다. 그는 이미 자신의 모든 죄를 사해 주는 강물을 마셨었지만, 그것으로는 충분치 않았다. 〔천국에 들어가려는 자는〕 심지어 죄에 대한 기억조차 완전히 망각해야 했던 것이다.

힌두교에서 비슈누 신[13]에 대한 종교는 곧 사랑의 종교다. 비슈누 식으로 사랑을 분석해 보면, 사랑에는 다섯 가지의 단계와 함께 그 각각의 단계를 대표하는 모델이 하나씩 있다. 깨달음을 찾고 성취하는 모든 훈련은 이 경로의 에너지로부터 수행될 수 있다.

사랑의 첫 번째 단계는 주인에 대한 하인의 사랑으로, 가장 낮은 단계의 사랑이다. "오, 주여. 당신은 내 주인이십니다. 나는 당신의 종이옵니다. 내가 무엇을 해야 할지 말씀해 주시면, 제가 그렇게 하겠나이다." 이것은 율법의 종교가 하는 방식이며, 그런 종교에는 수많은 계율들 - 십계명이니, 천계명이니, 만계명이니 - 이 있다. 이것은 두려움의 종교다. 여러분은 신의 존재에 대해 아직 자각하지 않은 상황이다. 그것은 저기 있지만, 당신은 여기 있다. 이것은 근본적으로 종교적 사고에 대해서나 사랑에 대해서 스스로를 헌신할 만한 시간이 많지 않은 사람들을 위한 방법이다.

이 첫 번째 단계를 대표하는 모델은 (인도 신화에 나오는) 작은 원숭이 왕이며 라마의 하인인 하누만이다.[14] 기독교 전통에서 이 단계에 해당하는 구체적인 예가 있는지 없는지는 나도 잘 모르겠지만, 반드시 있어야 할 필요는 없다. 왜냐하면 (서구의) 대부분의 사람들에게 있어 기독교 전통이란 별다른 의미를 지니지 못하기 때문이다. 그런 사람들은 여기 가서 십계명을, 저기 가서 또 다른 십계명을 지키게 마련이다.

두 번째 단계는 친구와 친구의 관계로, '우리' 가 (즉 서구인들이) 사랑이라고 부르는 것에 대한 자각이다. 여기서 우리는 첫 번째 단계에서보다 자기 친구를 더 많이 생각하게 된다. 이 두 번째 단계의 사랑의 모델은 친구 대 친구, 가령 예수에 대한 제자들의 사랑이라든지, 또는 어떤 것이나 어떤 사람을 진심으로 좋아하는 사람의 사랑이라고 할 수 있다.

19세기의 뛰어난 힌두 성자 스리 라마크리슈나는 하나님을 사랑하지 않는다고 말한 어느 여인에게 이렇게 물은 적이 있다. "그렇다면 이 세상에 당신이 정말로 사랑하는 것이 하나도 없단 말이오?" 여인은 대답했다. "제 어린 조카 하나만큼은 사랑합니다." 성자가 말했다. "그런가요. 그렇다면 그분은 바로 거기 계십니다. 당신은 거기 예배를 드리는 것이오." 단순히 어떤 명령을 따르는 것이라기보다는 자발적인 행동으로서 사랑을 경험할 때마다 여러분은 제1단계에서 벗어나 제2단계로 진입하는 셈이다.

이것은 생각해 볼 만한 가치가 있다. 종교의 예배 가운데 그런 단계에 도달하는 것이 과연 얼마나 되는가? 내가 보기엔 거의 없는 것 같다. 하지만 이것은 (종교의 예배가) 마땅히 도달해야만 하는 길이다. 예배가 단순히 율법과 명령의 계율을 이행하는 것에 불과할 때 종교적 체험은 크게 저하되고, 여러분은 시키는 대로 기꺼이(또는 억지로) 행동하는(또는 행동하지 않는) 사람에 불과한 것이다. 사랑의 자발적 관계는 그것과는 다른 범주다.

세 번째의 사랑은 자녀에 대한 부모의 사랑이다. 이것은 친구 대 친구의 사랑에 비해 훨씬 친밀하고 강력한 사랑이다. 기독교 체계에서 이 세 번째 사랑의 이미지는 성탄 구유, 즉 우리 자신의 마음속에 들어올 예수를 상징하는 그 아기가 태어난 장소다. 이것은 성스러운 힘이 여러분 안에 들어 있다는 사실에 대한 깨달음이 여러분의 마음속에서 자각되는 것에 대한 상징이다. 여러분은 그 영적인 아이를 여러분 속에 입양하는 것이다. 힌두 전통에서 이 단계에 해당하는 모델은 개구쟁이 버터 도둑인 꼬마 소년 크리슈나를 향한 고피(소 치는 소녀)들의 사랑이다.

크리슈나의 에피소드 중에는 매우 놀라운 것이 하나 있다. 어느 날 누군가가 그의 양어머니에게 달려와서는 그 꼬마가 밖에서 진흙을 집어먹고 있다고 말해 주었다. 어머니는 아들이 삼킨 진흙을 뱉게 하려고 밖으로 나가는데, 아들이 입을 여는 순간 (그 안에 들어 있던) 천국과 지옥과 신들과 악마의 모습이 어머니 앞에 모조리 드러나 버린다. 당연한 이야기지만 어머니는 그 광경에 대경실색했고, 만약 그녀가 그것을 계속 기억하는 한, 두 사람의 모자 관계는 예전과 같을 수 없을 것이 분명했다. 그래서 크리슈나는 자비롭게도 그녀의 기억에서 그 사건을 지워 버린다. 그렇다면 이런 사건이 벌어졌다는 것을 우리가 어떻게 알 수 있는 건지 - 그 경험을 한 유일한 당사자인 그녀가 기억을 잃어버렸으니 - 나로선 도무지 알 길이 없다. 하지만 종교라는 게 원래 그런 식 아닌가.

사랑의 네 번째 단계는 배우자 대 배우자의 관계로, 여기서는 자웅동체의 또는 '다른 한쪽'의 발견이라는 문제가 대두한다. 여러분은 자신의 마음속에서 신을 발견하고, 이제는 이 친밀하면서도 가장 오래 지속되는 종류의 관계 속에서도 신이 발견된다. 어떤 전통에서는 결혼이 곧 영구적인 사건으로 간주되는 이유가 바로 이것이다. 이러한 종류의 경험을 갖게 되는 기회는 단 한 번이다. 수녀들이 (결혼)반지를 끼는 이유는 그들이 그리스도의 신부들이기 때문이다. 수녀들은 눈에 보이지 않는 배우자와 관계를 맺는 셈이며, 적어도 영적 측면에서는 그것이야말로 매우 만족스러운 관계다.

이제 우리는 사랑의 가장 높은 단계인 다섯 번째에 이르는데, 이 것은 강박감에 사로잡힌, 억제하기 어려운 금지된 사랑으로, 여기에서는 오로지 사랑뿐이어서 여러분은 하나님과 관계된 자신으로부터 완전히 떨어져 나오게 된다. '르 포〔광인〕', 즉 사랑에 몰두한 까닭에 결국 미쳐 버린 사람이 되는 것이다.

궁정연애에서
미치는 쪽은 여자가 아니라 남자다.
남자가 이러한 상태라면,
그는 믿을 수 없는 위업을 세울 수도 있으리라.
하지만 그 자신 좁은 길에 서게 될 것이다.

스스로의 열정을 따를 때,
사회의 도움은 사라진다.
여러분은 반드시 조심해야 한다.
이제는 완전히 혼자니까.

결혼의 경우에 우리는 여전히 사회며 이웃과의 관계를 조화롭게 유지할 수 있지만, 이처럼 다섯 번째 단계의 사랑에 도달하면 사랑 이외의 것들은 모조리 사라지고, 상대방에 대한 일방적인 집착만 있을 뿐이다. 나머지 모든 것은 잊히고, 그 외에는 아무것도 문제가 되지 않는다. 아마 여러분 중 일부는 이런 경험을 해 보았을 것이다. 그렇지 못한 사람이 있다면 매우 아쉬운 일이다.

힌두인들이 제공한 이 작은 척도 – 첫째는 주인 대 하인, 둘째는 친구 대 친구, 셋째는 부모 대 자녀, 넷째는 배우자 대 배우자, 그리고 다섯째는 오로지 이 절대적인 사랑 – 에서 우리는 순수한 사랑의 경험을 과대평가할 위험을 항상 지니고 있다. 그 경험을 완화시키면 마치 뭔가를 잃어버리게 된다고 생각할 수도 있지만, 여러분은 반드시 그걸 완화시켜야 한다. 여러분에게는 실제로 가능한 관계가 무엇일지를 깨닫는 것이 중요하다.

이미 결혼한 상태에서 이런 열광적인 경험이 벌어지면 여러분은 결혼 생활을 할 수가 없게 된다. 왜냐하면 여러분은 배우자에 대해 이전과는 뭔가 다른 종류의 관계를 갖게 되기 때문이다. 순수한 사랑의 경험을 완화시키는 방법은 지금 여러분이 수립하고 있는 관계의 구체적인 측면 속에 있는 어떤 깊은 즐거움을 만끽하는 것이다. 순수한 열광은 삶과 아무런 관계가 없지만, 인생에는 또한 가치 있는 관계들이 '있기' 때문이다. 그런 관계들을 배양하기 시작하면, 이런 순수한 열광을 (한편으로는) 완화시키면서도 (또 한편으로는 완전히) 잃어버리지 않을 수 있다. 그것을 반드시 잃어버려야 하는 것은 아니다. 그리고 이것이야말로 결혼에 있어서의 비결이다.

결혼에는 순수한 열광과는 전혀 무관한 즐거운 경험들이 상당수 있다. 이런 경험들은 그 에너지 시스템을 이해하고, 우리가 계속해서 결혼 상태를 유지하게 해 주는 한편, 결혼이란 결국 둘 중 한 사람이 밖에 나가서 쓰레기통을 비워 오는 것에 불과하다고 폄하하지 못하게 만든다. 결혼하는 사람은 누구나 이처럼 일상적인 잡무에서 문제를 겪게 되는데, 왜냐하면 가사의 문제는 여러분이 남성이건 여성이건 간에 바로 여러분의 일이기 때문이다. 하지만 여러분은 반드시 해야 할 일들을 멋지고 작은 의식(儀式)으로 바꿀 수 있고, 인생은 그런 크고 작은 행사들 위에서 아름답게 흘러갈 수 있다. 내 생각에는 두 사람이 함께 사는 삶의 실체를 받아들이지 못하는 것이야말로 결혼을 깨는 요인인 것 같다.

결혼은 연애가 아니라,
시련이다.
그것은 종교적 훈련, 성찬식,
또 다른 삶에 참여하는 은총이다.

결혼 후 뒤늦게 벌어지는 또 다른 종류의 파탄이 있는데, 그런 경우가 나로선 그저 당황스럽기만 하다. 다시 말해 아이들이 모두 출가하고 독립한 뒤에 헤어지는 사람들이다. 결코 그런 일이 일어날 것이라고는 생각지도 않았던 사람들이 그렇게 되는 것을 이미 대여섯 번이나 목격한 바 있다. 그들은 나이도 이미 50대에 접어들었고, 줄곧 함께 살았고, 가족을 함께 꾸렸고, 삶을 함께 했는데, 마침내 결딴나고 만 것이다. 그들을 서로 묶어 준 유일한 끈은 오로지 아이들뿐이었다.

이것은 내가 일컫는바 연금술적 결혼이 실패한 경우다. 그들은 비록 생물학적 결혼은 했지만, 그러한 묵종과 관계로부터는 상호 간의 교육과 영혼의 맞물림이 전혀 실현되지 못한 것이다. 이처럼 삶의 후반부에 있어서 어떤 가능성이 있는지에 관해 부부 양측이 아무런 사전 개념도 지니고 있지 못했다는 것은 지극히 부끄러워해야 마땅한 일이다.

만약 여러분이 어떤 계획표에 따라 결혼생활을 하려 한다면,
여러분은 그 계획표가 제대로 작동하지 않음을 깨달으리라.

성공적인 결혼은
혁신적인 삶을 함께 이끄는 것이며,
열려 있는 것이며, 계획표에 따르지 않는 것이다.
그것은 자유낙하다. 뭔가 새로운 게 나타날 때마다
그걸 어떻게 처리하느냐 하는 것이다.

바다에 떨어진 기름 한 방울처럼,
여러분은 이리저리 떠다니겠지만
지혜와 연민으로
헤쳐나가야 한다.

여러분 두 사람이 반드시 함께 해야만 하는 중요한 일이 무엇인지 생각해 보라. 중세의 관념인 고결한 마음은 딱 그 일부분이라고 할 수 있다. 여러분이 사랑이라고 불러 왔던 것이 실상은 욕정이었을 경우, 그것은 단순히 어떤 일시적인 상태에 불과하다. 시들어 버릴 수 있기 때문이다. 그러나 사랑은 시들지 않는다.

고결한 마음을 위해서는,
결혼은 우선 반드시 영적이어야 하며,
물리적 완성은 그 다음이어야 한다.

이처럼 민감한 것에 대해서 말하기는 쉽지 않지만, 내 생각엔 여기서 '고결한 마음'이란 것은 사랑이 무엇이냐에 대한 일종의 단서가 아닐까 싶다. 고결한 마음이란 발상은 그 사람에 대한 책임감과 관련되어 있다. 만약 책임감이 없다면 여러분은 사랑을 하는 것이 아니며 오히려 다른 뭔가를 하는 것이다. 만약 그런 의식이 거기 '있다면', 사랑은 지속될 것이다. 욕정은 그렇지 않아서, 거기에는 아무런 책임이 없다. 자녀가 떠남과 동시에 결딴나 버리는 결혼의 경우, 부모의 책임감은 자녀에 대한 것이지, 결코 서로에 대한 것은 아니다. 결국 자녀가 떠나고 나면 둘 사이의 유대도 사라지는 것이다.

자녀가 생기기 전까지만 해도, 심지어 결혼을 하기 전까지만 해도 가장 핵심적인 질문은 이런 것이었다. "이것이 바로 그 고결한 마음인가?" 그 사람은 소유물을 찾고 있는가? 혹은 자신과 관계를 구축할 누군가에 대해 책임을 느끼고 있는가? 책임을 전혀 느끼지 못한다면, 내 생각에 여러분은 위험에 처한 것이다.

내가 말하고자 하는 바는, 책임이 사랑의 구성요소라는 것이 아니라, 다만 책임감이 없는 사랑은 사랑이 아니라는 뜻이다. 그건 단지 소유물을 취하는 것에 불과하다. 여러분은 과연 누군가를 소유하려 하는 것인가? 아니면 관계를 구축하려 하는 것인가?

사람이 평생에 한 번은 해야 하는 일이 바로 결혼이다. 결혼생활을 한다는 것은 곧 상대방의 삶이 내게 달려 있다는 의미임을 수긍하지 않았더라면, 나는 차마 결혼할 생각을 하지 못했을 것이다. 나로선 누군가를 소유한다는 그런 느낌을 이해할 수가 없다. 여러분이 저지른 어떤 짓 때문에 책임을 지는 것은 그저 실패에 불과하다. 우리는 연애도 할 수 있고, 그 와중에서 일어나는 온갖 울고 짜고 하는 일도 할 수 있지만, 그것은 결혼으로 이어지는 것과는 전혀 다른 문제다.

맨 먼저 여러분은 자신이 무엇을 하고 있는지를 알아야 한다. 내 생각에 상당수의 사람들은 자신이 무엇을 하고 있는지를 모르며, 자신이 그 사람에게 무엇을 하고 있는지도 모른다. 여러분이 자신의 강박감에 사로잡힌 열성을 제어할 만큼 성숙하지 못한 상태라면, 내가 보기에 여러분은 결혼에 부적격한 상태다. 어쩌면 내가 가톨릭 가정에서 자라서 이런 말을 하는 것인지도 모르겠다. 가톨릭에서 결혼이란 운명과도 같은 결정이기 때문이다.

그것 말고도 우리 결혼에는 일종의 징조가 있었다. 당시 나는 한 해 임대료가 20달러밖에 안 되는 우드스톡의 매버릭 로드의 작은 집에서 살고 있었다. 〔결혼식이 끝나고〕 우리 신혼부부는 차를 타고 그 집으로 향했다. 매버릭 로드에 접어든 순간, 반대편에서 영구차 한 대가 나타나 우리 앞으로 지나갔다. 이제껏 그 동네에서는 영구차를 한 번도 본 적이 없었기에, 나는 그것이 우리 부부가 죽을 때까지 함께할 것이라는 징조라고 생각했다. 정말이다.

내 생각에 결혼이란 상대방을 책임지고 사랑함으로써 상대방과 진정한 일체가 되는 것이다. 여러분 자신을 누군가에게 헌신하는 것, 즉 여러분 혼자의 운명을 두 사람의 운명으로 전환하는 것은 평생에 걸친 헌신이다. 하지만 그런 헌신을 여러분에게 바친 상대방에 대한 책임감을 잃는 것, 다시 말해 '난 앞으로 이 방향에서 벗어나고, 지금까지 이미 헌신했던 것에 대해선 싹 잊어버려야지' 하는 생각이 들게끔 하는 어떤 일이 생겼다고 해서 그렇게 상대방에 대한 책임감을 잃는 것은 결혼생활이 아니다. 배우자와의 관계가 여러분의 삶에서 최우선의 고려사항이 아닌 한, 내 생각에 여러분은 [결혼했어도] 결혼한 상태가 아니다. 반드시 그 관계가 최우선이 되어야 한다.

어찌할 수 없는 성적 관계가 갑자기 이를 방해할 수도 있다. 사람이 스스로를 완전히 제어할 수는 없는 법이다. 물론 혼외의 것은 모조리 욕정에 불과하다는 의미는 아니다. 혼외에도 사랑이 있을 수 있다. 따라서 여러분이 혼외로부터 오는 사랑을 차단하게 되면, 여러분은 자기 자신의 일부를 결혼생활에 가두게 되는 셈이다.

하지만 그로써 여러분은 그 연애에 대해서나 결혼생활-여러분이 이미 최우선의 관계로 설정해 놓은-에 대해서나 모두 책임감을 지니고 관계를 맺어야 하는 문제를 지니게 되는 셈인데, 이는 결코 쉬운 일이 아니다. 여러분은 사람들과 관계하는 방법을 단 하나만이 아니라 다양하게 계발해야만 한다. 만약 그 관계의 본질과 그 가치에 대한 공통적인 이해가 있다면 뭔가 해결책이 나올 수도 있다. 하지만 내 생각에는 무슨 일이 있건 간에, 반드시 원래의 모습으로 되돌아와야만 한다. 그것이 가장 중요하다. 그것이 최우선이다.

만약 결혼이 오히려 해독을 끼친다면, 여러분은 그 상황을 전환시킬 가능성이 있는지 여부를 판단해야만 한다. 변화의 여지가 있다고 생각한다면, 여러분은 상대방을 변화시키기 위한 시련을 감내해야 한다. 여러분은 필요한 에너지를 상대방에게 가해 변화를 유도할 수가 있다. 다시 말해 여러분은 일종의 개인적 훈련을 통해, 사랑과 신뢰와 협동의 분위기를 증대시킬 수 있는 것이다. 반면 여러분의 삶이나, 심지어 여러분의 삶에 대한 사랑이 위험에 처했다고 판단되며, 그 상황이 변화될 수 없는 것이거나, 그렇게 헌신할 만한 가치가 없다고 생각한다면, 여러분은 〔상대방과의 관계를〕 깨끗이 청산해야 한다.

물론 이 모든 것은 개인의 상황과 각자의 판단에 따라 달라질 수 있다. 모든 상황에 일괄적으로 적용할 수 있는 기본 원칙 같은 것은 없다. 갈등 상황은 그 정도나 성격에 있어 경우에 따라 다를 수밖에 없기 때문이다.

내가 독일에서 유학하던 시절, 나이 많은 독일인 교수 한 분이 하루는 이런 말씀을 하셨다. 아내를 고르려면 그 여자의 어머니를 먼저 봐야 한다. 만약 그 어머니가 훌륭한 여자고, 여러분이 이상적으로 간주할 만한 종류의 사람이라면, 그 딸들 가운데 누구와 결혼하더라도 그녀는 여러분을 위한 삶을 구현할 것이다.

결혼은
여자가 주도하고
남자가 따라가는 것이다.

아내는 나를 위해 삶을 구현하는 사람이라는 생각을 나는 마음속에 깊이 새겼고, 그것은 정말 훌륭한 생각이었다. 여자는 삶(생명)의 '샤크티(sakti)', 즉 에너지이다. 남자는 그 에너지에 올라타 달리는 방법을 배워야 하며, 삶을 향해 직접 지시해서는 안 된다. 나는 이를 확신한다. 남자는 여자의 에너지를 전달하는 수단이다. 그것이 그의 본래 모습이다. 남자가 무너지지 않는 한, 여러분은 [진짜] 결혼을 한 것이 아니다. 물론 실생활에서나 성적인 면에서는 대등한 삶을 꾸릴지 몰라도, 결혼은 남성의 주도권이 무너지는 것을 필요로 하기 때문이다.

양쪽 모두 정신적 길잡이가 없는 한,
결혼이란 제대로 될 수가 없다.

자아가 무너져야만
두 사람은 합쳐질 수 있다.

하나가 되는 과정에서
그들의 영혼은
발효되고, 융합되고,
분해되고, 부패되어야 한다.

진과 결혼할 당시, 나는 그것이 십자가형처럼 느껴졌다. 실제로 신랑이 신부에게 가는 것은 십자가로 가는 것과 같다. 그리고 신부 역시 신랑에게 자기 자신을 똑같이 내놓는다. 결국 이것은 호혜적인 십자가형이나 마찬가지다.

결혼이란
여러분이 자기 자신을
상대방에게 희생시키는 것이 아니다.
여러분이 자기 자신을
그 관계됨에 희생시키는 것이다.

결혼할 때의 문제가 바로 이것이다. 여러분은 반드시 스스로에게 이렇게 물어보아야 한다. "나는 무엇에 대해서나 항상 공감할 수 있을까?" 욕정이 아니라, 공감 말이다. 물론 여러분이 반드시 무조건적인 사랑을 해야 한다는 뜻은 아니다. 여러분이 한 사람에게 무조건적으로 헌신한다는 것은 가령 뉴욕 시에 사는 모두를 무조건적으로 사랑하는 것과는 전혀 다른 일이다. 나는 달라이 라마가 아니다. 물론 그는 이 세계의 모든 것을 향해 무조건적인 사랑을 주는 것으로 간주되지만 말이다. 심지어 하나님조차도 무조건적인 사랑은 못하고 있다. 사람들을 지옥으로 던져 버린다니까 말이다. 나 개인적으로는 무조건적인 사랑이 이상적이라고 생각하지 않는다. 내 생각에 여러분은 차라리 분별력을 지니고서, 나쁜 놈들은 나쁜 놈들로 인정하고, 따귀를 한 대 때려야 할 필요가 있다. 사실 나 역시 그런 놈들의 목록을 갖고 있다. 혹시 요즘도 단두대로 악인을 심판하는 사람이 있다면, 난 기꺼이 그 목록을 건네주겠다.

> 내 적들의
> 얼굴을 바라볼 때마다
> 나는 자부심을 느낀다.

내 생각에 무조건적인 사랑은 어쩌면 성배가 아닐까 싶다. 성배는 하나님과 악마 사이에 있는 것이며, 하나님이 심판하시는 방식으로 심판하지 않는다. 그것은 심지어 하나님을 넘어선다. 그보다 훨씬 더 큰 그림인 것이다. 사랑-결혼생활에 있어서는 무조건적인-은 구체적이다. 그것은 초점이 있다. 바로 '그' 사람을 위한 것이지, 그 외의 다른 누군가를 위한 것이 아니다. 그 무조건적인 사랑은 만물에까지 미치며, 그것은 영적인 삶에서도 획기적인 단계다. 하지만 그것을 여러분의 바깥에서 찾아서는 안 된다. 그것을 찾아야 할 유일한 장소는 여러분의 내부다. 만약 내부에 무조건적인 사랑이 있다면, 바깥에는 무엇이 있든 아무런 문제가 되지 않는다.

성배로 향하는 열쇠는 공감,
다른 사람의 슬픔을 마치 여러분의 것인 양,
느끼고 또 같이 고통 받는 것이다.

공감의 위력을
깨달은 사람은
성배를 발견한 사람이다.

이런 질문을 던져 보자. "나는 무엇에 대해서나 항상 공감할 수 있을까?" 내가 보기에 공감이란 말 그대로이다. 즉 '같이 고통 받는' 것이다. 그것은 다른 사람의 고통에 즉각적으로 참여하는 것이다. 그것도 여러분 자신과 여러분 본인의 안전을 망각하고, 필요한 일은 무엇이든 자발적으로 하는 정도로 말이다.

내 생각에 이것은 성배의 이미지가 의미하는 바와 뭔가 연관이 있어 보인다. 왜냐하면 성배 왕의 치료에 효과를 발휘하는 것은 다름 아닌 상대방의 고통에 관한 질문을 망설임 없이 던지는 자발적인 행동이기 때문이다. 종종 여러분은 그런 자발적인 행동이 여러분을 바보로 만들 것이라고 생각한 나머지 가급적 안 하려고 한다. 즉 내가 그런 짓을 하면 바보 취급을 받을 것 같은 거다. (파르치팔이 겪은) 성배 성에서의 실패도 바로 그것이었다.

"나 자신의 것도 아니고, 내가 상관할 것도 아닌 고통이 마치 나 자신의 것인 양 내게 즉각적인 영향을 끼치며, 나로 하여금 행동에 돌입하게 만들 만큼 강력한 위력을 발휘하는 까닭은 무엇일까?" - 쇼펜하우어[15]

『율리시스』의 제3장에서 조이스는 스티븐이 바닷가를 따라 걸으면서 대략 다음과 같은 질문을 스스로에게 던지는 장면을 묘사한다. 나는 과연 어느 정도까지 스스로의 안전을 망각한 채, 바닷물 속으로 뛰어들어 내가 전혀 알지도 못하는 사람의 생명을 구하려고 위험을 무릅쓸 수 있을 것인가? 여러분이 누군가를 익사 위기에서 구하려고 할 경우, 자칫하면 그 사람이 여러분을 무작정 잡아당겨 같이 죽을 수도 있으니.

"이것은 정말이지 신비스러우며, 이성(理性)조차도 아무런 설명을 해 줄 수 없으며, 현실의 경험에서도 전혀 근거를 찾을 수 없다. 그럼에도 불구하고 이는 흔히 벌어지며, 모두 그런 경험을 지닌 바 있다. 아무리 완고하고 이기적인 사람들이라 할지라도 이를 전혀 모르지는 않을 것이다. 그런 예들은 매일 우리의 눈앞에 가령 이런 종류에 대한 즉각적인 응답으로 나타난다. 우리는 생각할 겨를도 없이, 한 사람이 다른 사람을 돕고, 도움을 제공하고, 심지어 난생처음 본 누군가를 위해서조차 자기 목숨을 명백한 위험 앞에 노출시키면서도, 마음속으로는 다른 사람들이 이를 필요로 하고 생명이 경각에 달렸다는 생각밖에는 못하는 것이다." - 쇼펜하우어[16]

몇 달 전에 뉴욕의 어느 신문에 난 기사를 보니, 어떤 꼬마가 물에 빠진 개를 구하러 허드슨 강에 뛰어들었다가 결국 자기도 물에 빠져 죽을 뻔했다는 이야기가 있었다. 왜 강에 뛰어들었느냐는 질문을 받자, 그 아이는 이렇게 말했다. "왜냐하면 제가 키우는 개였으니까요." 그런가 하면 불길이 치솟는 건물 안으로 - 그것도 두 번이나 - 뛰어 들어가 어린 남동생과 여동생을 구해 나온 소녀가 있었는데, 왜 그렇게 했는지 묻자 그 아이도 이렇게 대답했다. "동생들을 사랑하거든요."

쇼펜하우어는 (……) 그러한 행동이 자신과 그 타인이 사실은 하나라는 진리를 본능적으로 인식한 데에서 나온 행동이라고 대답했다. 그는 타인과 별개라는 이차적인 자아의식 때문에 행동한 것이 아니라, 존재의 토대 안에서는 모두가 하나라는 더 크고 더 참된 진리를 직접적으로 경험했기 때문에 그렇게 행동했다는 것이다.[17]

그것이 바로 힘이다. 이런 사람들은 자신이 그런 능력을 지녔는지 아닌지조차 알지 못했다. 그것은 의무도 아니고, 계산도 아니다. 그것은 섬광이다. 우리 안에 있는 삶의 진실의 발견이다. 그런 순간에 여러분은 여러분과 다른 사람들이 사실은 하나임을 깨닫게 된다. 그것이야말로 커다란 깨달음이다.

생존은 삶의 두 번째 법칙이다.
첫 번째 법칙은 우리가 모두 하나라는 것이다.

유아의 초기 발전 단계에서는 세월의 흐름과 무관한 상태의 '신화적인 징후'가 관찰된다. 이러한 징후는 어머니의 품을 떠날 즈음 아이를 괴롭히는 신체 손상의 환상에 대한 반작용과 무의식적인 저항으로 나타난다.[18] "아이들은 짜증스러워하는 반응을 보이고, 짜증을 수반하는 환상은 어머니와 관련된 것이면 무엇이든지 파괴해 버린다. (……) 이윽고 아이는 이러한 충동에 대한 보복을 두려워하게 된다. 자기 내부의 모든 것을 쏟아 버리게 될지도 모른다는 두려움을 느끼게 되는 것이다."[19] 자기 몸의 고결성에 대한 갈망, 원상회복의 환상, 내적이고 외적인 '나쁜' 힘에 대한 보호와 불가괴성(不可壞性)의 은밀하고도 깊은 요구가 심성을 형성시키기 시작한다. 이것은 후일 성인이 된 다음 신경증적이거나 정상적인 일상생활, 정신적인 노력, 종교적 신념, 제의적 관습에 결정적인 인자로 그대로 남게 된다.[20]

신화는 우리 안에 있는
힘들을 합쳐 줄 수 있는 실마리다.

우리가 (……) 그것을 바라볼 때에 인간으로서 지니는 중대한 문제는 다음과 같다. 즉 우리가 자녀들에게 이야기해 주는 신화-신호와 감응 이미지, 그리고 에너지를 유발하고 조작하는 신호의 무리-는 그들에게 평생 자신들의 것이 될 환경에 보다 풍부하고 생생하게 연결될 수 있는 직접적인 메시지를 전달해 줄 것이다. 신화는 우리의 자녀들을 이미 과거에 지나지 않는 사람들, 또는 경건하게 미래만을 고대하는 사람들, 또는 최악의 경우에는 조급하거나 괴팍스러운 종파나 덧없는 유행을 즐기는 사람들에게 연결해 주는 것이 결단코 아니다. 이것이 중요한 이유는, 만약 이 문제를 제대로 해결하지 못할 경우에, [그로 인해] 잘못 교육받은 사람은 결국 신화적 의미에서 이른바 황무지라고 일컫는 상황에 처하기 때문이다. [그렇게 되면] 세상은 그에게 말을 걸지 않고, 그는 세상에 말을 걸지 않는다. 그러면 [그에게는] 단절이 일어나고, [그는] 정신적으로 파멸을 맞이하여, 결국 벽에 완충재를 댄 정신병원 독방에서 정신분열을 일으키거나, 또는 벽 없는 거대한 정신병원[이라 할 수 있는 이 세상]에서 큰 소리로 이런저런 구호를 외치는 편집증적 정신분열을 일으키기 딱인 것이다.[21]

신화는 우리의 깨어나는 의식과 우주의 신비 사이를 연결시켜 준다. 신화는 우주의 지도 또는 그림을 우리에게 선사하며, 우리가 스스로를 자연에 대한 관계 속에서 바라볼 수 있게 해 준다. 가령 우리가 아버지 하늘과 어머니 대지라고 말하는 것처럼 말이다. 신화는 특정한 사회적, 도덕적 질서를 지지하며 정당화한다. 시나이 산에서 하나님이 모세에게 준 십계명은 그 한 예라고 할 수 있다. 마지막으로 신화는 우리가 출생에서 사망에 이르는 삶의 여러 단계를 통과하고 감당할 수 있게 해 준다.

결과적으로 우리의 젊은이들을 교육시키는 문제는 상당히 복잡할 수밖에 없다. 왜냐하면 그들이 과거의 패턴을 비판적으로 수용하고, 자신의 창조적 가능성을 인식하고 육성하며, 그리고 이전까지의 생물학과 사회학이 증명한 수준에 머무는 것이 아니라 인류의 발달을 더욱 꾀할 수 있도록 가르쳐야 하기 때문이다.[22]

근본적으로 모든 사람에겐 반드시 아버지가 있어야 한다. 아버지는 중요한 역할을 맡는다. 어머니는 자연을 표상하지만, 아버지는 아들과 딸을 사회적 관계로 인도한다.

여러분은 어머니로부터 여러분의 몸을 얻었다.
여러분은 아버지로부터
사회에서의 역할을 얻는다.

아들은 아버지가 했던 것과 비슷한 역할을 해야 하기 때문에, 아버지는 긍정적인 면으로나 부정적인 면으로나 아들의 모델이 된다. 어쩌면 여러분은 자기 아버지와 같은 삶의 방식에 염증을 느낄 수 있다.

하지만 그로써 여러분은 이미 그것을 일종의 모델로 삼은 것이며, 따라서 그것에 대해 부정적으로 반응하는 것이 바로 여러분의 삶이 되는 것이다. 만약 아버지가 거기 없다면 여러분이 있는 가족 내에서 외부 세계와 효과적으로 관계를 맺는 것은 거의 불가능에 가까워진다.

　딸에게 있어 아버지는 여러 가지 면에서 남성적 원리와 맺는 최초의 친밀한 관계인 셈이다. 아버지가 없으면, 어머니가 반드시 〔부모의〕 두 가지 역할을 모두 감당해야 하며, 내 생각에 그 아이는 아버지가 없다는 사실에 대해 마음속 깊은 곳에서 어머니를 원망할 것 같다. "분명히 나의 인도자와 메신저가 되어 줄 사람을 내게서 앗아가 버린 사람은 바로 어머니다"라는 식으로 말이다.

돈은 응결된 에너지이므로 돈을 포기하는 것은 삶의 가능성을 포기하는 것이나 마찬가지다. 여러분은 〔지금과 같이〕 경제중심적인 사회에서 삶의 가능성이란 사실상 여러분이 얼마나 많은 돈을 버는지에 달렸다는 사실을 깨닫게 된다.

하지만 돈이란 내게 그 어떤 의미도 없다. 내가 유럽에서 공부하고 돌아온 지 3주 만에 월스트리트의 주가가 대폭락했다. 당시 내가 지닌 유일한 재산은 대학의 어느 재즈 밴드에서 연주를 해서 모은 것뿐이었다. 다해서 수천 달러가량 되었는데 – 그 당시에는 제법 큰돈이었다 – 나는 그 돈이 완전히 바닥날 때까지 버텼다. 다시 말해 이후 5년 동안 나는 땡전 한 푼 벌지 못했던 것이다. 그때 내가 깨달은 사실은 만약 부양할 가족이 없다면 돈이 전혀 없어도 잘 살아갈 수 있다는 것이었다. 물론 내가 누군가를 위해 무엇을 해 줄 때 전혀 돈을 바라지 않았다는 뜻은 아니다. 나 역시 벌 수 있는 만큼은 최대한 벌려고 했지만, 결코 돈을 버는 것 자체가 목적은 아니었다는 뜻이다. 나는 이제껏 돈에 관해 완전히 무심한 삶을 살아왔다. 대신 나는 정말 하고 싶은 일을 함으로써 제법 많은 돈을 벌게 되었다. 그렇게 하면 〔결국은〕 돈이 따라오게 된다. 왜냐하면 여러분이 삶에 선사하는 것과 삶이 여러분에게 보답하는 것은 마치 동전의 양면과도 같기 때문이다.

> 자신이 행복해하는 것을 따른다면,
> 여러분은 항상 행복을 얻게 될 것이다.
> 돈이 있건 없건 간에.
>
> 돈을 따른다면,
> 여러분은 돈을 잃을뿐더러,
> 아무것도 얻지 못할 것이다.

내 원래 성격이 그러했으며, 또 내가 관심 있어 하는 분야가 그러했기 때문에, 자신의 삶을 오로지 돈 벌기에 바치는 사람들을 향해 나는 일종의 경멸을 품고 있었다. 하지만 이제는 나 역시 돈을 벌고, 그런 와중에 돈 버는 것을 업으로 삼는 사람들, 즉 그 분야에 평생을 바친 사람들과 만나게 되면서, 나는 매우 흥미로우면서도 놀라운 경험을 하게 되었다. 이른바 훌륭한 부자들을 만나게 된 것이다.

삶의 에너지로서 경험되는 돈은 실제로 명상이나 다름없으며, 그것을 축적하는 대신 흘려보내는 것은 다른 사람들의 삶에 참여하는 한 가지 방법이기도 하다. 돈에 몰두한 삶으로부터 뭔가 아름다운 것이 자라날 수 있다는 사실이 내겐 매우 놀라웠다.

오늘날 삶을 살아가는 데 있어서 돈은 〔행동을〕 촉진시키는 에너지의 원천이다. 돈이 있다는 것은 마치 차에 기름이 있는 것과도 유사해서 만약 기름이 없었더라면 결코 갈 수 없을 장소에 갈 수 있는 것이다.

여러분은 자신이 육성해 온 이득을 잘 사용해야 한다. 그렇지 않고 만약 그것들을 놓칠 경우, 여러분은 대략 10년쯤 지나서 부정적인 반작용을 경험할 것이다. 내가 하고 싶은 말은, 여러분이 하나의 문턱에서 또 다른 문턱으로 움직일 때에는 차라리 점프를 해야만 한다는 것이다. 여러분은 더 아래로 내려갈 것이 아니라, 지금 여러분이 있는 곳에서부터 출발해야 한다. 바로 거기서부터 점점 더 많은 것이 피어날 것이다. 여러분의 중심으로부터의 잠재력은 다음 모험에 필요한 미래 예측에 유용하게 쓰일 것이다.

뉴욕에서 벌어지는 예술의 추세를 살펴보면, 이른바 뭔가에 돈이 몰려야만 꽃이 피어나게 마련이라는 말이 지당하게만 느껴진다. 돈이 있으면 흐름도 있어야 한다. 나는 볼링엔 재단에 이사로 재직함으로써 돈이 많은 어떤 사람과의 아름다운 경험을 한 적이 있다. 그 재단은 대부호 폴 멜론이 설립한 것이었다. 멜론 부부는 한때 카를 융에게 정신분석을 받았는데, 전쟁이 임박하자 스위스를 떠나야만 했다. 두 사람은 융에게 지금까지 해 준 일에 대한 감사의 표시로 무엇을 해 주었으면 좋겠느냐고 물었다. 그는 상징의 해석과 연구를 담당하는 재단을 설립해 달라고 요청했다. 두 사람은 그렇게 했다. 이는 많은 돈을 올바로 사용하는 것의 한 가지 예라고 할 수 있다. 그곳에서 출간된 볼링엔 시리즈가 미국의 문학과 과학에 끼친 영향은 어마어마했다. 그 돈이 없었더라면 그런 일은 결코 벌어질 수 없었을 것이다.

여러분에게는 에너지만 필요한 것이 아니라, (그 에너지를 흘려 보낼) 경로의 모델을 제공하는 사고력도 필요하다. 그래야만 여러분의 삶은 진정으로 꽃을 피울 수 있다. 돈을 잘못된 곳에 사용하는 일은 여러분의 삶을 파멸로 이끌 수도 있다. 한 나라의 경제에서 또는 한 도시의 경제에서 돈은 어디로 가는 것이며 어디서 오는 것일까? 그것이야말로 매우 큰 문제 가운데 하나다. 여러분의 잘못된 경로 설정으로 인해 찬란히 꽃피운 문화가 졸지에 고갈된 문화로 바뀔 수도 있는 법이다.

나는 사회학을 심리학으로 환원할 수 있다고 항상 생각해 왔다. 그것은 에너지 분배와 관련이 있다. 여러분은 자신의 돈으로 무엇을 할 생각인가? 여러분은 돈을 사용하는 데 있어 여러분의 의식 가운데 과연 어떤 요인을 선호하겠는가? 예를 들어, 나는 75달러짜리 책을 펴낸 적이 있다. 어떤 사람들은 책값이 너무 비싸다고 하겠지만, 그러면서 한편으로는 식당에서 150달러짜리 저녁식사를 아무렇지도 않게 사먹을 것이다. 그렇다면 돈을 위쪽, 그러니까 여러분의 머릿속에 넣어야 할까, 아니면 아래쪽, 여러분의 뱃속에 넣어야 할까? 위쪽의 경우, 내가 여러분에게 준 그 책(의 내용)은 변함이 없을 것이다. 하지만 아래쪽의 경우, 단순히 영양 보충을 위해서라면 그보다 훨씬 싼 음식을 먹어도 별 문제가 되지는 않을 것이다.

여러분이 단순히 열등감을 상쇄하기 위해 학위과정을 밟고 있다면, 그런 열등감은 벗어던져라. 왜냐하면 열등감이란 인공적으로 만들어진 것이기 때문이다.

여러분이 학위과정을 밟고 있다면 알겠지만, 그 과정 동안에는 여러분 '자신'이 원하는 대로 할 수가 없다. 학위를 얻기 위해 교수가 여러분에게 원하는 것을 해야 하며, 시키는 대로 고분고분 따라야 한다. 여러분이 누군가를 가르치기 위해 학위를 필요로 한다면, 방법은 단 하나, 즉 가장 빠르고 가장 손쉬운 방법으로 학위를 얻는 일 뿐이다. 일단 학위를 얻고 난 '다음'에 가서도 여러분은 더 공부할 수 있기 때문이다.

나는 일찍이 유럽에 가서 공부할 수 있는 장학금을 받고 파리 대학교로 유학을 갔다. 나는 중세 프랑스어와 프로방스어, 그리고 음유시인의 시들을 공부했다. 유럽에 가서야 나는 현대 예술을 발견했다. 제임스 조이스, 피카소, 몬드리안 등을 말이다. 1927년부터 1928년까지의 파리는 매우 특별한 곳이었다. 그다음에는 독일로 가서 산스크리트어를 공부하면서 힌두교에 큰 관심을 갖게 되었다. 융을 발견하게 된 것도 바로 독일에서였다. 〔그때부터〕 문이 열리기 시작했다. 이쪽에서, 또 저쪽에서. 그 당시에 내가 던진 질문은 다음과 같은 것이었다. "나는 다시 저 유리병 속으로 되돌아가야만 할까?" 켈트 로망스에 관한 내 관심은 사라진 지 오래였다.

나는 대학으로 가서 이렇게 말했다. "저기요, 나는 저 유리병 속으로 되돌아가고 싶지 않아요." 나는 학위 취득을 위한 필수과목을 모두 수강한 상태였고, 이제 그 망할 놈의 논문만 쓰면 땡이었다. 하지만 대학 측에서는 내가 다른 곳으로 옮겨가서 공부를 계속하도록 허락해 주지 않았다. 결국 이까짓 것 개나 줘 버리자고 생각했다. 〔대신〕 나는 숲 속으로 들어가 5년 동안 독서로 시간을 보냈다. 그리하여 나는 박사학위를 얻지 못했다. 〔하지만 덕분에〕 나는 아무것도 없는 상태에서 살아가는 방법을 배웠다. 자유로웠고, 아무런 책임질 일도 없었다. 그야말로 경이로웠다.

하고 싶은 일을 하려면
용기가 필요하다.

다른 사람들은
여러분에게 강요할 갖가지 계획을 갖고 있다.

여러분이 원하는 일을 할 수 있길
원하는 사람은 세상에 하나도 없다.

그들은 여러분이 여행을 떠나길 원하지만,
여러분은 자신이 원하는 것을 할 수 있다.

나도 그랬다. 나는 숲 속으로 들어가서
5년 동안 독서로 시간을 보냈다.

1929년부터 1934년까지의 5년간이었다. 나는 뉴욕 주 우드스톡의 작은 오두막에 살면서 그저 책만 파고들었다. 그저 읽고, 또 읽고, 읽으면서 노트 필기를 했다. 그 당시는 대공황의 와중이었다. 돈이라곤 한 푼도 없었지만, 당시 뉴욕에는 스테처트 해프너라는 큰 서점이 있어서 나는 거기다가 책을 주문했다. 하지만―특히 프로베니우스[23]의 책들은 매우 비쌌다―그 즉시 책값을 지불하지는 않았다. 대공황 때에는 다들 그랬다. 서점에서는 내가 일자리를 구할 때까지 기다려주었고, 나는 일자리를 구하고 나서 책값을 냈다. 그야말로 훌륭한 태도였다. 나로선 지금도 감사해 마지않을 만한 일이다.

나는 조이스와 토마스 만과 슈펭글러를 읽었다. 슈펭글러는 니체를 언급했다. 나는 니체도 읽었다. 그러다가 니체를 읽으려면 쇼펜하우어를 먼저 읽어야 한다는 것을 알고는 쇼펜하우어도 읽었다. 그러다가 쇼펜하우어를 읽으려면 칸트를 먼저 읽어야 한다는 것을 알았다. 그런 식으로 해서 칸트도 읽었다. 일단 거기까지만 가도 되긴 했지만, 칸트를 출발점으로 삼자니 상당히 힘들었다. 그래서 거기서 다시 괴테로 거슬러 올라갔다.

한 가지 흥미진진했던 사실은 조이스 역시 이들과 똑같은 내용을 다루고 있었음을 깨달은 것이었다. 물론 조이스가 쇼펜하우어의 이름을 언급한 적은 없어도, 나는 조이스의 시스템을 구축하는 데 있어 쇼펜하우어가 중요한 역할을 했음을 증명할 수 있다. 그다음으로 나는 융을 읽었고, 그의 사고 체계가 근본적으로 슈펭글러의 사고 체계와 똑같다는 것을 깨닫고 나서 이 모든 것을 한데 버무리기 시작했다.

그 5년 동안 나는 앞으로 무슨 일이 벌어질지 도무지 알 수 없었다. 그러나 비록 잠시 동안이라 하더라도 그런 식으로 계속 살아갈 수도 있겠구나 하는 점은 확신하고 있었다. 한번은 작은 서랍장의 맨 위 서랍 안에 1달러짜리 지폐 한 장을 넣어 두고는, 그 돈이 거기 남아 있는 한 아직 빈털터리까지는 아니라고 자위한 적도 있었다. 정말이지 놀라웠다. 나는 아무런 책임도 지고 있지 않았다. 전혀. 정말 재미있었다. 일기를 쓰고, 내가 원하는 게 무엇인지 알아내려 애서 보았다. 나는 여전히 그 당시의 물건들을 갖고 있다. 이제 와서 그 물건들을 다시 들여다보면, 〔그때 내가 그렇게 살았다는 사실을〕 전혀 믿을 수 없을 정도다.

물론 가끔은 나도 거의 – 정말 '거의' – '젠장, 차라리 누가 나보고 뭘 해야 한다고 말이라도 해 줬으면 좋겠다' 는 생각이 들기도 했다. 자유는 의사결정을 수반하는 것이고, 각각의 결정은 운명적인 결정이다. 여러분의 내부에 있는 시스템이 열망하는 것과 딱 맞아 떨어지는 어떤 것을 외부 세계에서 발견하기란 결코 쉽지가 않다. 〔하지만〕 지금 와서 생각해 보면, 나는 완벽한 삶을 산 것 같다. 내가 필요로 하는 것들은 내가 필요로 하는 바로 그 순간에 맞춰 나타나 주었다. 내가 그 당시에 가장 필요로 했던 것은 5년 동안 직업도 없이 지낼 수 있는 삶이었다.

그게 가장 절실했다.

쇼펜하우어의 말마따나, 여러분이 [지금까지 지내 온] 자신의 삶을 돌아보면, 마치 그 삶 자체가 어떤 [일관적인] 줄거리를 이룬 듯 여겨질지 몰라도, 실제로 여러분이 그 과정을 겪어 온 과정은 그야말로 혼란의 연속이었을 것이다. 뜻밖의 일 뒤에 또 뜻밖의 일이 뒤를 따르는 식이다. 그러다가 나중에 돌아보면, 여러분은 비로소 그것이야말로 완벽했음을 깨달을 것이다. 따라서 내 지론은, 만약 여러분이 자신의 길을 가고 있으면 만사가 여러분에게 [자연스레] 찾아오게 마련이라는 것이다. 그것이 여러분 자신의 길이고, 어느 누구도 그 길을 앞서 지나가지 않았기 때문에 아무런 전례도 없는 것은 당연하고, 따라서 모든 것이 그야말로 뜻밖이며, 그야말로 적시인 것이다.

우드스톡에서 지내던 와중에 나는 일자리를 알아봐야겠다고 결심했다. 나는 소형차인 포드 모델 A를 타고 대공황 중에 미국 대륙을 횡단했다. 그때의 여행은 나로선 평생 잊을 수 없는 경험이었다. 일가족을 태운 차들이 도로 중간에서 고장 나 서 있는 광경이 여기저기 눈에 띄었다. 그야말로 끔찍했다. 그 당시에 세상이 어떻게 돌아갔는지 요즘 사람들은 상상도 못할 것이다.

그 차를 타고 뉴욕에서 서부 연안까지 가기로 작심한 직후, 나는 우선 차를 몰고 버지니아로 들어가 멋진 천연 석회암 다리 근처에서 멈춰 섰다. 나는 무려 두 시간 동안이나 그 지역을 이리저리 거닐면서, 조지 워싱턴이 도대체 여기서 어떻게 측량사 노릇을 했을까를 비롯해서 갖가지 생각을 해 보았다. 문득 그것이 내게 뭔가를 가르쳐 주고 있다는, 또 내가 뭔가를 배우고 있다는 생각이 들었다. 나는 그날의 일을 매우 중요한 경험으로서 일기장에 기록해 두었다.

일단 서부 연안에 도착하고 보니 나는 실업자 신세였고, 게다가 캘리포니아까지 왔으니 더 이상은 서쪽으로 가고 싶어도 갈 수가 없었다. 나는 1925년에 하와이에 다녀오는 배 안에서 새너제이에 사는 여자를 만난 적이 있었다. 이후 우리는 때때로 작은 엽서를 통해 장거리 서신 교환을 했다. 마침 나는 카멜로 가다가 문득 이렇게 생각했다. "아이델한테 잠깐 들러서 인사나 하고 가지, 뭐." 그래서 나는 그녀를 찾아갔다. "잘 있었어?" "어, 지금 카멜로 가는 중이라고? 그럼 나도 같이 가. 우리 언니 캐롤이 거기 살거든. 우리 형부란 양반은 작가가 되는 게 소원이래. 내가 소개해 줄게."

그녀의 형부란 바로 존 스타인벡이었고, 우리의 인연은 그렇게 시작되었다. (새로운 친구들과) 인사를 나누고 보니, 아주 멋진 사람들이 한 자리에 모여서 앞으로 뭘 할지 궁리하는 상황이나 다름없었다. 거기 모인 사람들이란 존과 캐롤 스타인벡 부부, 리치 러브조이와 그의 아내인 나탈리아－'탤'이라는 애칭으로 통하던 그녀는 스타인벡의 원고 타이핑을 도맡았다－그리고 존의 소설에서 종종 '의사선생'으로 등장하는 에드 리케츠 등이었다. 리치와 탤은 『통조림 공장 마을』에서 연인 관계로 등장한다. 한마디 덧붙이자면, 『통조림 공장 마을』에 나오는 유명한 파티 장면은 그날 이들이 나를 위해 베풀어 준 파티에서 비롯되었다. 스타인벡은 단지 거기다가 다른 등장인물을 좀 더 추가했을 뿐이다.

그 당시에는 에드를 빼면 모두 실업자였다. 다들 '무조건' 여기저기 돌아다니기만 했다. 스타인벡은 그저 글을 쓰고, 또 쓰고, 썼다. 당시 그는 『천국의 초장』이라는 소설을 탈고하고, 『누군지 모를 하나님께』라는 소설을 쓰기 시작한 참이었다. 내가 도착하자마자 그가 맨 처음 한 말은 "아, 어서 오게. 내가 쓴 소설의 제1장을 읽어줄 테니 한번 들어 보라고"였다. 당시 나는 스물여덟 살이었고, 그는 아마 서른넷이나 다섯쯤이었을 것이다. 그는 나에게 살 집을 구해 주었는데, 그곳은 바로 4번가에 있는 캐너리 코티지라는 이름의 작은 집이었고, 바로 옆에는 에드의 집이 있었다.

사람이 어찌할 바를 모를 때에는 정말로 어찌할 수 없다. 내겐 아무런 철학도 없었다. 컬럼비아 대학을 졸업한 후에는 정말 아무것도 없었다. 무슨 영문인지 우리는 함께 존 듀이를 공부했다. 카멜 도서관에서 나는 오스발트 슈펭글러의 두 권짜리 『서구의 몰락』을 꺼내 들었는데, 이런, 세상에! 거기 적힌 내용은 벼락과도 같았다. 슈펭글러는 말했다. "젊은이여, 만약 그대가 미래의 세계에 있고 싶다면, 자신의 그림붓과 시 쓰는 펜일랑 선반 위에 얹어 두고, 멍키 스패너나 법전을 집어 들어라." 나는 스타인벡에게 말했다. "저기요, 이것 좀 한번 읽어 보세요." 나는 그 책의 제1권을 다 읽은 다음에 그에게 건네주었다. 그는 잠시 후에 내게 다가와서 이렇게 말했다. "아, 나는 이 책 절대 못 보겠는걸. 아, 내 예술을 어쩌나." 그는 거의 2주 동안이나 한방 먹은 사람처럼 넋이 나가 좀처럼 글을 쓰지 못했다.

그가 슈펭글러의 문장들(이 준 충격으)로부터 회복되고 난 어느 날, 그는 옆구리를 문지르면서 이리저리 거닐면서 "뭔가 글이 나올 것 같은데" 하고 중얼거리고 있었다. 그는 자기 옆구리 문지르는 걸 좋아했다. 또 하루는 밖에서 들어와서는 이렇게 말했다. "방금 『천국의 초장』을 팔고 오는 길인데, 출판사에서 내 다음 두 소설도 계약하고 싶다는 거야." 물론 여러분의 첫 책을 사겠다는 출판사라면 다음 두 권의 책도 사고 싶어 할 것이다. 자칫하면 공연히 첫 책의 광고만 실컷 해 주고 나서, 그다음 책들을 다른 출판사에 빼앗기는 꼴이 될 수도 있기 때문이다. 이 희소식을 접하고 우리는 파티를 열었다.

슈펭글러의 책을 읽은 것이야말로 내겐 중요한 경험이었기 때문에, 나는 에드에게 이렇게 말했다. "있잖아요, 에드. 당신도 알다시피 나는 지금껏 평생 삶에 대해 '아니' 라고 말해 왔는데, 이제부터는 '그래' 라고 말하는 게 더 나을 것 같아요." 그가 말했다. "그래, 근데 그렇게 하려면 술에 취해야 되니까 일단 파티를 열자고." 그 당시는 대공황의 시대일뿐만 아니라 금주법의 시대이기도 했다. 그가 말했다. "내가 우리 실험실에서 쓰는 알코올을 가져올 테니까, 거기 뭘 좀 섞어서 한 번 만들어 보자고."

아이고, 어찌나 뻑적지근한 밤이었는지! 그는 커다란 유리그릇에 과일 주스와 알코올을 붓고 섞었다. 그러더니 그 유리그릇을 더 큰 유리그릇에 넣고, 그 주위에 소금을 뿌린 얼음을 넣어 계속 차갑게 만들었다. 파티는 오후 네 시에 시작되었는데, 새벽 세 시가 되자 결국 경찰차가 문 앞에 나타나더니 경찰관 두 명이 집 안으로 들어왔다. 그러더니 이렇게 말했다. "아니, 지금 뭐 하고 있는 거야?" 마침 스타인벡하고 친하게 지내던 경찰관들이었기 때문에 그가 얼른 대답했다. "뭐긴, 파티 하는 중이지. 자, 한 잔씩들 하라고." 우리는 이미 한 시간 넘도록 술을 안 마시고 놔둔 다음이었는데, 그 와중에 작은 유리그릇에 소금물이 배어들어서 그만 알코올과 과일주스와 소금물이 뒤범벅된 이상야릇한 액체가 되고 말았다. 두 경찰관은 그 액체를 한입 맛보더니, 마치 이렇게 묻는 듯한 표정으로 우리를 바라보는 것이었다. "도대체 뭘 퍼마시고 있었던 거야, 이 양반들아?" 파티는 그걸로 끝이었다.

당시 우리 중에서 유일하게 일자리를 가진 사람은 에드 리케츠뿐이었다. 그는 연구실을 운영하면서 해삼과 해파리 등의 바다 생물들을 채집해 학교에 납품했다. 그는 불가사리 알을 한 움큼 부화시킨 다음, 생물 수업시간에 그 변화과정을 보여 주기 위해 매 단계마다 칼로 해부하곤 했다. 표본을 채집하기 딱 좋은 썰물 때 우리는 모두 에드를 따라 바닷가 - 가령 샌타크루즈 위쪽 같은 데 - 로 가서 그 징그러운 것들을 주워 담곤 했다.

그는 동물을 매우 좋아했다. 연구실에는 방울뱀을 두 마리나 상자에 넣어 키웠는데, 하루는 뱀에게 흰 생쥐를 먹이로 주는 모습을 우리에게 구경시켜 주었다. 아, 그것 참 대단한 광경이었다. 스타인벡은 훗날 그때 일에 관한 단편소설을 하나 쓰기도 했다. 그 뱀은 벌써 몇 주째 잠만 자고 있었다. 뱀들이야 아무 할 일이 없으니 늘 그러는 모양이었다. 우리가 지켜보는 가운데 에드는 뱀이 든 상자 안에 흰 생쥐를 넣었다. 솔직히 그럴 때는 누구나 자연스럽게 생쥐의 편을 들게 마련이다. 작은 생쥐는 주변을 킁킁대며 냄새를 맡고 돌아다니다가 뱀 근처까지 다가갔으나, 결국 그곳은 별로 좋은 자리가 아니라고 생각한 모양인지 한쪽 구석으로 도망쳐서 정말이지 쥐죽은 듯 앉아 있었다. 생쥐를 발견한 방울뱀은 천천히 그쪽으로 다가가서 - "콱!" 하고 - 쥐를 물어 버렸다. 코에 두 개의 작고 붉은 점이 나타나더니, 생쥐는 빙그르 돌며 뒤로 넘어갔다. 그렇게 해서 생쥐는 죽고 뱀은 살았으며, 따라서 이제 우리도 자연스레 그 생쥐를 먹으려는 방울뱀 편을 들게 되었다. 생쥐가 방울뱀의 몸통 굵기보다 더 컸기 때문이다.

에드가 말했다. "이제 잘 보라고. 저놈이 아가리를 딱 벌릴 테니까." 뱀은 아가리를 딱 벌리고 생쥐를 삼키기 시작했다. 생쥐는 뱀의 입에 들어가면서부터 모양이 바뀌기 시작했는데, 왜냐하면 뱀의 침에는 소화효소가 들어 있기 때문이다. 솔직히 말해서 그걸 보고 있자니 내 목에도 뭔가가 그렇게 넘어가는 느낌이었다. 그 중에서도 가장 엽기적인 순간은 방울뱀이 먹기도 귀찮다는 듯 모든 동작을 멈추고, 생쥐의 두 다리와 꼬리가 입 밖으로 삐져나와 있을 때였다. 물론 그것 역시 조만간 뱃속으로 들어가 버렸지만 말이다.

그 시절의 일들은 내 머릿속에 아직도 생생하게 남아 있다. 괴테의 걸작 소설 『빌헬름 마이스터의 수업시대』와 『빌헬름 마이스터의 방랑시대』에는 여러분이 방랑을 하면서 갖가지 경험과 사람들을 맞닥뜨려야 한다는 주장이 제기된다. 사실 여러분이 경험하는 삶도 바로 그런 식이다. 그 무엇도 고정적인 것은 없으며, 그 무엇도 당연한 것으로 간주될 수 없다. 모든 것은 자연스레 눈에 띄게 되는데, 왜냐하면 모든 것이 가능성이며, 모든 것이 단서이며, 모든 것이 여러분에게 말하고 있기 때문이다. 이는 경이로운 일이다. 마치 여러분의 코가 여러분을 올바른 곳으로 인도하는 것과 마찬가지다. 여러분이 그와 같은 여행을 하고 있다면, 여러분은 놀라운 순간들을 향해 나아가는 셈이다. 가령 내가 카멜 도서관에서 우연히 손을 뻗어 한 권의 책, 그러니까 내 인생을 뒤바꾼 책을 발견한 것처럼. 정말로 그랬다! 그때의 방랑은 주위를 킁킁대며 냄새를 맡으며 돌아다니는 기회, 또한 여기라면 정착할 수 있겠다는 생각이 드는 곳에 대한 느낌을 얻는 기회였던 것이다.

일자리를 얻고 나서 평생 집과 일터 사이를 왔다 갔다 하는 불쌍한 친구들이라니……. 어떤 친구는 내게 자신이 얼마나 늙었는지를 확인할 수 있는 체크리스트를 하나 건네주었다. 거기 적힌 항목 중에서 일부는 그냥 농담 같았지만, 또 일부는 상당히 진지했다. 그 중 하나는 "먹음직스런 스테이크를 한 입 깨물고 보니, 이빨이 입에서 떨어져 나가 고기에 박혀 있을 때"이다. 또 "예전보다 등짝이 더 자주 아플 때"라든지, "젊고 예쁜 여자를 보는 순간, 심장박동기에서 나오는 신호에 차고 문의 자동장치가 그만 오작동해서 열릴 때" 같은 것도 있다.

그 중에서도 가장 진지한 것은 "사다리 맨 위까지 올라가고 나서야 전혀 엉뚱한 벽에 사다리를 세워 놓았음을 깨달을 때"이다. 많은 사람들이 실제로 그런 상황에 처한다. 그야말로 끔찍한 일이다. 그런 다음에, 아이구, 다시 사다리를 내려와서 또다시 제대로 세우고는…… 곧이어 사다리 따위는 까맣게 잊어버리고, 그냥 여기저기 부딪치며 왔다 갔다 한다.

나는 여덟 달 동안 방랑 생활을 했다. 러시아어를 배우기도 했는데, 딱히 이유가 있어서는 아니었고 에스파냐어와 프랑스어와 독일어를 배우고 나서 갑자기 그게 배우고 싶었기 때문이다. 한때 나는 『전쟁과 평화』를 러시아어로 읽었다. 이제는 러시아어라곤 단어 하나도 기억이 안 나는 신세가 되었지만, 그래도 덕분에 한때나마 로스앤젤레스에 있는 러시아인 공동체와 어울리게 되었다. 그 사람들 중에는 혁명 후에 미국으로 이민 온 사람들이 많았다. 정말이지 대단했다. 그런 다음에 나는 다시 차에 올라타고 다른 곳으로 떠났다.

캘리포니아에서 1년을 보낸 뒤, 나는 뉴욕으로 돌아와서 어느 예비학교에서 일자리를 얻었다. 남학생들에게 독일어와 프랑스어, 고대사와 영어를 가르치고 9백 달러를 받았다. 그런 한편으로 그 학생들에게 일종의 유모 노릇까지 해 주어야 했다. 밤이면 아이들을 재우고, 아침이면 깨우고, 정렬시켜서 운동장으로 몰고 나가야 했다. 솔직히 말해서 그것은 전혀 다른 종류의 삶이었고, 나로선 도무지 받아들일 수가 없었다. 내가 있던 학교는 아름다운 곳이었고 일자리도 훌륭했지만, 나는 뭔가 선로에서 이탈한 느낌이었다. 나는 곧바로 좌절감에 빠져들었다.

아, 정말로 좋은 시절이었다. 나는 그저 이리저리 돌아다녔고, 내가 무엇을 할 것이며 무엇을 하지 말아야 할 것인지에 대해 킁킁거리며 냄새를 맡고 다녔다. 나는 오로지 내적으로 이치에 닿는다고 느껴지는 일만을 하고 싶었다. 그렇지 않고 다른 방식으로는 도무지 살 수 없으리라 생각했다. 게다가 아무것도 할 일이 없을 때에는 책을 읽는 게 최고인 거다.

여러분도 방랑을 하게 되면, 당장 '그날 하루' 무엇을 할 것인지는 생각하되, '내일은 뭘 해야지' 하고 미리 생각해 둔 것에 매달리지는 말아야 한다. 여러분이 아무런 책임질 일을 갖고 있지 않을 경우, 여러분은 다음 두 가지를 결코 걱정해서는 안 된다. 하나는 굶는 것이며, 또 하나는 다른 사람들이 여러분을 어떻게 생각하느냐 하는 것이다. 방랑하는 시간은 긍정적인 시간이다. 새로운 것도 생각하지 말고, 성취도 생각하지 말고, 하여간 그와 비슷한 것은 절대 생각하지 마라. 그냥 이런 생각만 하라. "내가 어디에 가야 기분이 좋을까? 내가 뭘 해야 행복할까?"

진짜다. 이건 너무나도 간단한 일이다. 여러분을 옥죄는 생각을 머릿속에서 싹 지워 버리면, 여러분은 마치 룰렛 바퀴 위의 공처럼, 자신이 어디에 안착할 것인지를 발견하게 될 것이다. 룰렛 공은 결코 '아, 여기 내려앉는 것보다는 차라리 저기 내려앉아야 사람들이 나를 더 좋아할 거야' 하고 생각하진 않는다. 여러분에게 다가오는 것을 받아들이고, 여러분의 마음에 드는 곳에 머물라. 중요한 것은 여러분 스스로가 '나의' 자리라고 생각하는 곳에 머무르는 것이다. 다른 사람들의 생각이야 그저 '그들만의' 생각일 뿐이니까.

'남들이 날 어떻게 생각할까?'
하는 생각을 치워 버려야 희열이 온다.

우리 부모님은 한 번도 나를 몰아세운 적이 없다. 그런 면에서 나는 정말 운이 좋았다. 새러 로렌스에서 교직 제안이 들어왔을 때에도 나는 일자리가 필요 없다고 생각했고, 실제로도 일자리를 원하지 않았다. 그래 봤자 내 독서에 방해만 될 것 같았다. 하지만 막상 그 학교에 예쁜 여학생들이 와글거리는 것을 보고 나니, 문득 '아, 이것도 나쁘진 않겠다' 라는 생각이 들었다. 마침내 일자리를 얻을 무렵 나는 딱 서른 살이었는데, 그때 아버지가 이렇게 말씀하셨다. "조, 난 사실 네가 가방 끈만 긴 날건달이 될 줄 알았지 뭐냐." 하지만 내가 일자리를 얻기 전까지만 해도 아버지는 결코 그런 말을 입 밖으로 꺼내신 적이 없다. 우리 아버지야말로 정말 훌륭한 분이셨다. 『천의 얼굴을 가진 영웅』이 나왔을 때, 아버지는 이렇게 말씀하셨다. "내가 예언하건대, 이 책은 정말 대단한 책이 될 거다." 아버지는 물론 그 책을 결코 펼쳐 보지도 않으셨지만, 당신 아들이 뭔가 큰일을 해냈음을 아셨던 것이다.

과학적인 사고방식을 지닌 사람들이 보기에는 방랑이란 것이 매우 기이한 삶의 형태인 것처럼 보일 수도 있을 것이다. 그런 사람들은 과학적 사고방식에 의거하여 자신이 무엇을 해야 할지에 관해 미리부터 어떤 전망을 내놓게 마련이다. 하지만 방랑을 하는 동안 여러분은 일종의 신비로울 정도의 유기적인 과정을 경험하게 된다. 이는 마치 나무가 자라는 것과 같다. 다음번에 어디가 자라날지는 아무도 모르는 일이다. 나뭇가지는 이쪽으로 자랄 수도 있고, 그다음에는 저쪽으로 자랄 수도 있으며, 그러고 나서는 또 다른 쪽으로 자랄 수도 있다. 나무를 제멋대로 자라게 내버려 두고 외부로부터의 압력을 가하지만 않으면, 나중에 가서 여러분은 그것이 하나의 유기적 발전 과정이었음을 알게 될 것이다. 기억하라. 파르치팔은 [성배 성에서 왕의 부상에 관해 질문할 수 있는 절호의 기회를 잡고서도] 사람들이 자신에게 기대하던 대로 행했기 때문에 일을 오히려 망치고 말았다는 사실을.

특히 페르스벌 또는 파르치팔, 즉 '위대한 바보'라는 성배의 영웅은 솔직하고, 단순하고, 타락하지 않았으며, 고귀한 자연의 아들이다. 그는 가식이 없으며 마음의 갈망이 매우 순결하다. 시인 볼프람 폰 에셴바흐가 성배의 영웅이 숲에서 보낸 어린 시절을 묘사한 말을 들어 보자. "자기 머리 위에서 새들이 지저귈 때 외에는 걱정이란 것을 몰랐다. 그 노랫소리가 매우 감미롭게 마음속을 파고들어 어린 마음을 부풀어 오르게 했던 것이다. 그럴 때면 그는 울면서 여왕(어머니)에게로 달려갔다."[24] 과부가 된 고귀한 어머니는 그들의 숲 속 은신처에서 그에게 하나님과 사탄에 대하여 말해 주었고, "빛과 어둠의 차이를 명백히 설명해 주었다."[25] 그러나 그 자신의 행동에는 빛과 어둠이 섞여 있었다. 그는 천사도 성자도 아니었다. 용기와 동정심이라는 한 쌍의 덕, 거기에 한 가지 더 보태자면 의리라는 덕을 갖추고 모험을 떠나며 행동하는 살아 있는 인간이었다. 그는 초자연적인 은총이 아니라 바로 이러한 덕목에서 확고한 모습을 보여 줌으로써 마침내 성배를 손에 넣게 된다.[26]

파르치팔은 성배 성을 두 번 방문한다. 첫 번째는 실패였다. 성배 왕은 전투 중에 입은 부상으로 거세당해 본능을 잃어버린 사람이었다. 파르치팔은 문득 그에게 물어보고 싶었다. "어디가 편찮으신가요?" 하지만 기사라면 남에게 함부로 질문을 해서는 안 된다고 배운 그는 고귀한 기사로서의 이미지를 유지하기 위해 자연스러운 동정심의 충동을 억눌렀고, 그로 인해 성배 탐색에서 실패를 맛보고 말았다.

궁극적으로, 파르치팔의 경우처럼, 내부의 안내자는 자신의 고귀한 마음뿐일 것이며, 외부의 안내자는 그의 마음에서 아모르를 깨어나게 하는 아름다움의 이미지, 신성의 광채가 될 것이다. '만유'의 과정과 동일한 실체를 가진 그의 본성의 가장 깊은 곳, 가장 내적인 곳에 있는 씨앗은 "그렇게 생겨난다." 삶을 창조하는 이 모험에서 성취의 기준은 여기서 검토한 이야기 각각에서와 마찬가지로, 과거와 더불어 과거의 진리들, 목표들, '의미'에 대한 교조들, 은총들을 버리는 용기가 될 것이다. 세상을 향해서 죽고 내부로부터 태어나는 용기가 될 것이다.[27]

12세기는
희열을 찾아 나서는 시대였다.

성배가 상징하는 것은 인간의 삶에 있어 가장 높은 영적 성취다. 각자의 삶에는 여러 가지 높은 성취들이 있으며, 그 각자의 삶은 성배로부터 은총을 부여받는다. 어떻게 하면 거기 도달할지, 그리고 거기가 어디일지에 관한 단서를 어느 정도 제시하는 것이 바로 공감이라는 테마다. 그것은 붓다가 극복했던 것과 똑같은 유혹을 극복하는 것과 관련이 있다. 바로 여러분을 올바른 길에서 벗어나게 만드는 이러저러한 또는 다른 삶의 자질구레한 것에 대한 집착을 극복해야만 하는 것이다.

무엇이 여러분을 영적 성취로부터 벗어나게 만드는가? 나는 내 삶이 언제 중심에서 멀어지는지를 잘 알고 있다. 바로 내 삶의 진정한 중심잡기로부터 나를 탈선시키는 어떤 업적이나 시스템과의 관계에 내가 과도하게 집착할 때이다. 그리고 나는 내가 언제 정도를 걷고 있는지 알고 있다. 내 속에 가진 것 중에서도 최고로 여겨지는 것들과 만사가 조화로운 관계를 유지할 때이다.

성배 전설에서 말하는 황무지란 뭔가 (의례적으로) 마땅히 해야만 한다고 여겨지는, 또는 반드시 해야만 한다고 여겨지는 행동을 하는 사람들의 땅이다. 여러분에게 있어서는 과연 무엇이 그런 황무지인가? 나는 무엇이 나 자신에게 그런 황무지가 될지를 너무나도 잘 알고 있었다. 그것은 바로 내 연구 주제에 대한 학술적 접근이라든가, 나에 대해서나 내 저술에 대해서 아무런 생각도 감정도 없는 사람과의 결혼일 것이었다. 그런 사람과 함께 산다는 것이야말로 황무지일 것이다.

오로지 돈을 벌기 위해 일하는 것 역시 내게는 황무지이다. 이것은 내 다음 단계로 나아가는 것이 아니라, 그저 남들이 내게 원하는 바를 행하는 것이기 때문이다. 나는 이제껏 나 자신의 소망에서 비롯된 충동과 딱 맞아 떨어지지 않는 온갖 종류의 행동에 관해서는 강한 혐오감을 느끼는 것을 일종의 지침으로 삼아 왔다.

고귀한 마음을 지닌 사람은
자발적으로 행동하며, 황무지를,
즉 "너는 할지니"의 세계를
회피하게 될 것이다.

내가 믿지 않게 된 것은, 그것이 나의 가정이든 나의 조국이든 나의 교회든, 결코 섬기지 않겠어. (……) 그리고 나는 잘못을 저지르는 것이 두렵지 않아. 그것이 설사 큰 잘못이고, 평생에 걸친 잘못, 어쩌면 영원히 계속될 잘못이라고 하더라도 나는 두렵지 않아. —스티븐 디덜러스[28]

삶에 있어서 무엇보다 중요한 것은 여러분이 지금 하는 일에 살아 있다는 느낌을 받느냐는 것이다. 만약 그런 느낌이 없을 경우, 여러분은 그저 삶에 관한 다른 사람들의 견해에 따라 살아가는 셈이다.

여러분이 [의례적으로] 마땅히 어떻게 해야만 한다고 여기는 바와 정반대되는 행동이 바로 공감이다. 성배를 발견하는 사람은 그 장소에 온 사람인 동시에 공감의 삶을 사는 사람을 상징한다. 공감의 역동성을 자신의 동기(動機)로 삼는 사람만이 성배를 발견한 것이다. 이는 나와 너의 동일성에 관한 자연스러운 인식을 의미한다. 이것이 바로 성배의 중심이다.

융의 표현대로, 개성화를 위해서는, 즉 자유로운 개인으로 살기 위해서는 우리 삶의 다양한 역할의 가면을 언제, 어떻게 쓰고 벗을지 알아야 한다. (……) 개성화라는 목표를 달성하기 위해서는 자신의 중심을 찾아야 하고, 그에 따라 자신에게 이익이 되는 것과 해로운 것을 통제하면서 살아가는 법을 배워야 한다. 이는 고정된 역할의 일반적인 가면무도회에 따라 행동하고 반응하는 것만으로는 이루어지지 않는다.[29]

파르치팔은 성배 성에 도달하고, 갤러해드는 성배를 목격한다. 이는 서로 전혀 다른 성배의 전통이다. 파르치팔은 성취적이고 세속적인 사람이다. 갤러해드는 금욕적이고 순결한 기사로, 스스로를 삶으로부터 고립시킨 인물이다.

갤러해드 경의 이야기에서 기사들은 탐색에 나서기로 동의하지만, 한꺼번에 무리를 지어 행군하는 것은 수치라고 생각한 나머지, 각자 "숲에서 가장 울창하다고 생각되는 이 지점 저 지점으로 들어갔다. 그들 모두 길을 찾을 수 없는 곳으로 들어갔다."[30] 길이나 오솔길이 있다면, 그것은 이미 다른 누군가의 길일 것이기 때문이다. 기사들은 제각기 숲 속에서도 가장 신비스러운 지점으로 들어갔으며, 각자의 직감을 따랐던 것이다. 그들 각자가 불러낸 것은, 이전까지는 땅에서건 바다에서건 결코 없었던 것들이었다. 이것이야말로 누구의 것과도 다른, 각자의 독특한 잠재력의 성취였던 것이다.

이 놀라운 이야기에서는 어떤 기사가 다른 기사의 자취를 발견하고 상대방이 이미 성배에 도달했을지 모른다는 얄팍한 계산에서 그 뒤를 따르기 시작하면, 그 기사는 결국 완전히 길을 잃고 헤매게 된다.

"결국 모든 삶은 전체의 실현, 즉 자아의 실현이다. 때문에 그 현실을 '개성화'라고 할 수 있다. 모든 삶은 그것을 실현하는 각각의 운반자에 매여 있으며, 운반자 없는 삶은 상상조차 할 수 없다. 하지만 모든 운반자는 개별적인 운명과 목적에 대한 책임을 지고 있으며, 그것을 실현했을 때에야 비로소 삶을 이해할 수 있다." -융[31]

동양과 서양을 막론한 모든 종교 체계에서 공인된 신화의 형태는 의식을 통해 제시되며, 개인은 헌신과 믿음의 경험을 통해 이에 반응해야 마땅하다고 여겨진다. 하지만 만약 그 사람이 그렇지 못하다면 어떨까? 그 신화적이고 신학적이고 철학적인 형태의 전통 전체가 그 사람 속에서 이와 같은 종류의 어떤 진정성 있는 반응을 일깨우지 못한다면 어떨까? 그렇다면 그 사람은 어떻게 행동해야 할까? 가장 일반적인 해결책은 위장하는 것, 자신의 부족을 탓하는 것, 믿는 척하는 것, 믿기 위해 분투하는 것, 그리고 남들을 모방하면서 진정성 없는 삶을 살아가는 것 등이 있다. 반면 진정으로 창의적인 방법이 하나 있으니, 나는 이를 종교와 반대되는 예술의 방법, 다시 말해 이러한 권위 있는 질서를 전복시키는 방법이라고 지칭한다.[32]

조이스의 소설에서처럼, 그리고 토마스 만의 소설에서처럼, 진보의 열쇠는 내부에 있는 무언가를 강조하는 것에 놓여 있다. (……) 조이스의 소설 속 주인공의 말을 빌리자면 이렇다. "이 나라에서는 한 사람의 영혼이 탄생할 때 거기에 그물을 뒤집어 씌워 날지 못하게 한다고. 너는 나에게 국적이니, 국어니, 종교니 하고 말하지만, 나는 그 그물을 빠져 나가 도망치려고 노력할 거야."[33]

영혼에게 "뒤집어 씌워 날지 못하게" 하는 그물이라도 또 다른 사람, 즉 자신의 한가운데[중심]를 발견한 사람에게는 오히려 향후의 모험을 위해 본인이 자유롭게 선택한 옷이 된다.[34]

성배 경험에서 이런 성취의 순간을 지닌 사람에게는 과연 어떤 종류의 행동과 삶의 경험이 적절하겠는가? 여러분이 무엇을 해야 하는지에 관한 법칙 같은 것은 없다. 붓다는 깨닫고 돌아온 이후 50년간 사람들을 가르쳤다. 그런 질문에 답변하기 위해, 우리는 자신이 시작하게 될 삶의 환경들을 예견할 수 있어야만 한다.

여러분이 일단 그 경험을 성취하면, 다음 순간에도 또 다음 순간에도 마찬가지로 그 경험을 계속 성취해야만 한다. 그 성취의 과정은 삶의 경험들을 영원의 불사약으로 변환시킴으로써 얻어진다. 이것은 이른바 '천국에 올라가 그분과 영원히 행복하게 살리라' 하는 것으로, 교리문답에서 흔히 '왜 하나님께서는 우리를 만드셨는가?' 라는 질문에 대한 모범 답안의 일부이다. 가령 나는 이렇게 답변해야 옳다고 배웠다. "하나님께서 우리를 창조하신 까닭은, 우리가 이 세상에 사는 동안에는 그분을 알고, 그분을 사랑하고, 그분께 봉사하도록 하기 위해서, 그리고 천국에 올라가 그분과 영원히 행복하게 살도록 하기 위해서입니다." 이를 다음과 같은 비유로 변환시켜 보자. 천국이란 여러분 속에 있는 영원한 생명의 상징이다. 그것은 영원히 여러분 자신의 근본적인 측면이다. 그것이 바로 환희이다. 그다음 현세의 삶은 '하나님에 대한 (……) 지식과 사랑과 봉사'를, 즉 여러분과 만물 내에 존재하는 삶의 에너지를 생성할 것을 요구한다.

내 경험은 무엇이냐 하면, 사랑하는 사람들과 함께 살아가며 내가 좋아하는 일을 할 때, 나는 내가 성배의 성에 있음을 느낄 수 있다. 나는 그런 성취가 이루어지는 느낌을 받는다. 하지만 맹세코 내가 그 성을 잃어버렸다고, 그 성이 사라져 버렸다고 느끼게 되는 것도 순식간이다. 가령 어느 칵테일파티에 참석하기만 해도 성배는 사라져 버린다. 내가 그런 행사에 결코 참석하지 않는 이유가 바로 그것이다.

내 지론은, 여러분도 거기 도달하기 위해 꾸준히 노력해야 한다는 것이다. 그러려면 적지 않은 시간이 걸릴 수 있다. 또 이미 거기 도달했다 하더라도, 여러분은 거기서 내쳐지기가 쉽다. 왜냐하면 이 세상은 여러분이 뭔가를 하도록 원하고 있는 반면, 여러분은 이 세상이 원하는 바를 하지 않기로 결심했기 때문이다. 문제는 여러분에게 내적 만족을 제공함으로써 여러분을 [성에서] 내쫓기지 않게 만들어 주는 행동의 분야를 발견하는 것이다.

(……) 심지어 오늘날에도, 가령 설교대며 오늘날의 다른 매스미디어가 제공하고 외쳐 대는 삶의 가치를 반드시 필요로 하는 무기력한 종류에 속한 사람들만 이 세상에 있는 것은 아니다. 왜냐하면 조용한 자리에서, 상당히 깊은 영적 탐구와 발견이 현재까지도 이 세상에서, 신성화된 사회적 중심부의 바깥에서, 그들의 시야와 통제를 벗어난 곳에서 이루어지고 있기 때문이다. 그것도 작은 집단으로, 여기저기서, 그리고 보다 자주, 보다 전형적으로 (자기 주위를 둘러본 사람이면 누구나 알 수 있을 정도로), 하나씩 둘씩, 그들 스스로가 선택한 숲 속 그러한 지점으로, 즉 그들이 보기에 가장 어두운 곳으로, 그리고 아무런 길이나 오솔길이 없는 곳으로 들어가는 것이다.[35]

영웅의 여정은 항상 부름으로 시작된다. 인도자는 이런저런 방식으로 다음과 같이 말한다. "보아라. 너는 지금 '잠든 땅'에 있다. 깨어나라. 여행을 떠나라. 저곳에 너의 의식의, 또한 너의 존재의 온전한 측면이 있건만, 아직 한 번도 손댄 적이 없었다. 그러니 너는 여기서 그냥 머물 것이냐? 아니, 그렇게 하는 건 너에게 충분치가 않다." 그렇게 해서 여정이 시작된다.

모험에의 소명(부름)을 알리는 전령관 혹은 고지자는 어둡고, 징그럽고, 무섭고, 세상의 버림을 받은 존재인 것이 보통이다. 그러나 이 소명에 따르면, 낮의 장벽을 통과해 보석이 빛나는 밤으로 가는 길이 열린다.[36]

부름은 곧 어떤 사회적 지위로부터 떠나라는, 즉 여러분 자신의 외로움 속으로 들어가 보석을 찾으라는, 즉 여러분이 사회적으로 속박되어 있을 때에는 찾기가 불가능한 것을 찾으라는 것이다. 여러분은 중심을 잃은 상태가 되며, 스스로가 그렇게 중심을 잃은 상태라고 느낄 경우, 여러분은 떠날 때를 맞이한 것이다. 영웅이 뭔가를 잃어버렸다고 생각하고, 그걸 찾으러 갈 때, 그게 바로 출발인 것이다. 여러분은 문턱을 넘어 새로운 삶으로 나아간다. 그것은 위험한 모험이니, 이는 여러분이 자신과 자신이 속한 공동체에 관한 지식의 영역에서 벗어나 움직이는 것이기 때문이다.

첫 단계, 즉 해탈 혹은 물러섬의 과정은 외적인 세계에서 내적인 세계로, 대우주에서 소우주로 그 중심을 옮김으로써, 황무지의 절망에서 내부에 존재하는 영원히 평화로운 영역으로 물러섬으로써 이루어진다. 그러나 정신분석학을 통해 알게 되었듯이, 이 영역이 바로 유아기의 무의식이다. 우리가 잠잘 때 들어가는 곳이 바로 이 영역인 것이다. 우리는 이 영역을 평생토록 우리 내부에 간직한다. 우리 유아기의 도깨비들과 은밀한 협력자들, 어린 시절의 마법이 모두 여기에 있다. 어디 그뿐인가. 보다 중요한 것은 어른이 되어도 의식할 수 없는 삶의 잠재력, 우리들 자신의 또 한 부분이 여기에 있다는 것이다. 이 황금의 씨앗은 마르는 법이 없다.[37]

우리가 [부름에 응답해 여정을] 떠나지 않을 어떤 이유를 생각해 낸다거나, 두려움을 느끼고 안전한 사회 속에 남아 있는 경우, 그 결과는 부름을 따랐을 때에 생기는 결과와 판이하게 달라진다. 여러분이 떠나기를 거부한다면, 그것은 다른 누군가의 종이 되는 것이다. 이처럼 부름을 거부할 경우, 일종의 말라붙음, 즉 삶의 감각이 상실되는 현상이 벌어진다. 여러분 속의 모든 것은 [지금 본인에게] 요구되는 모험이 끝내 거부되었음을 안다. 그로 인해 분노가 형성된다. 여러분이 긍정적인 방식으로 경험하기를 거부하면, 결국 그것은 부정적인 방식으로 경험되는 것이다.

하지만 만약 지금 여러분이 따르는 모험이 본인의 진정한 모험이라면, 또한 그것이 여러분의 깊은 영적 필요 또는 준비에 적합한 것이라면, 여러분을 돕기 위해 마법의 인도자가 나타날 것이다. 만약 여러분이 "올해는 모두들 이 여행을 나설 예정이라고 하니, 나도 그냥 따라가야지" 하고 말한다면, 인도자는 결코 나타나지 않을 것이다. 여러분의 모험은 여러분 자신의 내부에서 곧바로 솟아나야만 한다. 여러분이 그럴 준비가 되어 있다면, 이전까지는 문이라곤 없었던 곳에서, 그리고 다른 누구도 겪어 보지 못했던 곳에서 여러분을 위한 문이 열릴 것이다. 여러분은 반드시 용기를 가져야 한다. 이것은 모험을 향한 부름이며, 다시 말해서 이제부터는 아무런 안전도, 아무런 규칙도 보장할 수 없다는 뜻이기도 하다.

여러분이 문턱을 넘어서는 순간, 여러분은 어두운 숲으로 들어가는 것이며, 바다 속으로 뛰어드는 것이며, 밤바다로 출항을 개시하는 셈이다. 그 와중에 부딪치는 바위며, 좁은 관문이며, 그와 유사한 것들, 다시 말해서 예와 아니오, 즉 대립자의 쌍을 나타내는 것들을 지나가야만 한다. 이 세계를 둘러싼 벽들이 잠시나마 확 트이는 듯한 순간이 있을 것이며, 여러분은 〔그 벽을〕 꿰뚫어 보는 통찰을 얻게 될 것이다. 그러면 뛰어오르라! 가라! 문들은 대개 너무나도 빨리 닫혀 버리기 때문에, 여러분이 탄 말의 꼬리를 잘라 먹기 일쑤다. 여러분은 손발이 잘릴 수도, 가진 것을 모두 잃을 수도 있다. 이것이 어머니 – 즉 세상 – 를 떠나 아버지 – 즉 영 – 에게 간 그리스도이다. 이것이 고래 뱃속에 들어간 요나이며, 이때 고래의 아가리는 바로 대립자의 쌍이다.

이것이 심리학적으로 상징하는 바는 의식적이며 합리적인 의지의 영역으로부터 그러한 또 다른 중심 – 여러분이 도달하기 위해 노력하는 – 으로부터 옮겨 오는 중인 신체의 에너지의 지대로 들어가는 여행이다.

이제 그 중심을 향해 나아가는 동안, 여러분은 더 많은 도움은 물론이고 점점 더 어려운 시험과 마주칠 것이다. 여러분은 자신이 계속해서 매달려 왔던 것들을 점점 더 많이 포기해야만 한다. 그 마지막은 완전한 포기, 전적인 양보이다. 이것은 여러분이 삶에서 경험한 것은 물론이고, 여러분이 학교에서 배운 것과도 정반대이다. 심리학적으로 말하자면 이것은 무의식 속으로의 이행이다. 달리 말하자면, 이것은 여러분이 전혀 모르는 행동의 장 속으로의 이동이다. 무슨 일이건 일어날 수 있으며, 그 일은 여러분에게 유리할 수도, 불리할 수도 있다.

여러분이 더 깊이 들어갈수록, 여러분은 궁극적인 깨달음에 더 가까이 다가가게 되고, 저항 역시 더 강력해진다. 여러분은 억압된 것들로 이루어진 영역에까지 내려가게 되는데, 여러분은 그 억압 체계를 반드시 지나가야만 한다. 물론 그 무엇보다도 더 필요한 것은 마법의 도움이다. 영웅은 이곳에 이르러서 자신의 초인적인 여정 내내 자신을 도와준 자비로운 힘이 도처에 있다는 사실을 처음으로 깨닫게 된다.

그런 뒤에 여러분은 자신이 출발했던 바로 그 장소에는 존재하지 않았던 여러분 자신을 발견하고 또 만드는 마지막 경험에 도달한다. 이 경험은 네 가지 서로 다른 방식으로 표현할 수 있다.

첫 번째는 '성스러운 결혼' 즉 여러분 자신의 영적 삶을 탄생시킨 사랑하는 사람과의 만남, 또는 여러분이 관계하고 있는 어떤 삶 - 가령 남자/여자, 나/너, 이것/저것 - 에서 신부가 되는 존재와의 만남이다.

두 번째는 '아버지와의 화해'다. 아들은 아버지로부터 갈라져 나왔으며, 이는 아들이 자신의 실제 혈통과는 안 어울리는 삶을 살았다는 의미이다. 똑같은 존재 중에서 아들은 일시적인 측면이며, 아버지는 영원한 측면이다. 아버지는 자연법칙을 상징하며, [그 아들인] 여러분은 그곳으로부터 배제된 것이다. 여러분은 자신의 본성을, 즉 아버지로부터 물려받은 것을 찾으려 노력한다. 화해는 여러분 자신의 개인적이고 현세적인 계획을 여러분이 떨어져 나온 삶의 방향에 맞게 조화시키는 것이다.

세 번째는 '신격화', 즉 "나는 만물을 있게 하는 존재다"라는 깨달음이다. 영웅은 자기가 바로 그것, 즉 붓다의 이미지, 진리를 아는 자임을 알게 된다. "아버지의 나라는 지상에 펼쳐져 있으나, 사람들이 그것을 보지 못하느니라."[38] 그것이 바로 신격화로부터 나오는 깨달음이다. 기독교의 경우, 영지주의 기독교를 제외하면 여러분에게 이러한 깨달음을 허락하지 않는다. 즉 여러분은 "그리스도의 신성이 내 안에 있다"고 말할 수 없는 것이다.

마지막으로 네 번째는 '불사약 빼앗기'로, 앞에 열거한 것들과는 전혀 다른 종류의 깨달음이다. 권능자의 선한 의지에 힘입어 수수께끼를 헤쳐 나가는 느린 과정 대신에, 여기서는 격렬한 강제와 박탈이 있으며 - 가령 프로메테우스가 불을 훔친 것이라든지, 또는 1960년대의 LSD(환각제) 사용에서처럼 - 여러분은 그 과정에서 권능자와 불화를 빚고 도망치게 된다. 이는 변형의 탈주로, 여기서 영웅은 - 권능자로부터 추적당하는 가운데 - 자신이 차지한 물건을 최대한 빨리 빛의 세계로 가져와야 한다. 아니면 우리는 정신분열적 파탄을 겪고 거기 머물러 있어야만 한다.

두 세계, 곧 신의 세계와 인간의 세계는 마치 삶과 죽음, 또는 밤과 낮처럼 서로 다르다는 말로밖에는 설명할 수 없다. 영웅은 우리가 아

는 세계에서 암흑의 세계로 들어간다. 이 암흑의 세계에서 영웅은 그 모험을 완성할 수도 있고, 거기에 갇힘으로써 우리들 앞에서 사라져 버릴 수도 있고, 엄청난 위험에 직면할 수도 있다. 영웅의 귀환은 그 저승에서의 귀환을 말한다. 이승과 저승은 그럼에도 불구하고 사실 하나의 세계다. 신화나 상징을 이해하는 중요한 열쇠는 바로 이것이다. 신들의 세계는 우리가 아는 세계의 잊혀진 부분이다.[39]

이러한 귀환의 이미지는 가령 위스콘신 출신의 어느 젊은이가 미술을 공부하기 위해 뉴욕으로 갔다는 예를 들어 설명할 수 있을 것이다. 그는 그리니치빌리지로 들어가는데, 이곳은 맨해튼의 지하세계라고 할 수 있다. 그곳에서 그는 자기를 도와주는 수많은 님프를 만나고, 또한 스승을 만나 그 밑에서 미술을 공부한다. 마침내 그는 자기만의 미술 스타일을 구사한다. 자신의 스타일을 만든 뒤, 그는 자기 그림을 들고 57번가로 나와서 화상(畵商)들의 냉엄한 시선과 마주하는 것이다.

가장 큰 문제는 생명을
황무지로 도로 가져오는 것이다.
사람들이 진정성 없이 살아가는 곳으로.

그 선물을 도로 가져와서, 그것을 합리적인 삶 속에 통합시키는 것은 매우 어려운 일이다. 이는 오히려 지하로 내려가는 것보다 훨씬 더 어렵다. 여러분이 반드시 가지고 돌아와야 하는 것은 바로 이 세계에 결여된 것이며 - 그렇기 때문에 여러분이 그걸 가지러 간 것이다 -

또한 그것이 결여됨으로써 이 세계는 그것을 가져야 할 필요조차 알지 못하는 것이다. 그렇게 해서 여러분이 귀환함으로써 이 세계에 은혜를 베풀게 되었는데 아무도 반기지 않는다면, 과연 여러분은 어떻게 할 것인가? 이때 가능한 반응에는 세 가지가 있다.

첫 번째 가능성은 이렇게 말하는 것이다. "망할 것 같으니. 나는 다시 숲으로 들어가겠어." 여러분은 개 한 마리와 파이프를 사고, 마당에는 잡초가 무성하든 말든 개의치 않는다. 여러분은 선물을 갖고 이 세계로 돌아왔지만, 사람들은 멍한 눈으로 여러분을 바라보며 '괴짜'라고 부르고, 결국 여러분은 은둔해 버린다. 이것은 귀환의 거부다.

두 번째 가능성은 이렇게 말하는 것이다. "그들은 무엇을 원할까?" 여러분은 기술을 가지고 있다. 여러분은 그들이 원하는 것을 영리적인 방식으로 제공할 수 있다. 그렇게 하고 나면 여러분의 명성은 최고조에 달하고, 여러분이 이전까지 갖고 있었던 것은 사라져 버린다. 여러분은 공무를 담당하게 되고, 보석을 포기하게 된다.

세 번째 가능성은 여러분이 되돌아온 그 영역 중에서, 여러분이 주려는 것을 최소한이라도 받아들일 수 있는 국면을 일부나마 찾아내려 노력하는 것이다. 이 세계가 받아들일 수 있는 능력에 맞추거나 그것에 비례해, 자신이 발견한 것을 이른바 삶의 은혜로 가공하고 전달할 수단을 발견하려 노력한다. 그러기 위해서는 상당한 공감과 인내가 필요하다. 벽에 금 간 곳을 찾아낸 다음, 오로지 준비된 사람들에게만 여러분의 보석을 주는 것이다.

이런 시도가 모두 실패한다면, 여러분은 남을 가르치는 직업을 얻어서, 여러분의 메시지를 함께 공부하는 사람들에게 소개할 수 있다.

만약 여러분이 기존의 사회 속에 하나의 작은 발판이라도 마련할 수만 있다면, 여러분은 곧 자신의 메시지를 전달할 수 있는 가능성을 발견하게 될 것이다. 예술가로서 학생을 가르치기도 하는 사람들이 바로 이런 예라고 할 수 있다. 각자의 창작을 하는 한편으로, 주업 말고 뭔가 부업을 하나쯤 지닌 셈이다. 그들은 적절한 보수를 받으며 제자들을 하나둘씩 만들어 나간다.

다시 돌아오지 않는 한, 여러분은 결코 모험을 완결할 수 없다. 숲에 들어가야 할 때가 있고 돌아와야 할 때가 있는 것이며, 여러분은 그게 언제인지를 잘 알고 있다. 여러분은 용기가 있는가? 여러분이 숲에 들어갔다가 되돌아오려고 하면, 그야말로 엄청난 용기가 필요하다.

이것이 바로 이러한 깨달음을 얻게 되는 방식이며, 여기에서 맨 마지막은 여러분이 영원히 휴식을 얻을 수 있는 방식으로, 삶을 알고, 사랑하고, 베푸는 것이다. 그 휴식의 순간은 그 모든 것 속에 들어 있어야 한다. 비록 여러분이 이 세계의 밖에서 활동하고 있더라도, 여러분의 내부에는 완전한 마음의 평정과 휴식의 순간이 있다. 그런 것이 없다면, 여러분은 고통에 빠지게 된다.

> 이 세계가 마치
> 떨어져 나가는 것 같을 때,
> 여러분 자신의 희열에 매달리는 것이 최선이다.
> 그것이야말로 살아남는 삶이니.

세계의 경계를 넘나드는 (……) 자유는 거장들의 재능에나 어울

리는 자유다. 니체는 우주적인 춤의 신이 묵직하게 한 곳에 박혀 있는 것이 아니라 쾌활하게, 가볍게, 이 위치에서 저 위치로 돌고 뛰어 다닌다고 주장했다.[40]

예전에 들은 일본 속담 중에 인간의 성장에 있어 다섯 단계를 설명한 것이 있다. "열 살에는 짐승, 스무 살에는 미치광이, 서른 살에는 실패자, 마흔 살에는 사기꾼, 쉰 살에는 범죄자." 나는 여기에 덧붙여, 사람이 예순 살에는 (그때까지는 이모든 과정을 거칠 것이므로) 친구에게 충고하기 시작하고, 일흔 살에는 (그동안 들은 것들이 모두 오해였음을 깨닫고) 침묵을 지키고 현자로 여겨진다고 말하고 싶다. 또 공자는 이렇게 말했다. "여든 살에 나는 나의 자리를 알고 굳게 섰다."[41]

융은 일생의 곡선이 딱 반으로 나누어진다고 말했다. 그 중 전반은 관계의 시간이며, 나머지 후반은 자기 안의 삶의 감각을 발견하는 시간이다. 또는 힌두인들이 말하듯 "'마르가(marga)'를 따라가서" – 여기서 '마르가'란 길, 즉 여러분이 겪은 인간 경험의 발자취를 말한다 – 여러분 자신의 내부를 향한 삶으로 가는 시기이다. 그러고 나서 완전한 해방이 찾아온다. 분노도 없이, 두려움도 없이, 인생의 마지막 단계를 지나게 되는 것이다.

여러분은 노래하며 자신의 죽음으로 가는 것이다.

"의사로서 나는 사람들이 죽음에서 어떤 추구할 만한 목적을 발견하는 것이 정신 건강에 좋다고 확신한다. 죽음을 외면하는 것은 인생의 후반기에서 그 목적을 빼앗는 불건전과 비정상의 징후라고 생각한다." -융[42]

영적 발달에서는 여러분이 얼마나 나이 들었는지를, 즉 그 길에서 여러분이 어디쯤에 있는지를 아는 것이 중요하다. 입문의 기능은 인생의 특정한 단계의 요구에 맞춰 우리의 모든 심리적 수준을 높이는 것이다. 우리가 아동기의 심리를 뒤에 남겨 두고 떠날 때를 큰 입문이라 할 수 있다는데, 이때 의존적이고 순종적인 유아적 자아가 죽고, 사회에 참여하는 독립적인 성인이 탄생한다.

삶의 첫 4분의 1은 학생의 삶이며, 그다음 4분의 1은 순종 - 단테의 말마따나 "외모의 버젓함과 품행의 선량함" - 으로, 이는 사회가 요구하는 유형에 대체적으로 순응하는 것을 의미한다. 이 기간은 니체가 낙타의 기간이라 부른 것에 해당되는데, 왜냐하면 낙타는 무릎을 꿇고 앉아서 자기 등에 짐을 실어 달라고 요구하기 때문이다.

그다음 4분의 1은 집주인의 삶이다. 다시 말해서 여러분은 성인의 삶의 책임 속으로 움직여 간 것이다. 인도식으로 하자면, 여러분의 책임은 이른바 '다르마(dharma)'라는 말로, 즉 여러분이 사는 사회 질서의 법칙으로 표현된다. 우리 사회에서 여러분은 자발적으로 자신의 책임을 선택하며, 이러한 책임이 무엇이건 간에 그것을 수락함으로써 여러분은 자신의 지위와 이름과 명성을 세계 속에서 성취하는 것이다. 그런 선택은 자아 기능, 즉 독립적 가치평가의 기능 발달과 연관되어 있으며, 여러분의 업무 및 지위 수락은 여러분 자신의 가치 판단에 타당한 것이다. 이 기간은 [니체식으로 비유하자면] 용(龍)의 시기에 해당되며, 그 모든 척도는 "너는 할지니"라는 말로 장식된다.

전형적으로 중년은 달성의 기간이 아니라 깨달음의 기간이며, 또한 성취의 기간이 되어야 마땅하다. 니체가 구분한 단계에 따르면, 낙타는 짐을 잔뜩 싣고 나면 제 발로 일어나 사막으로 들어가고, 거기서 다시 사자로 변신한다. 사자의 임무는 "너는 할지니"라는 이름의 용을 죽이는 것이다. 이 자기발견의 사자가 용을 죽이고 나면, 용 속에 묶여 있던 모든 에너지는 이제 여러분의 것이 된다. 중년이 되어서까지도 여전히 착하게 굴면 이득을 얻고, 나쁘게 굴면 벌을 받게 된다고 기대하는 사람들은 뒤처진 것이다. 그들의 유아적 자아가 중년에도 여전히 작용하고 있는 것인데, 이는 적절치 않다.

여러분이 만약 융이 말한 두 번째 단계, 즉 삶의 후반부에 들어섰다면, 여러분의 목표는 여러분이 심장 차크라에서 들은 '옴(OM)'을 불러오는 것이고, 그러면 그것은 성취에도 관심이 없고 위신에도 관심이 없는 여러분의 삶을 형성하고 구조화하는 에너지가 될 것이다.

변화하는 사람은 거의 누구든지 옛 허물을 벗어 버리는 경험을 하게 마련이다. 여러분이 뱀처럼 허물을 벗는데, 하필이면 그 중 일부를 꽁무니에 그대로 남겨 놓고 싶다고 치자. 이것은 중대한 문제가 아닐 수 없다. 그렇게 뒤에 매달린 것이 바로 근심이다. 여러분은 그걸 떼어내 버릴 수 있어야 한다. 여러분은 거기 매달려 있는 것이 무엇인지 알아야 한다. 그건 마치 털은 건드리지도 않고 반창고만 벗겨 내듯이 점진적으로 조금씩 조금씩 벗겨져 나가는 옛 허물일 뿐이다.

스리 라마크리슈나는 출가의 기초적인 단계-인도의 방식에서 '숲으로 들어가는'-에는 세 가지 종류가 있다고 말한다.

첫 번째는 점진적 출가다. 이때 여러분은 시기가 다가옴을 알고, 자신의 스승이나 성직자나 그 누군가로부터 조언을 얻고 깊이 생각하며 갈 곳을 미리 준비해 두는 등등의 일을 한다. 여러분이 남자라면 여러분은 자신의 다르마를 아들에게 넘겨주어야 한다. 이제부터는 여러분의 아들이 가족의 다르마를 수행해야만 하며, 여러분은 거기에서 벗어나는 것이다. 그러고 나면 여러분은 이름 없는 사람이 되며, 더 이상은 카스트에 속하지 않게 된다. 그것은 진정한, 그야말로 진정한 해방이다.

두 번째는 갑작스러운 출가다. 라마크리슈나는 다음과 같은 남자의 예를 들었다. 그 남자는 어느 날 아침 몸을 씻기 위해 개울에 갔다가 자기 아내와 말다툼을 한다. 남편은 아내에게 말한다. "입 닥치지 못해. 안 그러면 그냥 확 숲으로 들어가 버릴 테니까. 요가수행자가 되어 버릴 거라고. 그럼 당신도 이젠 날 영영 못 보게 될걸." 여자가 말한다. "어디, 할 테면 얼마든지 해 보시든가." 그러면 남자가 말한다. "내가 못할 것 같아? 두고 보라고." 그리고 나서 남자는 어깨에 수건을 걸친 채 숲으로 들어가 버린다. 이것이 바로 갑작스러운 출가다.

세 번째는 그가 '원숭이의 출가'라고 말한 것이다. 어떤 남자가 숲에 들어갔다가 우연히 멋지고 편안한 수도장을 하나 발견한다. 그는 가족들에게 편지를 써서 자기는 수도장에 들어갈 것이며, 별 일 없을 거니 걱정 말라고 전한다. 이것은 사실 출가라고 할 수도 없다.

이 중에서 가장 권할 만한 것은 점진적 출가다. 이는 여러분이 하던 일을 천천히, 그리고 단계적으로 중지하는 것이다. 하지만 정말 불가피한 경우, 여러분은 몇 가지 작은 책임을 여전히 지고 있을 수도 있다. 물론 거기 다른 책임들을 덧붙여서는 안 되지만 말이다. 여러분이 거기 다른 책임들을 덧붙인다면, 무엇이 되었든 간에 그것은 여러분의 새로운 족쇄가 될 것이다.

나 역시 책을 세 권 쓰려는 계획을 품고 숲으로 - 정확히 말하자면 하와이로 - 떠났으니, 이것 역시 출가다. 나는 강연을 중단했고, 책과 노트만 들고 그곳에 머무르며, 그저 연구에만 집중했다. 출가는 말 그대로 죽음과 부활을 의미한다. 내가 좋아하는 사람들, 나와 함께 일하는 사람들에게 편지를 써서 이번 순회강연을 할 수 없게 되었다고 말하는 것은 결코 쉬운 일이 아니다.

나는 하와이가 좋다. 모든 사람이 즐거운 시간을 보내는 장소에 있는 것은 기분 좋은 일이다. 아이들은 그 건물 안에 들어올 수 없으므로, 주위에는 나와 비슷한 또래의 사람들이며, 하지만 모두 결혼한 사람들이다. 과거의 그 모든 격랑을 겪은 뒤에도 여전히 서로를 사랑하는 사람들과 함께 있는 것은 기분 좋은 일이다. 그들의 모습은 마치 항해를 마치고 항구로 들어와, 이제 바다에서 겪은 갖가지 이야깃거리를 가지고 그냥 물 위에 정박한 배와도 같다.

나는 베란다 – 그곳에서는 '라나이(lanai)'라고 부르는 – 에 나가서, 바닷가며 그쪽에서 벌어지는 일에 대해서는 완전히 등을 돌린 채 일한다. 대개는 끝내 주는 비키니 차림의 아가씨들이 그쪽으로 오가기 때문이다. 아마 그쪽만 줄곧 쳐다보고 앉아 있으면, 기껏해야 여신에 관한 책밖에는 쓸 수가 없지 않을까. 그러고 보면 내가 있는 곳은 은둔을 위한 숲치고는 상당히 괜찮은 곳인 셈이다.

"원시 부족 사회에서는 노인들이 거의 언제나 신비와 율법의 수호자이며, 그 부족의 문화적 유산은 이러한 신비와 율법 속에 표현되어 있다." -융[43]

노년이 되면 여러분이 이 세상과 갖는 유일한 관계는 구걸용 깡통밖에 없을 것이다. 이걸 미국식으로 표현하자면 바로 여러분의 노후자금이다. 즉 여러분이 이미 벌어 놓은 것을 가지고, 이처럼 비교적 태평한 여러분의 삶의 마지막 단계를 부양하는 것이다. 이제는 나 역시 그 단계에 들어섰기 때문에, 이 시기야말로 삶에서도 단연 최고라고 장담할 수 있다. 우리가 사용하는 이 멋진 언어로는 그 시기를 '황금기'라고 하는데, 이는 무척이나 적절한 표현이 아닐 수 없다. 이것은 만물이 생동하고 꽃피는 시기이다. 정말이지 아주, 아주 달콤한 시기가 아닐 수 없다.

노인들은 어린이들을 돌보고 그들과 놀면서 대부분의 시간을 보낸다. 그러므로 노인은 자신의 마음속만이 아니라 외부에 존재하는 영원성의 영역으로 돌아오게 된다. 그리고 어린이와 노인 사이에 존재하는 높은 친밀성은 그들이 공유하는 어떤 비밀스러운 지식에서 나오는 것으로 보인다. 그것은 다름 아니라, 영원하고 참으로 현명한 시적 놀이에 관심을 가진 사람은 그들 사이에 끼인 바쁜 세대가 아니라 그들 자신이라는 지혜이다.[44]

노년에 깃든 쇠약함의 이미지는 어딘가 기만적인 데가 있다. 왜냐하면 비록 여러분의 에너지가 과거 젊은 시절 - 그것은 모든 큰 추진력을 만들어 내는 장(場)으로 들어가는 시기였다 - 같지는 않다 하더라도, 이제 여러분은 또 다른 장에 있으며, 이것이야말로 꽃을 활짝 피우는 시기이며, 진정한 성취의 시기이며, 여러분이 열매 맺기 위해 준비해 왔던 것을 드디어 열매 맺는 시기이기 때문이다. 이것은 놀라운 순간이다. 여러분이 뭔가를 벗어던지고 밑으로 내려가는 상실의 상황이 아니다. 전혀 그렇지 않다. 다만 꽃피우는 것이다.

"허약해지면 (늙음으로 허약해지든, 병으로 허약해지든) 사람은 망고나 무화과나 딸기가 가지에서 놓여나듯, 그렇게 사지(四肢)에서 해방된다. 이제 그는 다시 근원의 문과 그 근원 자체를 경유하여 삶으로 되돌아온다. 귀족들, 관헌들, 마부들, 마을의 원로들이 왕을 위하여 먹을 것과 마실 것과 거처를 마련해 놓고, 오는 자를 기다리다가 이렇게 외친다. '그가 온다. 그가 이곳으로 온다.' 이 진리를 아는 자를 기다리던 만물은 외친다. '불멸의 존재가 온다. 불멸의 존재가 이리로 온다!'"[45]

사람들은 내게 묻는다. "우리가 무엇을 의례로 삼을 수 있겠습니까?" 글쎄, 그렇다면 여러분은 무엇을 위한 의례를 거행하려 하는가? 여러분은 차라리 자신의 삶을 위한 의례를 갖추어야 한다. 의례의 기능이란 오로지 여러분의 마음을 지금 여러분이 하는 일의 의미에 집중케 하는 것뿐이다. 예를 들어 결혼 의례는 여러분이 계속 한 개인으로 남는 대신, 이제 한 쌍의 반쪽이 되기를 배우는 과정에서 내딛는 걸음에 관한 묵상의 시간이라고 할 수 있다. 여러분이 그런 절차를 지나갈 수 있도록 해 주는 것이 바로 의례다.

의례는 지금 일어나고 있는 일의
의미를 여러분에게 알려 준다.

식사 전에 드리는 감사기도는
지금 먹게 될 음식이 한때는

살아 있었던 것임을 여러분에게 일깨워 준다.

식사를 할 때, 여러분이 무슨 일을 하고 있는지 깨달으라. 사냥꾼들은 동물들이 스스로의 몸을 내주는 것에 대해 고마워한다. 그들은 진정으로 고마움을 느낀다. 아메리카 대륙의 경우에도 그렇지만, 성숙한 수렵 부족의 경우, 그들의 주요 의례는 다름 아닌 동물에게 바치는 것이다. 북서 연안 지역에서 주된 의례는 연어 떼가 처음 몰려올 때에 벌어지며, 그 내용은 하나같이 연어에게 감사하는 것이다.

여러분이 취하는 동물의 생명을
돌려주는 방법은, 지금 여러분이
무엇을 했는지를 깨닫는 것이다.

그렇게 해서 식탁에 둘러앉고 지금 여러분이 무엇을 하고 있는지를 깨닫는 것이다. 즉 여러분은 살기 위해 자신에게 제공된 또 다른 생명을 먹고 있는 것이다.

(……) 인간은 다른 동물과는 달리, 뭔가를 죽이면서 자신이 뭔가를 죽이고 있음을 알 뿐만 아니라, 또한 자기 역시 그렇게 죽게 되리라는 것을 안다. 나아가 자신의 노년 – 그의 유년과 마찬가지로 – 의 기간은 상당수의 짐승의 전체 수명과 비교해 보자면, 그것 자체만으로도 한 짐승의 평균수명은 됨을 알게 된다.[46]

스리 라마크리슈나의 복음서⁴⁷를 연구하는 중에 나는 수도사들과 함께 식사를 하는 경우가 많았다. 그들의 식전 기도는 무엇보다도 아름다운 기원이었다. 그 내용은 이러했다. "브라흐만은 우주에 충만하고, 만물에 편재하고, 삶의 의식 에너지이니, 우리는 모두 그 현현일 뿐이다. 브라흐만은 희생이다. 브라흐만은 우리가 먹는 음식이다. 브라흐만은 희생의 소비자다. 브라흐만은 희생을 불로 옮기는 국자다. 브라흐만은 희생의 과정이다. 만물이 브라흐만임을 깨닫는 자는 자기 안에 브라흐만이 있음을 깨닫는 길에 들어선 것이다."

이 감사기도의 의미는, 음식을 여러분의 체내로 받아들이는 것이 마치 헌주(獻酒)를 희생의 불길 위에 붓는 것과 같다는 것이다. 여러분의 소화기관에서 나오는 불길이 여러분이 먹는 것을 살라 소비하기 때문에, 음식을 먹는 것은 곧 희생이나 마찬가지다.

성찬 의례 역시 이런 생각의 연장으로, 농경문화의 시작과 동시에 이 세상에 도입된 개념이다. "씨앗이 죽지 않는다면, 식물이 생길 수 없다." 씨앗으로서 죽어야만 새싹을 낳을 수 있는 것이다. 이제 우리는 영혼과 물질로 구성되어 있기 때문에 – 이 두 가지 실체는 우리 안에 사는 것이다 – 두 가지 종류의 음식을 필요로 한다. 우리의 물질적인 부분에 영양을 공급하는 음식 – 가령 우리가 먹는 식물과 동물 – 은 세속의 음식이지만, 우리는 또한 우리의 영적인 부분에 영양을 공급하는 영적 음식을 먹어야만 한다. 그리고 성찬, 즉 그리스도의 살을 먹는 행위는 그런 영적 영양분의 흡수를 상징하는 것이며, 또한 명상의 관념을 구체화한 것이다. 하지만 뭔가를 먹기 위해서는 그 뭔가를 죽여야만 하기 때문에, 또다시 우리는 이러한 희생의 개념을 갖게 되는 것이다.

> 여러분 또한 기꺼이
> 먹힐 수 있어야 한다.
> 여러분도 음식 재료이기 때문이다.

모든 의례는 그런 질서에 따라야만, 즉 여러분의 마음을 여러분이 지금 실제로 하고 있는 일과 결부시켜야 한다. 따라서 우리는 지금 이곳에서 벌어지는 일이 무엇인지를 깨달아야만 한다. 깨달음 속에서 서로를 돕기 위해 우리가 함께한다는 것은 아름다운, 정말로 아름다운 의례이다.

여러분은 자신의 삶 전체를 그런 식으로 의례화할 수 있으며, 그렇게 하는 것은 여러분에게 무척이나 도움이 될 것이다. 거기로부터 온갖 공감이 비롯된다. 내게는 아침에 일어날 때마다 그 구닥다리 교리문답을 조금씩 떠올리는 것이 오히려 도움이 된다. "하나님을 알고, 그분을 사랑하고, 그분께 봉사한다." 나는 여기서 말하는 하나님이 저 하늘에 계시다고 생각하진 않는다. 오히려 내가 알고, 사랑하고, 봉사하는 모든 것 바로 거기에 하나님이 계시다고 생각한다. "천국에 올라가 그분과 영원히 행복하게 살리라"라는 말은 여러분 자신의 공감을, 즉 여러분과 함께 있는 어떤 피조물 또는 어떤 사람에 대한 여러분의 참여를 깨달으라는 뜻이다. 내가 보기에는 이것이야말로 여정의 목표인 듯하다.

대부분의 사춘기와 입문제의에서 핵심적인 의례는 바로 여러분의 이름이 바뀌게 되는 죽음과 부활의 의례다. 여러분은 과거의 이름을 지닌 채 죽었다가 새로운 정체성을 가지고 부활하는 것이다.

예전에 한번은 수도사가 되려는 일군의 젊은이들의 축성에 관한 영화를 본 적이 있었다. 이들은 예배당 안의 복도에 서 있었고, 잠시 후에는 모두들 땅에 엎드렸으며, 그러자 십자가가 그려진 커다란 천이 그들의 몸 위에 덮였다. 그 천을 다시 벗기고 나서야 그들은 비로소 수도사가 되었다.

오스트레일리아와 뉴기니의 입문제의에서 소년들이 하는 경험은 다름 아닌 죽음의 경험이다. 그들은 눈이 가려진 채 불로러[48]가 연주되는 소리를 듣다가 용이 그들을 잡아먹으러 온다는 이야기를 듣는다. 용이 바로 앞에 당도해 잡아먹힐 처지가 되었을 때, 그들의 눈을 가린 천이 벗겨진다. 그 용이 다름 아닌 불로러를 연주하는 찰리 삼촌이라는 사실을 깨닫게 되는 순간, 그들은 이제 입문한 것이 된다.

티에라 델 푸에고의 오나 족에 관한 책에도 이와 유사한 또 다른 제의가 묘사되어 있다. 이때 남자들만의 집에 들어가게 된 소년은 그곳에 있는 가면을 쓴 형상이 신들이며, 자신을 벌주는 능력을 지니고 있다고 믿는다. 그 가운데 하나가 불쑥 앞으로 다가오고, 소년은 그와 엉겨 붙어 씨름을 한다. 가면 차림의 남자는 소년을 제압할 것처럼 하다가 갑자기 일부러 져 준다. 남자는 소년이 자신을 제압하고 가면을 벗기게 내버려 둔다. 그러고 나면 가면은 단순히 가짜로 간주되지는 않는다. 가면은 정복된 것인 동시에 숭배되는 것이기도 하다. 왜냐하면 그것은 사회의 결합, 그리고 결합시켜 주는 힘을 상징하기 때문이다. 소년은 이제 직접 가면을 쓰고, 그 힘을 지니게 된다. 일찍이 자신이 두려워하던 것에 이제는 일조하는 것이다.

나는 아메리카 인디언들에 관한 그림을 수백여 장이나 남긴 조지 캐틀린의 작품에 매우 큰 관심을 갖고 있다. 그는 1832년에 만단 족 인디언 마을을 여행하면서 그들의 입문제의를 묘사한 그림을 남겼다. 청년들은 천장 밧줄 끝에 달린 송곳을 가슴에 꽂고, 그대로 밧줄에 대롱대롱 매달려 있다가 결국 기절하곤 했다. 그 중 한 청년이 화가에게 말했다. "여자들도 (아이를 낳을 때) 시련을 겪지 않습니까. 그러니 우리 (남자들) 역시 고통 받는 법을 배워야만 합니다."

내가 보기에 이것은 매우 흥미로운 관찰이다. 왜냐하면 여자에게 시련은 갑자기 덮쳐 오는 것이기 때문이다. 그걸 피할 방도는 전혀 없다. 소녀가 처음으로 월경을 하게 되면, 그 소녀는 그제야 여자가 되는 것이다.

월경 피에 대한 두려움은 남성에 있어 거의 천성적인 것이며, 원시 문화에서는 유난히 또 강조된 것이기도 하다. 월경 피는 모든 수수께끼와 힘이 결합된 것이라는 진정한 두려움이 있었다. 그리하여 그 당시에 소녀의 입문식은 그녀가 작은 움막에 혼자 앉아서, 이제 자기가 여자임을 깨닫게 하는 것으로 이루어져 있었다. 대부분의 사회에서 소녀는 그런 일을 겪고 나서야 자기가 여성임을 깨닫게 된다.

어떤 여성들은 그렇게 난생 처음 피가 쏟아져 나오는 경험이 충격적이고 무서웠다고 털어놓은 바 있다. 그것이야말로 여성들에게는 억지로 떠밀려 지나가야만 하는 문턱 넘기의 경험이다. 여성들은 아무

노력도 할 필요가 없다. 그저 무슨 일이 일어났는지를 이해하면 그만이다. 아무런 노력도 없이 벌어진 생물학적 변화에 담긴 함의를 음미하기만 하면 된다. 많은 여성들의 이야기를 들어 본 결과, 나는 여성 특유의 경험이란 이처럼 뭔가를 견뎌 내야 하는 것임을, 따라서 거기서 무엇보다도 필요한 것은 인내, 즉 견디는 힘임을 깨닫게 되었다.

반면 남자는 문제를 찾아서 밖으로 나가야 한다. 따라서 소년은 자신의 행동의 장을 찾기 위해 의도적으로 여자들로부터 떨어져서 남자들이 머무는 곳으로 끌려가야 하는 것이다. 남자인 까닭에, 소년은 눈에 보이지 않는 것들과 벌이는 커다란 고통과 분투와 곤란의 짧은 순간만 견뎌 내면 되는 것이다. 이처럼 소년은 남자임을 '드러내야만' 한다. 반면 소녀는 여자임을 '깨달아야만' 한다. 삶이 그녀를 압도하는 것이다.

남자는 이와 비견할 만한 경험을 전혀 갖지 못한다. 대부분의 남성 입문제의가 그토록 폭력적인 이유도 바로 그것이다. 그렇게 함으로써 남자는 자신이 더 이상은 어린 소년이 아님을 분명히 하는 것이다. 또 청년이 자기 어머니로부터 벗어나야만 하는 이유도 바로 그것이다. 우리 문화에서는 이 사실을 이해한 나머지, 도리어 결별을 거드는 어머니들도 있다. 반면 자녀에게 매달리는 어머니는 청년의 삶에 있어 끔찍한 무게가 아닐 수 없다. 원시 문화의 경우, 어머니와 아들은 확고히 결별하곤 했다.

나는 얼마 전에 벵골 지방의 어느 힌두교 제의에 관한 책을 읽었는데, 거기서는 여성의 생활 조건이 극도로 제한되어 있다고 한다. 소녀 시절에는 자기 아버지가 시키는 대로 해야 한다. 결혼을 하면 이제는 자기 남편이 시키는 대로 해야 한다. 그러다가 남편이 죽으면 - 장례식의 화장용 장작더미에 몸을 던지지 않는 한 - 큰아들이 시키는 대로 해야 한다. 그 여성은 평생 한 번도 자기 스스로가 주인이 될 수 없는 것이다. 그녀의 유일한 애정 관계는 자녀와의 것이며, 그 중에서도 가장 끈끈한 것은 아들과의 관계이다.

따라서 그곳에서는 여성이 아들을 떼어 놓을 수 있게 하는 제의가 있다. 몇 년 동안에 걸쳐서 그 가문의 성직자인 구루가 찾아와 그녀의 소유물 가운데 몇 가지 가치 있는 것들을 자기한테 내놓아야 한다고 말한다. 처음에는 그녀의 장신구 - 다시 말해 그녀가 지닌 유일한 재산 - 로부터 시작해서, 나중에는 그녀가 좋아하는 특정한 음식을 포기해야 한다. 그렇게 함으로써 그녀는 자기가 가치 있게 여기는 것들을 포기하는 법을 배워야 한다. 그러다가 아들이 더 이상은 어린 소년이 아닌 때가 오게 되고, 그렇게 되면 그녀는 자신의 삶에서 가장 소중한 것을 내보내는 방법을 배우게 되는 것이다.

내가 그 이야기를 했던가? 언젠가 켄터키에서 이른바 자신의 것 일곱 가지를 포기해야 하는 제의에 참석했던 일을? 그것이야말로 내가 겪은 집단 경험 가운데서도 가장 흥미로운 것 중 하나였다. 어느 의식(意識) 전환 공동체에서 개최한 그 모임에는 모두 49명의 남녀가 참석했다. 버몬트 대학의 교수 내외 두 쌍이 우리가 실시할 그 제의를 주관했다. 그들은 우리를 각각 일곱 명씩 일곱 개의 작은 조로 나눈 다음, 그날 하루 동안 각자 평생 이것만큼은 꼭 있어야 한다고 생각하는 물건 일곱 가지를 생각해 보도록 했다. "여러분의 삶을 진정 살 만한 것으로 만들어 준다고 생각하는 일곱 가지는 무엇입니까?" 그런 뒤에 우리는 그 일곱 가지 소중한 것들을 상징하는 물체 일곱 개를 준비해 가져오는데, 그 물체의 크기는 손에 딱 들어갈 만큼 작아야 하고, 각각의 물체가 어떤 것을 상징하는지 본인이 구분할 수 있어야만 했다.

그날 저녁 우리는 숲에 난 어두운 길을 따라 내려가 어느 동굴 입구에 도착했다. 그 동굴에는 나무로 된 출입문이 달려 있었다. 문 앞에는 개의 가면을 쓴 남자가 서 있었다. 지옥문을 지키는 개 케르베로스였다. 그는 손을 내밀며 말했다. "여러분이 그중 덜 소중하게 생각하는 것을 하나 내놓으시오." 누가 그에게 작은 물체 중 하나를 건네주면, 그는 문을 열고 그 사람을 안으로 들여보냈다.

그러면 우리는 가장 소중히 여기는 것을 이제 여섯 가지만 쥐고서, 넓은 동굴 안을 이리저리 걸어 다녔다. 그 과정에서 우리는 다섯 번이나 연이어 우리가 비교적 덜 소중하게 생각하는 것을 포기하도록 요구받았고, 결국 나중에는 우리가 가장 소중하게 생각하는 것을 상징하는 단 하나의 물체만 남게 되었다. 장담컨대, 이제 우리는 그게 무엇인지 분명히 알게 된 것이다. 진짜로, 진짜로 알았다. 우리에게 그 보물들을 하나씩 포기하도록 했던 명령은 사실 매우 계시적이었던 것이다. 여러분은 이제 자신의 가치 순서가 어떤지를 진정으로 알게 된 것이다. 그런 뒤에 여러분은 출구에 도달한다. 출구는 두 사람이 지키고 있고, 여러분은 이제 그들 사이로 빠져나가야 한다. 하지만 문지기가 있는 출구를 빠져나가기 전에 여러분은 자신이 가장 소중히 여기는 것을 포기해야만 한다.

그 제의는 정말이지 효과를 발휘했다. 나중에 이야기를 나누어 본 결과, 참가자들은 각자의 마지막 보물을 포기하는 순간 '모크샤(moksa)', 즉 '해방'을 실제로 경험했다. 어느 멍청한 바보 한 명만이 예외였다. 그는 아무것도 포기하지 않았다. 어쩌면 그것이 그 제의가 얼마나 진지하게 이루어졌는지를 보여 주는 증거인지도 모르겠다. 그 중 하나를 포기하라는 제안을 받자, 그는 몸을 굽혀 땅에서 조약돌을 하나 주운 다음, 그걸 대신 문지기에게 건네주었다. 다시 말해 부름을 거부한 것이다.

(……) 삶의 상황을 수습하는 데 있어서의 실패는 결국 의식(意識)의 제약으로 나타나는 수밖에 없다. 싸움이나 짜증은 무식한 자들의 미봉책에 지나지 않고, 후회는 때늦은 각성일 뿐이다.[49]

내게 있어 무엇보다도 흥미진진한 것은 바로 그 실제 경험이었다. 그것은 행복한 참여의 감정이었다. 일찍이 나 자신을 구속하던 것이 사라져 버림을 바라보는 것은, 우리가 포기한 보물을 향한 우리의 감정을 실제로 바꿔 놓은 것이다. 다시 말해 집착 없이도 그 물건들에 대한 우리의 사랑을 더욱 증대시킨 것이었다. 정말이지 놀라웠다.

세계의 종말 같은 파국에 관해 명상할 때의 핵심은 오고 가는, 또 오고 가는 과정에 집중하는 것이다. 그렇게 함으로써 여러분은 이처럼 사물이 오고 간다는 사실에 대해 편안한 마음을 느끼게 된다.

> 종말이란
> 불타는 아마겟돈을 가리키는 것이 아니라,
> 우리의 무지와 자기만족이
> 끝난다는 뜻이다.

나는 임박한 핵폭발이며 우주의 붕괴에 대한 공포에 수반되는 엄청난 불안이야말로, 오고 가는 것 너머에 있는 중심을 한 번도 찾지 못한 사람들로부터 나온 불안이 투사된 것에 불과하다고 생각해 왔다. 만약 여러분이 영원이란 것에 대해 편안한 마음을 느낀다면, 우주가 폭발해 버리는 것조차 얼마든지 편안한 마음으로 받아들일 수 있다.

마치 여러분 자신의 죽음을 편안한 마음으로 받아들일 수 있는 것과도 마찬가지다. 이는 유기적 과정에 부합되는 일이다. 만물은 오고······ 또 가는 것이다.

(······) 죽음에 겁을 먹는다면 그 영웅은 영웅이 아니다. 영웅은 마땅히 무덤과 화해할 수 있어야 한다.[50]

오늘날 시애틀 지역에 거주하고 있던 인디언들의 지도자인 시애틀 추장은 이른바 우주와 조화를 이루어 살아가는 것이 어떤지를 잘 보여 주는 훌륭한 글을 남겼다. 그는 이렇게 말했다. "우리 동족들이 사라지는 것에 대해 내가 왜 탄식해야 하는가? 만물에는 끝이 있게 마련이고, 백인 역시 결국 이를 알게 될 것이다." 그리고 이는 우주에도 마찬가지로 적용된다. 우리는 그 사실을 마음 편히 느낄 수 있다. 물론 그렇다고 해서 현 상황을 고치려는 노력에 참여할 필요가 없다는 것은 아니지만, 다만 변화를 위한 노력의 근저에는 '마음 편함'이 있어야 한다는 것이다. 가령 개 썰매 경주에서 우승하는 것은 좋은 일이다. 그러나 패배하는 것 역시 좋은 일이다.

이제 문제는 인간이 사는 세계다. 열왕(列王)의 실제적인 심판과 천상의 계시의 주사위인 사제들의 가르침에 주눅이 든 나머지, 의식의 장은 위축될 대로 위축되어 인간의 이야기라는 대서사시는 상충되는 이해의 도가니에서 잃어버린 바 되었다. 인간의 시야도 이제는 좁아져 오직 가시적이고, 손에 잡히는 존재의 표피만 이해할 수 있을 뿐이다.

심연을 투시할 전망은 이제 사라졌다. 인간 고뇌의 의미심장한 형상은 이제 보이지도 않는다. 사회는 오류와 재난 속으로 빠져든다. '소자아'는 '대자아'의 재판석을 강탈했다.[51]

내가 강의했던 강당에 있다고 생각해 보자. 머리 위에는 많은 전구가 있다. 전구는 모두 서로 떨어져 있고, 따라서 우리는 전구들이 각각 떨어져 있다고 생각할 것이다.

(……) 천장의 전구가 모두 빛의 수레이듯, 아래에 있는 우리 모두는 저마다 의식의 수레이다. 하지만 전구에게는 빛의 질이 가장 중요하다. 마찬가지로 우리들에게는 의식의 질이 중요하다. 사람들은 자신을 덧없는 육체와 동일시하는 경향이 있지만, 자기 육체를 단순한 의식의 수레로 여기고, 의식을 우리 모두를 통해 현현하는 존재로 여길 수도 있다.[52]

> 육신이 전구라면, 그리고 전구가 나가 버린다면,
> 더 이상은 전기가 없다는 의미가 되는 것일까?
> 에너지의 원천은 여전히 남아 있다.
> 우리는 육신을 내버리고 계속 나아갈 수 있다.
> 우리가 바로 원천이기 때문이다.

"태어나는 것은 반드시 죽는다. 그리고 죽는 것은 반드시 태어난다. 어쩔 수 없는 일 때문에 슬퍼하지 말라. (……) 모든 사람의 육체 안에 사는 절대자아는 결코 죽지 않는다. (……) 그것은 무기로도 베지 못한다. 그것은 불로도 태우지 못한다. 그것은 물로도 적시지 못한다. 그것은 바람으로도 말리지 못한다. 영원하고 보편적이며 불변하는 자아는 영원히 한결같다. (……) 모든 육체 안에 사는 절대자아는 죽을 수 없다. 그러니 어떤 피조물을 위해 슬퍼하지 말라." - 『바가바드 기타』[53]

"만물은 나아가고, 일어나고, 되돌아온다. 나무는 꽃을 피우나 이는 오직 뿌리로 되돌아가기 위함이다. 뿌리로 되돌아감은 정일(靜溢)을 찾음이다. 정일을 찾음은 천명으로 합일함이다. 천명에 합일함은 영원에 합일함이다. 영원을 아는 것은 깨달음이요, 영원을 깨닫지 못하면 혼란과 마(魔)가 인다.
영원을 알면 이해력이 넓어지고, 이해력이 넓어지면 포용력이 넓어진다. 시야가 넓어지면 귀함을 얻는다. 귀함이란 천상적인 것과 다름 아니다." - 노자[54]

우리는 원기회복을 위해 죽음으로 내려간다.

"원래의 형태를 보존하는 것은 아무것도 없다. 위대한 재생의 손길인 자연은 부단하게 형상에서 형상을 만들어 나간다. 온 우주 안에서 사라지는 것은 하나도 없음을 알라. 오직 변화하고, 새로운 형상으로 재생될 뿐인 것이다." - 오비디우스[55]

아즈텍에서는 임종을 맞이한 사람에게 이렇게 기도한다. (……)

"자녀여, 그대는 이승의 삶이라는 수고로운 시련을 다 치러 내고 승리한 자이니라. 이제 우리 주님이 그대를 데려갔으니, 그 얼마나 기쁜 일이랴? 우리 역시 영원히 이승에 있는 것은 아니요, 잠시 다녀가는 것뿐이라. 우리의 삶이란 햇빛에 몸을 따뜻하게 하는 것에 불과하느니라." [56]

삶에는 죽음이 뒤따르게 마련이라는 사실을 우리가 어떻게 해서 받아들이게 되는지는 개인적인 문제다. 이 세상에는 죽음의 경험 앞에, 죽음의 포용 앞에 익숙해지게 하는 여러 가지 명상 훈련이 있다. 이것은 입문에 있어 절대 보편적인 주제이다. 거기에는 항상 죽음의, 그리고 그 이후의 탄생의 측면이 존재한다.

죽음과 낳음은
동시에 다가온다.

오직 탄생 – 낡은 것의 탄생이 아닌, 새로운 것의 탄생 – 만이 죽음을 [진정으로] 정복할 수 있다. 죽음의 끈질긴 재현을 저지하기 위해서는 영혼의 내부에, 사회의 내부에 끊임없는 '탄생의 재현(팔링게네시아, palingenesia)'이 있어야 하며, 우리가 이 땅에서 오래 잔존하려면 반드시 그래야만 한다.[57] 왜냐하면 우리가 세대를 거듭하며 재생하지 않[고, 다만 지금 상태로 영원히 죽지 않고 살아간]다면, 우리가 얻게 되는 [죽음을 극복하는] 승리는 도리어 응보천벌여신(네메시스, Nemesis)의 복수가 될 것이기 때문이다. 그렇게 [죽지 않고 살아가게] 되면 죽음은 우리 인간이 지닌 미덕 가운데 하나가 아니게 된다. 그렇다면 평화는 올가미이며, 전쟁도 올가미이다. 변화도 올가미이며, 항구 불변성이라는 것도 올가미이다. 우리가 죽음에 대해 승리하는 날이 오면, 죽음[보다도 더 끔찍한 삶]이 다가온다. 그때 우리가 할 수 있는 일은 [더 이상 죽지도 못하고 계속해서] 십자가에 달렸다가 부활하고, 또 갈가리 해체되었다가 재생되는 길뿐이다.[58]

때때로 죽음은 말 그대로 거행된다. 원시의 사춘기 의례에서는 종종 죽어 가는 사람, 또는 젊은이가 이제 내가 곧 누군가의 손에 죽게 된다고 생각해서, 실제로 죽음을 경험하는 일이 벌어진다. 나는 현대인 중에서도 마약을 복용한 상황에서 실제로 죽음을 경험한 사람의 사례를 무수히 알고 있다.

어떤 여성이 서로 충돌한 두 대의 트럭 사이에 끼는 교통사고를 당했는데, 순간 자기가 죽었다고 생각했던 사례가 있다. 트럭 사이에서 빠져나왔을 때, 이제껏 살아 온 그녀의 삶이 뚝 떨어져 나갔고, 그녀는 완전히 새로운 삶을 얻게 되었다. 따라서 삶을 도출하는 죽음이라는 이런 사례는 심리학의 연구 소재로서도 타당하다.

원시 수렵민의 경우에는 항상 동물을 죽이게 마련인데, 이들에게는 이러한 살생이 주된 희생제이며, 따라서 대개 인간 희생제물은 없게 마련이다. 하지만 초기의 농경문화에서는 그야말로 격렬한 희생제, 즉 갖가지 종류의 희생제가 벌어졌으며, 심지어 그런 문화에서는 인간 제물도 존재했다.

오로지 최고만이 희생제물로 바쳐진다.

희생되는 것은 곧 집으로 가는 방법이다.

"자기 목숨을 잃는 사람은 다시 찾게 되리라."[59]

일반적으로 주된 희생제는 대표적인 식용 동물을 사용해서 이루어진다. 예를 들어 동남아시아에서는 돼지를 사용한다. 유럽에서는 주로 황소를 사용한다. 이 두 가지 동물은 모두 달을 상징한다. 돼지의 양쪽 엄니는 가운데에 어두운 달 표면이 있는 초승달이다. 황소의 뿔 역시 마찬가지다. 달은 죽었다가 부활하고, 또 죽었다가 부활한다. 황소는 새로운 삶이 도출되는 달의 죽음을 상징한다고 볼 수도 있다.

뱀과 달 모두 늙어서 죽으며,
그림자를 드리움으로써 부활하느니라.

고대 로마에서는 자살이 고귀한 행동으로 여겨졌다. 어떤 사람이 포로로 잡힐 상황에 놓인 경우, 이는 곧 불명예스러운 삶을 의미하므로, 대신 자살을 택하곤 했다. 이는 켈트족에서도 마찬가지였다. 헬레니즘 시대의 그림 중에는 어느 켈트 족 왕이 포로로 잡히기 직전에 아내를 죽이고 본인도 자살하는 내용을 묘사한 것이 있다.

일본에는 이른바 '하라키리〔腹切り: 할복(割腹)〕', 즉 의례적 자살로서는 최상급의 사례가 있는데, 이는 흥미로우면서도 섬세한 의식이다. 자신의 의무를 수행하는 데 크게 실패한 사람은 자신이 개인적으로 원하는 장소에서 '하라키리'를 실시하는데, 왜냐하면 이것이야말로 그를 불명예에서 구원할 유일한 방법이기 때문이다. '하라키리'를 실시할 사람은 다다미 깔개 한가운데 무릎을 꿇고 앉으며, 네 귀퉁이는 특별한 물건들로 표를 해 둔다. 가령 서양에서는 예수를 둘러싸고 마태오, 마르코, 루가, 요한이 있는 것처럼 말이다. 즉 중앙과 네 모통이의 주요 요소인 것이다. 그는 자기 칼 - 본인의 고귀함과 명예의 상징 - 을 오른쪽 옆구리에 찔러 넣으며, 거기서 몸 가운데까지 칼을 그었다가 아래로 내린다. 그는 반드시 땅에 얼굴을 박고 쓰러져야 한다. 이것은 자살하는 방법치고는 극도로 고통스러운 경우다. 그냥 쿡 찌르기만 하면 끝나는 게 아니다. 이것은 의도적인 행동으로서, 그 모든 과정을 경험하는 것에 당사자의 명예가 달렸다. 여성의 경우에 '하라키리'에 상응하는 것으로 목정맥을 찌르는 것을 들 수 있다. 다른 행동이지만 거기 담긴 의미는 똑같다.

칼을 곧 자신의 명예와 동일시했던 인도의 귀족들은 스스로의 머리를 베기도 한다. 하지만 이건 아무나 할 수 있는 게 아니다. [어느 책에 나온 그림의] 설명에 따르면 그 방법은 우선 잘 휘어지는 작은 나무를 구부린 다음, 거기에 밧줄을 하나 묶고, 그 밧줄을 자신의 머리에 묶은 뒤, 허리를 굽히고 칼을 집어서 자기 목을 치는 것이다. 잘린 머리를 나무가 멀리 날려 보낼수록 그 행위로 인해 얻는 찬사도 커진다. 여러분은 곧바로 그런 찬사에 어울리는 곳으로 옮겨지며, 여러분의 친구들은 이 소식을 전해 듣게 된다. 이런 종류의 자살은 매우 위엄 있는 것으로 여겨지며, 공동체의 의례 행위에 속한다.

내가 보기에 죽음 이후의 삶에 관한 생각은 나쁜 생각이다. 왜냐하면 그 생각 때문에 여러분은 지금 여기, 즉 여러분이 살아 있는 이 유일무이한 순간을 음미하지 못하기 때문이다. 가령 여러분이 죽는다 해도 저 세상에는 여러분의 부모님도 계셔서, 그곳에서 그분들과 함께 영원히 살 수 있다고 치면, 여러분은 지상에서 부모님과 공유했던 중요한 순간들을 더 이상 음미하지 못할 것이다.

모든 순간들은 그야말로 유일하며 결코 영원하지 않을 것이다. 이 사실 때문에 삶은 특유의 통렬함을 지니는 것이며, 여러분은 지금 경험하는 것에 대해 주의를 집중해야만 하는 것이다. 내가 보기에는 모든 사람이 천국에서 행복하게 살 것이라는 개념이 그런 사실을 빛바래게 만드는 것 같다. 여러분으로선 차라리 지금, 바로 여기서 행복한 편이 더 낫다. 여러분으로선 영원한 지금, 바로 여기를 경험하는 것이 더 낫다. "천국에 올라가 그분과 영원히 행복하게 살리라"라는 것은 곧 여러분이 여기 지상에 머무는 동안 행복해야 한다는 뜻이다. 다시 말해서, 여러분의 삶은 성스러운 힘, 모든 삶 속에 있는 영원한 힘과 동일시되어야 하는 것이다. 여러분이 천국의 상징을 구체화하게 되면, 그 모든 상황이 붕괴된다. 여러분은 가령 영원은 그곳에 있고, 여러분의 삶은 이곳에 있다고 생각할 수도 있다. 여러분은 하나님, 즉 에너지의 원천이 거기 있고, 여러분은 여기 있다고 믿는다. 그분은 여러분의 삶 속에 들어올 수도 있고, 그렇지 않을 수도 있다. 하지만 사실은 그렇지 않다. 결코 그렇지 않다. 영원한 에너지의 원천은 바로 지금, 여러분 안에, 여기 있기 때문이다.

이것이 영지주의의, 붓다 의식의, 그리고 기타 등등의 정수라고 할 수 있다. 성 바울로의 다음과 같은 말 역시 이와 같은 생각에 근접한 것이다. "이제는 내가 사는 것이 아니라, 그리스도가 내 안에서 사시는 것입니다."[60] 한번은 내가 강의 도중에 이와 같은 견해를 피력하자, 어느 사제가 듣고 있다가 이렇게 말했다. "그건 신성모독입니다." 이는 오늘날 교회가 상징의 의미 그 자체를 인정하지 않는 사례라 할 수 있다.

그러나 다른 한편으로, 천국의 이미지가 여러분의 임종에 힘이 된다면, 즉 자연이 여러분을 데려감에 대해 저항하는 것이 아니라 순응하는 데 도움을 준다면, 그럴 경우에 한해서 곧 죽게 될 기독교인 어린이에게 너는 죽어서 천국에 갈 거라고 말해 줘도 괜찮을 것이다.

> 죽음에 대한 저항은
> 여러분이 죽고 나서 어디로 가는지
> 모른다는 사실과 관계가 있다.

불교 경전 가운데 한 대목에서, 누군가가 붓다를 찾아와서 타인으로 하여금 죽음에 맞서도록 도와줄 수 있는 방법이 무엇이냐고 질문을 던진다. 그러자 붓다는 이렇게 대답한다. "어떤 집에 불이 났는데, 그 집에는 아버지와 어린아이 셋이 있다고 합시다. 아이들은 불길을 보고 겁에 질렸지만, 차마 밖으로 나오지 못하는 상황입니다. 아버지는 이렇게 말합니다. '자, 얘들아. 밖에 나가면 아주 멋있는 염소 수레가 하나 있을 거야. 염소들이 너희들을 기다리고 있으니, 얼른 나가서 수레에 올라타 놀자꾸나.'" 다시 말해 그 어떤 것 이외에는 경험할 능력이 없는 사람을 위해서는 불길 바깥에 그 어떤 것을 갖다 놓으라는 것이다. 이것은 그것 이외에는 결코 어떠한 방법으로도 움직이게 할 수 없는 사람으로부터 바람직하고 반드시 필요한 행동을 이끌어 내는 수단으로 유용하다.

여러분이 만약 누군가 죽어 가는 사람을 돌보고 있다면, 여러분은 그 사람이 조만간 신체에서 벗어나게 될 의식과 자기 스스로를 동일시하도록 도와주어야 한다. 우리는 일생의 온갖 것들을 벗어 버리게 된다. 마침내 우리는 스스로를 의식과 동일시하고, 우리의 몸에서 벗어나는 것이다.

불교의
중심 사상은
집착 없는 공감이다.

따라서 여러분이 공감을 느끼고 있는 누군가의 죽음을 고통으로 느껴서는 안 된다. 여러분의 집착은 그 관계에 있어 일시적인 국면이다. 오히려 여러분의 공감이 바로 영원한 국면이다. 따라서 여러분은 모든 것이 상실되고 나서도 결코 상실되지 않는 어떤 것과 스스로를 동일시함으로써, 그 상실감을 상쇄시킬 수 있다. 그 상실되지 않는 어떤 것이란 바로 여러분의 몸과 모든 것을 형성하는 의식이다. 분화되지 않은 의식으로의 돌아감이야말로 귀환이다. 그것은 여러분이 생각할 수 있는 최대한이며, 여러분이 알 수 있는 최대한이다. 그 나머지는 모든 의식적 지식을 초월하는 것이다.

의식의 두 번째 단계
깨달음을 향한 길

*Coming
Into Awareness*

파탄잘리의 고전 요가 안내서의 첫 번째 경구는 책 전체를 향한 열쇠를 제공해 준다.

"요가란 마음속에서 일어나는
생각의 흐름을 통제하는 것이다."[1]

(……) 명상에 익숙하지 않은 사람은 누구나 마음속으로 하나의 이미지나 생각에 집중하려 해도 몇 초 만에 이미 그것과 관련된 다른 생각들에 빠져 있는 자신을 발견하게 될 것이다. 훈련되지 않으면 정신은 가만히 있질 못하는데, 요가는 그런 움직임을 의도적으로 멈추는 것이다.

그렇다면 이런 질문을 던질 수 있을 것이다. 왜 누구나 그런 상태에 이르려고 해야 하는가?

이 질문에 대답하자면, 마음은 바람에 물결이 이는 연못에 비유할 수 있다. (……) 요가의 사고방식은 바람을 가라앉히고 물을 다시 평온한 상태로 되돌리려는 것이다. 바람이 불어 물결이 일면 그 물결은 빛과 그 그림자까지 깨뜨리고 흩어 놓기 때문에, 눈으로 볼 수 있는 모든 것은 흐트러진 형태로 서로 부딪친다. 물이 잠잠해져서 침전물들이 깨끗이 가라앉고 수면이 맑게 빛나는 거울처럼 되어야 흔들리는 물결 위에 흩어졌던 그림자들이 그 모습을 드러낼 것이다. 저 높은 곳의 구름과 맑은 하늘, 물가에 서 있는 나무의 그림자, 잠잠해진 맑은 물속 깊숙이 모래바닥과 물고기들의 모습까지도 그러고 나면 물결치던 수면에서 조각조각 왜곡된 파편들에 불과하던 것이 오직 하나의 이미지로 지각될 것이다.

이 하나의 이미지는 요가에서 깨달은 자아의 이미지에 비유될 수 있다. 그것은 이 궁극의 형상 – 형상들 중의 형상 – 으로서 이 세계의 현상들은 그 속에서 불완전하고 덧없는 왜곡의 형태로 보일 뿐이다. 하나님의 형상, 붓다의 형상은 진실로 우리 자신의 깨달음의 형상이며, 요가의 목적은 그 깨달음과 우리를 결합시키는 것이다.[2]

쿤달리니 요가는 이른바 '프라나야마(pranayama)'라는 명상 및 호흡 조절 훈련을 기반으로 한 것이다. 숫자를 한참 세는 동안 한쪽 콧구멍으로만 숨을 들이마신 다음, 숨을 참고 몸을 '프라나(prana)', 즉 숨으로 가득 채운다. 또 숫자를 한참 세는 동안 숨을 내쉬고, 잠시 멈추었다가 이번에는 또 다른 쪽 콧구멍으로 숨을 들이마신다. 이런 과정을 통해 요가 수행자는 자신의 온 영혼을 조용하게 만드는 것이니, 말 그대로 물을 잔잔하게 하는 것이다.

여기에는 호흡과 감정이 연관되어 있다는 개념이 담겨 있다. 뭔가에 충격을 받으면 여러분의 호흡은 달라진다. 분노나 어떤 열정으로 가득한 경우 여러분의 호흡은 달라진다. 쉬고 있으면 여러분의 호흡은 변화한다. 따라서 여기서의 목표는 여러분으로 하여금 규칙적으로 호흡하게 하는 것, 마음을 조용하고 잔잔하게 하는 것이다. 그와 동시에 쿤달리니 뱀을 움직이게 만들어서 척추를 따라 끌어올리는 명상법도 있다.

〔쿤달리니는〕(……) 또아리를 튼 암컷 뱀의 형상으로서, '징그럽고 불쾌한' 뱀이 아니라 '섬세한' 본질을 지닌 뱀 여신이며, 이 뱀은 움직임 없는 수면의 형태로 척추의 가장 아래쪽에 있는 미묘한 중심, 〔우리 몸의〕 일곱 개의 고리 중 첫 번째 고리에 살고 있는 것으로 여겨진다. 그러므로 요가의 목적은 이 뱀을 깨워서 대가리를 들게 만들고, 척추의 섬세한 신경이나 통로를 거쳐 〔수행자의〕 머리의 왕관에 있는 이른바 '천 개의 꽃잎이 달린 연꽃'에 이르게 하는 것이다. (……) 뱀 여왕은 가장 밑바닥으로부터 가장 높은 연꽃의 중심으로 오르면서, 그 사이에 있는 다섯 개의 고리를 지나갈 것이다. 그리고 그 각각의 고리를 통해 수행자의 정신세계와 자아를 깨울 것이며, 결국 이 모든 것이 하나가 되어 근본적인 변형을 이루게 될 것이다.[3]

'차크라(chakra)'는 '바퀴'라는 뜻이다. '차크라'는 또한 '연꽃'이란 뜻의 '파드마(padma)'로도 불린다. 그런 것이 일곱 개인데, 그 중 세 개는 골반 부근에 위치하고, 세 개는 머리에 위치하고, 나머지 하나-심장 차크라-는 그 사이에, 즉 심장의 박동이며 숨의 박동에 이르기까지 모든 박동이 있는 커다란 구멍에 위치한다.

제1 차크라인 물라다라(Muladhara), 즉 '뿌리 받침'은 척추의 맨 밑에 위치한다. 이 단계에서 세계관은 '분명한 사실들'에 의해 통제되는 활력 없는 유물론으로 이루어진다. (……) 심리체계는 행동과학적 용어로 적절히 표현하자면 수동적이며, 결코 능동적이지 못하다. 이 단계에서는 삶에 대한 어떤 열망도 없고, 확장해 나가려는 뚜렷한 충동도 없다. 단지 기면 상태의 욕망이 존재에 매달려 있을 뿐이다. 이 고착 상태는 결국 깨어져야 하고, 그래야 정신은, 그냥 그대로 있으려 하는 단순하고 둔한 욕망을 버리게 될 것이다. (……)

그러므로 요가 수행자들의 첫 번째 과업은 이 단계에서 자신의 영적 기면 상태에 있는 차가운 용(龍)의 사슬을 깨뜨리고, 더 높은 곳으로 상승하여, 그의 영적인 스승이 되어 잠에서 깨어난 불멸의 삶이라는 희열로 그를 인도해 줄 자신의 샤크티, 보석 아가씨를 풀어 주는 것이다.[4]

제2 차크라인 스바디슈타나(Svadhishthana), 즉 '그녀의 특별한 집'은 성기 단계에 있다. 이 단계에서 쿤달리니가 활발해지면, 삶의 전체 목표는 섹스에 있게 된다. 성적인 목적을 향한 방법으로서든, 좌절된 성적 욕망에 대한 보상적 승화로서든 간에, 모든 사고와 행동이 성적인 동기를 가지게 될 뿐만 아니라, 보고 듣는 모든 것이 의식적으로든 무의식적으로든, 무조건 성적 테마의 상징으로 해석된다. 다시 말해 여기서 정신적 에너지는 프로이트적 리비도의 성격을 갖는다. 신화

와 신들과 종교적 의례들은 성적인 방식으로 이해되고 경험된다.[5]

제3 차크라인 마니푸라(Manipura), 즉 '빛나는 보석의 도시'는 배꼽의 단계에 있다. 여기서는 에너지가 폭력으로 바뀌며, 그 목적은 세계를 소모하고 지배하여 세계를 자기 자신으로, 그리고 자신의 소유로 바꾸는 것이다. 여기에 적절한 서양의 심리학은 '힘을 향한 의지'를 주장한 아들러의 학설일 것이다. 이 단계에서는 섹스도 [제2차크라에서 체험했던] 에로틱한 경험이 아니라 쟁취와 정복과 자기 확신, 그리고 때로는 복수의 의식이 되어 버린다.[6]

제3 차크라의 기능은 여러분의 삶을 조직하고, 가정을 수립하고, 사업을 구축하며, 여러분의 상태와 지위에 적절한 방식으로 이 세계를 통달하는 법을 배우는 것이다. 자기 유지, 가족 유지, 사회 유지, 세계 유지. 하지만 여기서 말하는 유지란 변모라는 의미에서의 유지이다. 삶은 유지되어야 하지만 그렇다고 해서 굳어진 상태가 아니라, 성장 상태로 유지되어야 한다. 마치 정원사에 의해 가꿔지는 나무처럼 말이다.

낮은 단계에 있는 이 세 개의 차크라들은 소박한 상태로 세상을 살아가는 인간의 양상들로 이루어져 있다. 그것이 외적으로는 연인들, 전사들, 건설자들, 성취자들의 양상으로 나타난다. 이 단계들에서의 기쁨과 슬픔은 '저 바깥' 세상에서 성취한 것, 즉 사람들이 자신을 어떻게 생각하는지, 무엇을 얻었는지, 무엇을 잃었는지에 대해 작용한다.[7]

이 세 가지 차크라는 우리가 다른 동물과 공유하고 있는 기능을 수행한다. 다른 동물 역시 삶에 집착하고, 새끼를 낳고, 보금자리를 짓고, 살기 위해 애쓴다. 대중 종교 역시 이러한 수준에서 작용하며, 이런 수준에서 살아가는 개인은 자기중심적이고, 그의 행동은 반드시 사회적 법률에 의해 규제되어야 한다.

어쨌거나 이 단계에서만 작동하는 종교는 내적이고 신비적인 깨달음을 키워 가는 데 있어서는 거의 구실을 할 수 없기 때문에 종교라 일컫기 힘들다. 여기서 종교는 정치권력의 부속물에서 겨우 조금 더 나아간 종교로서, 윤리적 규율들과 조언을 제공해 주거나 삶의 상실감에 대해보이지 않는 위안을 주고 사회적 의무를 충족시키는 것에 대한 미래의 보상을 약속할 것이다.[8]

제4 차크라인 아나하타(Anahata)는 '부딪치지 않음'이고, 심장의 높이에 있다. 이것은 종교적 삶의 시작이며, 새로운 삶이 시작되는 깨달음이며, 그 이름은 곧 어떤 두 가지가 서로 충돌해서 만들어 낸 것이 아닌 소리를 지칭한다. 우리가 듣는 모든 소리는 어떤 두 가지가 서로 충돌해서 생겨난다. 그렇다면 어떤 두 가지가 서로 충돌해서 만들어 낸 것이 아닌 소리란 어떤 소리일까? 그것은 에너지의 소리이며, 그 소리의 현시가 바로 우주다. 따라서 이는 사물보다 앞서는 소리이다.

심장 차크라는 영적 차원으로 가는 입구이다. 모든 것이 신비의 은유다. 모든 것이 신비의 은유인 그 지점에 일단 여러분이 도달하면, 이 하위의 힘들은 정화된다. 즉 처음 세 차크라들의 작용 그 자체가 제

5, 제6, 그리고 제7 차크라로 실현되는 것이다.

> 여러분이 상위의 차크라들에 도달하려면,
> 처음 세 개의 차크라가 반드시 있어야 한다.
> 생존, 섹스 그리고 힘이.
>
> 여러분이 4층으로 올라가려 한다면,
> 그 건물의 아래쪽 세 개 층을
> 허물어서는 안 되기 때문이다.

제5 차크라는 비슈다(Vishuddha), 즉 '정화됨'이며 후두(喉頭) 높이에 위치한다. 이것은 에너지가 유래하는 동물적 시스템을 물리치려는 영적 노력의 차크라이다. 우리가 이곳에 도달하기 위해서는 하위 차크라들을 지나가야 하지만, 그렇다고 해서 골반에 위치한 차크라들을 거부하는 것은 아니다. 그 차크라들은 이제 전적으로 육체적인 목표가 아니라 영적인 목표로 변화되어야만 한다. 제5 차크라를 티베트에서는 엎드린 형체들 위에 서 있는 신들이라는 이미지로 흔히 나타내는데, 이는 전적으로 육체적인 것을 무기와 잔인함으로 굴복시킨 것을 뜻한다. 즉 여러분은 스스로를 잔인할 정도로 다스려야 한다는 것이다.

제6 차크라는 아냐(Ajna), 즉 '명령'의 연꽃으로 미간에 위치해 있으며 이른바 천국의 차크라, 즉 육신을 갖춘 형체의 세계에서는 가장 높은 차크라이다. 이집트 파라오의 조각상을 보면 양 눈썹 사이의 바로 이 지점에서 우라에우스 뱀[9]이 나온다. 쿤달리니가 이 지점에 도달하면 우리는 신(神)을 볼 수 있다. 여러분이 명상하는, 또는 숭배하도록 가르침을 받은 신이란 바로 이 단계에서 보이는 신을 말한다. 이것은 완벽한 요가 수행자에게 있어 가장 높은 장애물이다. 라마크리슈나의 말마따나 "사람들은 여기서 감로(甘露)를 맛보며 머무르고 싶은 유혹을 느낀다." 이것은 그토록 달콤하고, 그토록 은혜롭다.

> 깨달음 직전에 도달하면
> 예전 방식이 오히려 더 유혹적이어서
> 여러분을 뒤로 잡아끌게 마련이다.

수피교도[10]들은 제6 차크라와 연관된 멋진 비유를 이야기한다. 이는 할라지[11]의 이야기이다. 어느 날 밤 나방 한 마리가 등잔을 보았다. 유리 안에서 불길이 타오르고 있었다. 나방은 밤새 유리에 몸을 부딪치면서 그 불길과 하나가 되려고 노력했다. 아침이 되자 나방은 친구들에게 돌아와서 그 불길이 얼마나 아름답게 보였는지 말해 주었다. 친구들은 말했다. "뭐 하러 그런 짓을 하려고 해?" 요가 수행자가 [현상태를] 뚫고 나아가려 할 때의 상황이 바로 이러하다. 그리하여 나방은 다음 날도 등잔을 찾아가서 어찌어찌 한 끝에 결국 유리를 뚫고 들어갔다. 나방은 순식간에 자기 목표를 성취했다. 불길이 된 것이다. '타트 트밤 아시', 즉 "네가 바로 그것"이 된 것이다. 이런 식으로 유리판을 사이에 둔 채로 여기에 주체가, 또 여기에 객체가 있다. 다시 말해 영혼과 신이 있는 것이다. 그 유리판을 없애 버리고 나면, 여기에는 주체도 객체도 더 이상은 없다. 객체를 소유하기 위해서는 반드시 먼저 주체를 소유해야 하기 때문이다.

깨달음으로 가는 길에 놓인 최후의 장벽은 여러분이 신이 되는 것을 막는 장벽이다. 유리판은 〔이 두가지 단계를〕 갈라놓는 요소를 말한다. 유리를 제거하는 것은 곧 여러분이 신을 아는 것을 막는 무지의 차단막을 소멸시킴을 의미한다. 신 – 형체를 지닌 신 – 을 바라본다는 것은 무지의 마지막 속삭임이다. 이 단계에서 여러분은 어떤 상징을, 어떤 경험을 가져야 하는데, 왜냐하면 여러분은 아직도 여러분의 마지막 속삭임을 붙들고 있기 때문이다. 나는 신을 바라본다. 그것이야말로 최후의 장벽이다.

그것은 어찌나 달콤한지, 우리는 그걸 선뜻 포기하려 들지 않지만, 궁극적인 포기는 바로 여러분 자신의 존재를 포기하는 것이다. 여러분이 계속해서 여러분의 영혼에 매달린다면, 여러분은 신과 함께 있는 자가 될 수 없다. 여러분은 심지어 여러분의 배우자와 함께 있는 자가 될 수도 없다. 이것을 반드시 포기해야만 하는 것이다. 나는 '옴(OM)'을 듣는다. 나는 신이 도처에 있음을 안다. 성스러운 에너지는 여전히 내 주위에 있다. 바로 여기 있다. 바로 여기 있다. 바로 여기 있다.

여러분이 성취에 이른다는 것은 곧 여러분이 높은 지점에 이르렀다는 것이다. 신의 이름이 무엇인지는 문제가 되지 않는데, 왜냐하면 모든 신이 포함되기 때문이다. 서로 다른 신들은 완벽한 기능의 여러 측면들을 구현한 것이다. 마이스터 에크하르트는 말했다. "버리고 취하기의 궁극은 하나님을 버리고 하나님을 취하는 것이다."[12] 이는 신

(하나님)에 관한 속된 관념 – 신에 대한 교리적 관념, 즉 여러분이 신에 관해서 배운 바 – 을 버리고, 신이란 은유로 표현되는 초월적인 것을 취한다는 의미다. 여러분은 이 두 가지 사고 가운데 어디에 있는가? 신은 이 두 가지 신 가운데 어디에 있는가?

이것은 간단명료한 주장이지만 우리는 뭔가 다르게 배운 것에 워낙 익숙한 나머지, 말이 우리를 자유롭게 놓아두기보다는 오히려 가로막는 경향이 있다. 신을 버리고 신을 취하는 것이야말로 내가 보기에는 매우 또렷한 표현이다. 인도 철학은 이러한 개념을 아무 문제없이 받아들였다. 쿤달리니가 제6 차크라에 도달하면 여러분은 하나님을 바라본다. 이 하나님이 바로 '형체를 지닌 브라흐만'이다. 제7 차크라에 도달하면 여러분은 신을 지나서 초월 속으로 들어간다. 이것이 바로 '형체를 지니지 않은 브라흐만'이다.

제7 차크라는 사하스라라(Sahasrara), 즉 머리의 정수리에 위치한 '천 개의 꽃잎이 달린' 연꽃이다. 이 차크라에 도달한 사람은 결코 신을 의식하지 않는다. 이곳엔 오로지 분화되지 않은 의식, 즉 침묵이 있을 뿐이다. 제7 차크라에 도달하면 여러분은 무감각 상태가 된다. 이른바 긴장성 의식불명이라고 일컫는 것이며, 여러분은 단순히 하나의 사물로 환원된다.

내가 이해한 바에 따르면, 만약 여러분이 다시 심장으로, 그러니까 제4 차크라이자 영적 삶이 시작되는 곳으로 내려온다면, 주체와 객체가 합쳐지게 된다. 제1 차크라는 제7 차크라에 상응한다. 여러분이 제7 차크라에 도달하면 제1 차크라의 불활성이 들어선다. 제2 차크라는 제6 차크라에 상응한다. 제3 차크라는 제5 차크라에 상응한다. 여러분은 제3 차크라의 전쟁 에너지를 취하고, 제5 차크라에서는 자제를 할 수 있다. 따라서 여러분은 제4 차크라에서 사물을 굴복시킬 수 있다.

예를 들어 제2 차크라의 경험을 통해서 - 만약 그것이 사랑의 경험이라면 - 여러분은 제6 차크라에서 하나님의 은총을 진짜로 경험하는 것이다. 즉 여러분은 제2 차크라에서의 육욕 에너지를 사랑으로 변형시키는 것이다. 제5 차크라의 훈련 경험이 전혀 없다면, 여러분은 자신이 육체적인 것을 통해서 무엇을 경험하게 될 것인지에 대한 암시를 전혀 얻지 못할 것이다. 만약 여러분의 육체적 사랑 속에서, 여러분이 관계하고 있는 것이 신성의 은총임을, 즉 그런 은총이 여러분에게 알맞은 형태를 취해 나타난 것임을 깨달을 수만 있다면, 이것은 곧 육욕적인 모험을 영적인 모험으로 변모시키는 - 그럼에도 불구하고 육욕적인 것을 손상시키지 않는 - 것이 된다. 이 두 가지는 서로 합쳐지게 된다. 그러고 나면 여러분은 제6 차크라에서처럼 신을 보게 되고, 여러분이 사랑하는 자를 그 신성의 힘의 현시로서, 즉 세계를 형성하는 사랑의 현시로서 경험하게 된다.

궁정연애의 전통에서는 여자가 남자를 멀리함으로써 시험해야만 하는데, 그 멀리함은 남자가 여자에게 다가오는 것이 욕정에 의해서가 아니라 사랑, 즉 고결한 마음에 의해서임을 여자가 확신하게 될 때까지 지속된다. 이것이 궁정연애의 올바른 의미이다. 이와 똑같은 테마가 훗날 단테의 『신곡』에서도 표현되는데, 이 작품에서 시인은 베아트리체를 향한 사랑으로 인해 결국 하나님의 보좌에까지 인도된다. 『새로운 인생』이라는 제목의 훌륭한 시집에서 단테는 자신이 그녀를 어떻게 바라보았는지 설명한다.[13] 그는 제2 차크라의 눈으로 바라본 것이 아니라 제6 차크라의 눈으로 바라보았다. 다시 말해 그녀를 하나님의 사랑의 현시로 바라보았으며, 그로 인해 그는 그 모든 것을 통과할 수 있었다.

내 멋진 친구이며, 내 마지막 구루였던 하인리히 침머는 종종 이런 말을 했다. "가장 좋은 것은 말할 수가 없다." 다시 말하자면 말의 범위 너머에 놓여 있는 것에 관해서는 차마 무엇이라고 말할 수조차 없다는 것이다.

두 번째로 좋은 것은 오해되기 십상인데, 왜냐하면 그것들은 말할 수가 없는 것들에 관한 서술이기 때문이다. 그것들이 오해되는 까닭은 여러분이 사용해야만 하는 기호의 어휘들이 마치 역사적 사건들을 지칭하는 것처럼 여겨지기 때문이다.

세 번째로 좋은 것은 대화, 정치 참여, 경제, 그런 것들이다. 이것은 우리가 일상적으로 다루는 것으로서 바로 처음의 세 가지 차크라를 말한다.

침머는 인도에서 기원한 재미있는 동물 우화를 즐겨 인용했다. 새끼를 배고 오래 굶주린 암호랑이 한 마리가 염소 떼에게 덤벼들었는데, 어찌나 용을 쓰며 달려들었던지 그만 새끼를 낳아 버리고 어미는 죽어 버렸다.

염소들은 뿔뿔이 흩어졌다가 나중에 그 목초지로 돌아왔는데, 가만 보니 갓 태어난 새끼 호랑이와 죽은 어미 호랑이가 있었다. 어버이로서의 본능이 강했던 염소들은 그 불쌍한 새끼 호랑이를 대신 키웠고, 그리하여 그 호랑이는 자기가 마치 염소라고 생각하며 자랐다. 호랑이는 음매 하고 우는 법을 배웠다. 풀을 뜯어 먹는 법도 배웠다. 하지만 풀이 호랑이에게 좋을 리 없었으므로, 그 녀석은 호랑이 중에서도 가장 비리비리하게 생긴 녀석이 되고 말았다.

새끼 호랑이가 사춘기에 접어들었을 무렵, 어디서 큰 수컷 호랑이가 나타나 덤벼드는 바람에 염소 떼가 사방팔방으로 도망쳤다. 하지만 호랑이이긴 해도 아직 어렸던 이 녀석은 도망도 못 가고 멍하니 서 있었다. 그러자 큰 호랑이가 새끼 호랑이를 보고는 깜짝 놀라며 말했다. "뭐야, 너 지금 이 염소들하고 같이 사는 거야?" "음매애애애." 새끼 호랑이가 대답했다. 그러자 큰 호랑이는 벌컥 화를 냈다. 마치 어느 날 갑자기 히피처럼 머리를 길게 기르고 나타난 아들놈의 모습을 본 아버지가 울화통을 터뜨리듯 말이다. 큰 호랑이는 새끼 호랑이를 몇 번 철썩철썩 때려 주었지만, 새끼 호랑이는 여전히 멍청하게 음매 소리를 내면서 풀만 씹어 먹을 뿐이었다. 그러자 큰 호랑이는 새끼 호랑이를 끌고 잔잔한 연못으로 갔다.

잔잔한 연못이란 인도에서 흔히 요가라는 관념을 상징하는 이미지로 사용된다. 요가의 첫 번째 잠언은 다음과 같다. "요가는 마음의 자발적인 활동을 의도적으로 중지시키는 것이다." 우리의 마음은 지속적인 유동체로서, 마치 바람에 흔들리는 연못의 수면과도 유사하다. 따라서 우리가 바라보는 형상들, 그러니까 우리 자신의 삶과 우리를 둘러싼 세계의 갖가지 형상들은 단순히 시간의 장 속에서 왔다가 가는 이미지들을 투영하는 것에 불과하지만, 그 모두의 아래에는 형상들의 본질적인 형상이 있는 것이다. 그 연못을 완전히 고요하게 만든다면, 즉 바람을 물러가게 하고 물을 맑게 한다면, 그러한 정지 상태에서 여러분은 그 모든 변화하는 형상 아래에 있는 완벽한 이미지를 볼 수 있을 것이다.

그래서 이 새끼 호랑이는 연못을 바라봄으로써 난생처음으로 자기 얼굴을 바라보게 되었다. 큰 호랑이는 자기 얼굴을 그 옆에 갖다 대고는 말했다. "이것 봐. 네 얼굴도 내 얼굴이랑 비슷하지. 넌 염소가 아니야. 나하고 똑같은 호랑이라고. 그러니 나하고 똑같이 되어야지."

이것이 구루가 하는 일이다. 내 모습을 마음에 새기고, 나하고 똑같이 되거라. 이는 혼자 하는 수행과는 정반대의 방법인 것이다.

그리하여 새끼 호랑이는 그 메시지를 이해했다. 큰 호랑이는 새끼 호랑이를 데리고 자기 굴로 갔다. 그 안에는 최근에 잡은 영양 고기가 남아 있었다. 그 피투성이 고기를 한 입 베어 물면서 큰 호랑이가 말했다. "마음껏 먹어 봐." 그러자 새끼 호랑이는 주춤거리며 물러났다. "저는 채식주의자인데요." "헛소리 하지 말고!" 큰 호랑이가 이렇게 말하며, 고기토막을 하나 집어서 새끼 호랑이의 목구멍 속에 쿡 찔러 넣었다. 새끼 호랑이는 숨이 막혀 캑캑거렸다. 문헌에는 이렇게 나와 있다. "진정한 가르침 앞에서 모든 사람이 그러하게 마련이듯이."

진정한 가르침과 마주하고 캑캑거리기는 했지만, 그럼에도 불구하고 새끼 호랑이는 그것을 자기 핏속에, 자기 몸속에 받아들이게 되었다. 그것이 그에게 올바른 먹이였기 때문이다. 그것이 그의 올바른 본성을 건드려 주었기 때문이다. 새끼 호랑이는 무의식적으로 진짜 호랑이다운 기지개를 켰다. 난생처음으로. 새끼 호랑이의 포효가 터져 나왔다. 호랑이 기본 포효 제1번이었다. 큰 호랑이가 말했다. "그거야. 이젠 너도 제대로 된 거야. 이제 숲으로 들어가서 호랑이다운 먹이를 찾아 먹자!"

채식주의는
생명을 향한 가장 큰 모독이다.

왜냐하면 생명이란 다른 생명들을 희생시켜
살아가는 것이기 때문이다.
채식주의자는 오로지
도망칠 수조차 없는 것들만 먹는다.

물론 여기서의 교훈은 바로 우리 모두가 염소처럼 살아가는 호랑이라는 것이다. 오른쪽 길, 즉 사회적 부문은 우리가 염소로서의 성격을 배양하는 데 관심을 갖는다. 신화—은유로 이해해야 적절할 듯한—는 여러분이 호랑이로서의 자기 얼굴을 인식하게끔 인도해 줄 것이다. 하지만 그러고 나서 여러분은 이 염소들과 어떻게 함께 살아가야 하는 것일까?

내 생각에는 예수가 이 문제에 관해 한마디 하지 않았나 싶다. 「마태오의 복음서」 7장에서 그는 이렇게 말한다. "진주를 돼지에게 던지지 마라. 그것들이 발로 그것을 짓밟고 돌아서서 너희를 물어뜯을지도 모른다."[14]

이른바
정통파 공동체의 기능이란
곧 신비주의자를 고문해 죽이는 것이다.
그것이 바로 이들의 목표다.

여러분은 법률이라는 겉옷을 입고 다른 사람들처럼 행동하면서도, 동시에 신비주의적인 방법이라는 속옷을 입고 있다. 또한 예수는 여러분이 기도할 때에는 각자의 방에 들어가 문을 닫고 기도해야 마땅하다고 말했다. 혹시 밖에 나갈 때에는 머리를 단정하게 빗고 나가야 한다고 말했다. 다른 사람들이 알게 하지 말라는 것이다. 그렇지 않으면 여러분은 엉터리 또는 가짜가 되는 것이다.

이는 여러분이 어디 있는지를 다른 사람들이 알게 하지 말라는 것과도 관계가 있다. 하지만 여기서 두 번째 문제가 대두한다. 여러분은 어떻게 해야 이런 사람들과 함께 살아갈 수 있을까? 여러분은 답변을 알고 있는가? 여러분은 그런 사람들 모두가 호랑이임을 알고 있다. 그리고 여러분은 그들의 본성의 그런 측면을 갖고 살아가고 있으며, 어쩌면 여러분의 기술을 통해 그들이 호랑이임을 깨닫게 해 줄 수도 있을 것이다.

그렇게 되면 그게 바로 계시가 된다. 그렇게 함으로써 이는 우리를 보디사트바[菩薩]의 방법 - 즉 영원에 근거하되 시간의 장 속에서 움직이는 자의 방법 - 의 마지막 공식으로 이끌어 간다. 시간의 장은 곧 슬픔의 장이다. "모든 삶은 슬픔으로 가득하다." 정말 그렇다. 여러분이 슬픔을 바로잡으려고 노력한다면, 여러분은 그 슬픔을 다른 어디론가 옮겨 가기만 하면 된다. 삶은 슬픔으로 가득하다. 그런 삶과 함께 어떻게 살아갈 것인가? 여러분은 자기 자신 속에 있는 영원을 자각한다. 여러분은 해방되고, 또 그런 한편으로 다시 속박된다. 여러분은 - 바로 여기서 아름다운 공식이 나오는데 - "이 세상의 슬픔에 기쁜 마음으로 참여한다." 여러분은 게임을 하는 것이다. 상처를 입을 수도 있지만, 여러분은 자신이 어떤 손상이나 성취조차도 초월하는 장소를 발견했음을 알고 있다. 여러분은 바로 거기에 있다. 그것으로 충분하다.

융이 사망한 이후, 나는 심리
학을 계속 연구하지는 않았다. 하지만 내 생각에는 융이 바로 그런 사
람이었다. 즉 영원에 근거하되 시간의 장 속에서 움직이는 사람이었다
는 거다. 진과 나는 언젠가 융 부부와 함께 취리히 호수에 위치한 그의
거처인 볼링엔에서 한 시간 반 동안 함께 차를 마신 적이 있다. 정말이
지 멋진 시간이었다. 당시 그는 침머의 독일어 유고 가운데 일부를 편
집하고 있었고, 나는 일찍이 침머의 유고를 영어로 편집한 바 있었기
에, 우리는 별 어려움 없이 인사를 나누고, 굳이 서로를 이해하려 노력
할 필요도 없이 이런저런 것들을 즐길 수 있었다. 우리가 떠날 즈음 융
이 이렇게 말했다.

"그래, 자네가 인도로 가겠다는 거지. 그럼 내가 옴(OM)의 의미에
대해 이야기해 주겠네. 내가 아프리카에 머물 때, 우리 중 몇 사람이
소풍을 간 적이 있었다네. 그런데 얼마 안 되어 길을 잃었지 뭔가. 주
위를 둘러보았더니 코에 이런저런 것을 끼운 소년들이 창을 짚고 한
다리로 서 있더군. 아무도 그들에게 어떻게 이야기를 해야 할지 몰랐

어. 우리는 그들의 언어를 전혀 몰랐으니까. 긴장된 순간이었지. 우리는 모두 그냥 주저앉아서 계속 서로를 쳐다볼 수밖에 없었다네. 그러다 갑자기 우리 모두는 이제 걱정할 필요 없다고 생각하게 되었지. '이제 괜찮아. 이 사람들은 좋은 사람들이야. 아주 괜찮은 사람들이야' 하고 말일세. 우리가 〔그 소년들로부터〕 무슨 소리를 듣고 그렇게 생각했는지 아나? 〔이런 거였다네.〕 '옴…… 옴…… 옴…….'

그러다가 이듬해에는 과학자들 일행과 인도에 갔다네. 인간이라는 종에 속하는 여러 부류 중에서도 여간해서는 뭔가에 경외심을 느끼지 않는 부류가 있다면, 과학자들이 바로 그런 사람들이지. 우리는 다르질링의 타이거 힐에 갔는데, 그건 정말 놀라운 경험이었다네. 매일 아침 일찍, 해 뜨기 반 시간쯤 전에 일어나서 쌀쌀한 새벽 공기 속에 높은 능선까지 차를 타고 올라가는 걸세. 물론 주위는 아직 어둡지. 해가 떠오르면 우리 눈앞에는 수백만 평방마일에 달하는 히말라야의 봉우리들이 무지개 색으로 펼쳐지는 거야. 그때 과학자들의 입에서 무슨 소리가 흘러나왔는지 아나? 〔이런 거였다네.〕 '옴…… 옴…… 옴…….' 옴은 자연의 소리, 다시 말해 자연이 그 스스로 즐거워할 때에 발하는 소리라네."

이것이 우리가 나눈 즐거운 대화의 한 가지 예다. 융은 아름다운 사람이었고, 진은 그의 눈이 특히 아름답다고 말했다.

융은 1909년에 이르러서야 신화와 꿈이 서로 연결되어 있음을 발견했지만, 인도에서는 그런 사실이 영원으로부터 이미 잘 알려져 있었다. 그러한 사실은 옴 또는 아움(A-U-M)이라는 철자에 함축되어 있다.

『만두키야 우파니샤드』에 따르면, 깨어난 의식의 상태에 있는 세계는 아움이라는 철자 가운데 아(A)와 동일시된다. 꿈의 의식 상태(즉 천국과 지옥)는 철자 가운데 우(U)와 동일시된다. 그리고 깊은 잠의 의식 상태(아는 자와 아는 것 간의, 하나님과 그의 세계 간의 신비적인 합일 상태이며, 창조의 씨앗과 에너지를 배태하는 상태)는 음(M)과 동일시된다.[15] 영혼은 이 아움이란 철자에 의해서, 또한 이 아움이라는 철자에서부터 그 너머의, 그리고 그 주위를 온통 둘러싼 침묵 속으로 추진되어 나아갈 것이다. 그 철자를 발음할 때면, 그 침묵 속으로부터 비롯되어 나오고 그 침묵 속으로 다시 들어가는 것이다. 느리면서도 리드미컬하게 (……) 아움 – 아움 – 아움.[16]

여러분도 아움 소리를 듣고 싶으면 그냥 양손으로 귀를 막기만 하면 된다. 물론 그렇게 해서 여러분이 듣는 소리는 모세관 속의 피 흐르는 소리이지만, 그것도 아움이다. '아'는 깨어나는 의식이다. '우'는 꿈의 의식이다. '음'은 깊고도 꿈조차 없는 잠의 영역이다. 아움은 하나님의 광휘의 소리다. 이것이야말로 가장 신비롭고 중요한 것이며, 일단 한번 알게 되면 그때부터는 매우 간단하다.

"꿈은 영혼의 가장 깊고 비밀스러운 곳에 숨어 있는 작은 문이며, 이 문은 우주의 밤을 향해 열려 있다. 그 밤은 자아의식이 생겨나기 오래전부터 정신으로 존재했고, 또한 우리의 자아의식이 얼마나 멀리 확장되건 간에 정신으로 남아 있을 것이다. 모든 자아의식은 고립되어 있기 때문이다. 그것은 독립적이고, 구별이 되며, 개별적인 것들만 알고, 자아에 관계될 수 있는 것들만 본다. 그것이 별들 가운데 가장 멀리 있는 성운까지 미친다 해도, 자아의식의 본질은 '한계'다. 모든 의식은 독립적이다. 하지만 꿈속에서 우리는 태초의 밤의 어둠 속에 살고 있는 좀 더 보편적이고 진실하고 영원한 자의 모습을 하고 나온다. 그곳에서 그는 여전히 전체이며, 그의 안에 전체가 있다. 자연과 구분할 수도 없으며 모든 자아를 벗어 버린 상태이다.

꿈은 이 모든 것이 하나가 된 깊은 곳으로부터 생겨나며, 너무나도 유치하고 기괴하며 비도덕적이다. 꽃처럼 피어나는 그 솔직함과 진실함 앞에서 우리는 기만에 찬 우리 삶에 대해 얼굴을 붉히게 된다."-융[17]

꿈의 비밀이란 주체와 객체가 똑같다는 것이다. 객체는 스스로 빛을 발하며, 유동적인 형체를 취하고, 의미에 있어서도 다의미적이다. 그것은 여러분의 꿈이며, 여러분의 의지의 현시이며, 그러면서도 여러분은 그것에 의해 놀란다. 이것은 무의식과 자아의식의 관계이다. 자아의식은 무의식에 관해 알아야만 하며, 꿈은 의식하는 마음을 향해 무의식이 하는 이야기의 어휘다. 하지만 꿈에서나 환상에서나 주체와 객체는 똑같다.

꿈, 환상, 하나님. 하나님은 빛을 발하는 환상이다. 하나님의 이미지는 꿈의 환상에 상응한다. 따라서 여러분의 하나님은 여러분의 한 측면이다. 여러분의 꿈의 이미지가 여러분의 한 측면인 것처럼 말이다. 힌두교의 격언 가운데 '나데보 데밤 아르카예트(nadevo devam arcayet)', 즉 "신은 오로지 신에 의해서만 예배될 것이니"[18]라는 뜻이다. 여러분의 신은 여러분 자신의 의식 수준의 현시다. 천국에 있는 모든 것이나 지옥에 있는 모든 것이 여러분 속에 들어 있다. 인도에서는 이러한 이해가 매우 당연한 것으로 간주되었고, 따라서 우리는 신화의 영역에 있는 것이다.

여러분의 꿈을 글로 적어 보라.
그것이 바로 여러분의 신화다.

이제 이러한 의식은 무의식적이지만, 신체는 의식적이다. 거기에는 의식이 여전히 있다. 심장은 박동하고, 혈액은 몸 전역으로 흘러 다닌다. 추위를 느끼면 여러분은 이불을 덮어쓴다. 더위를 느끼면 여러분은 이불을 걷어찬다. 예전에 어느 잡지에 실린 만화를 보니, 남편과 아내가 나란히 누워 자는 장면이 나왔다. 남편은 이불을 혼자서 둘둘 말아 덮고서는 남태평양의 한 섬에서 훌라 춤을 구경하는 꿈을 꾸고 있었다. 반대로 아내는 덜덜 떨면서 에스키모의 얼음집에 들어가 있는 꿈을 꾸고 있었다. 그들의 신체는 의식적이었던 것이다.

핵심은 무엇이냐 하면, 의식 그 자체는 이러한 어둠의 단계 아래에, 꿈의 의식 너머에 있다는 것이다. 『우파니샤드』의 한 구절은 이렇게 말한다. "우리는 매일 밤 브라흐만의 세계로 가지만, 아뿔사, 잠든 채로 가는 것이다." 요가의 목표는 깨어 있는 채로 그 영역에 가는 것이다. 여러분이 그렇게 할 수 있다면, 여러분은 순수하고 약해지지 않고 분화되지 않은 의식에 도달하게 될 것이다. 그 어떤 것의 의식도 아닐 것이다. 왜냐하면 여러분은 아(A)나 우(U)의 단계에 있는 것이 아라 의식 그 자체에 있기 때문이다. 우리의 모든 말들은 사물과 관계된, 또는 사물들 – 깨어 있을 때의 것이건, 꿈과 환상 속의 것이건 간에 – 의 관계와 또다시 관계된 것들이기 때문에 이러한 경험을 표현할 만한 말은 전혀 없다. 그것에 관해 말할 수 있는 것은 침묵뿐이다.

침묵은 이러한 깨달음에 대한 적절한 어휘다. 붓다는 '샤카무니(釋迦牟尼, Shakyamuni)'라고 불렸다. 이때 '무니(muni)'는 '과묵한 사람'이란 뜻이고, '샤카(Shakya)'는 그의 성(姓)이니, 다시 말해 그는 샤카 일족의 과묵한 사람인 것이다. 침머가 가장 좋은 것은 말할 수 없다고 한 것이 바로 이런 이유에서였다. 깨달음을 설명할 만한 단어가 전혀 없었던 것이다. 그리고 여러분이 그것을 지칭하기 위해 말을 사용한다면, 여러분은 말에 사로잡혀 더 나아가지 못할 위험이 생긴다. 따라서 이에 관해 설파하는 사람이 듣기에는 그다지 마음이 편치 못한 다음과 같은 격언도 있는 것이다. "[그것에 관해] 말하는 사람은 알지 못한다. 아는 사람은 말하지 않는다." 이것이 곧 마지막 말이다.

핵심은 침묵 속에서 들리는 이 아움이 모든 것을 알려 준다는 점이다. 만물은 그것의 현시이다. 이제 여러분은 내부로 눈길을 돌리게 된다. 여러분이 세상 속에서 움직이면서 영적 삶을 지니는 비결은 언제든지 모든 것에 들어 있는 아움 소리를 듣는 것이다. 만약 여러분이 그렇게 한다면 모든 것이 변화될 것이다. 여러분은 자신의 성취와 달성을, 그리고 여러분이 찾던 보물을 찾기 위해 더 이상 어디로 갈 필요가 없다. 그것은 여기 있다. 그것은 모든 곳에 있다.

지상에 사람이 거주하는 모든 곳에 걸쳐 그런 형상들이 출현하는

것을 꼭 인종적 전파나 문화적 전파로 설명할 필요는 없다. 문제가 되는 것은 오히려 심리적인 것, 즉 무의식의 깊이다. 융의 말을 빌리자면 *"(무의식의 장에서) 사람은 더 이상 별개의 고립된 개인이 아니다. 그의 정신은 넓어지고, 인류의 정신으로 융합된다. 의식으로서가 아니라 우리 모두가 공통적인 인류의 무의식으로 융합되는 것이다."* [19]

모든 인간에게는 자동 본능 시스템이 있다. 그것이 없다면 우리는 태어나지도 못했을 것이다. 하지만 인간은 저마다 특정한 지역 문화 제도의 교육을 받았다. (……) 우리는 어떤 신호에는 긍정적으로, 어떤 신호에는 부정적이거나 두려움으로 반응하는 법을 배운다. 이렇게 학습한 대부분의 신호는 타고나는 것이 아니라 그 지역의 사회적 질서가 만든 것이다. 이 신호는 사회적으로 특수하다. 하지만 이 신호가 유발하고 통제하는 자극은 자연, 생리, 본능의 것이다.[20]

성년이 되면 여러분은 본격적으로 생활에 매달리고, 연애도 하고, 먹고살 방법도 찾는다. 나는 이런 다양한 에너지가 서로에 대해 어떻게 작용하는지에 관한 예를 제공할 것이다. 한 마리의 수컷 물고기가 있었는데, 평소에는 몸의 윗부분이 짙은 색이고 아랫부분이 밝은 색이었다. 이것이 물고기의 보통 색깔이다. 왜냐하면 여러분이 밑에서 올려다볼 때 물고기가 밝은 색이면 상대적으로 안 보이게 되고, 여러분이 위에서 내려다볼 때 물고기가 어두운 색이면 역시나 위장되어 안 보이기 때문이다. 하지만 이 물고기가 사랑에 빠지면, 그 색깔도 변해서 눈에 잘 띄게 된다. 이로 인해 물고기는 위험에 빠질 수도 있는데, 실은 내가 보기에 이것은 사랑에 관한 의미심장한 상징인 듯하다. 이처럼 다른 누군가가 나타나고 에로틱한 충동에 사로잡히면 여러분은 자기보호를 포기하는 것이다.

이것은 매우 놀라운 변화다. 암컷 물고기가 옆을 지나가면 수컷은 그 앞에서 춤을 춘다. 수컷의 변색으로 암컷이 살짝 움직이고, 암컷의 그런 움직임이 또다시 수컷의 반응을 촉발시킨다는 점은 의미심장하다. 만약 이 작은 움직임 가운데 어느 것 하나라도 빠진다면, 춤은 끝나 버리고 그 안무도 종료된다. 하지만 만약 그 안무의 전 과정을 통과하게 되면 뭔가가 일어난다.

언젠가 세 마리의 고래가 등장하는 아름다운 영화를 본 적이 있다. 두 마리는 수컷이고 한 마리는 암컷이었다. 이제 암컷을 위해 자연의 작은 조화가 벌어질 참이었다. 암컷은 준비가 되었다. 이 세 마리 짐승의 협동을 바라보는 것이야말로 가장 인상적이고 감동적인 것이었다. 세 마리는 헤엄치고 있었고, 물살을 가르고 나아가고 있었다. 그 중 한 마리를 받아들일 준비가 되자 암컷은 속도를 늦추었다. 오른쪽에 있는 수컷 한 마리가 암컷을 지탱해 주었고, 세상에, 그 놈의 음경이 마치 무지개마냥 휘어진 채로 그 어마어마한 짐승의 몸에서 솟아났다. 그것은 매우 감동적이면서도 경이적이었다.

짐승들이 이처럼 내부에서 솟아나는 뭔가를 실행할 경우, 거기에는 정교한 의례적 관계가 있게 마련이다. 그 의례란 개체 속에서 종의 원칙이 작동하기 시작할 때 이루어진다고 말할 수 있다. 이는 주어진 상황에서 자연이나 사회의 의도가 무엇이건 간에, 거기에 대한 개체의 헌신이다. 하지만 또 다른 수컷 고래, 즉 그 행위 자체에 관계하지 못하는 녀석은 어떻게 거기에 참여할 수 있을까? 내가 보기에 이것은 정말 특이하다. 여기에는 경쟁의 기미가 전혀 없었다. 이것은 협동이었다. 듣자 하니 요즘에는 관광객들을 태운 배가 고래를 구경하러 나오기 때문에, 고래도 (본래의 서식처인) 카탈리나 섬에서 딴 곳으로 옮겨 갔다고 한다. 무엇이든 사람이 꼬이면 매사를 망치게 마련이다.

언젠가 한번은 한 무리의 새를 본 적이 있다. 이 새들이 비행하는 리듬은 그야말로 볼만한 것이었다. 마치 모든 녀석이 언제쯤 선회해야 하는지, 어디로 가고 있는지, 그리고 지금 무슨 일이 벌어지는지를 알고 있는 것 같았다. 이런 일이 어떻게 벌어진 걸까? 이것은 일종의 초개체적인 리듬에 참여하는 것이다.

언젠가 디즈니 사에서 제작한 아름다운 자연 다큐멘터리 가운데 하나를 본 적이 있다. 바다거북 한 마리가 물에서 약 30피트쯤 떨어진 모래밭 속에 알을 낳는 내용이었다. 며칠 후, 갓 태어난 조그만 거북들이 무수히 많이 기어 나온다. 기껏해야 동전 크기밖에 안 되는 녀석들이 말이다. 한 순간도 주저하지 않고 모두 바다를 향해 기어가기 시작한다. 주위를 둘러보지도 않는다. 시행착오를 범하지도 않는다. "이제 내가 맨 먼저 가야 할 적절한 장소는 어디일까?" 하고 묻지도 않는다. 가령 엉뚱한 길로 접어들어서, 어느 덤불에 가로막힌 다음에야 비로소 "이런!" 하고 방향을 바꾸면서 "이거보다는 훨씬 잘할 수 있잖아!" 하고 생각하는 녀석은 하나도 없다. 정말 하나도 없다! 제 어미도 새끼들이 당연히 그러리라 기대한 것처럼, 그 녀석들은 곧장 바다로 향했다. 어미 바다거북이 또는 어머니 대자연이 기대한 것처럼. 그 사이에 서로 정보를 교환한 갈매기 떼가 바다로 향하는 이 작은 동전만 한 녀석들에게 마치 무슨 폭격기마냥 공격을 가한다. 거북이들은 이것을 자신들이 반드시 감내해야 함을 아주 잘 알고 있으며, 그 작은 다리로 최대한 빨리 움직인다. 또한 그 작은 녀석들의 다리 역시 어떻게 해야 걸을 수 있는지를 이미 잘 알고 있다. 훈련이나 실험은 필요하지도 않다. 그 작은 다리는 무엇을 해야 할지 이미 알고 있으며, 그 작은 눈은 지금 자기들 앞에 보이는 곳이 자기들이 가야 할 곳임을 이미 알고 있다. 전체 시스템이 완벽하게 작동하고 있으며, 그 작은 탱크부대 전체가 서투르게나마, 그래도 최대한 빠른 속도로 바다로 향하는 것이다. 그리고 곧이어……. 글쎄, 그렇게 작은 녀석들에게 그렇게 엄청나게 큰 파도는 위협적으로 보이기도 한다. 하지만 그렇지 않다! 그 녀석들은 곧바로 물속으로 들어가며, 이미 헤엄치는 방법을 잘 알고 있다. 물론 그 녀석들이 물속에 들어가자마자 이번에는 물고기들이 그 녀석들을 향해 달려든다. 삶은 고달픈 것이다![21]

남아프리카의 부시먼은 사정거리가 채 20미터도 안 되는 딱하리만치 작은 활을 사용하지만, 그 작은 화살의 촉에는 맹독을 발라 사용한다. 아메리카 인디언들에게 들소가 있다면, 부시먼에게는 일런드 영양이 있다. 일런드는 크고 아름다운 영양의 일종이다. 일런드를 잡으려면 부시먼은 자기 화살이 닿을 만한 거리까지 접근하기 위해 그 짐승에게 최면을 걸어야만 한다. 화살에 맞은 짐승은 독이 스며드는 동안 크나큰 고통 속에 하루를 버티며 몸부림치다 죽는다. 그 와중에 사냥꾼은 자신을 그 짐승과 동일시하며 일정한 터부를 준수해야 하고, 그가 그렇게 하는 방식이 실제로 짐승의 죽음에 영향을 끼친다.

호피 족의 '뱀춤(스네이크댄스)'도 이와 관계가 있다. 이는 특이하면서도 놀라운 의식으로, 무용수들은 입에 뱀을 물고 춤을 추면서 깃털로 그 뱀들을 때린다. 언젠가 조지아인지 테네시인지 하는 지역의 산에 사는 뱀 숭배 또는 뱀 이용에 관한 영화를 본 적이 있다. 그 사람들은 서로 뒤엉킨 방울뱀들을 이리저리 던지고 받고 했다. 참가자들은 자기들이 '그리스도를 믿는' 한 결코 뱀에게 물리지 않을 것이라고 믿었다.[22] 이들은 자신이 어떤 심리 상태로 들어서기만 하면, 그 짐승들이 어떻게든 그 사실을 인식하게 된다고 말한다. 하지만 그 영화에서는 이 특별한 의식을 거행하던 지도자가 그만 뱀에게 물린다. 그는 자신의 의식이 말 그대로 '삐끗하는' 느낌이 들었다면서, 그러니 누구도 자신을 치료하지 말라고 말하고 결국 죽는다.

가령 나는 뉴욕 시에 살면서 - 어렸을 때 가끔 시골에 놀러 간 때를 제외하면 - 동물을 직접 접해 본 적이 없었기 때문에 그런 것을 도무지 이해하지 못했다. 따라서 나는 인간과 야생동물 사이에 일어난 일, 희생과 공감이라는 상징적인 관념이 실제 행위로 나타난 경우에 관한 이야기를 들으면 그야말로 경이롭기만 하다.

> 동물에 관해 아는 바가 전혀 없다면,
> 도시인은 어떻게
> 동물의 힘을 상기할 수가 있겠는가?

하와이에 살면서 나는 야자나무에 모여드는 새들을 종종 바라보곤 했다. 나뭇잎에 내려앉으면 그 야자나무 잎사귀가 아래로 처질 것임을 새들은 의식하지 못한다. 하지만 어떤 작은 새는 자기가 내려앉은 잎사귀가 아래로 처지면, 그 순간 곧바로 어떻게 균형을 잡아야 할지 안다. 신기하다. 도대체 어떤 종류의 인식인 것일까?

나는 어렸을 때 숲 속을 거닐다가 철조망 담을 발견했는데, 그 옆에는 나무가 한 그루 기대어 자라고 있었다. 그 나무는 철조망을 자기 줄기 속으로 흡수해서 거의 말끔히 삼켜 버린 참이었다. 그 나무 안에 의식이 없다고 아무도 감히 말하지 못할 것이다. 의식을 지닌 가장 하등한 존재는 과연 무엇일까?

생체해부가 본격적으로 실시되기 시작한 19세기에만 해도 사람들은 거기 사용되는 동물에 대해서는 아무도 관심이 없었다. 동물은 의식이 없으며, 동물의 반응은 단지 기계장치의 자극 반응인 것으로 여겨졌다. 그런 식으로 생명을 해석하는 태도는 과연 어디까지 갈 수 있을까? 여러분은 과연 인간에 대해서도 그런 태도를 견지할 수 있을까?

우리는 단순히 기계장치에 지나지 않는 것일까? 물론 행동심리학에서는 그렇게 말한다.

또 다른 극단은 이른바 아트만과 브라흐만은 두루 퍼져 있다는 힌두교의 시각이다. 즉 모든 만물이 살아 있다는 것이다.

힌두교의 명상은 여러분에게
자연과의 합일을 도모하게 한다.

여러분이 합일하면,
그 은혜가 전부 다 나온다.

자아가 타자를 '너'로 지칭하는 것은, 자아가 타자를 '그것'으로 지칭하는 것과는 전혀 다르다. 여러분은 무엇이든 '너'로 바꿀 수 있고, 그렇게 함으로써 온 세상을 '너'로 만들 수 있다. 흔히 말하는 신비적 경험이 바로 이런 것이다. 어떤 것을 가리켜 '그것'이라고 하는 순간, 여러분은 이원성을 지니게 된다. 반면 '나'와 '너'는 이원성이 아니다. 그것은 비(非)이원적인 자각이다.

그러한 자각을 가지고 일을 하면 온 세상은 삶과 기쁨으로 환해진다. 만물을 '너'로 파악하며, 그것들의 삶을 깨닫는 것, 바로 이것이 모든 종교적인 명상에 함축되어 있는 최고의 진술이다. 이것은 기계론적 과학자들이 거부하는 시각이다.

내가 강연을 다닐 때면 몇몇 과학자와 앵글로색슨 철학자들로부터 부정적인 반응을 얻게 되는 웃지 못할 일이 벌어진다. 뭐냐 하면 자신들이 '에너지'라고 지칭하는 용어를 내가 '의식'이라고 지칭하는 것은 잘못이라는 것이다. 하지만 나는 이 두 가지 단어가 결국 똑같은 것을 두 가지 방식으로 말하는 것이라고, 즉 하나뿐인 참뜻의 두 가지 측면에 불과한 것이라는 생각을 점점 확신하게 된다. 의식에는 분화와 운동이라는 성향도 함축적으로 들어 있으며, 나로선 문득 어쩌면 우리가 에너지라고 간주하는 것 역시 의식일지 모른다는 생각이 든다. 최소한 생물학적 영역에서 에너지는 의식과 연관되어 있는 것 같다. 그것도 거의 동일시해도 좋을 정도까지 말이다.

내 생각에는 세 가지 상태의 존재가 있는 것 같다. 하나는 자연을 있는 그대로 표현하는 상태다. 또 하나는 여러분이 잠시 멈춰서 그것에 관해 분석하고 생각하는 상태다. 여러분이 그렇게 할 때, 자연은 살아 있는 대상이 아니다. 여러분이 분석을 하고 있는 동안, 여러분의 본성은 여러분을 재촉하지 않는다. 그렇게 분석을 마치고 나면, 비로소 여러분은 이제 자연처럼 살 수 있는 상태에 도달한다. 이는 더 많은 능력, 더 많은 통제력, 더 많은 유연성을 지닌 상태다.

나는 이 세상에 우리 모두가 공유할 수 있는 의식의 수준이 있으며, 두뇌란 그것을 끌어들이는 [기능이] 매우 제한적인 기계에 불과하다고 점점 확신하게 되었다. 그러한 의식의 수준으로 침잠하고, 이러한 정의를 잊어버리고, 거기에 참여하는 일은 충분히 가능하다. 그렇지 않고서야 초감각적인 지각을 어떻게 설명할 것인가? 그리고 시간이란 감각의 한 형태이기 때문에 - 다시 말해 장차 일어날 일이란 어떤 의미에서는 이미 일어난 것이나 마찬가지기 때문에 - 여러분은 예감이 단지 우연의 일치라고는 말할 수 없을 것이다. 결코 그렇지 않다. 우연으로 돌리기에는 너무 자주 일어나기 때문이다.

　　나 역시 이를 입증할 수 있을 만큼 충분히 자주 그런 경험을 했다. 누군가를 만난다거나, 일종의 '반짝' 하는 생각을 얻거나, 장차 여러분의 삶에서 중대한 몫을 차지할 어떤 중요한 일을 여러분이 함께 하게 될 것임을 알게 된다든가 하는 것 말이다. 무슨 말이냐 하면 여러분의 삶에 있어 크나큰 중요성을 지니게 될 사람을 만날 때에는, 그 첫 만남에서부터 장차 뭔가 벌어질 것을 알게 된다는 것이다. 매우 신비스러운 일이 아닐 수 없다.

　　가끔은 여러분이 메시지를 받는 데 실패하고 그만 벗어나 버렸다는 느낌을 받을 때도 있다. 나 역시 메시지를 놓쳤다는 느낌을 가진 적이 있다. 또 아까 내 옆에 앉은 사람에게 이야기를 할 걸 그랬다는 느낌을 가진 적도 있다. 왜냐하면 바로 그것 때문에 그들이 거기 앉아 있었을 것이니까. 하지만 또 어떨 때에는 어떤 특정한 사람이 도대체 무엇 때문에 우리의 삶 안으로 들어오게 되었는지 도무지 알 수 없을 때도 있다.

여러분은 심령 능력을 향한 열망으로 인해 주의가 흐트러질 수 있다. 여러분이 심령 능력을 지녔건 안 지녔건 간에, 여러분은 여전히 인생이라는 운명과 삶의 비극이라는 문제에 직면해 있다. 나는 학자로서의 삶을 돌아보면서, 내 인생 여정이 그저 좁아터진 보트 속에서 이루어진 것이구나 하는 생각을 해 보게 된다. 고백컨대 나는 사고 - 직관 유형이고, 감정과 감각 측면은 모자란 면이 있다. 좋다. 내가 가진 보트는 오로지 그것뿐이고, 내가 실제로 사용하는 보트도 오로지 그것뿐이다. 물론 내게는 감각과 감정도 분명히 있지만, 대개 그 두 가지에 이끌려가도록 손을 놓고 있을 수가 없다. 내가 이를 확신하는 까닭은 자신의 감정에 따라 사는 사람이 내 주위에도 있고, 또 그런 사람과 지내보았기 때문이다. 나는 그들이 가진 경험의 풍부함과 뉘앙스를 볼 수 있었다. 그들에 비하면 내 경험이야 조잡하기 짝이 없지만, 적어도 사고에 있어서는 내가 그들보다 훨씬 나을 것이다.

융은 영혼의 구조에 관한 분석에서, 우리를 외부 세계와 연결해 주는 심리학적 기능 네 가지를 구분한 바 있다. 바로 감각, 사고, 감정, 직관이다. 그의 말에 따르면 감각이란 뭔가가 존재함을 우리에게 알려 주는 기능이다. 사고란 그게 무엇인지 우리에게 알려 주는 기능이다. 감정이란 그 가치를 우리에게 평가해 알려 주는 기능이다. 직관이란 우리가 그 대상이나 그 상황에 내재된 가능성을 예측하게 해 주는 기능이다.[23] 따라서 감정은 가치에 대한 내부의 안내자이다. 하지만 그 판단은 보통 외부적인, 경험적인 상황과 연관되어 있다.[24]

상징학이란 것이 놀라운 까닭은 융이 말한 그 네 가지 기능이 거기 모두 포함되어 있기 때문이다. 융은 다섯 번째의 것, 즉 그 한가운데 있는 것을 가리켜 '초월적 기능'이라고 지칭한다. 상징은 여러분이 바로 이 기능을 공략하도록 도와주는 역할을 한다. 상징이, 우리의 사고를 인도하는 곳은, 두뇌에 속하지 않는 영역이지만, [그럼에도 불구하고] 두뇌는 충분히 그곳을 이끌 수 있다. 나는 이런 다른 기능들이 혹시나 내가 탄 배의 흐름을 방해하지 않을까 하는 두려움을 갖고 살았다. 내가 탄 이 배는 지독히도 좋긴 하지만, 그 배로는 그런 다른 일을 할 수가 없었으니 말이다.

나는 명상이란 것을 하지 않았다. 명상으로 인해 내가 지금 노 젓고 있는 이 배의 진로를 지연시키는 갖가지 것들이 드러나지는 않을까 두려웠기 때문이다. 이것은 어떤 방향으로 나아가기 위한, 그리고 그 목적지에 도달하기 위한 의도적인 차단이었다. 결국 나는 그 목적지에 도달했고, 그 사실을 안다. 심령 체험이 항상 이런 종류의 차원을 낳는다고 볼 수는 없다. 우리 각자는 단지 나름대로의 능력을 지니고 있을 뿐이다. 따라서 진정한 기술은 여러분이 운하를 건너기 위해 사용하는 배의 구조를 잘 아는 것뿐이다.

여러분이 뛰어들어야 하는 이 거대한 파도에 관해서라면 여러분도 쇼펜하우어가 한 말을 따라할 수밖에 없으리라. 즉 우주는 한 몽상가가 꾼 꿈이며, 그 꿈속에 나오는 모든 사람 역시 꿈을 꾸고 있다고 말이다.

우리가 과학적 진리에 관해 이야기할 때에는 - 하나님에 관해 이야기할 때와 마찬가지로 - 항상 문제가 생기게 마련인데, 왜냐하면 진리에는 여러 가지 다른 의미가 들어 있기 때문이다. 윌리엄 제임스는 다음과 같은 말을 했는데, 이는 지금까지도 유효하다. "진리란 곧 유용한 것이다."

이른바 절대진리의 관념 - 즉 사고하려는 인간 정신의 상대성의 범위 너머에 이른바 절대진리라는 것이 존재한다는 것 - 을 나는 '진리 발견의 오류'라고 부른다. 저주받아 마땅할 저 설교자들 모두의 문제 역시 진리 발견의 오류다. 그들이 과장된 어조로 이른바 하나님이 자기에게 말씀하신 바를 여러분에게 전할 때면, 여러분은 상대방이 사기꾼임을 알게 된다. 만약 자신이 또는 자기 구루가 이른바 절대진리 - "바로 이거야!" - 를 갖고 있다고 생각하는 사람이 있다면, 그 사람은 니체의 말마따나 '개념의 간질병'을 앓고 있는 셈이다. 즉 어떤 관념을 지니게 됨으로써 결국 미쳐 버린 사람이다.

여러분이 절대진리를 가졌다고 생각하는 것은 광기의 일종이다.

이른바 절대적 아름다움에 관한 주장과 마찬가지로, 우리는 이 세상에 그런 것이 존재하지 않음을 쉽게 알 수 있기 때문이다. 아름다움이란 항상 어떤 대상과 연관되어 있다. 키츠의 「그리스 항아리에 부치는 노래」에 나오는 유명한 인용구 - "아름다움은 곧 진리, 진리는 곧 아름다움. 이는 너희가 지상에서 아는 전부이며, 너희가 반드시 알아야 할 전부이다." - 는 멋진 시적 사색이긴 하지만, 솔직히 이게 도대체 무슨 뜻인가? 진부한 문구로 말하자면, 나는 로버트 블라이가 말한 데카르트의 명제의 패러디가 더 마음에 든다. "나는 생각한다. 고로 나는 존재한다. 돌은 생각하지 않는다. 고로 돌은 존재하지 않는다."

이상(理想)은 위험하다.
그러니 심각하게 받아들이지 마라.
이상이 없어도 그럭저럭 살 수 있으니.

행동하는 인간은 완벽을 표상할 수 없다. 여러분은 항상 이원성 - 그 자체로는 완벽인 - 에서도 유독 한 측면만을 표상하기 때문이다. 여러분이 행동하는 그 순간, 여러분은 불완전하다. 왜냐하면 여러분은 다른 방식이 아니라 이런 방식으로 행동하기로 결정했기 때문이다. 바로 그렇기 때문에 스스로를 완벽하다고 생각하는 사람들은 우스꽝스럽다. 이들은 스스로에 대해서 나쁜 자세를 취하고 있는 것이다.

인도에서는 - 중국에서도 마찬가지인데 - 삶 그 자체가 죄라는 것이 기본적인 생각이며, 이것 역시 삶이 불완전하다는 의미에서 비롯된 것이다. 살기 위해서 여러분은 뭔가를 죽이고 먹어야 한다. 그렇지 않은가? 원한다면 여러분은 떨어진 낙엽을 먹고 사는 것으로 만족할 수도 있지만, 그것 역시 생명을 먹기는 마찬가지다. 가령 여러분은 공동선을 받아들이고, 거기 집중하는 것을 여러분의 방향으로 삼을 수도 있다. 하지만 그것 역시 다른 편이 아닌 어느 한편에 대한 결정이긴 마찬가지다. 따라서 여러분은 차라리 불완전하기로 결심하고, 그것을 감수하면서 나아가야 한다. 그것이 바로 "이 세상의 슬픔에 기쁜 마음으로 참여한다"는 것이다.

   이 관념이 인도에서는 여러분이 수많은 환생 뒤에 마침내 완전을 성취하면, 더 이상 환생하지 않는 것으로 나타난다. 멈추는 것이다. 벗어나는 것이다. 따라서 모든 붓다들은 그야말로 엇비슷한 것으로 묘사된다. 왜냐하면 그들은 모두 완전하며, 환생하지 않기 때문이다. 여러분이 환생을 거듭하는 한, 여러분은 불완전하다. 따라서 여러분은 스스로의 불완전에 대해 충실해야만 한다. 그것이 무엇인지를 알아낸 다음, 여러분의 길을 계속 나아가는 것이다. 이원성에서 여러분의 자리에 충실함으로써 여러분은 역사의 수수께끼를 계속해서 알리는 것이다.

      여러분의 악덕을 포기하지 마라.
      그 악덕이 여러분을 위해 일하게 하라.

      여러분이 오만한 사람이라면,
      여러분의 오만을 없애지 마라.
      그것을 여러분의 영적 탐구에 활용하라.

숭고함은 아름다움과 상반되는 것일까? 이른바 아름다운 것은 여러분을 위협하지 않는다. 제아무리 비극의 공포라 하더라도 마치 여러분을 산산조각 내는 어떤 것처럼 위협적이지는 않다. 숭고함은 거대한 힘에 의해서 또는 어마어마한 공간에 의해서 만들어진다. 가령 여러분이 어느 산꼭대기에 도달했을 때, 온 세상이 눈앞에 확 펼쳐지는 것과 같다. 이러한 주제는 불교 미술에서 상당히 많이 사용되며, 그런 까닭에 절들은 보통 언덕 꼭대기에 위치하고 있다. 교토에 있는 어떤 공원에서는 여러분이 위로 올라가는 동안에는 점차 넓어지는 전망이 가리워져보이지 않다가 갑자기 - 확! 하니 - 온 전경이 여러분의 눈앞에 펼쳐진다. 그것이 바로 숭고함이다. 따라서 힘과 공간 두 가지가 숭고함을 연출하며, 이 두 가지 경우에 있어 자아는 위축된다. 이건 참으로 이상한 일이다. 여러분 자신이 더 작아질수록, 여러분은 더 많은 숭고함을 경험하기 때문이다.

쿠마라스와미가 내린 예술의 정의 - "예술은 사물을 잘 만드는 것이다" - 는 그 기능이나 범주와는 무관하게 모든 예술의 기초가 된다. 여러분이 사물을 잘 만드는 것에 관심이 없다면, 여러분은 심지어 가장 기본적인 의미에서조차 예술가가 아니다. 내 생각에 일본제 기계가 잘 팔리는 까닭은 일본인들이 예술가적인 생각을 갖고 있기 때문이 아닐까 싶다. 이들은 매사에 있어 완벽성과 정확성을 위해 분투한다.

예술의 목표는 그 대상에 있어서의 완벽성이다. 예를 들어 타지마할은 웅장한 예술적 성취다. 그것은 완벽하다. 그것에 대해서는 정말 이것밖에는 더 이상 할 말이 없다. 운 좋게도 내가 그 건축물을 처음으로 본 것은 보름달이 밝은 어느 날 밤이었고, 나는 평생 그 모습을 잊지 못할 것이다. 나는 거기 서서 생각했다. "이것이 바로 로빈슨 제퍼스가 '성스럽게 넘쳐나는 아름다움'이라고 부른 것이로구나." 그것은 내 삶에 있어 아무런 실용적인 가치를 지니지 못했지만, 그 순간은 그 자체로 뭔가 대단한 것이었다.

차를 마시는 행위는 친구와 함께 방에 앉아 있는 것처럼 세속적이고 흔한 일상사이다. 그러나 차를 마시는 행위를 모든 각도에서 철저하게 주목할 때에 무슨 일이 일어나는가를 생각해 보라. 친구와 함께 방에 앉아서, 가장 적합한 찻잔을 선택하고, 그것을 가장 알맞은 방식으로 내려놓으며, 재미있게 생긴 다기를 사용하고, 가장 친한 친구 몇몇과 함께 차를 마시며, 그들에게 구경거리를 제공하는 장면을 생각해 보라. 각각의 아름다움으로 빛나는 동시에 함께 묶여 빛을 발하도록 완벽하게 배치된 약간의 꽃, 그 분위기에 맞게 조화를 이룬 하나의 그림, 어느 방향에서나 열고 닫고 들여다 볼 수 있는 재미있게 생긴 작은 상자. 차를 준비하고 나누어 주고 마실 때, 참석한 모든 사람이 즐길 수 있도록 각각의 단계가 기능적인 방식으로 우아하게 행해진다면, 일상사가 시의 경지로 승화되었다고 할 수 있을 것이다. 사실 소네트를 쓸 때에는 매우 일상적이고 세속적이고 평범한 도구인 말을 사용한다. 차의 경우도 시의 경우와 마찬가지다. 오랜 경험의 결과, 어떤 규칙과 방식이 발전하였고, 이러한 것들에 숙달함으로써 극도로 고양된 표현력을 얻는 것이다. 예술이 작업 방식에서 자연을 모방하듯이 차도 마찬가지다.[25]

손님은 정원의 길을 따라 다가와 허리를 구부리고 문을 들어서야 한다. 이어서 그림이나 꽃꽂이, 소리를 내며 물이 끓고 있는 주전자에 예를 표하고 바닥에 정좌한다. 다실의 통제된 단순성에 의해 만들어지는 가장 단순한 목표가 신비스러운 아름다움 속에 부각되고, 그 침묵은 일시적 존재의 비밀을 간직한다. 손님은 자신과 관련된 경험을 완성할 수 있다. 다도 모임에 참석한 사람들은 축소된 우주를 명상하고, 불사의 존재와 자신들 간의 숨은 관계를 깨닫는 것이다.

위대한 다도의 달인은 천상적 경이를 체험된 순간으로 만드는 데 힘썼다. 이어서 이 경험은 다실에서 가정으로 확산되고, 가정에서는 국가로 스며들었다.[26]

기원전 4세기와 5세기의 그리스에서는 '모든 일에 탁월함' 이 이상으로 여겨졌다. 그리스의 신들은 여러 가지 범주의 탁월함을 표상했다. 중용은 바로 중도(中道), 즉 '전혀 과도하지 않음' 이었다. 내 생각에는 삶에 있어 탁월함은 매우 좋은 목표인 것 같다. 그리스인들은 인본주의자였다. '너 자신을 알라' 는 것이 플라톤적 지상명령이었다. 그 시기의 철학 논문은 품행과 미덕이란 주제를 다루고 있다. 여기서 말하는 덕이란 이른바 선과 악이라는 의미에서의 덕이 아니라 탁월함이라는 의미에서의 덕이다.

이것이 니체가 『선악의 저편』에서 제기한 요점이다. 그는 본인의 말마따나 '노예의 도덕' – 즉 지배에 순종하고, 시키는 대로 행하고, 나쁘지 않고 착하게 구는 것 – 과 '주인의 도덕' – 그리스적인 덕의 관념이며, 르네상스의 '비르투(virtu)'라는 관념에 상응하는 것이며, 어떤 것에 유능한 사람에 의해 성취되는 종류의 탁월함과 관계가 있는 것 – 을 구분했다. 언젠가 누가 이런 말을 했다. "그는 뛰어난 사람이야." 그러자 또 누가 물었다. "뭐에 뛰어난데?" 이 두 가지는 강조점이 전혀 다른 것이다. 순수한 탁월성과 저돌적인 행동이라는 관념에는 뭔가 유쾌한 것이 있다. "내가 들어가서 해야지!"와 "다 괜찮네, 기꺼이 복종해야지"의 대조인 것이다.

그리하여 니체에 따르자면, 덕을 지닌 사자라면 양을 갈가리 찢어 먹을 것이고, 그렇지 못한 녀석은 나쁜 사자에 불과할 것이다. 하지만 양의 관점에서 보자면, 자기를 잡아먹는 사자가 오히려 나쁜 사자일 것이다. 따라서 여러분이 노예의 도덕에서 찾을 수 있는 바는 무엇이냐 하면, 탁월함을 지닌 사람들 – 즉 명인(名人)인 사람들 – 이 도리어 나쁜 것으로 간주된다는 점이다. 이는 사실상 그렇다.

명인에 관한 이야기가 나왔으니, 내친 김에 엘리트주의에 관해서도 말해 보자. "엘리트주의? 엘리트주의는 나쁘지." 여러분도 이런 말을 들어 본 적이 있는가? 이것은 노예의 도덕이 주장하는 바이다. 나는 언젠가 전국의 대학에서 가장 탁월한 학생들을 골라 오클라호마 대학에 모아 놓고 강의한 적이 있다. 이전까지만 해도 나는 그토록 탁월한 학생들을 잔뜩 모아 놓았던 적이 없었다. 그런데 그때 강의한 다른 교수 한 분이 훗날 내게 말하길, 어떤 학생이 그 교수에게 찾아와 이렇게 말했다는 것이다. "오로지 탁월한 학생들만 이렇게 모아 놓은 것은 엘리트주의입니다." 그러자 교수는 이렇게 대답했다. "이 프로그램은 앞으로 계속 공부할 학생들을 위한 것이니까 그렇지." "아닙니다." 학생은 이렇게 주장했다. "이건 그저 엘리트주의고, 그러니 우리 캠퍼스에서는 이런 일이 벌어져서는 안 됩니다." 그러자 교수는 말했다. "알았네, 빌. 그럼 내가 풋볼 팀 코치한테 가서 오늘부터 자네를 수비수로 뛰게 해 달라고 얘기해 주겠네. 풋볼 팀의 엘리트주의를 없애려면 그 방법밖에는 없지 않겠나, 안 그래?" 그는 정곡을 찌른 셈이다. 오늘날 탁월함이 그 진가를 인정받는 유일한 장소는 아마도 운동 경기장뿐일 테니까.

18세기 즈음, 언어학자들은 인도에서부터 아일랜드에 이르는 여러 국가들의 거의 모든 언어가 이른바 인도 유럽 어족에 속한다는 사실을 밝혀냈다. 그 당시에 이들은 고대 문명이 어떤 것인지를 몰랐지만—그때까지만 해도 메소포타미아 지역과 이집트 문명에 대한 탐사가 이루어지지 않았던 까닭이다—적어도 그리스와 로마와 유럽 문명 모두가 인도 유럽 사람들의 영향으로부터 나왔다는 사실만큼은 분명했다. 그리하여 어떤 프랑스인은 이른바 우수한 민족이라는 관념을 떠올리게 되었다. 훗날 히틀러가 채택한 아리아 족의 위대성이라는 관념 역시 그 우수한 민족이라는 관념과 연관이 있다. 물론 이것은 주인의 도덕이나 노예의 도덕과는 전혀 관계가 없다. 하지만 히틀러는 니체의 말을 이용했고, 이는 니체에게 있어서는 매우 불운한 일이었다. 왜냐하면 니체는 반유대주의자나 국가의 관념 모두를 경멸했기 때문이다. 실제로 니체는 "국가야말로 새로운 우상이다"라고 말한 바 있다. 그것은 히틀러가 표상한 것이 아니던가. 그 무시무시하고도 왜소한 인간. 그의 생각은 결코 니체의 생각과 같지 않았다.

심리학이란 해석의 수단, 즉 무슨 일이 벌어지고 있는지를 해석하기 위한 방법이다. 혹시 여러분은 어떤 일을 저 하늘 위에 계시며, 그것 역시 있게 하신 구체적인 신의 행위라고 해석하려고 하는가? 그러한 구체적인 신은 과연 사실인가? 어떻게 해서 그런 결론에 도달했는가? 그 신은 반드시 심리학적으로 해석되어야 하며, 따라서 여러분은 우리가 지금 말하는 것이 '저 바깥에' 있는 것이 아니라 '이 안에' 있다는 것을 알아야 한다.

그것은 내겐 깜짝 놀랄 만한 경험이었고, 아마 다른 많은 사람들에게도 마찬가지였으리라. 암스트롱의 달 착륙 바로 직전에 있었던 아폴로 호의 우주비행 당시, 휴스턴의 지상관제센터에서 이렇게 물었다. "누가 조종하고 있나?" 그러자 우주선에서는 이런 대답이 날아왔다. "뉴턴!"[27]

나는 문득 이마누엘 칸트가 『프롤레고메나』에서 우주에 관해 논의한 다음과 같은 대목을 떠올리게 되었다. "우리가 필연적으로 확실하게 알고 있는 것이 저곳, 바로 저 우주에서도 타당하리라는 것을 우리는 어떻게 이곳, 바로 이 우주에서 확신할 수 있는 것일까?"[28]

이 질문에 대한 칸트의 답변은, 우주의 법칙이 [인간의] 정신에 알려져 있는 까닭은 그것들이 정신 '으로부터' 나왔기 때문이라는 것이다. 그것들은 태어날 때부터 우리 내부에 지니고 있던 지식, 즉 '선험적' 지식이며, 다만 명백히 외적인 상황에 의해 상기되어 나타날 뿐이라는 것이다. (……)

다시 말하자면, 우주의 법칙이 우리 안에 있는 것과 마찬가지로, 외부 우주도 우리 내부에 있는 것이라는 생각이 문득 들었다. 결국 외부의 우주와 내부의 우주는 똑같은 것이었다. 게다가 우리는 우리가 우주로부터 태어났음을 실제로 아는데, 왜냐하면 은하계는 태초의 우주로부터 형성되었으며, 우리에게 생명을 주는 태양 역시 그 은하계의 일원이기 때문이다. 그리고 이 지구는 그 태양의 위성 가운데 하나이며, 우리는 그 지구에 있는 물질로 만들어졌기 때문이다. 사실상 우리는 이 지구의 산물인 것이다. 우리는 말 그대로 지구의 기관이다. 우리의 눈은 바로 이 지구의 눈이고 우리의 지식은 이 지구의 지식이다. 그리고 우리가 아는바 이 지구는 우주의 산물이다. (……)

그러면 이제 우리는 다음과 같이 질문해야 한다. 이 모든 사실이 신화와 무슨 관계가 있는가? 물론 몇 가지 수정이 이루어져야 한다.

예를 들면 이렇다. 예수는 죽은 자 가운데서 살아나서, 육신 그대로 하늘로 올라갔고(「루가의 복음서」 24장 51절), 곧이어 그의 어머니 역시 잠든 사이에 그 뒤를 따랐다고 한다(이는 초기 기독교의 믿음이었고, 1950년 11월 1일 로마가톨릭의 교리에서 재확인되었다). 또한 그로부터

약 9세기 전에는 엘리야가 불의 전차를 타고 돌풍 속에서 하늘로 올라갔다는 기록이 있다(「열왕기하」 2장 11절).

이제 와서 생각해 보면, 제아무리 빛의 속도로 올라갔다 하더라도 - 물론 인간의 육체가 그런 속도를 감당하는 것 자체가 불가능하다 - 이 세 명의 하늘 여행자들이 우리의 은하계 밖으로 날아갔을 리는 없는 것이다. 서기 1300년대에 이르러 단테는 부활절 주말 동안 지옥과 연옥과 천국을 방문했다. 하지만 그의 여정은 오로지 영적인 것이었고, 그의 육체는 땅에 남아 있었다. 반면 예수와 마리아와 엘리야가 육신 그대로 하늘로 올라갔다고 한다. 그렇다면 이런 신화적인(따라서 은유적인) 민간전승을 오늘날에는 어떻게 이해해야 하는 것일까?

분명한 사실은, 만약 이것들로부터 어떤 가치를 뽑아내야만 한다면(나 역시 이런 이야기의 원초적이고 본래적인 생각은 이와 유사한 어떤 것이 아닐까 하고 생각한다), 그 육체들이 간 곳은 외부 우주가 아니라 내부 우주라는 것이다. 다시 말해서 그런 은유적인 여정에 의해 암시되는 바는 영혼에 있어서의 마음의 귀환이다. 즉 여전히 육체를 지닌 채로, 그 초월적 근원 - 그 안에서 특정한 삶의 신비가 이 시간의 장 중에 떠올랐다가 머지않아 그 근원 속으로 돌아가 용해되는 - 의 완전한 지식으로 귀환하는 것이다. 이것은 신화에서 오래된, 아주 오래된 이야기이다. 모든 존재의 기반인 알파와 오메가, 그리고 이 삶의 처음과 끝으로 실현될 알파와 오메가에 관한 이야기이다.[29]

심리학의 한계는 신학의 한계와 똑같다. 그것들은 초월과 관계가 있는 것이 아니라, 오히려 상징화와 관계가 있으며, 이 두 가지의 한계도 똑같다. 여러분이 하나님을 단순히 심리적 기능 또는 요인으로 환언한다면, 여러분은 하나님까지만 가고 더 이상은 가지 못하는 것이다. 여러분이 하나님을 갖고 있는 한, 여러분은 머물러 있는 것이다. 마이스터 에크하르트의 말을 상기하라. "버리고 취하기의 궁극은 하나님을 버리고 하나님을 취하는 것이다."

이런 두 가지 개념을 우리는 단 하나의 단어로 뭉뚱그려 부르고 있으니 부끄러운 일이다. 인도만 해도 이를 가리키는 단어가 몇 가지나 있으며 - 지바(jiva), 아트만, 브라흐만 - 이 각각은 서로 다른 의미다. '하나님'은 우리가 사용하는 단 하나의 단어이며, 이는 사실상 부적절한 단어다. 이 단어는 항상 인격화를 내포하고 있으며, 누군가가 '하나님 어머니'라고 부르지 않는 한 오로지 남성 인격화만을 내포하고 있기 때문이다. 결국 우리의 제한된 어휘가 우리를 옭아매고, 우리를 묶어 두고 있는 것이다.

성서 중에서도 최초의 권들과 장들에 관해서는 유대교인이나 기독교인이나 모두 그 이야기를 문자적으로, 즉 우주의 기원과 실제 선사시대의 사건의 기원에 관한 신빙성 있는 설명인 것처럼 받아들이는 것이 일종의 관습처럼 되어 있다. 이들은 다음과 같은 사건이 매우 구체적으로 벌어진 바 있었다고 간주하고 또한 그렇게 가르쳤다. 즉 오로지 유대인들만이 알고 있던 어느 신에 의해 7일 만에 세계가 창조되었다는 것이다. 이 광활한 새 땅 위의 어느 곳에 이른바 에덴동산이라는 곳이 있고 거기에는 말하는 뱀이 살고 있었다는 것이다. 최초의 여자인 이브는 최초의 남자의 갈비뼈로 만들어졌으며, 하나님이 그 남녀에게 먹지 말라고 했던 특정한 나무의 열매가 지닌 놀라운 특성을 그 악한 뱀이 그 여자에게 말해 주었다는 것이다. 그 남녀가 문제의 과일을 먹은 결과로 온 인류의 '타락'이 뒤따랐고, 이 세상에 죽음이 들어왔으며, 두 남녀는 동산에서 쫓겨나게 되었다는 것이다. 그 동산의 한가운데에는 두 번째 나무가 있었고, 그 나무의 열매는 그 남녀에게 영원한 생명을 줄 수 있었다는 것이다. 그리고 창조주는 혹시나 그 남녀가 이제는 그 열매까지 따먹고 자기만큼이나 아는 것이 많고 불멸하는 존재가 될까 두려워한 나머지, 그들을 저주하고 내쫓았으며, 동산의 문에 "거룹들(케루빔)을 세우시고, 돌아가는 불칼을 장치하여, 생명나무에 이르는 길목을 지키게 하셨다."[30]

그 케루빔은 중요한 상징이다. 순수와 자발적 삶의 동산, 대립자의 쌍에 관한 지식 이전의 단일성의 동산이 시간과 역사적 이원성의 세계, 즉 동산의 문에 케루빔이 서 있고 그 사이에 불칼이 장치된 모습으로 상징되는 세계로 바꾸어 버린 것이다. 즉 여러분은 그곳을 통과하지 못하는 것이다. 그렇다면 우리는 이 케루빔과 동산을 어떻게 해석해야 할 것인가?

일본 나라(奈良)에 가면 거대한 불상(大佛)이 있다.[31] 그 불상은 영원한 생명의 나무 아래에 있는 정원에 있다. 그 절로 들어가려면 여러분은 우선 일종의 예비 건물(일주문)을 지나가야 하는데, 거기에는 두 개의 무시무시한 형체가 수문장 격으로 서 있다. 이것들이 바로 케루빔이다. 그 중 하나는 입을 열고 있고, 다른 하나는 다물고 있다. 즉 대립자의 쌍인 것이다. 하나는 죽음의 두려움을 표상하고, 다른 하나는 삶에 대한 욕망을 상징한다. 하지만 이 두 가지 유혹은 붓다를 결코 흔들지 못한다.

이제껏 어떠한 지상천국도 발견되지 못했으니 (……) 왜냐하면 그것은 인간 영혼의 동산이기 때문이다. 성서의 이야기에 묘사된 것처럼 그곳의 네 가지 신비스러운 강은 그 한가운데 있는 공통의 원천으로부터 네 가지 방향으로 흘러나가는데, 이것이야말로 C. G. 융이 '원형적 이미지'라고 부른 것이다. 다시 말해 자발적으로 생성된 심리적 상징으로, 꿈에서나 신화 및 제의에서나 모두 보편적으로 나타나는 것이다. (……) 신성의 이미지와 마찬가지로, 그 한가운데에 생명의 원천이 있는 정사각형의 동산은 영혼의 허구인 것이지 4대 원소의 산물은 아니며, 그것을 깨닫지 못하고 찾아 헤매기만 하는 사람은 길을 잃을 수밖에 없다.[32]

그렇다면 무엇이 계속해서 여러분을 동산 바깥에 있게 만드는 것일까? 바로 여러분의 두려움과 욕망이다. 붓다는 바로 이 두 가지를 초월했다. 두려움과 욕망의 유혹에 대해 응답하지 않음으로써 붓다는 그 문을 통과해 나무로 나아갔고, 그 밑에 앉아서 한 손가락으로 땅을 가리키고 있는 것이다. 이것이 바로 해방이다. 붓다와 예수는 동등하다. 예수 역시 동산의 문을 통과해 나무로 나아갔고, 결국 그 스스로가 나무의 열매가 되었다.

> 두려움과 욕망에 의해
> 위협을 당할 때에는
> 자아를 놓아 버려라.

그리하여 기독교에서나 불교에서나 구원의 관념은 어딘가를 통과하는 것과 연관이 있다. 각각의 전통에서 어떤 사람이 그렇게 하느냐 안 하느냐는 또 다른 이야기다. 여러분은 일주문의 그 형상들 사이를 걸어 지나가서 절 안으로 들어갈 수도 있으며, 그렇지 않고 두려움과 욕망을 지니고 온다면 진정으로 통과하지 못할 수도 있다. 여러분은 자신이 깨달음을 성취했다고 생각하지만, 실상은 여전히 추방된 상태에 있을 수 있다.

이 모든 것에 관한 불교도의 해석은 심리학적 변화다. 기독교의 해석은 채무와 변제다. 바울로는 여러 상인들을 앞에 놓고 설교를 했는데, 그들은 경제학의 용어를 통해 그 모든 신비를 이해했다. 즉 채무가 있으면, 여러분은 그에 상당한 변제를 해야 한다. 채무가 어마어마하면, 따라서 변제도 어마어마해진다. 금융가들은 모두 이렇게 생각한다. 기독교는 이를 제대로 파악했던 것이다.

내가 보기에 불교와 기독교는 똑같은 것을 두 가지 어휘로 이야기하는 것에 불과하다. 불교에서는 우리가 두려움과 욕망의 세계 속에서, 다시 말해 마야, 즉 환영 속에서 길을 잃었다고 한다. 기독교의 도상학에서는 이것이 바로 '타락'이다. 구원은 이러한 두려움을 없애고 생명을 경험하는 것이다. 여러분은 예수의 행위를 통해 이 세상을 긍정함으로써, 이 세상에 기쁘게 참여함으로써 그것을 경험한다.

붓다는 말한다. "그 문지기들을 두려워하지 마라. 들어와서 나무의 열매를 먹으라." 이 성찬식의 행위는 동산의 두 번째 나무의 열매를 먹는 것이다. 열매는 여러분이 자신의 영원한 생명에 관한 지식에 도달했을 때에 오는 영적 자양분의 상징이다. 이러한 신비를 해석하는 방법에는 여러 가지가 있다. 이건 결코 나 혼자만의 주장은 아니다.

"시간의 세계에서 모든 사람은 단 한 번의 삶을 살기 때문에, 자기 자신 안에서 에덴동산의 비밀을 찾아내야 한다." – 로렌 아이슬리[33]

(……) 레반트(동 지중해 연안 지역. 시리아, 레바논, 이스라엘 등)에서는 강조점이 복종, 다시 말해 하나님의 뜻 – 제아무리 변덕스럽다 하더라도 – 에 대한 인간의 복종에 있다. 여기서의 주된 관념은 하나님이 계시를 만들었으며, 그 계시는 인간이 읽어야 하고 숭앙해야 하는 책 속에 기록되어 있으며, 인간은 그 계시를 결코 비판해서는 안 되고 오로지 받아들이고 순종해야만 한다는 것이다. 반면 이 성스러운 책을

알지 못하는 또는 거부하는 자들은 그 창조주부터 추방되는 것이다.[34]

그렇다면 우리의 종교는 실제로 무엇을 가르치는 것일까? 신성과의 '일치'를 경험하는 방법을 가르치는 것은 결코 아닌 것이, 앞서 말한 바와 같이 이것이야말로 첫째가는 이단이기 때문이다. 대신 우리의 종교는 인격적인 하나님과의 '관계'를 수립하고 유지하는 방법과 수단을 가르친다. 그렇다면 이런 관계는 어떻게 해서 성취될 수 있는가? 오로지 초자연적으로 부여된, 특별히 선호되는 특정 사회 집단의 일원이 됨으로써만 가능하다.[35]

관계의 종교는
추방의 종교다.

구약성서의 하나님은 특정 역사적 민족과 언약을 맺었으니, 이들은 지상에서 유일하게 거룩한 인종 – 사실상 유일하게 거룩한 것 – 이다. 그렇다면 누군가가 그런 자격을 얻으려면 어떻게 해야 할까? 이에 관한 전통적인 대답은 최근(1970년 3월 10일)에 이스라엘에서 재확인된 바 있다. 이 신화적으로 영감을 받아 세워진 국가의 완전한 시민권을 얻기 위한 최우선 요구사항을 [이스라엘 정부가] 다음과 같이 규정했기 때문이다. 바로 '유대인 어머니에게서 태어난 자'라고 말이다.[36]

우리의 실제적이고 궁극적인 뿌리는
우리의 인간성 속에 있는 것이지

우리의 족보에 있는 것이 아니다.[37]

그렇다면 기독교의 관점에서는 어떤 수단을 통해 그런 자격을 얻을 수 있을까? 바로 참된 하나님이요 참된 인간인 그리스도 예수의 성육신의 덕택으로 그렇게 된다(참된 하나님이요 참된 인간이라는 것이 기독교의 관점에서는 일종의 기적으로 여겨지는 반면, 동양에서는 모든 사람이 참된 하나님이요 참된 인간이라는 것이 널리 알려져 있다. 비록 그 경이로운 힘을 자신 속에서 일깨우는 사람은 극소수에 불과하지만 말이다.)[38]

우리는 모두 그리스도이지만
그 사실을 깨닫지 못할 뿐이다.

생존을 위하여 개인의 사냥 기술에 의존하던 부족민들은 개인을 육성하였다. 심지어 불멸이라는 개념도 개인적인 것이지 집단적인 것은 아니었다. 나아가서 영적 지도력을 행사하는 사람은 주로 샤먼들이었는데, 이들은 임명을 받고 기름부음을 받아서 조직의 일원이 된 사제들, 즉 사회적으로 임명된 사제가 아니라, 개인적인 영적 경험을 통하여 영적인 힘을 부여받은 개인들이었다.[39]

핵심 요구사항은 우리의 고유성 - 다시 말해 우리를 다른 사람과 구별되게끔 규정하는 모든 것 - 을 포기하는 것이다. 사람들은 종교적 연합을 통해 오래전부터 그런 일을 해 왔다. 마르틴 부버는 '나-너'와 '나-그것'의 관계를 이야기했다. '너'에게 이야기하는 자아는 '그것'

에게 이야기하는 자아와는 다르다. 우리가 다름 또는 외집단(外集團)을 강조할 때마다 우리는 사람들을 '그것'으로 만들어 버리는 셈이다. 가령 〔유대인들이 말하는〕 이방인, 〔유럽인들이 말하는〕 유대인, 또는 적 같은 명칭들이 그렇다. 하지만 이들은 사실 모두 똑같은 것이다.

토템, 종족, 인종에 대한 숭배, 그리고 적극적으로 전도하는 종교는 미움을 사랑으로 억제하는 것의 심리학적 문제에 대해 오로지 부분적인 해결책만을 표상한다. 즉 이것들은 오로지 부분적으로만 입문을 시킨다는 것이다. 이런 것들 속에서는 자아가 절멸되지 않는다. 오히려 자아가 더욱 증대한다. 오로지 자신에 대해서만 생각하는 대신, 개인은 자신의 사회 전체에 대해 헌신하게 된다. 그 와중에 세계의 나머지(즉 그때까지만 해도 인류의 더 큰 부분)는 그의 동정과 보호의 영역 바깥에 남겨지는데, 왜냐하면 그곳은 그의 하나님이 보호하는 영역 바깥쪽이기 때문이다. 그러고 나면 사랑과 미움이라는 두 가지 원칙의 극적인 분리가 일어나는데, 이는 역사의 여러 페이지가 매우 풍부하게 보여 주는 바와 같다. 즉 광신자는 자기 마음을 청결히 하려고 노력하는 대신, 오히려 세상을 청결히 하려고 노력하는 것이다.[40]

만약 여러분이
자신과 자신의 전통에 집착하여
여러분 혼자만 '그것'을 갖고 있다고 믿는다면,
여러분은 인류의 나머지로부터
스스로를 제거한 셈이 된다.

어떤 사람은 공산주의가 종교 없는 사회 체계라고 말한다. 하지만 공산주의가 종교적이지 않다고는 누구도 감히 말할 수 없을 것이다. 왜냐하면 공산주의 사회의 법률은 이미 모두 종교로서의 특성을 지니고 있기 때문이다. 공산주의가 어느새 종교가 되어 버린 것이다.

그 의식적 측면만 보더라도 공산주의는 종교로서의 특성을 모두 지니고 있으며, 더군다나 그 특성 자체가 성서로부터 비롯됐다. 다시 말해 이 세상에는 선이 있고 또 악이 있으며, 우리는 선을 위해 싸우고, 그러다가 나중에는 혁명이 일어날 것이고, 그때가 되면 모두가 공산주의자가 되어 올바르게 되리라는 것이다. 이른바 러시아와 중국 간의 논쟁은 사실상 누가 마르크스를 더 올바르게 해석하는 것이냐를 두고 벌어진 것인데, 이것이야말로 스콜라 철학이 아닐 수 없다.

따라서 오늘날 세계 각국의 사회 대부분은 사실상 성서에서 비롯된 전통 - 그 외의 다른 전통에 속한 사람은 모두 배제되는 - 에 의해 다스려진다고 봐도 과언이 아닐 것이다. 공산주의자의 형제단 말고도 이 세상에는 유대인 공동체, 기독교 공동체, 이슬람 공동체 등이 있다. 유대교의 경우는 전도의 열망을 지니고 있지 않지만, 다른 세 가지 - 즉 이슬람교, 기독교, 공산주의 - 는 전도를 지상과제로 삼는 전통이 아닐 수 없다. 그 각각은 완벽한 세계 정복을 목표로 삼고 있다. 이것이야말로 아름다운 쇼가 아닐 수 없다. 이 세계를 완전히 난장판으로 만들어 버리겠다는 것이다.

삶의 목표는
여러분의 심장의 박동을
우주의 박동에 맞추는 것이며,
여러분의 본성을 자연에 맞추는 것이다.

불교에서 삶의 목표란 니르바나(열반)적인 삶의 경험을 유지하는 것이다. "이 세상의 슬픔에 기쁨으로 참여한다." 신조를 따르는 종교에서 삶의 목표란 십중팔구 계율을 준수하는 것일 가능성이 크다. 이슬람교에서 삶의 목표란 바로 그 종교의 이름 속에 들어 있다. 즉 '이슬람'이란 바로 '순종', 다시 말해 하나님의 뜻에 대한 복종과 숭배이다. 이러한 신조는 전사들에게 크나큰 용기와 힘을 제공한다. 즉 그들이 죽임을 당하건 안 당하건 간에 그들은 운명에 대한 순종을 지니고 나아가는 것이다. 물론 어쨌거나 전사라면 마땅히 그래야 하는 것이지만 말이다.

전사(戰士)의 방식이란
삶에 대해 "예"라고 하는 것,
그 모든 것에 대해 "예"라고 하는 것이다.

역사적 행위의 측면에서 보자면, 기독교와 이슬람교는 똑같은 특성을 지니고 있다. 그 둘은 자신들의 하나님을 위해 이 세상을 새로 만들려고 한다. 나로선 무척이나 거부감이 들지만, 사실상 그로 인해 역사가 이루어진 것이기에, 여러분도 거기에 대해 "예"라고 말해야만 한다. 여러분이 자신의 삶의 어떤 사소한 세부사항에 대해 "아니오"라고 말한다면, 여러분은 모든 것을 해체해 버리는 셈이 된다. 여러분은 반드시 모든 것에 대해서, 심지어 그 소멸에 대해서도 "예"라고 말해야만 한다. 그것이 바로 "이 세상의 슬픔에 기쁜 마음으로 참여"하는 것이다. 그것이 바로 내 작은 주제가이다.

　　사랑은 온 우주에 알려주네
　　바로 밑에 있는 지옥의 심연을.

『신곡』에서 단테는 당대의 공인된 종교와 입증된 과학적 개념 모두를 충족시키는 우주의 비전을 펼쳐 보였다. 사탄이 그의 오만과 불순종으로 하늘에서 내던져질 때에는 마치 불타오르는 운석처럼 땅으로 떨어진 것으로 여겨졌으며, 또 지구와 충돌하면서는 곧바로 땅을 뚫고 그 한가운데로 파고 들어간 것으로 여겨졌다. 그로 인해 생성된 거대한 구멍은 이후 지옥의 뜨거운 구덩이가 되었다. 그리고 그 충격으로 인해 그 구멍의 반대편 극지로 밀려나온 막대한 양의 흙들은 연옥의 산이 되었으니, 단테는 그 산이 바로 남극에서 곧바로 하늘을 향해 솟아오른 것으로 그려 냈다.[41]

단테는 심지어 지옥의 불조차도
하나님의 사랑의 표현이라고 보았다.

여러분도 아마 다음과 같은 전설을 들은 적이 있을 것이다. 하나님은 천사를 창조하고 나서, 그들에게 당신 외에는 아무도 경배하지 말라고 명령했다. 하지만 인간을 창조하고 나서 하나님은 천사들에게 자신의 작품 가운데 가장 훌륭한 것을 기리며 절을 하라고 명령했다. 하지만 루시퍼는 거절했다. 우리는 그 이유가 그의 오만함 때문이라고 알고 있다. 하지만 이 사건에 대한 무슬림식의 해석에 따르면, 그 이유는 오히려 그가 하나님을 어찌나 깊고도 강렬히 사랑하고 사모했던지, 차마 다른 어떤 것을 향해 절할 수가 없었기 때문이었다고 한다. 결국 바로 그런 이유로 인해 그는 지옥으로 떨어졌고, 자신이 사랑하는 대상으로부터 떨어져 그곳에 영원히 있도록 처분 받은 것이었다.[42]

사탄은 뭔가를 범할 수 있는 자아의 축도다.

페르시아의 시인들은 이런 질문을 던진 바 있다. "〔그 이후에〕사탄은 과연 무슨 힘으로 견딜 수 있었을까?" 그리고 이들이 발견한 답변은 이러한 것이었다. "일찍이 '내 앞에서 사라져라!' 하고 말했던 하나님의 목소리에 대한 추억으로 견딜 수 있었던 것이다." 한때는 환희였으나 지금은 사랑의 고통이 된 그것이야말로 얼마나 절묘한 영적 고통의 이미지인가![43]

"하나님께서는 여러분을 지옥 불구덩이 위에 던지려고 번쩍 치켜들고 계십니다. 여러분이 거미라든지 또는 다른 불쾌한 벌레들을 불에 던지려고 번쩍 치켜들고 있는 것과 마찬가지로 말입니다. 그 하나님께서는 여러분을 증오하시며, 끔찍하리만치 분노하셨습니다. 여러분을 향한 그분의 분노는 불처럼 활활 타오릅니다. 그분은 여러분을 기껏해야 불에 집어던지는 것 외에는 아무 쓸모도 없는 존재로 바라보십니다. 그분은 너무 깨끗한 눈을 지니셨기에 차마 여러분을 두고 볼 수도 없으십니다. 그분의 눈앞에서 여러분은 지금보다도 1만 배는 더 혐오스러워 보이는 것이, 마치 매우 혐오스러운 독사가 우리 눈에 그렇게 보이듯 합니다. (……) 따라서 여러분은 지금 분노한 하나님의 손에 있습니다. 지금 이 순간 여러분이 영원한 파멸 속에 삼켜지지 않고 있는 것은 순전히 하나님의 뜻 때문인 것입니다."-조너선 에드워즈 목사[44]

죄인을 화살, 홍수, 불길에서 보호해 주는 '순전한 하나님의 뜻'을 기독교의 전통적인 언어로 표현하자면 바로 하나님의 '자비'가 된다. 그리고 사람을 변화시키는, 이른바 '하나님의 영의 강력한 힘'이 바로 하나님의 '은혜'다. 대부분의 신화에서 자비와 은혜의 이미지는 정의와 분노의 이미지 못지않게 생생하며, 그렇게 해서 균형이 유지되고, 사람은 그 와중에서 천벌을 받기보다는 오히려 구제되는 것이다. "두려워 마라!" 자신의 숭배자들 앞에서 우주의 파괴의 춤을 추면서, 시바 신은 자기 손짓으로 이렇게 말하고 있다. "두려워 마라, 모두가 하나님 안에서 편히 쉬고 있기 때문이다. 왔다가 가는 것의 형상—너희들의 육신 역시 그런 것 가운데 하나가 아니냐—은 내 춤추는 사지의 스침에 불과하다. 나를 완전히 안다면, 너희가 무엇을 두려워하겠느냐?"[45]

지옥이란 여러분의 삶의 경험의 구체화이며 여러분이 집착하는 곳, 바로 황무지다. 지옥에 있으면 여러분은 어찌나 스스로에게 매여 있는지, 은혜가 들어올 수 없다.

지옥의 문제는
불이 여러분을 소진시키지 못한다는 것이다.
〔오로지〕 변화의 불만이 그럴 수 있다.

불은 밤바다 여행, 그림자-억압된 생애와 이력, 그리고 트라우마-의 다가옴 그리고 악의 하수인을 불태우는 것의 상징이다. 연옥은 그런 불이 정화의 불로 변화되어 우리의 공포 체계를 불태우고, 방해물을 불태워 열리게 만드는 공간이다.

만약 지옥이 황무지라면, 연옥은 여러분이 고통의 장소를 떠나는 여정이 될 것이다. 여러분은 여전히 고통 중에 있지만, 가능한 깨달음을 탐색하는 중이기도 하다. 이제는 더 이상 절망이란 없다. 성스러운 공간 또는 도피처를 갖게 되려면, 우선 여러분은 어떤 작은 행동의 땅, 또는 그럴 만한 장소를 찾아야만 한다. 그곳은 황무지가 아니며, 거기에는 암브로시아의 작은 샘도 있다. 그것은 곧 내부로부터 나오는 기쁨이다. 그것은 여러분 속에 기쁨을 넣어 주는 어떤 것이 아니라, 여러분으로 하여금 자신의 의지를, 자신의 의도를, 그리고 여러분 자신의 소망을 경험하게 함으로써 작게나마 기쁨이 거기 있게 하는 것이다. 내 생각에 성령에 반대하는 죄는 바로 절망이다. 성령은 여러분이 깨닫도록 영감을 제공하는 것이며, 절망은 아무것도 나올 수 없도록 하는 느낌이다. 그것은 절대적인 지옥이다.

기쁨이 있는 장소를 찾으라.
그러면 기쁨이 고통을 태워 버릴 것이다.

워싱턴 D. C.의 외무부 연수원에서 동아시아나 서남아시아로 발령받은 외무부 직원들을 대상으로 강연을 하던 도중에, 나는 한 가지 흥미로운 경험을 한 적이 있다. 한번은 내가 담당한 조에 아주 똑똑한 흑인이 한 사람 있었는데, 그는 이제 막 오스트리아 빈에서의 근무를 마치고 인도로 발령을 받은 참이었다. 그가 속한 조에서는 매번 나를 워터게이트 호텔에 있는 아주 훌륭한 레스토랑으로 초대해 점심을 대접했는데, 하루는 그들이 바로 이 사람에게 나를 거기까지 차로 모시고 오라고 한 모양이었다.

그는 아주 훌륭한 스포츠카를 타고 있었고, 매우 남자다운 사람이었다. 자리에 앉자마자 그는 맨 먼저 내게 흑인으로 산다는 것에 관해, 그리고 자기에게 불리한 것들에 관해 이야기하기 시작했다. 나는 이렇게 생각했다. "그래, 오늘은 이 친구한테 본때를 보여 줘야겠군. 이런 불평을 듣는 것도 이제는 이골이 났으니까." 그래서 나는 이렇게 말했다. "제가 아는 다른 사람들이 즐겨 쓰는 표현을 빌리자면, 당신은 이미 출세한 사람입니다. 당신은 잘 나가고 있습니다. 사람이라면 누구나 자기에게 불리한 어떤 것을 갖고 있게 마련입니다. 어떤 사람은 매력이 없고, 그로 인해 자기가 불리하다고 생각합니다. 어떤 사람은 가톨릭 국가에서 개신교 신자로 살아갑니다. 어떤 사람은 개신교 국가에서 가톨릭 신자로 살아가죠. 당신이 오로지 흑인이라는 사실만 갖고서 당신의 삶에 있어서 부정적인 것들을 계속 들먹이며 비난한다면, 당신은 인간이 됨으로써 얻은 다른 특권들을 깡그리 부정하는 셈입니다. 그렇다면 당신은 다만 흑인에 불과할 뿐입니다. 아직 인간이 되지는 못한 셈이죠." 바로 그때 우리의 일행이 식당으로 들어왔고, 그는 나머지 시간 내내 침묵을 지키며 앉아 있었다.

다음 달에 또다시 강연을 맡아 연수원 사무실로 갔더니, 그곳 담당자가 이렇게 말했다. "저기요, 조. 지난번에 그 친구한테 무슨 말을 한 겁니까?" 내가 말했다. "어, 모르겠는데. 왜요?" 그가 말했다. "아니, 그 친구가 당신 책을 모조리 사가지고 와서는, 지금 밑에 있는데 거기다 당신 서명을 모두 받고 싶다는 거예요. 그래서 내가 물어봤죠. 왜 갑자기 그러느냐고 말이에요. 그랬더니 그 친구가 그러던걸요. '캠벨 교수님이 나를 인간으로 만들어 주셨거든.'"

그것은 내게도 큰 교훈이었으며, 그렇게 남의 동정받기를 원하는 사람들에 대한 즉효약이나 마찬가지였다. 나는 그 사실이 자랑스러웠다. 다시 말해 그는 이제껏 자기만의 지옥에 빠져 있었던 것이다. 그는 자신의 한계라고 스스로 설정한 것 너머를 결코 볼 수 없었던 것이다. 그래서 내가 아래로 내려갔더니, 정말 그가 내 책을 모두 갖고 와 있었다. 나는 거기에 서명을 하면서 이렇게 말했다. "그래요, 이렇게 하면 당신이 날 기억하는 데 도움이 되겠죠." 그러자 그가 말했다. "아, 선생님을 절대로 잊지 못할 겁니다."

여러분이 이와 비슷한 어떤 일을 할 때마다, 여러분은 그것이 올바른 일임을 발견하게 될 것이다. 적어도 여러분이 그 사람에게 뭔가 뛰어넘을 것을 제공한다고 치면 말이다. 여러분이 사실 그에게 관심이 없다면, 여러분은 그냥 그에게 동의할 수도 있다. "아, 불쌍한 친구, 이해가 가네. 그건 정말 힘든 일이지."

다른 사람이 하는 말 자체가 아니라,
그 말을 하는 의도가 무엇인지를 생각하라.
악의? 무지? 오만? 사랑?

영웅의 여정의 목표는
여러분 자신이다. 즉 여러분 자신을 찾는 것이다.

우리가 삶의 한 장소에 있을 때, 그리고 다른 장소에 있고 싶을 때, 우리에게는 극복해야 할 장애물, 즉 지나가야 할 문턱이 있다. 여섯 개의 뾰족한 끝이 있는 별, 즉 유대교에서 말하는 다윗의 별은 인도에서 제4 차크라를 나타내기 위해 사용되는 기호이기도 하다.

두 개의 삼각형이 겹쳐진 이 상징에서, 위쪽으로 뾰족한 삼각형 - 여러분은 이걸 가리켜 '향상'이라는 단어를 쓸 수 있다 - 은 운동 원칙의 상징이다. 아래로 뾰족한 삼각형은 불활성이며, 이것은 그 장애물이 무엇인지를 표상한다. 아래로 뾰족한 삼각형은 장애로 경험되거나 또는 열린 문으로 경험되거나 둘 중 하나다. 여러분이 그 심리적 의미와 효과를 정신적 변화로서 인식하게 되면, 여러분은 그 장애물을 열린 문으로 바라보게 된다.

따라서 여러분은 아래로 뾰족한 삼각형을 두 가지 방식으로 경험할 수 있다. 하나는 장애물로, 또 하나는 여러분이 향상을 이루어 낼 수 있는 수단으로서 말이다. 따라서 여러분의 삶 속에서 장애가 되는 듯 보였던 모든 것들은 변화될 수 있다. 그것이 여러분의 변이를 위한 수단임을 깨달음으로써 말이다.

인도에서 탄트라 철학의 의미가 바로 그것이다. 비의이며 비밀인 탄트라의 훈련은 심지어 가장 파괴적인 또는 유혹적인 행위조차도 향상을 위한 사다리의 발판으로 제안하는 데에까지 나아간다. 가령 보통은 길에서 벗어나게 하는 주 요인 가운데 하나로 여겨지는 성교조차도 도리어 방편으로 받아들여진다. 또한 여러분은 - 이것이야말로 극단이라 할 수 있는데 - 시체식(屍體食), 즉 시체를 먹을 수도 있다.

남서부의 아메리카 인디언 문화 가운데 하나인 어떤 광대의 부류 - 그들의 검은색과 흰색의 의상 요소는 훌륭한 광대의 상징이다 - 에 대한 입문 의례에서는 말 그대로 개똥을 먹는 행위도 포함된다. 이처럼 극도로 역겨운 행위는 브라흐만이 되기 위해서도 반드시 받아들여야만 하는 것이다. 그런 사람들은 모든 대립자의 쌍들의 너머에 있게 마련이다. 삶이 제안하는 몇 가지 것에 대한 여러분의 저항심을 없애기 위해서 여러분은 이처럼 극단까지도 갈 수 있다. 하지만 항상 그처럼 극단까지 가야 할 필요는 없다.

영지주의의 「도마의 복음서」에서 예수는 이렇게 말한다. "장작을 쪼개면 그곳에 내가 있고, 돌을 들어 올리면 그곳에 내가 있느니라."[46] 역사적 예수는 스스로를 그리스도와 동일시했다. 이것은 붓다의 의식이다. 그는 자신의 자아로서 살아간 것이 아니라, 그리스도로서 살아간 것이다. 여러분의 가장 깊은 중심 속에 있는 그리스도의 광휘는 이미 모든 것 속에 편재했다. 따라서 아래로 뾰족한 삼각형이 여러분의 전진에 장애물이 아니라 오히려 수단이 되면, 여러분은 문턱을 드디어 통과한 것이다.

문턱에는
항상 위험이 있게 마련이다.

일시적인 몸을 떠나서
영(靈)이 들어오게 하라.

여러분의 삶에 있어서 장애물은 무엇이며, 여러분은 그것을 어떻게 광휘로 변모시킬 것인가? 스스로에게 이렇게 한번 물어보라. "내 길의 가장 큰 장애물은 무엇인가?" 인도에서는 마귀가 의식의 확장에 있어 진정한 장애물로 여겨진다. 마귀나 악마는 여러분 속에 있는 힘, 그러나 여러분이 차마 뭐라고 표현할 수 없는 힘, 다시 말해 미처 깨닫지 못했거나 억압된 신이다. 하나님을 이해할 수 없는 사람이라면 그것을 악마로 바라보는 것이다.

'악마'라는 말은 결국 우리가
다른 사람들의 하나님을 지칭하는 말이다.

사람이라면 누구나 반드시 노력해야 할 일은 바로 의식을 확장하는 것, 그렇게 함으로써 지식과 사랑이 보다 더 크고 더 큰 지평을 얻게 하는 것이다. 쿤달리니가 나타날 때 벌어지는 일이 바로 그것이다. 즉 그 몸이 점점 더 광휘와 의식으로 채워지는 것이다.

여정의 목표는
여러분 자신을
의식으로 발견하는 것이다.

조이스는 『율리시스』에서 이렇게 말했다. "네가 다섯 개의 손가락을 통과시킬 수 있다면 그것은 대문(大門)이고, 그렇지 않으면 문(門)이다."[47] 우리가 접하는 어려움 역시 닫힌 문이 아니라, 오히려 활짝 열린 대문으로의 변화 가능성이라고 간주되어야 하리라.

여러분이 자신의 어린 시절로부터 차단될 수밖에 없는 원인이 어떤 구체화된 상징에 있다고 여겨질 경우, 명상은 여러분의 문제를 해결하는 체계적인 훈련이 된다. 이상적인 명상의 기능은 구체화된 답변을 초월하고 메시지를 전달하는 것이 된다.

나라면 우선 다음과 같이 생각하려 할 것이다. "지금까지도 활발하게, 여전히 나를 이런 식으로 건드리는 상징은 구체적으로 무엇인가?" 그 상징은 무엇인가? 이 세계에는 매우 다양한 맥락의 상징들이 있다. 그 모두가 여러분을 괴롭히는 것은 결코 아니다. 여러분을 가로막는 상징을 발견하고 나면, 이번에는 그 상징이 여러분에게 의미하는 바의 중요성에 부합되는 사고와 경험의 양태를 찾아내도록 하라. 그 상징이 무엇을 지칭하는지를 알아내지 못하는 한, 여러분은 그 상징을 제거할 수 없다.

여러분이 자신의 마음속에서 경험의 중심 – 일찍이 그 상징으로 인해 대체된 – 을 발견한다면, 그 상징은 용해될 것이다. "이것은 과연 무엇의 은유일까?" 하고 생각해 보라. 여러분이 그것을 발견하면 그 상징은 그 가로막는 힘을 잃거나 아니면 오히려 길잡이가 될 것이다.

이것이 바로 '알고, 사랑하고, 봉사하는' 것 가운데 '아는' 부분이다. 이것들이 무엇을 지칭하는지를 미처 알지 못하기 때문에 여러분이 이 부분과 말썽을 빚는다면, 그것은 여러분을 들볶을 것이다. 나는 그렇다고 확실히 장담한다.

여러분이 성인답게 그런 구체화를 용해하고 싶다면, 여러분은 그 상징이 지칭하는 바가 무엇인지 알아야 할 필요가 있다. 그것을 발견하고 나면 여러분도 만족스러운 설명을 얻게 될 것이다. 상징은 원래의 용도를 회복하게 될 것이며, 여러분은 그것을 기쁘게 여기게 될 것이다. 즉 여러분은 그것을 장애물로 여기는 대신에, 오히려 그 메시지가 무엇인지에 대한 깨달음으로 여러분을 안내하는 무언가로 여기게 될 것이다. 이것이 중요한 핵심이다.

그것이 바로 아래로 뾰족한 삼각형이다. 그것은 장애물이거나 아니면 깨달음으로 나아가는 장일 수 있다.

천국과 지옥은 심리학적 정의에 불과하다. 이른바 가톨릭에서 정의하는 대죄는 여러분이 그런 죄를 범할 생각 자체를 아예 못하게 만든다. 가톨릭 신자로서 여러분은 어떤 죄가 대죄가 되려면, 즉 지옥에 떨어질 수밖에 없는 종류의 죄가 되기 위해서는 그야말로 극악한 경우라야만 한다고 배운다. 대죄란 본인이 충분히 숙고한 다음에 저지르는 죄이며, 완전한 본인의 의지로 저지르는 죄다. 따라서 이는 은혜의 선물을 고의적으로 배제하는 것이며, 악마로 상징되는 바 그 자체이다. 초자연적인 은혜, 즉 하나님의 음성을 받아들이지 못하는 것이다.

제의법(祭儀法)을 고의로 깨뜨리는 것 역시 대죄에 속한다. 하지만 여기에는 이런 제의법 종교와 연관된 기이한 사실이 있다. 여러분이 격분한 상태에서 자기 어머니를 죽일 경우, 그것은 대죄가 아니다. 그건 오히려 소죄에 불과해서, 여러분은 그 죄에 대해 2천 년 동안 연옥에 머물기만 하면 된다. 하지만 대죄는 제아무리 작은 것이라 하더라도 꼼짝없이 지옥에 떨어지게 마련이다. 이 모두를 한군데 모아 비교해 보자. 금요일에 육식을 하는 것이 더 이상은 대죄가 아니라고 교회에서 발표하자, 가톨릭 공동체 전체에는 그야말로 위기가 몰아닥쳤다. 가톨릭 신자들이 유난히 많은 뉴욕 시에서는 어마어마한 위기가 몰아닥쳤는데, 그 중 일부는 생선 판매상들과 관계가 있었다.

상징이 구체적인 것이라기보다는
오히려 영적인 것으로 해석될 때,
그것들은 계시를 낳게 된다.

이른바 고해라는 것에 관한 내 경험을 말해 보겠다. 어린 시절에 고해를 하러 가면, 여러분은 이렇게 말했을 것이다. "용서해 주세요, 신부님. 죄를 지었습니다. 세 번이나 엄마 말씀을 거역했고, 이틀 동안이나 아침 기도를 드리지 않았고, 거짓말을 했습니다." 그러면 신부님은 이렇게 말한다. "그런 일은 잘못이란다. 주기도문을 다섯 번, 성모송을 다섯 번 외도록 해라. 그러면 죄가 사해질 거다."

나는 정말 큰 죄를 고백할 만큼 나이가 많지는 않았다. 나는 뭐가 뭔지도 전혀 몰랐다. 한번은 여름 동안에 소죄를 하나 저질렀는데, 바로 롱아일랜드에 있는 셸터 섬에서였다. 그 당시 나는 아홉 살이었다. 그곳에는 퍼거슨즈라는 대단한 철물점이 있었다. 나는 그곳을 생생히 기억한다. 한번은 어머니를 따라 거기 가서 물건 사는 것을 구경했다. 어머니는 이렇게 말하곤 했다. "장부에 달아 주세요." 어머니는 그러고 나서 물건을 들고 그냥 나왔다. 그러다가 한번은 내가 거기서 멋진 주머니칼을 하나 보게 되었다. 며칠 뒤에 나는 혼자 철물점에 가서 이렇게 말했다. "저 칼을 사고 싶은데요." 그러자 주인은 순순히 물건을 건네주었다. "여기 있다, 조." 나는 이렇게 말했다. "장부에 달아 주세요." 그러자 주인은 순순히 대답했다. "그래, 알았다."

나는 집에 돌아와서 어머니에게 말했다. "이것 좀 보세요. 주머니칼인데 길에서 주웠어요." 어머니가 말씀하셨다. "정말 길에서 주운 거니?" 내가 말했다. "예, 맞아요. 길에서 주운 거예요." 하지만 그달 말에 주머니칼 값을 내라는 청구서가 날아오자, 어머니께서는 이렇게 말씀하셨다. "조, 이리 좀 와 봐라. 이번 토요일에 고해를 하러 가면, 그 주머니칼을 갖고 가서 이저도어 신부님께 그 죄를 고백하고, 성물실로 가져가 그것을 신부님께 드리거라."

결코 쉬운 일은 아니었다. 이것은 내가 저지른 일에 대한 처벌 중에서도 가장 혹독한 것이었으니까. 주기도문 다섯 번과 성모송 다섯 번을 외는 것과 그 주머니칼을 포기하는 것은 그야말로 천지차이였다. 그래서 나는 고해를 하러 가서, 신부님에게 내 소행을 말씀드리려고 했다. 나는 그 당시에 복사 노릇을 하고 있었다. 왜 "내 탓이오, 내 탓이오" 하는 것 말이다. 고해를 한 뒤 나는 성물실로 가서 그 주머니칼을 신부님께 드렸다. 그러자 신부님은 오히려 이렇게 말하는 거였다. "이런, 조. 그 죄가 이렇게 심각한 줄은 나도 미처 몰랐구나."

그 순간, 나는 그 주머니칼을 손에 넣기까지는 전혀 몰랐던 뭔가를 깨닫게 되었다. 즉 앞으로 무슨 일이 생길지도 전혀 모른 채 그걸 외상으로 샀을 때의 기분이야말로 최고였다는 걸 말이다.

로마가톨릭에서 고해에 대한 용서는 조건적이다. 사제가 주는 죄 사함은 여러분의 몇몇 결심에 따라 조건적이다.

첫째로 여러분은 회개를 필요로 한다. 회개란 여러분이 그 죄를 저질렀다는 것에 대해 진정으로, 진정으로 뉘우치는 것을 말한다. 둘째로 여러분은 결코 다시는 그런 죄를 저지르지 않겠다고 결심해야 한다. 이는 단순히 여러분이 그 죄를 다시 저지르지 않겠다고 말하는 데서 끝나지는 않는다. 거기서 더 나아가 여러분은 그러지 않겠다고 진정으로 결심해야 하는 것이다.

『성배의 탐색』이라는 훌륭한 아서왕 로망스에서는 모든 기사들이 성배를 찾아 나선 이야기를 그리고 있는데, 랜슬롯은 성배를 볼 수가 없는 것으로 나온다. 왜일까? 그것은 그가 귀네비어와 저지른 간통 때문이었다. 하지만 진짜 이유는 그가 그 사랑에 대해 진심으로 회개하지 않았기 때문이다. 이제껏 자신이 교회로부터 받은 깨달음을 훨씬 능가하는 또 다른 깨달음을 그 귀네비어와의 관계를 통해 경험한 랜슬롯이었으니, 하긴 어떻게 감히 그 경험을 회개할 수 있었겠는가? 실제로도 그렇게 묘사된다. 즉 그는 간통을 뉘우칠 수도 없었고, 간통을 그만두겠다고 결심할 수도 없었으며, 그렇기 때문에 성배를 목격할 만한 자격이 없었던 것이다.

> 성배라는 것은 자연의 풍부함,
> 즉 지고한 영적 깨달음,
> 즉 여러분이 원하는 모든 것을

얻을 수 있는 소진되지 않는 그릇과
완벽한 조화를 이루는 것이다.

이원성의 종교에서는
죄와 영원한 형벌이 외부로부터,
즉 군림하는 구체적인 신으로부터 나온다.

결국 이 기사는 대죄를 저지른 셈이다. 하지만 그 로망스를 쓴 수도사는 랜슬롯의 삶이 보여 주는 매력을 아주 놓치지는 않았다. 랜슬롯은 그 작품에서도 가장 인간적이며, 가장 감동적인 인물이다. 이는 매우 역설적인 사실이며, 그렇기 때문에 막판에 가서 그 수도사는 이렇게 말하는 것이다. "하나님의 뜻? 우리는 하나님의 뜻을 알 수 없다. 따라서 우리가 전혀 알 수 없는 것에 대해서는 용서를 해야 하리라."

하나님의 진노건, 영원한 저주건,
무슨 대가를 치르건 간에, 나는 이 사랑을 지키리라.
그것이야말로 진정한 사랑이다.

내가 열여섯 살 때, 그러니까 예비학교에 다닐 때 나는 이미 어린 시절의 신앙을 잃어가고 있음을 알았지만, 그만 다녀야 할 이유를 깨닫기 전까지는 가톨릭교회 출석을 그만두지 않기로, 다시 말해서 내가 그 상징을 풀어헤치고 그 상징들이 무엇을 지칭하며 의미하는지를 알기 전까지는 그만두지 않기로 결심했다. 그리하여 내가 스물다섯이 되어 독일에 있을 때까지도 그 모든 일은 끝나지 않고 지속되었다. 나는 그 모두를 정리하는 데 아홉 해가 걸렸고, 그러고 나자 그것은 마치 낡아 빠진 셔츠처럼 자연스레 떨어져 나갔다. 그것이 바로 뭔가를 아는 것이다. 그 상징이 도대체 여러분에게 무슨 말을 하고 있는지를 여러분이 알지 못하면, 그것은 단지 명령으로서 거기 있을 뿐이며, 그런 일들은 계속해서 더 많이 지속될 것이다. 이 복잡한 분야에서 여러분이 자신의 정신을 사용할 수 없다면, 나로선 여러분이 과연 어떻게 그걸 잘 해결할 수 있을지 알 수 없다.

여러분이 자신의 삶에
권위자가 되었을 때,
여러분은 비로소 성숙하게 된다.

인간이 하나도 없는 세상에서 하나님 혼자만 존재할 수 있을까? 아니다. 바로 그렇기 때문에 신들은 숭배자들을 얻기 위해 매우 열심인 것이다. 신들을 숭배할 인간이 없다면 신들도 있을 수 없다. 신들의 숫자는 무수히 많다. 사람들이 생각하는 하나님의 종류가 무수히 많듯이. 가령 멀리건 부인이 생각하는 하나님과 교황이 생각하는 하나님은 똑같은 하나님이 아니다.

신을 선택하는 것은, 다시 말해서
여러분이 이 세계를 보는 방식을 선택하는 것이다.
신들은 무수히 많다.
여러분의 신을 선택하라.

여러분이 숭배하는 신이
여러분에게 어울리는 신이다.

하나님은 인간을 필요로 하고, 인간은 하나님을 필요로 한다고 할 때, 여기서 말하는 '하나님'은 하나님의 이미지, 하나님의 개념, 하나님의 이름, 그리고 특정 민족의 하나님이다. 하나님이 인간을 필요로 하는 것은 틀림없다. 인간을 위해서가 아니라면 하나님은 거기에 없었을 것이므로.

> 부족에게 신들은
> 힘을 의인화한 것이었다.
> 나중에 가서는,
> 그것들이 힘의 원천이 되었다.
>
> 이 세계의 모든 신들은
> 힘이 아니라 은유다.

하나님을 형상화하는 것 – 만약 그 단어가 이른바 "우리 엄마가 그러셨어"라는 말 이상의 어떤 것을 의미한다면 – 은 어떤 것이든 간에 모든 지식, 모든 명명(命名), 모든 형상을 초월하는 어떤 것을 지칭하는 것으로 간주된다. 그리고 결과적으로 그 말은 그 스스로의 너머에 있는 것을 지시해야만 한다. 우리의 전통에서 하나님의 관념은 워낙에 강력하게 의인화되었기 때문에, 여러분은 하나님에 관해 생각할 때마다 그 문제와 씨름하지 않을 수 없다.

하나님은 환영이 아니라,
그 자신의 너머에 있는 것을,
즉 하나됨[속죄]의 신비에 대한 자각을
지시하는 상징이다.

융은 『욥에의 회답』에서 무려 수세기 동안 전해 내려온 하나님의 이미지에 관한 문제를 다룬다. 우리는 이것을 어떻게 설명할 수 있을까? 물론 구약성서에 나오는 이미지는 야훼, 즉 율법의 제정자이며, 매우 강력한 독재자이며, 성난 아버지이다. 그리고 「욥기」에서 여러분은 그 이미지의 전형을 볼 수 있다.

주인공 욥은 선한 사람이다. 야훼 하나님은 악마인 사탄에게 이렇게 자랑한다. "너는 욥을 보았느냐? 그가 얼마나 내게 충성스러운지를? 그가 얼마나 나를 사랑하는지를?" 그러자 사탄이 말했다. "예, 당신께서는 그에게 매우 잘 해 주시지 않았습니까. 한번 그를 힘들게 만든 다음, 그의 그런 태도가 얼마나 오래 가는지 지켜보시죠." 야훼는 말했다. "내기 하세." 그러자 사탄도 말했다. "내기 하죠."

길버트 머리는 이렇게 논평한 바 있다. "이건 마치 어떤 사람이 '우리 개는 내가 무슨 짓을 해도 날 물지 않는다네' 하고 자랑하는 것과 같다. 그 말을 들은 친구가 '아니, 정말 화가 나면 물어 버릴걸' 하고 대답한다. 그러자 개 주인은 '아니, 절대로 그렇지 않을 거야' 하고 장담한다. 그러자 친구는 또다시 '그럼 어디 나랑 같이 가 보세. 자네는 어디 한번 개를 무지막지하게 학대해 보게. 그럼 그 녀석이 자네를 무는지 안 무는지 알 수 있겠지' 하고 대답하는 것이다."

상황이 그렇게 되어, 양쪽의 내기 끝에 욥의 상황은 무척 힘들어졌다. 그가 겪은 일이 얼마나 처참했던지! 자녀가 몽땅 죽고, 그의 막대한 재산이 사라지고, 몸에는 심한 부스럼이 난 채 잿더미 위에 앉아 있었다. 그의 친구들, 이른바 '위문객' 조차 다음과 같이 말함으로써 그를 더욱 언짢게 만든다. "자네가 과거에 뭔가 아주 못된 짓을 했기 때문에 지금 이런 일을 겪는 것이 분명해." 욥은 항변했다. "아니야, 나는 착하게 살았다네." 그의 말이 맞다. 그는 '정말로' 착했다.

이 문제를 놓고 하나님에게 항변하자, 나중에는 하나님 자신이 직접 모습을 드러낸다. 솔직히 이는 대단한 사건이 아닐 수 없다. 하나님이 직접 모습을 드러내서 과연 무슨 말을 했는가? 그는 이렇게 말했다. "이 작은 벌레만도 못한 것아. 네가 도대체 뭐라고 감히 나한테 물어보느냐? 네가 어찌 감히 너에게 일어난 일을 이해한다고 말할 수 있단 말이냐? 네가 레비아탄을 낚시로 낚아 본 적이 있느냐? 난 해 봤다. 어디, 능력이 되면 너도 한번 해 보거라."

욥은 완전히 겁을 먹는다. 그는 이렇게 말한다. "당신께서 어떤 분이시라는 것을 소문으로 겨우 들어왔는데, 이제 저는 이 눈으로 당신을 뵈었습니다. 그리하여 제 말이 잘못되었음을 깨닫고, 티끌과 잿더미에 앉아 뉘우칩니다."[48]

이제 그것이 전하는 진정한 영적 메시지의 견지에서 그 내용을 읽어 보면, 거기서 의미하는 바는 남들이 여러분에게 행한 어떤 일들의 관점에서 여러분의 운명을 판단해서는 안 된다는 것이다. 내가 보기에 이 이야기의 의의는 – 비록 구체적으로 언급되지는 않지만 – 이른바 인격으로서의 하나님의 이미지가 타파되었다는 데에 있다. 여러분이 초

인격적인 (즉 인간의 이해를 초월한) 곳에 도달하면, 여러분은 '정의' 와 '불의' 에 관해 이야기할 수가 없다.

가령 빅 서[49]의 해안선을 따라 일어난 그 모든 산사태와, 그로 인해 빚어진 수백만 달러 상당의 손실에 관해서는 어떻게 생각해야 할까? 여러분이 그런 자연현상을 단순히 거기 사는 사람들에게 다른 누군가가 행한 짓으로 간주한다면, 여러분은 그 모두를 뒤죽박죽으로 만들어 버리는 셈이다. 하지만 「욥기」가 지금껏 이해되어 온 방식은 전혀 그와는 달랐다. 그 내용은 이른바 한 '인격체' 에 대한 복종의 방식으로 이해되어 왔다. 그런데 그 인격체로 말하자면, 누군가를 놓고 그런 내기를 거는 정말이지 밥맛 떨어지는 타입이 아닐 수 없다.

기원전 5세기경에 기록된 것으로 전해지는 「욥기」와 유사한 내용이 그보다 훨씬 전인 기원전 1500년경에 기록된 어느 바빌로니아의 문헌에서 발견되기도 했는데, 이를 가리켜 흔히 「바빌로니아 욥기」라고 한다. 거기서는 한 왕이 신들에게 희생제를 바치고 사원을 지어 주지만 그만 나병 – 내 생각에는 아마 그런 것 같은데 – 에 걸리고 만다. 그는 자신의 고난을 자신이 이른바 (신들을 향한) 보답으로서의 예배에서 자신이 행한 일 때문인 것으로 해석하려 한다. 이처럼 만약 여러분이 예배를 이른바 뭔가를 향한 보답이라는 견지에서 생각한다면, 여러분은 완전히 잘못된 길에 들어선 셈이다. 「욥기」는 사실 그런 관념을 박살내고 있다. 하지만 여러분이 「욥기」에 제시된 하나님의 이미지를 계속 유지하려고 한다면, 여러분은 이를 약간 더 세련되게 만들 필요가 있다.

그리하여 이제 기독교인들은, 삼위일체의 제2위격이 이 세상을 사랑한 끝에 스스로를 희생시켰다는 성육신의 관념을 보다 지고하고 보다 계몽적인 형태로 여기게 된 것이다. 달리 말하자면, 하나님이 인간의 모습을 하고 인간의 세계를 경험함으로써 낮춰졌다는 것이다.

하지만 우리 친구 융은 이것 또한 답변은 아니라고 말했는데, 왜냐하면 그리스도는 처녀에게서 태어난 성육신이므로, 그는 사실 진정으로 인간이 아니라 오히려 하나님이기 때문이다. "하나님은 과거에도 인간이 되고 싶어 했고, 지금도 여전히 그러고 싶어 한다"는 것이 융의 주장이다. 이처럼 영속하는 성육신을 위해, 하나님은 이른바 성령 – 삼위일체 가운데 제3위격 – 이 사람 안에 거하도록 한 것이다. 따라서 여러분이 만약 세상 속에 거하는 하나님을 보고 싶다면, 바로 인간 속에서 찾으면 된다. 이것이 융이 내놓은 욥에게 보내는 회답의 핵심이다. 즉 하나님을 향해, 우주를 향해, 또는 이와 같은 종류의 어떤 것을 향해 비난을 돌리지 말라는 것이다. 하나님에 관한 모든 관념은 이른바 인간 속에 실제로 있는 것으로 인식되는 특성에 관한, 역사적으로 조건화된 이미지일 뿐이니까.

"그리스도의 성육신은 성령에 의해 피조물에게 지속적으로 전이되는 원형이다." – 융[50]

한번은 뉴욕에서 열린 강연에 어느 체구가 작은 여성이 한 명 참석했는데, 알고 보니 수녀였다. 그녀는 내 강연을 두 번 듣고 나서 결국 수녀원을 떠났다. 진짜로 말이다. 저 하늘 위의 늙은 놈팡이에게 내가 멋지게 한방 날린 셈이었다. 강연의 마지막 시간에 그녀도 와 있었는데, 강연이 끝나고 와서 내게 물었다. "캠벨 씨, 선생님께서 생각하시기에 예수가 정말 하나님이시고, 또한 하나님의 아들이신 것 같나요?" 나는 말했다. "그러려면 우리 모두가 먼저 그렇게 되어야 하지 않을까요." "아하!" 그녀는 이렇게 말하고 떠났다.

융이『욥에의 회답』에서 하는 말도 바로 이것이다. 즉 하나님이라고 불리는 상상의 존재의 이미지에 투사된 것은 사실 인간의 작품이라는 것이다. 따라서 역사적으로 하나님의 이미지는 사실상 그때그때 인간이 처한 조건이 반영된 거울 속 이미지라는 것이다.

하지만 내 생각에는 대부분의 사람들이 하나님의 이미지를 매우 구체적으로 받아들이는 것 같다. 물론 프랑스인은 예외다. 한번은 "하나님을 믿으십니까? 지옥을 믿으십니까?" 하는 질문을 가지고 설문조사를 했다. 이때 프랑스인들은 - 내 기억에는 아마 75퍼센트쯤이었던 것 같은데 - 하나님을 믿지 않는다, 그러나 지옥은 믿는다고 대답했던 거다! 나는 이에 대한 앨런 와츠의 답변을 좋아한다. "여러분이 하나님을 믿는다면 나는 믿지 않는다. 여러분이 믿지 않는다면 나는 믿는다."

내 믿음은 무엇이냐 하면, 어느 누구도 궁극의 환희를 경험할 수 없다는 것이다. 왜냐하면 그것은 대립자의 쌍들을 초월한 것이므로, 만약 누군가가 그것을 경험했다면, 그곳에는 이미 어느 누구도 없을 것이기 때문이다. 융은 이 점을 꼬집는다. "만약 여러분이 주체와 객체를 초월해 버린다면, 과연 거기서 뭔가를 경험하는 사람은 누구란 말인가?" 여기 함축된 의미를 이해하기만 하면, 사람들이 굳이 수도원에 가서 금욕적인 생활을 하며 힘들게 지낼 필요는 전혀 없을 것이다. 다시 말해서 주체, 객체, 그리고 모든 대립자의 쌍들을 초월한 신비라는 것은 결국 우리가 사는 이 지상의 신비에 불과하다는 의미이니 말이다.

    물리학자가 원자의 깊이를 탐사하거나 우주의 외적 범위를 탐사할 때, 그는 대립자의 쌍을 발견하고, 과학으로는 관통할 수 없는 신비를 발견한다. 그것을 관통해서 다음 단계로 진입하고 나서도 그것은 여전히 신비스럽다. 가령 물리학자들은 수많은 아원자 입자를 발견했다. 그 중 하나는 조이스의 작품에 나오는 이름을 따서 '쿼크'라고 명명되었다. 내가 보기에는 이것이 오히려 신비스러운 존재인 것 같다. 이 세상에는 초월이라는 것이 있다. 그것이 있음을 알라. 그러고 나서는 그것에 대해 걱정하지 마라. 단지 모든 곳에 있는 광휘를 목도하라.

사람들은 이러한 영적 계발이 일어날 수 있는 방법이 있다는 사실을 알지만, 교회는 우리가 그렇게 되도록 돕지 않는다. 교회는 어디까지나 은유적인 사건들을 마치 역사적 사실처럼 주장하고 있기 때문이다. 이제는 아무도 그것을 전혀 믿지 않으므로 교황은 이제 힘든 상황에 처하게 되었다. 과연 누가 처녀수태를 믿겠는가? 처녀수태란 은유적인 것이며, 승천도 마찬가지다. 물론 나는 예수의 승천을 믿을 수도 있지만, 다만 이때는 외부 우주를 내부 우주로 전환시킨 다음일 것이다. 즉 그는 천국이 있는 곳으로 갔다. 바로 내부로 말이다. 그의 승천은 내부로 향한, 신화적 여정을 표상한다. 그리고 처녀수태는 인간에게 있어서 영적 삶의 탄생을 지칭한다.

"(……) 이 탄생은 영원 속에서 일어나는 것과 똑같이 영혼 속에서 일어난다. 그 이상도 그 이하도 아니다. 그것은 똑같은 탄생이기 때문이다. 이 탄생은 영혼이라는 터에서, 그 본질 속에서 일어난다.[51]
하나님은 존재로서, 활동으로서, 힘으로서 만물 속에 존재한다. 그러나 영혼 속에서만 자식을 낳는다. 모든 피조물이 하나님의 흔적이지만, 영혼은 하나님의 자연스러운 형상이다. (……) 영혼에 들어오는 그러한 완전성은 거룩한 빛이든, 은총이든, 희열이든, 다름 아닌 이 탄생을 통해서만 영혼에 들어와야 한다. 당신 안에서 탄생을 촉진하라. 그러면 당신은 모든 선과 모든 위로와 모든 행복과 모든 존재와 모든 진리를 경험하게 될 것이다. 그렇게 해서 당신에게 오는 것은 진정한 존재와 안정성을 줄 것이다. 탄생 없이 당신이 무엇을 구하거나 파악한다면, 어떤 식으로 하든 그것은 소멸해 버릴 것이다." - 마이스터 에크하르트[52]

"그 생명의 샘은 개인의 핵심이며, 그는 자기 자신의 내부에서 그것을 찾을 것이다. 만약 그가 그 샘을 뒤덮어 가린 덮개를 찢어 버릴 수만 있다면."[53]

이른바 신들의 방문 — 가령 우리에게 친숙한 어떤 형체로건, 아니면 우리를 도와주고 구원해 줄 어떤 자비로운 외계의 힘으로건 — 이라는 관념은 우주에 관하여 시대에 뒤떨어진 이해를 반영하고 있음이 분명하다. 융은 이른바 미확인비행물체(UFO)에 관한 현대의 신화가 뭔가 인류의 환상적 기대를 이야기해 주고 있다고 썼다. 사람들은 외부 세계로부터 방문자가 와 주기를 고대하는데, 왜냐하면 그들은 우리의 구원이 그로부터 온다고 생각하기 때문이다. 하지만 우주 시대의 개막은 우리에게 외계(외부 우주)로의 여행이 우리를 다시 내부 우주로 전환시킨다는 사실을 되새겨 주었다. 하나님의 나라(천국)는 우리 안에 있는 것이지만, 우리는 신들이 '저 바깥'에서 활동한다는 관념을 가지고 있는 것이다.

아버지의 나라(천국)는
우리의 기대에 부응하지는 않을 것이다.

우리는 그것을 스스로의 마음에 불러낸다.

아버지의 나라(천국)는 여기 있다.[54]
우리는 세계를 바라보고

그 광휘를 목도한다.

부활절의 계시가 바로 거기 있다.
우리는 어떤 일이 일어날 때까지
기다릴 필요가 없다.

   부활절 또는 부활에 있어서 항상 기본이 되는 것은 바로 십자가에 못 박힘이다. 여러분이 부활을 원한다면, 여러분은 반드시 십자가에 못 박혀야 한다. 예수가 십자가에 못 박힌 사건에 대한 수많은 해석은 그 관계를 강조하지는 못하고, 대신 그 사건의 참화를 강조하기만 했다. 여러분이 그 참화를 강조하면, 여러분은 누군가 비난할 사람을 찾게 되고, 그렇기 때문에 사람들이 유대인을 비난하는 것이다. 하지만 십자가에 못 박힘으로 말미암아 새로운 삶이 이어진다면, 그건 결코 참화가 아니다. 그리스도가 십자가에 못 박힘으로써 우리는 껍질을 벗었고, 그로 인해 우리는 거듭나서 부활할 수 있게 되었다. 이것은 결코 참화가 아니다. 따라서 우리는 이 사건을 새로운 시선으로 바라보아야만 하며, 그래야만 그 상징성이 감지될 수 있다.
   만약 우리가 예수의 십자가에 못 박힘을 오로지 역사적 용어라고 생각한다면, 우리는 우리를 향한 그 상징의 직접적 언급을 잃어버리고 만다. 예수는 십자가 위에서 인간의 몸 - 지상의 상징 - 을 떠나 하나님 아버지 - 자신과 함께 하나인 - 에게 갔다. 이와 유사하게 우리는 우리 내부에 있는 영원한 생명과 동일시될 것이다. 그 상징은 또한 하나님이 이 십자가를 기꺼이 받아들였다는 것을 말해 준다. 다시 말해서 이 세상의 인간의 삶의 시험과 슬픔에 그가 참여함으로써 그가 바로 여기 우리 안에 있다는 것, 즉 타락이나 실수로서가 아니라 환희와 기쁨으로 우리 안에 있다는 것을 우리에게 말해 준다. 따라서 십자가는 이중의 의미를 지니고 있다. 하나는 우리가 신들을 향해 나아간다는 의미이다. 그리고 또 하나는 신들이 우리에게로 내려온다는 의미이다. 이것이 진정한 교통〔십자가를 놓음, 즉 가로지름〕인 것이다.

기독교의 전통에서는 그리스도가 십자가에 못 박힘이 중요한 문제다. 왜 구세주가 그냥 이 세상에 올 수 없었던 걸까? 왜 그는 굳이 십자가에 못 박혀야 했던 것일까?

이에 관해서는 여러 가지 신학적 설명이 있지만, 내가 생각하기에 가장 적절하면서도 온당한 설명은 바울로의 「필립비인들에게 보낸 편지」에서 찾을 수 있다. 그 편지의 제2장에서 그는 그리스도가 하나님 자격을 계속 유지해야 할 것으로 생각하지 않았고 – 그러니 여러분도 그렇게 생각하지 말아야 한다 – 오히려 그 자격을 내어놓고 그 대신 종의 형상을 취했으며, 심지어 십자가에서 죽기까지 했다고 썼다. 이것은 세계의 고통에 관한 기쁜 긍정이다. 따라서 그리스도를 본받는 것은 이 세계의 고통과 기쁨에 참여하는 것이며, 그 와중에 신성한 존재의 광휘를 간파하는 것이다. 이것은 심장 차크라 – 두 개의 삼각형이 서로 합쳐진 – 의 작용으로 생긴다.

예수가 십자가에 못 박힌 사건을 나는 이렇게 바라본다. 이제껏 내가 읽은 모든 설명에 따르면, 오로지 그것만이 내가 일컫는바 존경할 만한 의미가 있다. 〔그에 비하면〕 다른 것들은 모두 자기 아들을 희생제물로 바쳐야만 진정시킬 수 있는 격노한 신에 관한 내용들뿐이었다.

여러분은 이와 같은 것으로 무엇을 할 수 있는가? 이것은 희생을 매우 조악한 이미지로 변환시킨 것에 불과하다. 하나님이 어떤 실체라는 관념, 그것도 [희생을 바쳐서라도] 진정시켜야 할 대상이라는 관념은 구체화라고 하기에는 지나치게 혐오스러운 것이 아닌가.

그리스도가 십자가에 못 박힘,
그가 아버지에게 간 것, 성령,
이 모두는 절대 일어나지 말았어야 할
어떤 것은 아니다.

그것은 반드시 일어나야만 할 일이었다.

영웅의 죽음과 부활은
오래된 삶으로부터 벗어나
새로운 삶 속으로 들어가기를
위한 모델이다.

동물계도 아니고, 식물계도 아니며, 천상의 기적도 아니고, 이제는 오로지 인간 자신만이 중대한 신비다. 인간 자신이 바로 그 낯선 존재, 즉 그를 통해 이기주의의 힘이 반드시 종지부를 찍어야 하는 존재이며, 그를 통해 자아가 십자가에 못 박혔다가 부활해야 하는 존재이며, 그의 이미지 속에서 사회가 개혁되어야 할 존재인 것이다. 하지만 인간은 '나'로서가 아니라 '너'로서 이해되어야만 한다. 왜냐하면 그 어떤 종족이나 인종이나 대륙이나 사회 계급이나 세기의 그 어떤 이상이나 일시적 제도조차도, 소진됨이 없고 다방면에 걸친 놀라운 신성한 존재, 즉 우리 모두의 속에 있는 삶의 척도가 될 수는 없기 때문이다.[55]

부활절과 유월절의 핵심 진리 - 사실 한 뿌리를 지니고 있는 - 는 우리 모두가 속박된 집에서 나오도록 부름을 받았다는 것이다(물론 유대인의 경우에는 이집트의 속박에서 나오도록 부름을 받은 것이었지만). 우리는 속박에서 벗어나 우리의 옛 전통으로 돌아오도록 부름을 받았다. 마치 달이 어두운 그림자를 벗고 새로운 모습으로 나타나는 것처럼, 그리고 마치 삶이 죽음의 그늘을 벗어던지는 것처럼. 부활절이 진정한 부활절이 되고, 유월절이 진정한 유월절이 되기 위해서는 심지어 그러한 축제들이 비롯된 전통 그 자체로부터도 우리를 자유롭게 해 줄 수 있어야만 한다.

부활절과 유월절은
속박에서 벗어나라는 부름을
우리 스스로 경험하게 만든다.

따라서 그것을 경험하는 것은
우리의 종교적 전통을
파괴하지 않는다.

이러한 상징을 그 초월적인
영적 의미에서 이해하는 것은
우리의 전통을 새롭게 보도록 만들고
그 전통을 새로이 소유하게 만든다.

부활절과 유월절은 지금과 같은 우주 시대에 우리가 직면해야 하는 주요한 상징이다. 우리는 신비적으로나 사회적으로나 도전에 처하고 있다. 왜냐하면 우리가 우주에서 겪은 경험으로 인해 이전까지 우리가 지녔던 우주에 대한 관념은 재정리되었기 때문이다. 그 결과 우리는 지구가 우주의 중심이라고 생각하던 시절에 형성된 종교적 상징을 더 이상은 견지할 수가 없게 되었다.

오해는 다름이 아니라
영적이고 신화적인 상징을
마치 그것들이 역사적 사건을
가리킨다고 독해함으로써 생긴다.

하나님의 나라는 우리 안에 있다. 부활절과 유월절은 우리가 그 안으로 들어가기 위해 [뭔가를] 놓아 버려야 함을 상기시킨다. 우주 시대는 우리에게 스스로에 관한 관념을 바꾸도록 요구하지만, 우리는 계속해서 그런 관념을 견지하고 싶어 한다. 그렇기 때문에 오늘날 여러 영역에서 케케묵은 정통론이 소생하는 것이다. 우주에는 아무런 지평선도 없고, 따라서 우리 자신의 경험에도 아무런 지평선이 있을 수 없다. 우리 자신도 그렇고, 아무리 배타적인 소집단이라 하더라도 예전과 같은 관념을 견지하고만 있을 수는 없다. 우주 시대의 개막과 함께 그런 변화의 요구가 대두했지만, 사람들은 이러한 요구를 거부하거나, 이에 관해 생각조차 하기를 싫어한다. 따라서 그들은 하나의 진정한 교회로, 혹인 인권운동으로, 노조로, 자본가 계급으로 후퇴한다.

　부활절과 유월절은 완벽한 상징을 제공한다. 왜냐하면 그것들은 우리가 새로운 삶에 부름을 받았음을 의미하기 때문이다. 이 새로운 삶은 아주 뚜렷이 규정되지는 않았는데, 그렇기 때문에 우리는 과거에 매달리고 싶어 하는 것이다. 이 새로운 삶으로의 여정, 즉 우리 모두가 반드시 겪어야만 하는 여정이 이루어지기 위해서는 먼저 우리가 과거를 놓아 버려야만 한다. 우주 속에서 살아간다는 것의 진실은 우리가 새롭게 태어난다는 것을 의미한다. 이것은 구시대적인 종교에 대해 거듭난다는 것이 아니라, 새로운 사물의 질서에 대해 태어난다는 것이다. 거기에는 아무런 지평선도 없다. 이것이 우주 시대의 의미이다. 우리는 신비스러운 미래 속으로 자유낙하를 한다. 이것은 매우 유동적이며, 많은 사람들에게 혼란스러운 것이다. 여러분은 낙하산을 어떻게 사용하는지만 알면 된다.

성 아우구스티누스는 그리스도가 십자가로 나아간 것을 이른바 신랑이 그 신부에게 나아간 것에 비유했다. 여기에는 긍정이 있다. 프라도 미술관에는 키레네 사람 시몬이 예수의 십자가를 기꺼이 대신 짊어지고 가는 모습을 그린 티치아노의 훌륭한 그림이 있다. 이 그림은 부활절 및 유월절의 신비에 대해 우리 모두가 반드시 지녀야 하는 자유롭고 인간적이며 자발적인 참여를 묘파하고 있다. 그것은 우리 모두의 앞에 놓인 도전이다. 자기보존은 그저 삶의 제2법칙에 불과하다. 삶의 제1법칙은 여러분과 타인이 하나라는 것이다.

「마르코의 복음서」 13장에서 예수는 세상의 종말이 올 것이라고 말하면서, 이를 끔찍한 불의 재난이라고 묘사하며 갖가지 공포를 언급한 바 있다. 하지만 가톨릭교회의 가르침에 따르면 그것은 구체적인 역사적 사건이 될 것이라고 한다. 그리고 「마르코의 복음서」 13장 30절에서 예수는 이렇게 말한다. "나는 분명히 말한다. 이 세대가 지나기 전에 이 모든 일들이 일어나고야 말 것이다." 하지만 그의 세대가 이미 지나가 버렸는데도 세상의 종말은 오지 않았고, 그리하여 이를 가리켜 종종 '사상 최대로 빗나간 예측'이라고 부르기도 한다. 그런 일은 실제로 일어나지 않았다. 그러자 가톨릭교회는 예수가 '이 세대'라고 말하기는 했지만, 이는 사실 그가 인류 전체의 세대를 의미한 것이며, 따라서 그 사건은 아직 일어나지 않았다고 주장한다.

반면 「도마의 복음서」에서는 제자들이 "[하나님의] 나라가 언제 오나이까?" 하고 묻는다. 그러자 예수는 이렇게 대답한다. "그것은 기다린다고 오지 아니하니, 여기 있다 저기 있다 할 것이 아님이라. 아버지의 나라는 지상에 펼쳐져 있으나, 사람들이 그것을 보지 못하느니라."[56] 이것이 바로 영지주의다.

> 영지주의는 서구에서
> 불교에 상응하는 것이다.

다시 말해, 도마는 지금 당장이라도 여러분에게 계시가 가능하다고 말하는 것이다. 바로 여기에서 말이다. 따라서 "천국에 올라가 그분과 영원히 행복하게 살리라"는 이제 그 깊이까지 도달하게 된다. 이것은 전혀 다른 관점이다.

> 기독교의 신화를
> 영지주의적으로 읽으면
> 보편적인 뜻을 지니게 된다.

하지만 가톨릭교회에서는 하나님의 나라가 역사적 사건이 될 것이라고 주장하는 바람에 그 후로도 오랫동안, 특히 매번 1천 년이 지날 때마다 사람들은 세계의 종말이 오고 있다고 생각하게 되었다. 가령 서기 1천 년에는 세계의 종말이 오고 있다고 생각한 부자들이 〔내세에서〕 조금이라도 더 유리해지기 위해 자신의 재산을 교회에 헌납했다. 지금도 프랑스에서는 그때 헌납한 조상의 재산을 되돌려달라는 후손들의 소송이 그치지 않고 있다. 이제 우리는 두 번째 1천 년을 앞두고 있으니, 모두가 또다시 인류 멸망을 기대하고 나설 것이다. 이러한 기대는 자동적으로 나오는 것이다. 종말이 벌어질 것이라고 상상할 방법은 항상 있게 마련이다. 나로선 서기 3천 년의 상황이 어떨지 알 수야 없지만, 혹시 여러분이 다음번에 환생해서 그 시대에 산다면, 그때에도 과거와 마찬가지로 일종의 공황이 벌어질 것이라고 기대해도 좋다.

여러분도 알다시피 기독교란 본래 공황의 시기에 생겨났다. 기독교 시대가 열리기 몇 세기 전에 레반트 지역은 혼란의 도가니였다. 헬레니즘 제국이 분열되고 로마가 세력을 확장했으며, 유대인 공동체는 그야말로 최악의 상황에 있었다.

기원전 167년, 시리아의 셀레우코스 왕인 안티오코스 4세 에피파네스는 예루살렘 성전에 그리스 신의 제단을 만들었다. 그는 유대인의 성전 구내에 그리스 신전을 건립함으로써 이 종교 역시 다른 종교의 변종에 불과함을 보여 주고 싶었던 것이다. 하지만 불가능했다! 유다스 마카베오와 그의 형제들이 신전을 건립한 행정관을 살해한 것이다. 곧이어 마카베오 반란이라고 불리는 봉기가 일어났고, 이후 유대 민족의 독립국가가 수립되어 1백 년 가까이 마카베오 가문의 사제 겸 왕이 연이어 다스리게 되었다.

마카베오의 시대에 예루살렘에서 그리스화를 주도한 당파의 지도자들은 사두개인들이었다. 그들 중에는 사제이자 족장인 사독('사독'이 '사두개'로 변화)의 후손이라고 주장하는 사제 가문들이 있었다. 이들에게 맞선 사람들이 바리새인들, 즉 '분리파'였다. 그들은 자신들이 보다 엄격한 정통파라고 생각했다. 그러나 사실 그들은 앞으로 다가올 '야훼의 날'이라는 옛 헤브루의 유산을 조로아스터교의 종말론에 나

오는 *세상의 종말*이라는 관념과 결합시키고 있었다.[57]

그 시기 동안 지속적으로 치명적인 충돌이 발생했고, 기원전 104년에 이르러서는 당시 유대의 왕 아리스토불루스가 자신은 본질적으로 메시아이기도 하다고 주장함으로써 충돌이 한층 격해졌다. 그건 이단이었다! 그의 치세는 겨우 1년에 지나지 않았지만, 그의 형제인 알렉산데르 야나이우스는 이후 30년 동안 여러 차례의 전쟁을 치르며, 외국인 용병을 동원해 모든 유대인 반란을 진압했다.[58]

기원전 76년, 그의 죽음과 더불어 바리새인들이 권력을 쥐게 되었는데, 이번에는 살인의 물결이 반대로 흐르게 되었을 뿐 달라진 것이 없었다. 새로운 숙청, 동족 살해, 배반, 제거, 기적 등등 때문에 왕국은 계속 소용돌이쳤다. 이러한 광기의 세월 10년이 흐른 뒤, 당시 왕좌를 놓고 경쟁하던 두 형제 가운데 하나가 자신의 거룩한 대의를 지원해 달라고 로마의 폼페이우스 군을 불러들였다. 이렇게 해서 하나님의 도성 예루살렘은 기원전 63년에 로마의 영향권 안으로 들어가게 되었다.[59]

이때야말로 유대의 역사에서는 정말이지 환상적인 시기가 아닐 수 없었다. 이 모든 일이 벌어지는 동안, 에세네파라는 한 종파만큼은 세상의 종말이 다가온다고 생각했다. 그리하여 이들은 사해의 북서쪽 한구석에 자리 잡은 와디 쿰란 인근으로 가서 수도원을 만들고, 메시야가 나타나는 궁극적인 순간까지 살아남기 위해 혹독한 수행에 돌입했다. 우리가 이 에세네파 공동체에 관해 알게 된 것은 사막의 동굴과 바위 틈 사이에 감춰져 있다가 발굴된 사해사본을 통해서다. 이 놀라운 문서는 조로아스터교의 영향을 매우 강하게 보여 준다. 심지어 일부 어휘는 조로아스터교에서 유래한 것이다. 가령 사본 가운데 하나는 이른바 '빛의 아들들'과 '어둠의 아들들' 간에 벌어진 40년 동안의 묵시록적 전쟁 계획을 자세히 설명한다.

바로 이러한 상황에서 얼마 지나지 않아 세례 요한이 쿰란 공동체가 있는 곳에서 북쪽으로 몇 마일 떨어지지 않은 곳에서 사람들에게 세례를 베풀었다. 목욕 의례(침례)는 본래 쿰란의 의례였다. 요한은 에세네파의 일원은 아니었는데, 에세네파가 보통 흰 옷을 입는 데 반해서 그는 짐승 가죽으로 만든 옷을 입고 메뚜기와 석청을 먹었기 때문이다. 복음서에는 예수가 그곳에 가서 요한에게 세례를 받고 스스로 경험을 쌓기 위해 광야로 들어갔다고 나오는데, 이는 이른바 '광야에서의 시험'으로 알려져 있다. 그는 광야에서 40일을 지낸 다음 - 이는 히브리인들이 40년 동안 광야를 헤맨 것을 축소해서 모방한 것이다 - 돌아와서 그때부터 사람들을 가르치기 시작했다. 바로 여기서부터 그의 이야기가 시작된 셈이다.

이는 붓다의 이야기와 크게 다르지 않다. 붓다 역시 집을 떠나 당대의 주요 스승들 밑에서 배우고, 고행에서 이들을 모두 넘어선 뒤에 깨달음을 얻고 다시 돌아왔으니 말이다. 이 두 사람에게 그런 일이 실제로 벌어졌는지는 여전히 의문이다. 다른 모든 스승들을 뛰어넘는 한 스승의 신화는 표준적인 주제이기 때문이다.

예수가 스스로를 무엇이라고 생각했는지 우리는 전혀 알 수 없다.

그는 아무런 글도 남기지 않았다. 가끔은 마치 자신이 죽었다가 부활하는 그리스 신화의 신들 - 오늘 죽었다가 내일 부활하는 - 인 것처럼 생각하고 말하기도 했지만, 그가 쓴 글이라곤 말 그대로 모래 위에 쓴 것이 전부였다.[60] 오늘날 우리가 그에 관해 아는 몇 안 되는 정보조차 사실은 사복음서에 나오는 것이지만, 이 복음서들은 성립 시기도 제각각이고 내용도 상당히 다르다. 예를 들어 여러분 집에 있는 성서를 펼쳐보면, 처녀수태 모티프는 오로지 그리스인인 루가가 쓴 「루가의 복음서」에만 나와 있다. 「마태오의 복음서」와 「마르코의 복음서」에는 다윗 이후 왕가의 족보로부터 이어지는 예수의 족보가 자세히 나와 있는데, 그 족보는 마리아가 아니라 요셉으로 끝난다. 우리로선 예수의 생일을 알 수 없지만 - 물론 우리는 「루가의 복음서」에서 읽은 것을 제외하면 전혀 모른다 - 만약 그가 정말 죽었다면, 그 시기는 대략 서기 30년경이었을 것이다. 복음서는 재미있는 물건이다. 서로 맞지가 않기 때문이다. 불운하게도 무려 네 명이 썼고, 더군다나 제각기 다르게 썼기 때문이다.

　루가는 바울로와 함께 여행을 다닌 것 같고, 예수에 관한 가장 최초의 기록은 바울로가 쓴 것인데, 그 사람은 사실 예수를 한 번도 직접 본 적이 없었다. 사실 바울로는 기독교 역사상 최초의 순교자인 성 스데반을 죽인 유대인 열심당원의 무리 가운데 있었다(덧붙이자면 조이스가 자신의 소설 주인공 이름을 스티븐(스데반) 디덜러스라고 지은 것도 바로 이 때문이다). 이 사건 직후 다마스쿠스로 가는 길에서 바울로는 회심했다. 그는 예수의 환상을 보고 말에서 떨어졌으며, 이후 이른바 '기독교의 기틀을 세웠다.' 유대인이었지만 우아한 그리스어를 구사할 수 있었던 바울로는 유대교의 유일신 문화와 그리스의 비(非)이원적인 전통 사이에서 갈등한 모양이다. 그래서 내가 생각하기에 바울로는 사실 그 젊고 영감에 넘치는 유대인 랍비가 극적으로 피살된 것이야말로 그리스의 교훈극 영웅의 죽음과 부활이라는 연기로 해독될 수 있다고 생각한 것이 아니었을까 싶다.

일신론은 하나님 - 구체화를 초월하는 신비인 - 에 대한 구체화이며, 예수라는 신비로운 구세주에 대한 구체화 역시 이에 상응하는 것이다. 따라서 하나님은 구체화되고, 구세주도 구체화되고, 세상의 종말도 구체화되었으며, 따라서 기독교는 그 은유적 시각을 잃어버리고 말았다. 하지만 만약 그 역사적 '사실'을 은유로 읽는다면, 여러분은 기독교 속에서 심리학적으로 타당한, 그리고 구체화되기 전까지는 근본적으로 제법 괜찮은 상징을 놀라우리만치 많이 발견할 수 있을 것이다.

구체화라 하더라도 가령 은유를 이해하지 못하는 어린아이를 가르칠 때에는 오히려 유용하다. 물론 아이들은 이를 구체적인 것으로 받아들이는 성향이 있다는 게 문제이긴 하다. 사람은 그 발달 과정에서 특정한 시점에 도달하면 이런 어린 시절의 구체화들을 다시 깨뜨려야만 한다. 여러분은 그것들을 없앨 수 없으니, 이는 구체적인 것으로 받아들인 상징들이 여러분 속에 깊숙이 박혀 있기 때문이다. 그것들은 이미 내면화되었고, 단순히 없애 버릴 수는 없다. 따라서 다시 한 번 읽어야 한다. 내 경험에서 하는 말이다. 나는 스물다섯 살이 될 때까지 기독교를 구체적인 것으로 받아들였다. 그리고 솔직히 나는 그토록 풍부한 상징에 일찍이 노출되었다는 것에 대해 오히려 감사해야만 할 것이다.

하지만 그 종교를 포기함으로써, 그 너머로 나아감으로써 얻게 되는 어떤 강력한 힘도 있게 마련이다. 여러분이 정말로 그렇게 한다면 말이다. 이는 단순히 '내던진다'는 것과는 다른 이야기다. 하지만 여러분이 만약 이를 숙고해 본다면 - 즉 여러분이 만약 그 상징들의 의미를 사실로 받아들이는 대신 은유로 읽는 방법을 배운다면 - 다시 말해서 여러분이 왜 나왔는지를 알고 있다면, 그것은 강력한 힘의 원천이 될 수 있다. 하지만 일단 벗어나면, 여러분은 반드시 자신의 성스러운 장소를 만들어야만 한다.

학생 시절까지만 해도 나는 가톨릭교회에 나갔는데, 거기서는 매년 한 번씩 일주일 동안 다른 공부를 중단하고 오로지 설교에만 귀를 기울이는 행사를 했다. 그 설교 가운데 일부는 조이스가 『젊은 예술가의 초상』에서 묘사한 것과 비슷한 지옥에 관한 설교였다. 또 어떤 것은 가령 성례전의 의미 같은 주제를 다루고 있었다. 이와 같은 일명 '수련회'의 목적은 우리 자신을 세속에서 벗어나 성스러운 공간에 들여놓게 하는 것이었다.

이와 같은 행사는 성스러운 공간을 만드는 교회의 예라고 할 수 있지만, 이것은 [우리의 것이 아니라] 어디까지나 프로그램에 따라 세워진 '교회의' 성스러운 공간에 불과하다. 이제 만약 교회가 여러분이 밧줄이라면, 그리고 만약 그것이 여러분을 축복받은 희열의 장소로 데려간다면, 그런 장소를 여러분이 직접 만들어야 하는 문제는 면제되는 셈이다. 하지만 또 다른 길이 있으니 거기에 매달린 자신을 다른 것들로부터 격리시킬 수 있는, 여러분만의 작은 예배당, 즉 여러분 자신의 성스러운 공간을 직접 만드는 것이다.

일상적인 삶의 맥락에서 벗어날 수 있는 공간이라면 무엇이든지 성스러운 공간이 될 수 있다. 세속적인 맥락에서 우리는 대립자의 쌍들-가령 원인과 결과, 득과 실 등등-에 대해 생각하지 않을 수 없기 때문이다. 성스러운 공간은 가령 돈이나 명성을 얻는 방식의 기능을 전혀 갖고 있지 않다. 그 공간에 있는 어떤 것도 실용성을 그 주된 특징으로 지니고 있진 않다. 또한 여러분의 성스러운 공간에 있는 것들은 하나같이 여러분 자신의 삶의 조화를 위해 중요하다. 여러분의 성스러운 공간에서는 만사가 '여러분의' 원동력의 형태로 작용한다. 그리고 다른 누구의 원동력도 아니다.

>여러분의 성스러운 공간은
>여러분이 자신의 모습을
>거듭거듭 찾을 수 있는 장소다.

여러분이 진정으로 성스러운 공간이라든지, 피난처를 지니려 한다면, 그곳은 우선 황무지가 아니어야 하며, 암브로시아 - 외부로부터 여러분 안에 불어넣는 기쁨이 아니라, 여러분의 내부로부터 나오는 기쁨 - 의 샘이 있는 어떤 활동 공간, 즉 여러분이 자신의 의지와 자신의 의도와 자신의 소망을 경험할 수 있는 공간이 됨으로써, 비록 작더라도 하늘나라가 거기 있어야 한다. 내 생각에 모든 사람은 - 본인이야 알건 모르건 간에 - 그런 공간을 필요로 한다.

우리 모두에게는 성스러운 공간과 성스러운 시간과 즐거운 무언가가 필요하다. 그런 이후에는 거의 모든 것이 지속적이고 늘어나는 기쁨이 된다.

꼭 해야 할 일이라면,
마치 놀이를 하듯 하라.

내 생각에 성스러운 공간을 고안하는 좋은 방법은 그것을 놀이터로 삼는 것이다. 여러분이 하고 있는 일이 마치 놀이 같다면, 여러분은 거기 열중하게 된다. 하지만 여러분이 내 장난감을 갖고 놀 수가 없다면, 여러분은 자신의 장난감을 장만해야 한다. 그것은 마땅한 일이다. 나이 지긋한 사람들은 자기 삶의 경험과 깨달음을 갖고 놀거나, 자신들이 떠올리기 좋아하는 생각들을 갖고 놀게 마련이다. 내 경우에는 읽을 때는 재미있지만 어떤 결론을 내려 주지는 않는 책이 장난감 노릇을 한다.

나이가 들어서 좋은 점 하나는
어떤 결론을 내려 주는 것이
아무것도 없다는 점이다.
매사가 그 순간의 것이기 때문이다.

융이 자신의 삶에 깃든 신화를 밝혀내리라고 결심했을 때, 그는 스스로에게 이렇게 물었다. "내가 어린 시절에 즐겨 하던 놀이는 무엇이었나?" 바로 돌멩이를 가지고 마을과 거리를 만드는 것이었다. 그래서 그는 놀이의 일환으로 땅을 조금 구입해서 거기다가 집을 짓기로 했다. 상당히 힘든 일이었으며, 그가 이미 집을 한 채 갖고 있음을 생각해 보면 그야말로 불필요한 일이었음에도 불구하고, 이것은 성스러운 공간을 만들어 내는 적절한 방법이었다. 순전한 놀이였기 때문이다.

여러분이 어렸을 때 하던 일,
시간을 초월하게 만들고,
시간을 잊어버리게 만든 것은 무엇인가?

바로 거기, 우리 삶에 깃든 신화가 자리 잡고 있다.

여러분이 좋아하는 일은 무엇인가? 여러분이 배운 일은 무엇인가? 융은 덩치 크고 힘이 센 사람이었고, 그는 돌을 주위에 늘어놓기를 좋아했으며, 따라서 그는 그런 일을 했다. 나는 여러분이 옛날을 돌이켜보면, 여러분이 지금 갖고 있는 성스러운 공간과 여러분이 어린 시절에 갖고 있던 진정으로 특별한 장소 간에 어떤 연관을 찾을 수 있으리라 장담하는 바이다.

어른이 되고 나면,
여러분은 자기 삶을 움직이는 힘을
반드시 재발견해야 한다.

긴장, 정직의 결여,
그리고 비현실적 감각은
여러분 삶의 잘못된 힘을
따름으로써 나타난다.

　내 경우에는 열한 살 때부터 열다섯 살 때까지 아메리카 인디언에 관해 열광한 적이 있었다. 우리 부모님은 미국 인종국의 보고서인 『파크먼 전집』을 비롯해서 그 주제에 관한 갖가지 책들을 사 주셨다. 나는 제법 훌륭한 소규모 장서를 갖고 있었으며, 책버팀대로 사용하는 멋진 인디언 두상들이며, 나바호 족 깔개 등을 갖고 있었다. 그런데 우리 집에 불이 나고 말았다. 우리 가족에게는 크나큰 재난이었다. 그 사고로 인해 할머니가 돌아가셨다. 내 물건도 모두 사라지고 말았다.
　이제 와서 깨달은 사실이지만, 내가 훗날 나 자신을 위해 만든 성스러운 공간, 즉 내가 글을 쓸 때 사용하는 방은 사실상 내 어린 시절의 공간의 재건 – 또는 재가동이라 해도 무방하리라 – 이라고 할 수 있다. 글을 쓰기 위해 그 방에 들어가면, 나는 지금껏 길을 찾는 데 있어 도움을 받았던 책들에 둘러싸이게 되고, 문득문득 그 중에서도 유난히 통찰력이 있었던 작품들을 읽는 순간을 상기하게 된다. 글을 쓰기 위해 자리에 앉으면, 나는 사소한 의례적 세부사항 – 즉 메모장은 어디에 두고, 연필은 어디에 두는 등 – 에 주의를 기울임으로써, 만사를 내가 기억하는 이전의 모습과 똑같이 만든다. 이 모두가 나를 해방시키는 일종의 '준비'라고 할 수 있다. 그리고 이 공간이 특정한 종류의 행위와 관여되어 있기 때문에, 그것은 그 행위를 다시 한 번 환기시키는 것이다. 하지만 그 행위는 곧 놀이다.

> 여러분이 지금 하고 있는 일을
> 좋아하지 않을 때,
> 그때부터 일이 시작된다.

그리고 여러분의 삶이 놀이가 아니라면, 또는 여러분이 놀이를 하긴 하지만 아무런 재미가 없다면, 그때는 그만 두도록 하라! 성스러운 공간의 정신은 바로 시바[61]의 춤이다. 모든 의무를 벗어던진 것이다. 이처럼 의무를 벗어던지는 방법에는 여러 가지가 있으며, 어떻게 그런 일이 벌어지는지는 상관이 없다. 휴식이 곧 놀이인 것이다.

> *"이 세계의 감각과 사물에 집착하는 사람은 누구나 (……) 무지 속에서 살아가는 사람이며, 자신의 열정을 표상하는 뱀에 의해 잡아먹히는 중인 것이다."* —블랙 엘크(검은 고라니)[62]

성스러운 공간은 속세로부터 완전히 밀폐 봉인되어 있다. 여러분이 그런 공간 안에 들어가면, 그 밀봉된 곳으로는 아무것도 통과할 수가 없다. 여러분은 날짜나 시간이 주는 자극의 영향으로부터 보호받는 영원의 장소에 있게 되는 것이다. 명상을 할 때 여러분에게 일어나는 일이 바로 그것이다. 즉 여러분 스스로를 봉인하는 것이다. 명상의 자세는 봉인하는 자세이며, 규칙적인 호흡은 여러분의 내부로 향한 탐험을 더욱 북돋운다. 이 세계는 봉인되고, 여러분은 독립적인 실체가 되는 것이다.

여러분은 언제든지 필요할 때마다 그런 봉인 프로그램을 가져야만 한다. 가령 일주일에 한 번, 하루에 한 번, 또는 한 시간에 한 번씩이라도 말이다. 그렇게 하는 게 무슨 가치가 있을까? 여러분이 장차 내적 삶을 지니려 한다면 그것은 절대 필수인 셈이다. 그것이 제공하는 바는 여러분 안에 있는 영원한 것이 시간의 장으로부터 해방되는 여유 공간이다. 앞서 우리는 하나님이 우리를 창조한 까닭이 "이 세상에 사는 동안에는 그분을 알고, 그분을 사랑하고, 그분께 봉사하도록 하기 위해서"이며, 나아가 '저 바깥'에서 "천국에 올라가 그분과 영원히 행복하게" 살기 위해서였음을 살펴보았다. 여기서 천국이란 바로 '여러분 안에' 있는 밀폐 봉인된 공간을 말한다. 여러분이 그 안으로 한 걸음 더 들어갈수록, 여러분은 무슨 일이 벌어지건 간에 더 평화로울 수 있을 것이다.

나는 여러분이 성배 성을 방문할 수 있기 위해 스스로에게 설정해 놓은 것과 같은 종류의 조건을 생각하고 있다. 왜냐하면 이러한 성스러운 공간이란 곧 성배 성이나 마찬가지기 때문이다. 다시 말해 그 장소에서 여러분은 현상적 경험의 장과 관계 맺는 것이 아니라, 오히려 여러분 자신의 내적 삶의 장과 관계 맺는다. 일상적인 삶 가운데에서 여러분은 결코 그곳에 도달할 수 없다. 성배 성을 방문하려면 여러분은 반드시 성스러운 공간을 가져야만 한다. 그런 다음 여러분이 일단 자신의 성스러운 공간에 있어서의 관계를 발견한다면, 여러분은 아마도 그것을 여러분의 삶의 다른 부분으로 바꿀 수 있을 것이다. 하지만 아래로 깊이 파고 들어가기 위해서는 여러분도 우선 작은 유정(油井)

을 갖고 있어야만 한다.

성스러운 공간에서 살아간다는 것은
상징적 환경에서 살아간다는 것이다.
즉 영적 삶이 가능하고,
여러분 주위의 만사가
영의 고양을 이야기하는 곳 말이다.

지난 10여 년간 나는 여행을 많이 했는데, 예전에 한번 갔던 어떤 곳을 다시 방문할 경우, 내가 선호하는 방은 아무런 특징도 없는 방, 실용적인 방, 그러니까 홀리데이 인 같은 곳에서 발견할 수 있는 방이었다. 나는 가방을 열어 책을 꺼내 탁자에 올려놓고, 옷걸이에 옷을 걸어 놓으면 그만이다. 조지프 캠벨하고 그의 책만 달랑 놓여 있는 것이다. 하긴 그 이상으로 뭐가 더 필요하겠는가? 여러분이 일단 자기만의 성스러운 공간을 갖고 나면, 여러분은 [필요할 때면] 어느 장소든지 간에 성스러운 공간으로 만들 수 있다. 하지만 성스러운 공간이 어디에나 있다고 말할 정도가 되려면, 여러분은 무엇보다도 우선 - 명상 훈련이라든지 성스러운 공간의 경험을 통해서 - 성스러움이 무엇인지를 배워야 한다. 성스러움이란 주위의 대상과의 은유적 관련성이다.

> 성스러운 공간에서는
> 무슨 일을 하건 간에
> 그 주위는
> 은유가 된다.

인도에 머물면서 내가 본 성스러운 공간 중에는 어떤 막대기나 돌 하나 주위에 그냥 붉은 원을 둘러놓은 것에 불과한 것도 있었는데, 그렇게 함으로써 그 주위는 은유가 되어 버렸다. 그 막대기나 돌을 바라보는 그때, 여러분은 그것을 브라흐만의 현시로, 즉 수수께끼의 현시로 바라보는 것이다.

성스러운 공간은 초월에 대해 투명한 공간이며, 그러한 공간 안에 있는 만물은 명상을 위한 기반을 제공한다. 내 생각에는 특히 커다란 벽이 둘러쳐 있는 인도의 사원 같은 경우가 그렇지 않나 싶다. 여러분이 그 사원의 문을 통해 안으로 들어서면 그 공간 내에 있는 만물은 상징적이며, 온 세계가 신화화된다.

오늘날 그 흔적이 전해지는 역사상 가장 오래된 성스러운 공간들이라면 아마도 네안데르탈인의 작은 사당이 아닐까 싶다. 그곳에는 동굴곰의 유골과 조명용 모닥불이 있어서 적잖이 그런 분위기를 만들어 놓고 있다. 하지만 최초의 진정한 성스러운 공간은 아마도 남부 프랑스와 북부 에스파냐에 있는 동굴들로, 기원전 약 3만 년 전의 것들이다. 이런 동굴 가운데 한 곳에 들어가면, 여러분은 마법의 성스러운 공간에 들어가 있는 셈이고, 여러분의 의식은 변화된다. 나는 언젠가 라스코에 있는 큰 동굴에 들어간 적이 있다. 그야말로 환상적인 곳이었다. 저 아래쪽의 우주가 마치 본래적인 세계처럼 느껴졌다. 땅 위의 짐승들은 단지 그 동굴 벽에 그려진 짐승들의 투영에 불과한 듯 보였다. 그런 공간에 들어가면 여러분은 정말 나오고 싶지 않을 것이다. 그곳의 웅장함과 마법이 어떤 식으로건 여러분을 각자의 중심으로 데려다 줄 것이기 때문이다. 그리고 여러분이 일단 그곳에 도달하면 성스러운 공간은 사방 어디에나 있기 때문이다.

나는 이제껏 그와 유사한 장소를 몇 군데 가 본 적이 있었는데, 그때마다 이렇게 생각했다. "여기서는 일종의 약진이 가능하겠군. 이곳은 내가 있고 싶은 공간으로 나를 데려가 줄 수 있는 훈련을 할 수 있는 장소야." 예배의 진정한 의미도 그것이다. 예배란 곧 성스러운 장소다. 하지만 여러분이 예배에만 집착한다면 – 가령 여러분이 '이 장소에 있지 않으면 나는 아무것도 될 수 없어'라고 생각한다면 – 그건 좋지 않다. 여러분은 여전히 훈련 중에 있는 것이다.

인도에 갔을 때 나는 진정한 일류의 영적 스승을 만나고 싶었던 것이지, '마야'가 어떻다는 둥, 이 세상을 버려야 한다는 둥, 여타 등등의 시시껄렁한 이야기를 듣고 싶지는 않았다. 그때까지 15년 내지 20년 동안 그런 이야기는 질릴 만큼 많이 들었던 까닭이다. 나는 여기저기 기웃거리고 귀를 기울이다가 인도 남서부의 트리반드룸에 산다는 어느 영적 스승의 이야기를 듣고는 그를 만나러 가기로 작정했다. 그의 법명은 '스리 아트마난다'였다. 지금부터는 그의 이름을 이렇게 지칭하겠다. 여러분도 이른바 영적 스승이라 주장하는 사람을 찾아갈 기회가 생기면 알겠지만, 〔그를 직접 만나기에 앞서〕 정신 나간 사람을 상당수 만나게 될 것이다. 분명히 그럴 것이다. 의심의 여지가 없는 일이다. 하지만 나는 만약 내가 간다면, 그리고 만약 내가 제대로 인도된다면, 그를 〔쉽게 만나〕 볼 수 있으리라 생각했다.

나는 마스코트 호텔이라는 이름의 우스꽝스럽고 작은 호텔로 찾아갔는데, 모든 방문이 하나의 긴 베란다 쪽으로 활짝 열려 있었다. 날

씨가 무척이나 더워서 베란다에 나가 앉아 있었는데, 어떤 남자가 내게 다가오더니 자기소개도 없이 다짜고짜 커다란 손목시계를 보여 주면서 이렇게 말하는 것이었다. "보이시오? 나는 이 손에 한 시간을 지니고 있소. 일 분을 지니고 있소. 일 초를 들고 있소." 내가 뭐라고 대답할 틈도 없이 그는 이렇게 말했다. "남자도 생리를 하오. 여자와 똑같이 말이오. 다만 본인이 미처 모를 뿐이오. 하지만 나는 그런 생리 현상을 해결했소. 그건 바로 이 손목시계에 표상되어 있다오." 나는 그 시계를 바라보았다. 그 위에는 두 개의 작은 눈금이 있었으니, 붉은색과 흰색으로 된 눈금이 한쪽에, 검은색과 흰색으로 된 눈금이 다른 쪽에 있었고, 이쪽이나 저쪽으로 움직일 수 있는 작은 바늘이 달려 있었다. 그는 붉은색과 흰색의 눈금을 가리키더니 이렇게 말했다. "이 바늘이 붉은 쪽으로 넘어가면 나는 지금 생리 중인 거요. 이 바늘이 흰색으로 넘어가면 나는 지금 생리가 끝난 거요." 그는 다른 쪽 눈금을 가리키며 말했다. "우리에겐 정신적 생리도 있는데, 나는 그것 역시 해결했소. 이 바늘이 검은색을 가리키고, 또 다른 바늘이 붉은색을 가리키면, 나는 밖에 안 나가고 집안에만 있다오." 그 사람이 그 물건을 만드는 데 얼마나 많은 돈을 들였을지, 나로선 도무지 상상이 가지 않았다.

그날 저녁, 식당에 내려가 보았더니 마치 반투명의 기도하는 사마귀처럼 생긴 남녀가 한 사람씩 있었다. 이들은 바로 건너편에 앉아서는 탁자 위에 놓인 커다란 항아리에 들어 있는 음식을 손으로 꺼내 먹었다. 나중에 그 남자를 만나 보니, 이른바 국제 채식주의자 협회의 회장이라고 했다. 그의 말로는 자기가 채식주의를 개혁하기 위해 인도에 왔는데 인도 사람들은 채식에 관해서는 아무것도 모르더라는 것이다!

그 옆자리에는 두 신사가 이야기를 나누고 있었는데, 갑자기 그 중 한 사람이 '아서 그레거'라는 이름을 언급했다. 나는 그와 같은 이름의 젊은 미국 시인을 알고 있었고, 또한 그가 지금 인도에 머물러 있다는 것을 알고 있었다. 그래서 나는 이렇게 말을 걸었다. "죄송합니다만, 지금 아서 그레거에 대한 말씀을 하신 것 같은데요?" 그들이 말했다. "예, 그 사람이 지금 스리 아트마난다와 함께 있습니다." 내가 말했다. "그러면 저 좀 보자고 전해 주시겠어요? 저는 조지프 캠벨이라고 합니다."

이틀 뒤 나는 구루를 만나 보러 오라는 초대를 받았다. 여러분이 제대로 된 길로 접어든 경우에는 정말 그런 일이 벌어진다. 기적적으로 문이 열리는 것이다. 그래서 나는 멋진 오두막으로 향했고, 그곳 문간에는 길고 흰 수염을 기른 인도인이 한 사람 서 있었다. 그가 말했다. "스승께서는 위층에 계십니다." 내가 올라간 다락방에는 달랑 의자 두 개뿐이고 그 외에는 다른 가구가 전혀 없었다. 그 중 한 의자에 아트마난다가 앉아 있었고, 나는 또 다른 의자에 앉아 그를 마주보았다. 그야말로 맞대면을 한 것이었다.

그가 말했다. "질문할 것이 있습니까?" 나중에 알고 보니 나는 무척이나 운이 좋은 셈이었다. 왜냐하면 그날 내가 그에게 던진 질문은 그가 젊은 시절에 '자기' 구루에게 맨 처음 던졌던 바로 그 질문이었기 때문이다. 그리하여 우리는 매우 즐거운 대화를 나누었다. 대화를 마치고 나자, 그는 이제 수업을 하러 가 봐야 한다고 말했다. 우리는 작별 인사를 나누었고, 나는 그에게 고맙다고 말했다. 그리고 그 수업이 끝나고 나면 수업을 들은 사람들 가운데 몇 사람을 어느 커피숍에서 만나기로 약속했다. 내가 들어갔더니, 그 중 한 사람이 이렇게 말했다. "스승께서 말씀하시길, 당신이 깨달음의 직전까지 도달했다고 하더군요." 왜? 바로 내가 던진 질문 때문이었다.

내가 던진 질문은 이러했다. "모든 것이 브라흐만이고, 모든 것이 성스러운 광휘라면, 어떻게 우리는 무지나 잔인함이나 또 다른 것들에 대해 '아니'라고 말할 수 있는 것입니까?" 그의 답변은 이러했다. "당신과 나의 경우, 우리는 '예'라고 합니다."

사회의 이상을 깨뜨리는 것이야말로
신비주의자의 길이다.

그러더니 그는 내게 작은 생각거리를 건네주었다. "어떤 생각과 생각 사이, 당신은 어디에 있습니까?" 다시 말해 여러분은 항상 생각을 하고 있으며, 또한 여러분이 그렇게 생각하고 있는 모습을 생각할 수도 있다. 그렇다면 어떤 생각과 생각 사이에 여러분은 과연 어디 있는 것일까? 여러분은 자신이 생각하는 것 너머, 즉 여러분이 자신에 관해 생각할 수 있는 모든 것을 초월하는 것을 일별이라도 해 본 적이 있는가? '그것'은 여러분의 모든 에너지가 비롯되는 원천의 장이다.

명상을 할 때에는
여러분 자신의 신들에 관해 명상하라.

삶의 목표란 뭔가 더 높은 것을 향해

나아가는 탈것이 되는 것이다.

여러분의 눈을 저 높이에,
즉 대립자의 쌍들 사이에 고정시키고
이 세상 속에서 여러분의 '놀이'를 바라보라.

이 세상을 있는 그대로 내버려 두고,
파도와 함께 흔들리는 법을 배우라.

조이스의 말마따나,
세상의 쓰레기 속에서도
'광휘를 발하는' 채로 남아 있으라.

붓다의 이미지는 역사적 붓다의 초상화가 아니다. 우리는 모두 붓다의 존재이며, 만물 또한 붓다의 존재다. 따라서 붓다의 이미지는 구체적으로 이해되어야 하는 조각된 이미지가 아니다. 그것은 명상의 도구이며, 꿰뚫어 봐야 할 무엇이다. 그것은 여러분 안에 있는 불성(佛性)에 관한 명상을 지원하는 도구이지 '저 바깥'에 있는 어떤 실제의 붓다를 묘사하는 것은 아니다.

동양의 신이나 붓다는 서양의 야훼나 삼위일체, 알라 같은 궁극적 서술어가 아니다. 오히려 동양에서는 그런 존재 너머에 있는 것, 즉 말로 나타낼 수 없는 그러나 우리 모두의 안에 있는 모든 것이기도 한 어떤 존재, 의식 그리고 기쁨을 지칭하는 데 사용된다. 그리고 그런 존재를 예배함에 있어서 궁극적 목표는 그 귀의자에게 심리학적 변모를 일으키는 것이다. 이는 그의 시야를 덧없는 것에서부터 영속하는 것으로 이동시킴으로써 가능하며, 이를 통해 그는 자기가 그 앞에서 절했던 존재와 자기 자신이 똑같다는 사실을 마침내 경험(이 경험이란 신앙 행

위만큼 간단하지는 않다)을 통해서 깨닫는 것이다.[63]

하늘나라 전체가
우리 안에 있지만, 그걸 찾기 위해서는
바깥에 있는 것과 관계를 맺어야만 한다.

이러한 맥락에서 어떤 사람은 이렇게 말했다. "길에서 붓다를 만나거든 그 붓다를 죽여라."[64] 이는 다시 말해서 불성에 관한 여러분의 개념이 그 정도로까지 구체화되었다면, 그런 구체화를 취소하라는 이야기다. 하지만 여러분은 예수에 관해서는 결코 그렇게 말할 수 없다. 적어도 자칭 정통파에서는 말이다.

여러분은 반드시 여러분의 신을 죽여야 한다.

여러분이 앞으로 나아가고 싶다면,
모든 고정관념들을 없애 버려야 한다.

우리 눈에 보이는, 그림이나 조각으로 묘사된 붓다들은 대부분 '명상용 붓다'이며, 결코 이 세상에 실제로 살았던 적은 없다. 이들은 우리 모두의 안에 있는 붓다의 권능들을 표상한 것이며, 그 권능들을 묵상함으로써 여러분은 자신의 붓다를 선택하고, 그 붓다에 의해 인도 받게 된다. 마치 가톨릭 전통에서 여러분이 특정한 성자로부터 주로 인도를 받으며, 그 성자는 여러분이 어떻게든 얻을 수 있는 덕목과 자질을 표상하는 것처럼 말이다. 따라서 붓다의 이미지는 붓다의 초상화가 아니다. 그건 단지 여러분 안에 있는 불성에 관해 명상하기를 도와주는 도구에 불과하다.

불교의 이러한 흐름 전체는 선(禪)에서 매우 뚜렷이 나타나는데, 여기서는 아무런 이미지도 사용하지 않는다. 선불교 사원에 있는 유일한 초상화는 아마도 보리달마, 즉 인도에서 중국으로 와서 면벽수행을 한 선사의 것뿐이며, 그 이미지도 어떻게 명상을 해야 하는지를 상기시키기 위한 것에 불과하다. 여러분 안에 있는 붓다를 발견하는 것은 어려운 일이며, 그렇기 때문에 가끔은 이미지가 도움이 될 수도 있다. 여러분은 불교가 엘리트 종교일 뿐만 아니라 대중종교임을 기억해야 할 필요가 있다. 대중종교라면 마땅히 명상을 위한 기반을 제공해야만 한다. 따라서 불교에는 사리 숭배의 오랜 역사가 있다. 초기 불교계의 기념비들인 거대한 '사리탑'들은 모두 사리를 담은 무덤이다. 각각의 사리탑 안에는 하나의 사리가 들어 있는데, 이는 가톨릭교회가 제각기 성골 위에 지어졌다고 가정하는 것과 마찬가지다. 이 모두가 명상을 위한 기반이 되는 것이다.

불교 사상에서는 두 가지 큰 줄기를 구분해야 한다. 첫 번째는 개인의 구원이라는 이상에 전념하고, 그 목표를 달성하기 위한 방법으로 수도적인 자기수양을 제시한다. 두 번째는 서기 1세기와 2세기 동안과 그 이후에 [즉 첫 번째의 줄기가 남쪽으로 실론(스리랑카) 섬까지 미칠 정도로 널리 퍼진 이후에] 인도 북부에서 무르익은 것으로 모든 사람의 구원이라는 이상을 제시함과 동시에 대중의 귀의와 보편적인 세속 참여라는 보다 발전된 원칙을 제시했다. 여기서 첫 번째는 히나야나(Hinayana, 小乘), 즉 '둘 중 더 작은(hina) 배 또는 수레(yana)'라는 이름으로, 그리고 두 번째는 마하야나(Mahayana, 大乘), 즉 모든 사람이 탈 수 있는 '더 큰(mahat) 배 또는 수레'라는 이름으로 알려지게 되었다.[65]

마하야나[大乘] 불교 이전 시대만 해도 그림이나 조각으로 묘사된 붓다는 전혀 없었다. 따라서 초기의 '사리탑'에 그려진 붓다의 일생을 보여 주는 그림에서도 오로지 붓다의 상징 — 가령 그의 발자국, 양산, 둥근 태양 같은 — 만 있었을 뿐이다. 왜냐하면 붓다는 더 이상 그의 자아와 동일시되는 것이 아니라 오히려 완전한 의식과 동일시되며, 따라서 묘사할 수가 없었기 때문이다. 그는 이미 저물어 버린 태양과 같으니, 있지 않은 것을 그림이나 조각으로 묘사할 수는 없는 것이다. 그 결과 붓다가 겪은 유혹에 관한 초기의 묘사에서만 해도 유혹은 묘사가 되었음 — 보좌의 한쪽에는 '카마(Kama)', 즉 욕망의 신의 딸들이, 다른 쪽에는 '마라(Mara)', 즉 죽음의 신이 서 있다 — 에도 불구하고 정작 보좌는 텅 비어 있다. 아니, 애초부터 거기는 텅 비어 '있었다'. 왜냐하면 붓다는 이러한 인격과 동일시될 수 없기 때문이다.

하지만 마하야나의 등장과 함께 이른바 '니르바나(nirvana, 열반)'와 '삼사라(samsara)' - '존재의 순환', 즉 환생의 순환 - 간의 구분조차 이원론이며, 그 둘은 사실상 하나라는 관념이 대두했다. 즉 '니르바나'는 여기 있으며, 이것이 바로 그것이라는 뜻이다. 이와 함께 의식의 대대적인 전환이 이루어지면서 붓다의 이미지가 나타났다. 아니, 만물의 이미지가 모두 나타났으니, 왜냐하면 만물이 곧 붓다이기 때문이었다.

'삼사라'라는 단어는 시간의 흐름을 말하며, 오고 가는 모든 것들과 함께 디오니소스적 시간의 경과에 참여하는 것을 지칭한다. 시간은 형상을 파괴하고 새로운 형상을 가져오며, 여러분 역시 그런 형상들 가운데 하나일 뿐이다. 여러분이 스스로를 여러분의 몸과 동일시하는 한, 여러분은 "오, 나의 하나님이여, 지금 제가 나아갑니다!" 하고 말한다. 여러분은 삶을 산다. 여러분은 죽는다. 그리고 자신의 삶의 결과에 따라 여러분은 지옥이나 천국 둘 중 한 곳에 가고, 그곳에서 다시 다음 삶으로 돌아온다. 동양의 체계에서는 이 모두가 '삼사라', 즉 존재의 순환이다. '니르바나'는 그것을 넘어서는 것을 말한다. 우리는 단지 동굴 벽에 비친 그림자일 뿐이다. 그렇다면 그런 그림자들은 어디서 오는 것일까?

'니르바나'라는 단어는 '불어 꺼뜨리다', 즉 이 세계를 활기차게 만드는 숨을 여러분의 몸에서 불어 끈다는 뜻이다. 또 하나의 인도 철학인 자이나교에서 '니르바나'는 곧 죽음이라고 여겨졌다. 하지만 인도에는 환생의 관념이 있기 때문에, 삶에서의 해방을 성취하기 전까지 여러분은 결코 진정으로 죽은 게 아니다.

붓다는 이러한 '죽음'의 심리학적 측면을 유난히 강조한 사람들 가운데 하나다. 여러분은 행동 상으로는 여전히 살아 있을 수 있지만, 자기 행동을 향한 욕망으로부터, 행동에 대한 두려움으로부터, 또한 행동의 결과로부터 해방될 수 있다. 여러분의 삶의 사건들로부터 비롯되는 이런 열정으로부터의 심리학적 해방이 곧 '니르바나'다.

그런데 마하야나와 함께 이른바 한 가지 것, 즉 삶에 대한 이러한 두 가지 태도를 동시에 경험하는 것이 가능해졌다. 따라서 여러분은 '삼사라' 속에서 살아가면서도 열정 없이 행동할 수 있는 것이다. 이것이 바로 '니르바나'다. 이는 불교보다도 더 나중인 기원전 563~483년 경에 나온 『바가바드 기타』에 나오는 관념이기도 하다.

『바가바드 기타』에서는 이렇게 말한다.
"거기 들어가서 네 할 일을 하라.
그 결과에 대해서는 걱정하지 마라."

슬픔을 본질이라고 인식하라.
시간이 있는 곳에는 슬픔도 있게 마련이니.

우리는 이 세상의 슬픔을 없앨 수는 없지만,
기쁨 속에서 살아가는 선택을 할 수는 있다.

'자신의 존재(사트바, sattva)가 곧 깨달음(보디, bodhi)인 자'를 의미하는 보디사트바(bodhisattva, 菩薩)라는 용어는 실론의 팔리 경전의 초기 어휘들에서 (……) 깨달음을 향하여 가지만 아직 도달하지 못한 자, 다시 말해서 자신의 전생을 살고 있는 붓다, 즉 '미래의 붓다'를 가리켰다. 한편 (……) 산스크리트 경전에서는 그 용어가 다르게 사용되었다. 그것은 이 세상에 살면서 깨달음을 이루었음에도 불구하고 입멸의 축복을 거부한 자, 그리하여 완전한 지식의 소유자로서 이 세상에 남아 만물의 횃불, 안내자, 자비로운 구세주 노릇을 하는 자들을 가리키는 말로 사용되었다.[66]

> 보디사트바[菩薩]가 자발적으로
> 세상에 돌아오는 것은
> 그 혼란을 알기 때문이다.
>
> '오로지 내게 즐거운 일에만'
> 그가 돌아오는 것은 아니다.
>
> 보디사트바는
> 이 세상의 슬픔에
> 기쁜 마음으로 참여하는 자이다.

위대한 마하야나[大乘]의 보디사트바 아발로키테시바라[觀世音菩薩]는 마하야나 불교에서 지고한 이상의 의인화다. 전설에 따르면 그는 일련의 매우 덕행 높은 윤회를 거친 뒤에 니르바나의 휴지에 막 들어가려는 참이었는데, 그때 커다란 천둥소리 같은 울부짖음이 전 세계에 울려 퍼졌다. 그 위대한 존재는 그 울부짖음이 모든 피조물들 - 우주 전역에 존재하는 바위와 돌들을 비롯해서 나무, 곤충, 신, 동물, 마귀 그리고 인간 - 로부터 나온 탄식, 즉 그가 탄생의 영역으로부터 급히 떠나려는 것을 예상한 나머지 나온 탄식임을 알게 되었다. 동정을 느낀 그는 결국 만물이 단 하나의 예외도 없이 자기보다 앞서 니르바나에 들어갈 준비가 되기 전까지는 자신도 니르바나의 혜택을 누리지 않겠노라고 맹세했다. 마치 자기가 모는 가축 떼를 자기보다 앞세워 울타리 문 안으로 넣어 주고 나서 자기도 안으로 들어온 다음에야 문을 닫는 선한 목자처럼 말이다. - 침머[67]

보디사트바 아발로키테시바라는 한쪽 귀에 여성의 귀걸이를 걸고, 다른 쪽 귀에는 남성의 귀걸이를 걸었는데, 이는 자비 또는 동정을 표상한다. 아발로키테시바라라는 이름은 번역하기가 쉽지 않지만, 그 의미는 '자비를 품고 세상을 내려다보는 자'라는 뜻이다. 아발로키테시바라는 종종 두 명의 여성 형상을 옆에 대동하고 나타나는 남성으로 그려지는데, '타라(Tara)'라고 하는 그 여성들은 보디사트바의 눈에서 흐르는 자비의 눈물 - 한 명은 오른쪽 눈에서, 또 한 명은 왼쪽 눈에서 - 을 의인화한 것이다. '타라'라는 단어는 '별'이란 뜻과 아울러 '흩뿌리다'는 뜻과도 관계가 있다. 즉 타라는 이 세계에 자비를 흩뿌리는데, 내가 볼 때 이것은 무엇보다도 훌륭한 개념 가운데 하나가 아닐 수 없다.

이러한 전통이 극동, 그러니까 중국과 일본으로 건너가면서 아발로키테시바라의 여성적 측면이 강조되어, 이 보디사트바는 여성의 모습이 되었다. 중국의 콴인(觀音), 일본의 콴논(觀音)이 바로 그들이다. 이는 보통 남성이 규율을 표상하게 마련이라는 점에 착안, 이른바 헌신적인 동정을 품는 존재를 표상하는 데에는 여성의 모습이 더욱 적절하다고 여겨졌기 때문이다.

만물의 마음에는 평화가 있으니, 왜냐하면 강대한 보디사트바이며 무한한 사랑, 즉 아발로키테시바라-관음이 (예외 없이) 모든 유정물(有情物, 감각이 있는 존재)을 고려하고 주시하며, 그 안에 거주하기 때문이다. 가령 곤충 한 마리의 섬세한 날개가 완성되는 것이며, 시간의 추이에 따라 파괴되는 것까지도 그가 주시하기 때문이다. 또한 그 자신이 그 완성인 동시에 그 분해이기 때문이다.[68]

또 다른 현시에서 아발로키테시바라는 1천 개의 손을 마치 휘광처럼 자기 주위에 지니고 있는데, 그 각각의 손바닥에는 눈이 하나씩 달려 이 세상의 갖가지 슬픔을 꿰뚫어 본다. 마치 예수의 양손이 못 박혀 꿰뚫린 것처럼 말이다. 이 두 가지는 대등한 상징이다. 예수는 곧 보디사트바인 것이다. 따라서 불교도의 경우에는 그리스도를 아무 어려움 없이 받아들이지만, 그렇다고 해서 유일무이한 현시이자 유일한 길로 받아들이는 것은 아니다.

마하야나 불교와 기독교는 거의 동시에 성장했다. 같은 시기에 나타나 발전한 이 두 가지 체계 사이에는 1천 5백 마일의 거리가 있었지만, 이는 페르시아인들이 이미 양쪽을 잇는 군사도로를 건설한 다음이었다.

보디사트바는 가르침을 전할 때 자신의 말을 듣는 자들과 같은 모습을 취한다고 한다. 하지만 그의 메시지는 각자의 내면에 있는 '지혜의 자아'에게 전해져 그 자아를 깨우고 삶으로 불러낸다.[69]

이른바 아발로키테시바라의 환생으로 여겨지는 달라이 라마가 처음 뉴욕에 왔을 때 한 가지 흥미로운 행사가 벌어졌다. 세인트 패트릭 성당에서 열린 첫 번째 리셉션에서 - 로마가톨릭 성직자, 정교회 대주교, 유대교 랍비, 그리고 내 생각에는 정신과의사도 참석한 자리에서 - 그는 이렇게 말했다. "여러분 모두의 길은〔인간의〕의식과 깨달음을 확장하는 데 있어 타당한 길입니다." 아니나 다를까, 쿡 추기경이 곧바로 일어나서 이렇게 대답했다. "아닙니다. 우리는 다릅니다. 우리 종교는 이런 다른 길과 혼동되어서는 안 되는 것입니다."

그다음에 있었던 행사에는 나도 참석했다. 세인트 존 더 디바인 성당에서 열린 불교도들만의 행사였다. 뉴욕에 거주하는 여러 불교 공동체나 수도회 소속의 사람들이 1천 5백 명 가량 모여서, 승려들이 노래를 하는 등의 진짜 티베트 의식을 거행했다. 달라이 라마는 티베트어로 짧은 연설을 했고, 한 청년이 즉석에서 그의 복잡하고도 신학적인 티베트어를 영어로 통역했다. 어찌나 잘 하던지!

달라이 라마가 한 말은 대략 이러했다. "이제 여러분은 불교도의 길에 들어섰습니다. 계속해서 명상하십시오. 즉각적인 깨달음이란 없기 때문입니다. 사람의 정신은 천천히 깨달음을 향해 움직이는 것입니다. 여러분 '자신'의 방법에만 집착하지는 마십시오. 명상을 하는 중에 여러분의 의식이 확장되고 변화되면, 그때 가서 여러분은 모든 길들이 타당한 길이었음을 깨닫게 될 것입니다."

합리적인 정신은
대립자들을 강조한다.

동정과 사랑은
대립자의 쌍들을 넘어선다.

보디사트바 만주스리〔文殊菩薩〕는 이른바 '판별의 검'을 들고 나타나는 것으로 묘사된다. 여기서 말하는 판별이란 유한과 영원 간의 판별과 연관이 있다. 유한이란 곧 여러분이 보는 것이다. 가령 여러분이 거울에 자기 모습을 비춰 볼 때, 거기 비친 것이 바로 유한이다. 영원은 여러분의 지금 있는 모습 그대로이다. 따라서 영원과 유한 사이에 있는 여러분의 삶에서 판별을 하는 것이 이 형상의 본질인 것이다.

그 장검은 보통
자비의 도구로서
길을 내는 데 쓰인다.

여러분이 뭔가를 욕망하고 뭔가를 두려워할 때, 그것이 바로 유한이다. 붓다가 겪은 세 가지 시험 – 욕망, 두려움 그리고 의무 – 은 시간의 장에서 여러분을 붙잡고 있는 것들이다. 유한과 영원을 판별함으로써, 여러분이 스스로의 주위를 밀폐 봉인하게 되면, 여러분은 스스로의 안에서 변하지 않는 정점(靜點)을 발견하게 되는데, 그때가 되면 여러분은 '니르바나'를 성취한 것이다. 그 정적인 장소는 어떠한 바람에도 흔들리지 않고 굳건히 타오르는 불길이다.

여러분이 스스로의 안에서 그렇게 타오르는 불길을 발견할 수만 있다면, 여러분의 행동은 운동에서나, 피아노로 어떤 곡을 연주하는 것에서나, 또는 다른 어떤 실천에서나 용이해지게 된다. 여러분이 그런 각각의 분야에 종사하는 동안, 스스로의 안에 있는 그 정적인 장소를 유지할 수만 있다면, 여러분의 실천은 명인의 경지에 이를 것이다. 사무라이가 바로 이런 식이다. 진짜 운동선수도 마찬가지다.

전문적인 마라톤 선수의 모습을 보라. 난생처음으로 경주에 참가한 사람과는 달리, 전문적인 마라톤 선수는 자신의 외모에 전혀 개의치 않는다. 여러분은 이길 수도 있고, 질 수도 있지만, 어쨌거나 경주를 하는 것이다. 이기느냐 또는 지느냐가 아니라, 오로지 경주 자체가 중요하기 때문이다. 마라톤에 참가하는 것은 그 자체가 사건이다. 모든 사람이 이기는 것이다. 여러분이 이기느냐 또는 순위 안에 드느냐는 그저 부차적인 문제에 불과하다. 이것이야말로 구속 없는 참여인 셈이다.

하지만 여러분이 그 정점을 잃는다면, 여러분에게는 오로지 자기만이 세상에서 가장 중요하게 된다. 가령 여러분이 경기에 나서면 반드시 이겨야겠다는 생각에 맨 앞으로 달려 나가고, 만약 그럴 만한 능력을 충분히 지니고 있지 못할까 봐 걱정이 되면 아예 마라톤에 참여하지 않는 것이다. 니체는 우리가 반드시 자기 힘의 4분의 3만 가지고 행동해야 한다고 말한 바 있다. 그것이 바로 판별이다.

여러분이 하는 일에는 무엇에나 정점이 있다.
여러분이 그런 정점에 있을 때,
여러분은 최대한도로 실천할 수 있는 것이다.

여러분은 그 두 가지 생각 가운데 어디에 있는가? 만약 여러분이 스스로를 특정한 행동, 특정한 성취와 실패로만 동일시한다면, 그런 것들이 바로 생각이다. 즉 여러분은 시간과 경험의 장 속에 있는 것이다. 거기가 아니라면 어디겠는가?

그런 정점에 도달하기가 그토록 어렵지 않았다면, 그것에 관해 그토록 많은 이야기가 나올 필요가 없었을 것이며, 거기 도달하기 위한 갖가지 좌법도 필요 없었을 것이다. 따라서 그 자세를 풀고 일어나면, 여러분은 곧바로 원래 있던 곳으로 돌아오는 셈이다. 그리고 여러분이 과연 그곳에 다시 갈 수 있는지 알아보려면, 여러분은 다시 그 자세로 돌아가면 된다. 쉬운 일은 아니다. 하지만 [역설적으로] 이는 매우 쉬운 일이기도 하다. 마치 자전거를 타는 것과도 비슷하다. 처음에는 계속 넘어지다가 일단 타는 법을 알게 되면, 그때부터는 넘어지려고 해도 넘어질 수가 없는 것이다.

이것은 관점의 문제이기도 하다. 시간의 장을 관통하는 것은 바로 이러한 에너지, 즉 스스로를 이 모든 형태들로 만들어 내는 그 하나의 에너지다. 스스로를 그 하나의 에너지와 동일시함으로써, 여러분은 동시에 스스로를 오고 가는 그 형태들과 동일시하는 것이다. 만약 여러분이 이 두 가지 양상 – 관여와 여러분 내부의 정점, 즉 '삼사라'와 '니르바나' – 이 서로 별개라고 본다면, 여러분은 이원론적인 입장에 선 것이다. 하지만 그 두 가지가 하나라는 사실을 깨닫는다면, 여러분은 몰두함 없이도 자신의 정점을 유지할 수 있는 것이다. 이것은 똑같은 세상을 두 가지 서로 다른 방식으로 경험하는 것이다. 여러분은 이 두 가지를 한꺼번에 경험할 수 있다.

스리 라마크리슈나는 칼리 여신에게 귀의했다. 칼리라는 단어는 '검다'는 뜻과 '시간'이라는 뜻 모두를 지니고 있다. 왜냐하면 시간이란 만물이 산출되고 또 돌아가는 수수께끼의 검은 심연이기 때문이다. 그것이 바로 칼리다. 이 여신의 이미지는 불탄 땅, 다시 말해 시체들이 불탄 장소 위에서 춤을 추는 것으로 묘사된다. 이것은 소멸이다. 그녀는 자기 남편이기도 한 시바 남신의 시체 위에서 춤을 춘다. 여러분의 신은 그곳을 넘어서기 위한 최후의 장애물이다.

어떠한 관념도, 어떠한 개념도, 어떠한 이름도 최후의 장애물이다. 어떠한 종교가 됐든 그 예배당에서 설교를 하는 사람도 최후의 장애물이다. 내가 아는 한, 서구의 영적 스승 가운데 이 사실을 깨달은 유일무이한 사람은 바로 마이스터 에크하르트뿐이다. "버리고 취하기의 궁극은 하나님을 버리고 하나님을 취하는 것이다." 우리의 종교는 모두가 이러한 이미지에만 매달리고 있다. 어느 누구도 그 신을 넘어서지 못했다. 정점은 곧 신을 넘어서는 것이다. 괴테는 이렇게 말했다. "모든 일시적인 것은 단지 상징에 불과하다."[70] 니체는 이렇게 말했다. "모든 영원한 것은 단지 은유에 불과하다." 하지만 두 사람은 똑같은 것을 이야기하고 있는 셈이다. '모든 것'에는 하나님, 천국, 지옥, 그 전체가 포함된다. 따라서 여러분이 천국에 가기 위해 살아가는 한, 여러분은 그런 정점을 찾지 못할 것이다.

> 진정한 근원을 찾기 위해서는
> 대립자의 쌍들의 너머까지
> 반드시 나아가야만 한다.

불교에서는 '니르바나'에 도달한 사람을 가리켜 "저편 물가(彼岸)에 도달했다"고 말한다. 다시 말하자면, 그들은 정상적인 삶의 경험과 니르바나의 저편 물가 사이를 가르는 강물을 건너갔으며, 모든 대립자의 쌍을 넘어섰으며, 모든 둘 됨을 넘어섰다는 뜻이다. 하인리히 침머는 다음과 같은 일화를 통해 불교의 이해를 돕고 있다.

가령 여러분이 샌프란시스코에 살고 있다 보니, 이제 샌프란시스코라고 하면 그야말로 넌더리가 날 지경이 되었다고 치자. 이때 여러분은 (저 건너편에 있다는) 버클리에 대한 이야기를 듣는다. 거기 사는 멋진 사람들하며 현자들의 모임에 대해서 말이다. 그곳에는 사원을 나타내는 돔도 있다는 이야기를 듣는다. 여러분은 한 번도 거기 가본 적은 없지만, 적어도 거기에 관해 들은 적은 있다. 이 버클리라는 곳은 샌프란시스코에서 도피하기에 훌륭한 장소인 것처럼 여겨질 것이고, 그리하여 – 그러니까 다리가 놓이기 훨씬 전인 옛날이라고 가정하고 – 여러분은 물가로 나가서 건너편을 바라보며 이렇게 생각하는 것이다. '만약 내가 이 장소 – 삼사라, 즉 고통과 수고의 세상 – 에서 벗어나서 버클리에 갈 수만 있다면, 나는 구원받을 것이다.'

그러던 어느 날, 여러분은 반대편 물가에서 온 연락선이 바로 여러분이 서 있는 곳으로 곧장 다가오는 것을 보게 된다. 그 배 위에는 어떤 사람이 서서 이렇게 외친다. "버클리로 가실 분 계십니까?" 그가 바로 붓다이며, 그 배가 바로 붓다의 배인 것이다. 그러면 여러분은 대답한다. "저요." 그러면 그 사람이 말한다. "아, 그럼 얼른 올라타세요. 하지만 한 가지 알아두셔야 할 것이 있습니다. 이 배는 편도행입니다.

또 대단히 고생스러울 겁니다. 샌프란시스코로 다시 돌아오는 방법은 없습니다. 그러니 당신은 모든 것을 포기해야만 합니다. 당신의 경력이고, 당신의 가족이고, 당신의 야망까지도요. 말 그대로 모든 것을 말입니다." 여러분은 말한다. "저는 그 모든 것에 대해 진력이 난 사람입니다." "좋습니다." 그가 말한다. "그럼 여기 타실 자격이 있습니다."

이 연락선은 이른바 '더 작은 수레〔小乘〕'에 해당한다. 이는 '작은 연락선' 불교 또는 상좌불교이다. 거기 올라타기 위해서 여러분은 기꺼이 모든 것을 버리고 비구나 비구니가 될 준비가 되어 있어야 한다. 인도에서 비구가 입는 노란 승복은 본래 시신에 입히는 수의의 색깔이다. 다시 말해 그들은 이미 죽었다는 뜻이다. 여러분은 과연 시체에 입히는 수의를 입을 준비가 되었는가? 정말 그런가? 그러면 배에 올라타라.

   스리 라마크리슈나는 말했다.
   "깨달음을 찾으려는 자라면
   마치 머리에 불붙은 사람이
   연못을 찾는 것과 같은 간절함이
   반드시 있어야만 한다."

연락선이 출발하자, 자신이 떠나가고 있는 것에 관해 문득 〔아쉬운〕 생각이 들지만, 여러분은 이미 배 위에 올라탄 다음이다. 여러분은 이제 비구이거나 비구니이다. 여러분은 이제 선원이다. 여러분은 배의 옆구리에 찰싹찰싹 부딪치는 파도 소리를 좋아하고, 돛을 올리고 내리는 법을 배우고, 예전과는 전혀 다른 어휘를 사용하게 된다. 여러분은 배의 오른쪽을 '우현'이라고 부르고, 왼쪽을 '좌현'이라고 부르며, 앞을 '이물'이라고 부르고, 뒤를 '고물'이라고 부른다. 물론 버클리에 대한 여러분의 지식은 배에 올라타기 전이나 올라탄 후에나 크게 달라진 것은 없지만, 여러분은 이제 샌프란시스코에 남아 있는 사람들을 '바보들'이라고 부른다. 여러분은 이 여행이 그리 길지 않으리라 생각하지만, 사실은 아마도 세 번이나 네 번쯤 환생을 거듭해야 완수될 것이다.

이것이 바로 수도승의 삶이다. 이것이 바로 학생의 삶이다. 이것이 바로 교단에 복종하는 것이다. 삶은 이제 염주를 이리저리 굴리고 '옴'을 외는 것으로 축소된다. 여러분은 자신의 삶을 뭔가 매우 간단한 사건에 불과한 어떤 것으로 축소한 셈이다. 심지어 여러분은 그것을 끝내고 싶어 하지는 않을지도 모른다. 이는 마치 내가 미술 스튜디오에서 본 상황과 비슷하다. 즉 어느 학생이 조각을 하고 있는데, 스승이 그걸 보면서 이렇게 말하는 것이다. "계속하게." 이 경우, 교수가 "그 정도면 됐네. 자네는 다 배운 거야" 하고 말하는 것이 이 학생에겐 오히려 재난이 아닐 수 없다. "아니에요. 저는 학교를 떠나고 싶지 않다고요!" 만약 이렇다면 여러분은 수도승 노릇이 너무 좋아서 그만두기를 싫어하게 된 셈이다.

마침내 몇 번의 환생을 거친 뒤에 배는 저편 해변에 도달하고, 그러면 여러분은 이렇게 생각한다. "바로 이거야. 환희, 바로 '니르바나'인 거야!" 여러분은 물가에 상륙한다. 그곳에서는 폭발이 일어난다. 마치 LSD며 온갖 뻑적지근한 것들을 경험하는 것처럼 말이다. 하지만 그것은 결코 목적하는 바가 아니다.

이른바 중아함경(中阿含經, 중간 길이의 대화록)에서 붓다는 이렇게 말했다. "오, 비구들이여. 가령 어떤 사람이 저편 물가에 도달하기를 소원한 나머지, 직접 뗏목을 하나 만들어서 그 뗏목으로 저편 물가에 도달했다. 그런 뒤 그 뗏목에 대해 감사하는 마음에서 그 남자는 그 뗏목을 들어 어깨 위에 지고 다녔다. 그렇다면 그 남자는 현명하다고 할 수 있는가?" 비구들이 대답했다. "아닙니다. 스승이시여, 그 남자는 현명하다고 할 수 없습니다." "마찬가지니라." 붓다가 말했다. "요가 교단의 규율과 경험은 '니르바나'와 아무런 관계가 없느니라. 교리의 탈 것은 너희를 저편 물가로 데려다주기 위한 방편이며, 일단 저편 물가에 도달하고 나면, 너희는 뗏목을 버리고 모두 잊어버려야 마땅한 것이니라."

따라서 여러분이 저편 물가에 도달하면, 여러분은 이렇게 생각한다. '버클리에서 샌프란시스코를 바라보면 어떨까?' 여러분은 뒤로 돌아서…… 저 멀리 샌프란시스코를 본다. 그곳에는 선착장도 없고, 그곳에는 배도 없으며, 그곳에는 붓다도 없다.

여러분은 그곳에 대립이 있다고 생각한다. 여러분은 여전히 대립자의 쌍들의 견지에서 생각하고 있었던 것이다. 여러분이 일찍이 떠난 장소는 사실상 여러분이 지금 있는 곳과 마찬가지다. 다만 여러분의 시각이 변화한 것뿐이다. 이것이 '큰 연락선' 또는 마하야나〔大乘〕 전통이라고 불리는 관점이다. 여기서 우리는 만물이 곧 붓다라는 것을, 우리가 '큰 연락선'에 올라타고 있다는 것을, 그리고 그 연락선은 이미 거기 있다는 것을 깨닫게 된다. 더 나아가 불교의 제1교의가 '자아란 없다〔無我〕'는 것이므로, 그 배에는 사실 아무도 없는 것이다. 진정한 자아는 초월적 삶이며, 우리 모두는 그저 환영적 순간에 불과하다는 붓다의 의식이기 때문이다. 이것이 바로 마하야나다.

따라서 우리는 다음에 '기쁨이 곧 요가다' 라고 듣는다. 여러분이 지금 살고 있는 삶이 곧 여러분의 요가다. 라마크리슈나의 말마따나 "당신이 사랑하는 꼬마 조카가 바로 당신의 하나님인 것"이다. 이 놀라운 원칙은 역설적으로 여러분 – 삶에 염증을 느낀 – 이 단지 똑같은 장소에 있으면서도 기쁨에 사로잡혀 있다는 것, 그것도 단지 여러분의 의식의 단계가 이동됨으로써 그렇게 되었다는 것이다. 여러분은 사물을 다르게 생각하기를 포기하게 되고, 그리하여 여러분은 '이것이 그것이다. 이것이 그것이다. 이것이 그것이다' 하고 깨닫게 된다. 여러분은 "이것은 그것이 아니다"라고 우선 말함으로써, "이것은 그것이다"라고 말하게 된다. 이러한 구별은 여러분을 이전과 다른 의식의 층위로 몰아간다. '그것이 아닌' 것이야말로 여러분이 그것을 바라보는 방식이다.

붓다는 완전한 의식에 대해
눈이 열린 사람을 말한다.

이것은 예배를 통해서 이루어지는 여정이니, 이는 신들이 사람의 눈에는 곧바로 뚜렷해지지 않는 층위에 있는 지식과 사랑에 관한 의식의 정도 그리고 힘의 정도를 표상하기 때문이다. 이른바 "신을 예배하려는 자는 우선 스스로가 신이 되어야 할지니"라는 탄트라의 격언은 예배에 앞서 여러분 스스로가 그 신들에 의해 요약되고 상징되는 의식과 사랑의 층위를 자기 속에서 발견해야만 한다는 의미를 담고 있다.

여러분이 그 신들에 어떤 이름을 부여하느냐는 문제가 되지 않는다. 사람들은 말한다. "아, 우리는 기독교인입니다. 성부와 성자와 성령, 그리고 성모 마리아께서 계시죠." 하지만 여러분이 자기 안의 그리스도의 층위에 있는 스스로에게 도달할 수 없다면, 여러분은 기독교인이 아닌 셈이다. 그리고 여러분이 어느 정도 층위의 자각에 도달했느냐에 따라 여러분의 예배는 다른 사람들의 예배와 다를 것이니, 이는 모두가 한 교회에 있다고 해서 똑같은 층위에 있는 것은 아니기 때문이다. 여러분이 이 교회, 저 교회, 또는 그 밖의 다른 곳의 신도라고 말하는 것은 사회적 개념, 즉 사회학적 현상일 뿐이고 종교와는 아무 관계가 없다.

여러분의 종교는 여러분에게 뭐라고 말하는가?
유대인이나 가톨릭신자가 되는 법을 말하는가?
아니면 인간이 되는 법을 말하는가?

내 친구 중에 존이라는 이름의 훌륭한 청년이 있는데, 그가 예수회의 잡지인 《아메리카》의 편집장이 되었을 즈음에 가톨릭교회가 교회일치운동에 관심을 갖게 되었다. 모두가 가톨릭을 다른 종교와 연관시키려고 시도했지만, 그와 동시에 다른 종교를 모독하고 있었다. 그리하여 존은 항상 그들을 향해 이렇게 말하곤 했다. 가령 "아닙니다. 힌두교에 대해서 그렇게 대해서는 안 됩니다. 그걸 잘못 설명함으로써 그렇게 깎아내려서는 안 됩니다. 반드시 편견 없이 있는 그대로를 바라보아야 합니다."

그러던 와중에 방콕에서 묵상수도회들-시토회, 트라피스트회 등등-이 모이는 로마가톨릭의 큰 회의가 열렸고, 존도 그곳에 참관인으로 참석했다. 그런데 이 회의에 참석하던 도중에 그만 토머스 머튼이 사망하는 사건이 벌어졌다. 그는 어느 싸구려 태국 호텔의 허술한 내부설비로 인해 그만 감전사했다. 존은 머튼이 사망하기 직전에 했던 연설이 자기가 이제껏 들은 것 중에서 가장 탁월한 것이었다고 훗날 회고했다.

그 회의에 참석하고 돌아온 존은 기독교 수도사들과 불교 승려들이 의사소통하는 데 아무런 문제가 없었다고 말했다. 한때 시인을 지망했던 사람이었다면 누구나 아는 사실이지만, 여러분이 만약 영적 체험을 하고 나면 말로는 차마 그것을 묘사할 수가 없다. 다만 그 체험에 대한 실마리만 제시할 수 있을 뿐이다. 그것은 말로 할 수 있는 것을 훨씬 넘어선 체험이기 때문이다. 그런 종교적 의미는 종교의 은유적 언어에 이미 내포되어 있다. "하지만," 존은 이렇게 말했다. "그런 체험을 한 번도 한 적이 없었고, 오로지 책을 통해서만 알던 범속한 성직자들은 '매번 충돌을 빚고 말더군요.'"

하늘나라란 무엇인가?

그것은 우리의 깨달음 속에 있다.
우리 이웃 속에, 적들 속에, 자신 속에
편재하는 신들의 현존에 관한 깨달음 속에.[71]

따라서 불교의 가장 큰 가르침, 즉 우리가 지금까지 말한 바의 의미는 "여러분의 합리 체계를 떠나, 항상 만물 사이로 움직여 나가는 놀라운 경험 속으로 들어가라"는 것이리라.

삶을 통해서만
우리는 영을 경험하고
또 영과 의사소통한다.

삶을 통해서만
우리는 영 속에 살아가는 법을 배운다.

영을 완전히 추구하는 사람은
삶의 목표가 곧 죽음임을 안다.

나는 언젠가 앨런 와츠와 나눈 유익한 대화를 기억한다. 그는 정말 놀라운 사람이었다. 당시 내가 지닌 문제 가운데 하나는 아내인 진이 뭘 하든 항상 늑장을 부린다는 것이었다. 가령 아내와 어디서 만나기로 약속을 할 경우, 내가 먼저 도착해서 30분가량 기다리는 것은 다반사였다. 물론 남자가 여자를 기다리는 것은 어찌 보면 정상일 수 있다. 여자들의 경우에는 일단 집밖으로 나오기 위해서는 이것저것 해야 할 일들이 많기 때문에 30분의 시간도 어찌 보면 부족할 수 있다.

게다가 요즘 뉴욕에서라면 어딜 가든 약속에 30분 정도 늦는 것은 보통이다. 하지만 진의 문제는 항상 자기가 약속장소에 도착해야 할 시간을 오히려 출발해야 할 시간으로 여긴다는 데 있었다. 그래서 나는 고민 끝에 집사람을 그렇게 오래 기다려야 하는 문제를 앨런에게 털어놓았다. "이 노릇을 어떻게 해야 할까? 기다리다 보면 화가 치밀고, 그러다가 결국 집사람이 나타나면 거기다 대고 짜증을 부리게 되거든."

그러자 앨런이 말했다. "내가 보기에 자네의 문제는 집사람이 거기 도착하기를 바란다는 것, 그리하여 자네가 속해 있지 않은 어떤 상황을 열망하는 것이 아닐까 싶어. 명심하게. 줄곧 현실과는 다른 일을 생각함으로써 자네는 거기서 진을 기다리는 동안 할 수 있었던 다른 경험들을 망치고 있는 셈임을 말이야."

그때 이후로 진을 기다리는 것은 일종의 영적 훈련이 되었다. 나는 속으로 이렇게 다짐했다. "진이 벌써 도착했어야 마땅하다고 생각하지는 말아야 해. 주위를 둘러보고 무슨 일이 벌어지고 있는지 살펴봐야지." 그러고 나면 내가 있는 장소는 어찌나 흥미진진한지, 나로선 집사람을 기다리는 동안 지루할 새가 없을 지경이다. 가끔은 진이 나를 좀 더 기다리게 해 주었으면 하는 마음이 들 정도니 말이다. 나로선 이런 일이 가능하리라고는 전혀 생각도 못하고 있었다. 그러던 차에 앨런은 내게 현실이 지금과는 달랐어야 마땅하다는 생각을 차단해 보도록 조언해 준 것이었다.

이것은 두려움과 욕망이 사람에게 어떤 영향을 끼치는지 보여 주는 사례라고 할 수 있으리라. 나는 상황이 내 계획대로 되기를 욕망하고, 그런 욕망은 나로 하여금 다른 경험을 하지 못하도록 만든다. "이게 바로 그것이다! 이게 바로 삶이다! 바라보라! 기운이 넘치지 않는가?" 하지만 이제 나는 내가 처한 상황을 좋아할 수 있게 되었고, 아내를 기다리는 것도 더 이상은 지루하지 않다. 심리학적 변화란 이처럼 이전까지만 해도 애써 견뎌 내야 했던 것을 이제는 알고, 사랑하고, 〔그것을 위해〕 봉사하는 것을 말한다.

> 두려움과 욕망의 장소에서
> 벗어나지 않는 한,
> 여러분은 불멸로부터
> 스스로를 배제시키는 것이다.

모든 종교 훈련의 목표는 심리학적 변화다. 여러분은 각자의 자녀를 돌보고, 취객을 진찰하고, 책을 쓰는 등의 일을 하는 와중에도 신들을 알고, 사랑하고, 거기 봉사하는 것에 근거하여 각자의 명상과 의식을 거행할 수 있다. 만물이 곧 브라흐만이라는 생각을 지니고 있는 한, 여러분이 하는 일은 무엇이든지 명상이 될 수 있다. 그 일의 과정이며, 행동이며, 여러분이 지금 바라보는 대상, 그리고 지금 여러분을 바라보는 대상, 그 모두가 브라흐만이라는 것이다.

귀환은
어디에서나
광휘를 목격하는 것이다.

여기서의 핵심 문제는 여러분의 마음에서 위치를 바꾸는 것이다. 여러분이 돌아온 마을은 바로 여러분이 떠난 마을이어야 하며, 그렇지 않을 경우에 그 여정은 아직 완수된 것이 아니다. 여러분은 스스로가 자신의 삶이라고 간주한 장소로 돌아오는 것이고, 똑같은 직업으로 돌아오는 것이지만, 반드시 똑같은 위치로 돌아와야 할 필요는 없다. 요가의 훈련은 '어디까지나' 훈련에 불과하다. 그것들은 장소가 아니다.

일시적으로나마 삶을 뒤로 함으로써,
여러분은 스스로를 삶에 바치는 것이다.

세속적 이득에 대한 욕망과
상실에 대한 공포로 인해
여러분은 스스로를 삶에 내어주는 데에서
뒤로 물러서는 것이다.

두려움과 욕망이 사회적 의무를 발생시키는 것은 아니며, 오히려 사회가 그런 의무를 발생시키는 것이다. 사회개량주의자라면 가령 이렇게 말할 것이다. "우리는 지금 핵무장에 반대하는 피켓 시위를 하고 있습니다. 어서 우리의 대열에 동참해 당신의 생각은 포기하시고, 우리가 하라는 대로 하세요."

만약 여러분이 사회적 의무를 수행한다면,
그것은 결코 '여러분의' 행위가 아니다.
다만 사회가 그런 의무를 부과했을 뿐이며,
여러분을 스스로의 삶에서 차단시킨 것이다.

그러한 요구를 강제된 사회적 의무로 여기고 대처한다는 것은, 결국 여러분이 현상 세계에 주어진 삶의 질서에 연결되고, 또 거기 붙들려 있다는 의미이다. 물론 여러분이 자발적으로 거기 관여할 수는 있지만, 반드시 참여해야만 한다는 강제는 전혀 없다. 마찬가지로 그것이 반드시 인류의 궁극적인 선이라는 보장도 없다. 그건 어디까지나 교훈적 차원에서 그러할 뿐이다.

사람들은 여러분에게 사회적 의무를 부과한다. 가령 여러분의 이

웃들은 말한다. "무심한 사람, 명상을 한다고 해서 뭐가 달라집니까? 얼른 일어나서 이 세상을 위해 정말로 뭔가 해 봅시다. 당신은 이 세상을 위해 그렇게 할 의무가 있으니까요." 뭐 이런 식의 이야기를 하는 것이다. 의무는 여러분의 두려움에서 비롯되는 것이 아니다. 다만 남들이 여러분에게 부과할 뿐이다. 의무는 곧 다르마다. 다시 말해 다르마는 사회적 다르마로 이해해야 한다.

가령 1달러짜리 지폐에 있는 작은 상징을 보자. 모든 대립자의 쌍들이 모이는 맨 꼭대기 지점에 정적인 눈이 위치한다. 여러분이 행동함으로써 이 세상에 들어가고자 한다면, 여러분은 그 피라미드의 꼭대기에서 어느 한 면, 또는 다른 면을 따라 내려가야만 한다. 여러분이 민주당을 지지하건, 공산당을 지지하건, 또는 파시즘을 지지하건 간에 아무런 상관은 없다. 여러분은 여전히 시간의 장 속에 있으며, 여러분이 이 가운데 어떤 것에 속하건 간에 상관없이 광휘는 비출 것이기 때문이다. 또 여러분은 어떤 위치에 대한 강제적 참여에 붙들려 있을 수도 있다. 이것은 상대성의 문제다. 여러분이 한 위치에서 또 다른 위치로 옮겨감에 따라 모든 판단도 변하게 마련이다. 선과 악은 절대적인 것이 아니다. 그것들은 여러분이 어느 편을 드는가에 따라 상대적인 것이다.

> 여러분의 판단이 오는 곳에서부터,
> 여러분의 한계도 온다.

이에 관한 훌륭한 예로는 어느 불교 승려와 그를 따르는 한 친구에 관한 이야기를 들 수 있다. 가령 티베트에서는 사람들이 도살장을 찾아가서, 거기서 잡으려던 새끼 양을 한 마리 사서 놓아주면, 이것을 자비로운 행위로 간주하곤 한다. 이 이야기에 등장하는 승려도 마찬가지로 5백 마리의 물고기를 놓아줌으로써 자비로운 행위를 했는데, 마침 그의 주위에는 아름다운 여성 신도들이 한 무리 따라다녔다.

이 승려는 미녀들의 무리를 이끌고 몬트레이에 위치한 낚시가게를 돌아다니면서 5백 마리의 미끼용 피라미를 구입해서 놓아주려고 했다. 하지만 그 미끼는 워낙 공급이 달렸기 때문에 가게 주인은 방생을 위해서는 피라미를 팔지 않겠다고 말했다. 하지만 그는 결국 기꺼이 미끼를 팔겠다는 가게를 발견했고, 그들은 그 물고기가 가득 든 양동이를 들고 물가로 가서, 그 물고기에게 자유를 주기 전에 일종의 축복식을 거행했다. 그런 뒤에 이들은 물고기를 담은 양동이를 차례차례 바닷물에 부었다. 그러자 근처에 있던 펠리컨이란 펠리컨은 모조리 그곳으로 몰려들었고, 이 키 작은 승려는 이리저리 뛰어다니며 자기 법복을 벗어 흔들어서 펠리컨들을 쫓아 버렸다.

결국 펠리컨에게 좋은 일은 피라미에게 나쁜 일이었고, 그리하여 이 승려는 자기도 모르게 어느 한쪽의 편을 들게 된 셈이었다. 그는 중도를 지키지 못했다. 내가 보기에는 이것이야말로 매우 중요한 이야기다. 그 승려를, 그리고 그가 펠리컨들에게 베풀어 준 잔치를 생각하면 나는 웃음을 금할 수가 없다.

바로 이런 이유로 인해 사자들이 어린 양과 함께 누워 있다는 이야기가 그토록 어리석게만 여겨지는 것이다.[72] 그 이야기를 현실적으로 읽어 보면, 이른바 사자들이 어린 양과 함께 누워 있는 유일한 때는 그 사자가 어린 양을 포식하고 누워 있을 때밖에 없기 때문이다. 이것이 세상의 이치이며, "샨티, 샨티, 샨티"〔평화〕다. 아무 일도 벌어지지 않는다. 이것이 바로 숭고의 관점, 다시 말해 자아에 관한 의식과 그 관계 모두를 소멸시킨 것이다. 세상을 변화시킬 필요 없이 단지 관점을 바꿈으로써 슬픔에서 탈출하는 방법이 있는 것이다.

삶이란 항상 슬픔이 가득하게 마련이다.

우리는 삶을 바꿀 수는 없지만,
삶에 대한 우리의 태도를 바꿀 수는 있다.

붓다가 몇몇 요가수행자(yogi)들과 함께 있을 때 이렇게 말했다. "한때 나는 얼마나 엄격한 단식을 했던지, 배를 만지면 등뼈가 손에 잡힐 정도였습니다. 그러자 문득 이것은 깨달음을 성취하는 길이 아니라는 생각이 들었습니다. 그런 체험에 몰두할 수 있는, 심지어 그런 체험을 성취할 수 있는 최소한의 힘조차 내 몸에 남아 있지 않았던 까닭입니다. 그러고 나서야 나는 〔단식을 포기하고〕 처음으로 식사를 했습니다."

그때 마침 주위에 있는 어느 소몰이꾼의 딸이 암소 천 마리에게서 짠 젖을 백 마리에게 먹이고, 백 마리의 젖을 열 마리에게 먹이고, 열 마리의 젖을 한 마리에게 먹였다. 이처럼 응축된 우유에는 대단한 위력이 있어서 소녀가 〔그 한 마리의 암소에서 짜낸〕 젖 한 사발을 붓다에게 건네자 붓다는 그것을 마시고 온몸의 기력을 회복했다. 젖을 다 마신 다음, 붓다는 그 사발을 강물에 던지며 이렇게 말했다. "이 사발이 강을 거슬러 올라간다면 나는 붓다가 되리라." 그 사발은 정말로 강을 거슬러 올라갔다. 그날 밤에 붓다는 깨달음을 얻었다.

여러분의 힘을 두려워하는 것은
여러분으로 하여금
더 낮은 체계에 헌신하도록 한다.

만약 내 안에 이런 종류의 힘, 즉 역사의 물결에 거스를 수 있는 힘이 있다면, 나는 그〔역사의 물결〕로부터 벗어날 수 있다. 니체는 말했다. "불어오는 바람을 향해 침을 뱉을 때에는 반드시 조심해야 한다." 조심하지 않을 경우, 무슨 일이 벌어지는지는 여러분도 알고 있을 것이다. 하지만 여러분이 불어오는 바람을 향해 침을 뱉을 때, 그 침이 [나한테 되돌아오지 않고 바람을 거슬러 올라가] 다른 누군가의 눈에 맞는다면, 여러분은 곧 붓다가 될 수 있다.

나 역시 평생 그러한 징후를 찾아 왔다. 징병 소집을 받고 출두했을 때, 심사장에 놓인 책상에는 남자 셋과 여자 하나가 앉아 있었다. 나는 만약 그 중에서 여자가 나를 부른다면, 나는 징병되지 않을 것이라고 스스로에게 말했다. 실제로 내 차례가 되었을 때 여자가 나를 불렀고, 그들은 내 나이가 서른여덟이나 되었음을 확인했고, 그렇게 나이 많은 사람은 군 복무가 불가능하다는 결론에 이르렀다. 불교도들이 흔히 그렇듯 나 역시 현재 속에 미래가 어떤 식으로건 암시되어 있다고 생각한다. 그렇기 때문에 그런 징후를 찾는 것은 자연스러운 일인 동시에 매우 놀라운 일이다.

서양의 전통에서 우리는 그런 고정된 패턴에 맞추어 행동하지는 않는다. 오히려 우리는 자아 ─ 행동을 위한 가치판단과 결정을 내리는 ─ 가 변화를 가져온다고 믿는다. 프로이트는 자아(에고)를 '현실 원칙'이라고 일컬었다. 이것은 여러분이 '현실' ─ '진실'이 아니라 ─ 과 연관을 맺도록 해 준다. 다시 말해 여러분의 삶의 개별적 환경, 그리고 그런 환경과 여러분의 관계가 바로 현실인 것이다. 그리고 서양 문화에서는 자아, 즉 가치평가 원칙이 발달했다. 가령 어머니가 이렇게 묻는다. "어떤 아이스크림 먹을래, 자니? 딸기? 아니면 바닐라?" "바닐라요." 그러면 아이는 바닐라 아이스크림을 얻게 된다.

반면 동양에서는 이와 반대로 여러분은 다른 사람들이 시킨 일만

하게 되며, 오로지 다른 사람들이 여러분의 앞에 놓아 준 것만을 갖게 된다. 만약 여러분이 다른 사람들이 시킨 일만 하게 되면, 여러분의 자아는 발전하지 않는다. 결국 동양에서는 사람들이 자아의 개념을 전혀 갖고 있지 않다. 그들은 자아가 무엇인지조차 모른다. 자아는 아무런 역할도 하지 않는다. 개인적 가치평가라는 것도 없다.

프로이트 심리학에서 쾌락 원칙, 즉 음식과 위안과 섹스와 삶 그 자체 - 이 맥락에서 나는 이것들을 '건강, 부, 자손'이라고 부른다 - 에 집착하는 삶에의 열망을 뜻하는 '이드'는 대부분의 사람들이 원하는 바이다. 이드에 반대되는 개념으로 프로이트는 '초자아'라는 개념을 가정했는데, 이는 개인을 훈련시키는 사회적 규율로, 결국 자신이 진정 원하는 것이 아니라 사회가 시키는 것을 하게 만든다. 심리학적 용어로 말하자면, 동양에서 벌어지는 모든 충돌은 곧 초자아와 이드 간의 충돌이다. 여기에서 자아 원칙이라는 것은 고려의 대상이 아니다.

따라서 자아라고 부르는 것이 전혀 없는 동양인은 깨달음을 찾기 위해 이처럼 가족을 떠나 스승을 찾아가고, 자신의 자아라는 작은 공 또는 조개껍질을 가져가서는 스승에게 그걸 깨뜨려 달라고 부탁하는 것이다. 그러면 스승은 작은 망치, 즉 요가 훈련을 꺼내들고, 그리하여 - "퍽!" - 그의 자아는 사라지게 되는 것이다. 하지만 서양인은 스승을 찾아갈 때에도 자신의 한평생을 인도한 힘이었던 굳건한 자아를 함께 가져간다. 그리고 스승에게 그걸 깨뜨려 달라고 부탁하기는 하지만, 스승이 앞서와 똑같은 작은 망치를 꺼내 "퍽! 퍽! 퍽!" 하고 40년 넘게 두들겨도 아무 일도 벌어지지 않는다. 그 과정에서 서양인은 그저 점점 불행해지기만 하는 것이다.

여러분이 가치평가를 하는 정신을 지닌 사람이며, 이제껏 어떤 스승조차 해 본 적 없었던 생각을 하는 사람이라면, 여러분이 깨달음을 얻을 수 있는 다른 방법이 분명히 있을 것이라고 나는 주장하는 바이다. 내 생각에는 라마크리슈나가 이른바 '원숭이의 길'이라고 부른 것이 우리의 문화에서는 이른바 불교도의 '가운데 길(中道)'에 상응하는 것이라고 생각한다. 다시 말해 여러분이 자기 속에서 성스러운 장소의 대응물 격인 중심을 발견할 수만 있다면, 여러분은 굳이 숲 속으로 들어갈 필요가 없다. 여러분은 그 중심으로부터 여러분 자신의 평안을 추출할 수 있는 기술을 지닐 수 있다. 결국 여러분은 그 중심에 근거하고 살아가면서, 여전히 이 세상과 관계하며 남아 있을 것이다.

다음의 유명한 인도 우화는 이른바 두 가지 의식의 국면 - 즉 다양성의 국면과 초월성의 국면 - 을 동시에 마음속에 지니고 있기가 얼마나 어려운지를 보여 주기 위해 라마크리슈나가 종종 언급했던 것이다. 수행자 지망생인 한 청년이 있었는데, 마침 그 스승이 그를 깨달음으로 인도해 주었다. 즉 이 우주를 떠받드는 힘, 다시 말해 신학적 사고에서 우리가 이른바 '하나님'이라고 의인화하는 존재와 자신이 본질적으로 똑같다는 깨달음으로 말이다. 이 젊은이는 크게 감동한 나머지, 자신이야말로 우주의 주인이며 신과 함께하는 자라는 개념에 너무나도 기뻐하면서, 그 사실에 깊이 열중한 상태로 길을 가고 있었다. 그런 상태로 마을을 지나 그 너머의 길로 나섰는데, 마침 맞은편에서 커다란 코끼리가 다가오는 게 보였다. 그 코끼리의 등에는 가마가 얹혀 있었고, 그 몰이꾼은 - 흔히 그렇듯이 - 코끼리의 머리 위 목 부근에 올라타고 있었다. 성자의 후보생 격이 된 이 청년은 '나는 하나님이다. 만물이 하나님이다' 라는 명제를 묵상하던 중에, 그 커다란 코끼리가 자기 앞으로 다가오고 있음을 깨닫고, 다음과 같은 명백한 결론을 도출해 냈다. '저 코끼리 역시 하나님이다.' 코끼리가 쿵쿵거리고 다가오는 발자국에 맞춰 종소리가 딸랑딸랑 울렸고, 그 위에 탄 몰이꾼이 이렇게 소리쳤다. "거기 비켜! 비키라고, 이 바보야!" 하지만 환희에 사로잡힌 청년은 여전히 이렇게 생각하고 있었다. '나는 하나님이다. 저 코끼리 역시 하나님이다.' 그러다가 몰이꾼의 외침을 들은 청년은 이렇게 덧붙였다. '어찌 하나님이 하나님을 두려워하겠는가? 어찌 하나님이 하나님을 피하겠는가?' 코끼리는 계속 그를 향해 다가왔고, 그 머리에 올라앉은 몰이꾼은 계속 소리를 질렸지만, 청년은 여전히 흐트러짐 없이 명상에 빠진 채, 그 길 위의 장소와 그 초월적 통찰 모두를 놓지 않고 있었다. 그러다가 결국 진실의 순간이 닥치게 되어, 코끼리는 그 커다란 코로 이 광신도를 휘감아 길가로 획 던져 버렸다.

육체적으로 놀라고, 정신적으로 당혹감을 느꼈지만, 청년은 다행히 짚더미 위에 떨어져서 크게 다치지 않고 거의 멀쩡했다. 몸을 일으킨 청년은 옷매무새를 가다듬을 새도 없이 혼란스러워하며 자기 스승에게 찾아가 설명을 요청했다. "스승님께서 그러시지 않으셨습니까?" 청년은 자기가 겪은 일을 설명하면서 이렇게 따졌다. "제가 곧 하나님이라고 말입니다." "그랬지." 스승이 말했다. "네가 곧 하나님이니라." "그리고 만물이 역시 하나님이라고 하시지 않으셨습니까?" "그랬지." 스승이 말했다. "만물이 역시 하나님이니라." "그렇다면 그 코끼리도 하나님 아니겠습니까?" "아무럼. 코끼리 역시 하나님이지. 하지만 너는 왜 그 코끼리의 머리 위에서 비키라고 소리치는 하나님의 목소리는 듣지 못한 게냐?"[73]

지혜와 어리석음은
사실상 똑같다.
두 가지 모두 세상의 견해에는
무관심하기 때문이다.

전설에 따르면 관세음보살은 이 고통 받는 세계를 내려다보고는 자비심으로 가득 차서 머리에서는 수없이 많은 머리가 솟아났고

(……) 몸에서는 도움의 손길이 달린 천 개의 팔이 솟아났는데, 이것은 마치 휘황찬란한 광배와 같았고, 그 각각의 손바닥에는 무한한 시야를 가진 눈들이 나타났다. (……)

관세음보살의 몸에 있는 모든 숨구멍은 수천 명의 부처들과 온갖 성자들과 세계 전체를 담고 내보낸다. 그의 손가락으로부터 암브로시아의 강물이 흐르는데, 그 강은 지옥의 열기를 식혀 주고 배고픈 귀신들을 먹인다. (……) 그는 브라흐만들에게는 브라흐만으로 나타나고, 상인들에게는 상인으로 나타나며, 곤충들에게는 곤충으로 나타나는 등, 각자에게 그것의 모습으로 나타난다.[74]

"오로지 여신만이 항상 움직이는 비밀스러운 세계의 에너지를 알고 있으니, 그 에너지는 신들의 승리를 도와 왔다. 그것은 신들 안의 힘이며, 그럼에도 불구하고 신들은 이를 깨닫지 못한다. 신들은 자기 스스로가 강한 줄 알지만, 만약 이 힘이 없거나 또는 이 힘에 거스르면, 제아무리 신들이라 해도 풀잎 하나 꺾지 못한다. 여신들은 이 보편적인 힘을 알고 있는데, 이 힘이란 베다 사제들이 '브라흐만'이라고 부른 것이며, 힌두교도들이 '샤크티(sakti)'라고 부른 것이다. '샤크티', 즉 에너지는 '위대한 여신'의 본질이자 이름이며, 따라서 그 여신은 그 신비스러운 존재를 신들에게 설명할 수 있고, 신들에게 그 비밀을 설명해 줄 수 있다. 그것은 바로 여신 본인의 비밀이기 때문이다." - 침머[75]

힌두교에서는 모든 힘, 즉 '샤크티'가 여성형이다. 따라서 여성은 그 힘의 전체성을 표상하며, 남성은 그 여성의 대행자로 묘사된다. 그런 의미에서 여성이 남성으로부터 느끼는 힘 - 융 식으로 말하자면 아니무스-은 사실상 여성의 힘이 특화된 상태, 다시 말해 그 힘이 응용된 상태인 것이다.

모든 존재에는 이중의 측면이 있으니, 하나는 호의적이고 또 하나는 악의적인 면모다. 모든 신들은 아름다운 동시에 무서운 형태를 지니고 있으니, 이는 사람이 그들에게 어떻게 접근하느냐에 따라 달라진다. 하지만 '위대한 여신'은 이 세계의 에너지이며, 만물의 형태를 취해 나타난다. 모든 호의적이고 악의적인 면모는 그 여신의 본질 가운데 하나다. 개별 신들에게 있어서 이중성으로 보이는 것은 여신의 전체 존재에 있어서는 궁극적인 다중성 가운데 하나인 것이다. (……)

여신은 그 자체로서 생명의 침묵하는 보증물이다. 불타 버린 숲의 잿더미로부터 여신은 열심으로 신선한 꽃들을 피워 내니, 그 꽃들이 부패함으로써 새로운 생명을 잉태하는 것이며, 그 새로운 생명은 그 주위에서 오로지 생명이 이전되고 변화되는 것만을 보고 죽음의 그림자는 못 보게 마련이다. 이는 마치 우리 자신이 잘 익은 과일을 이빨로 깨물 때나 마당에 살아 있는 식물을 꺾을 때에 그것들의 죽음을 인식하지 못하는 것과 매한가지다.

우리가 무엇을 하든지, 즉 깨어 있거나 잠을 자거나, 의식적으로나 무의식적으로나, 우리 육체의 순환 속에서 우리 영혼의 반주에 맞추는 일은 무엇이든지, 또 우리가 무엇을 하든지, 즉 우리의 신체가 형성되고 파괴되며, 흡수하고 배설하며, 숨쉬고 내뱉으며, 분노와 고통의 한계에 접해서도 기쁨을 드러내는 것에 이르기까지, 이 모두는 단지 '위대한 어머니', 즉 '차간마이(jaganmayi)'-온 세계와 온 존재로 구성되는 - 의 몸짓에 불과하며, 그 여신은 자신의 몸을 수천 가지의 끝없이 많은 형태로 변화시키며 계속해서 그렇게 한다. (……) 그 이중적이고 포용하며 게걸스레 삼키는 여신의 본성을 바라보기 위해서는, 또 파국 속의 평안이며 부패 속의 보증을 보기 위해서는, 그 여신을 알고 구원받아야 한다. (……) 그 여신은 삶의 즐거운 매력이며 가차 없는 파괴다. 이 두 가지 기둥에는 극도의 긴장이 깃들여 있으며, 그러면서도 영원히 합체된다. - 침머[76]

또한 힌두교에서는 태양이 여성이고 달이 남성이다. 달은 태양 속에서 태어나며 태양 속에서 죽으며, 매달 태양 속에서 다시 태어난다. 거대한 힘인 시바는 달의 신이다. 그의 배우자인 파르바티는 태양의 힘이다. 비록 인도에서는 남성지향적 행동 체계에 대한 예배가 직접 시바에게 향한 것이지만, 이는 사실상 칼리 여신을 향한 것이다. 왜냐하면 예배가 결국 그곳으로 가기 때문이다. 따라서 실제로 인도에서는 칼리가 가장 위대한 신이다.

(……) 그리고 힌두교의 여신 칼리는 (……) 자기 배우자인 남신 시바의 엎드린 몸 위에 서 있는 것으로 나타난다. 여신은 죽음의 칼을 휘두르고 있는데, 이 칼은 곧 영적 훈련을 의미한다. 피가 뚝뚝 떨어지는 인간의 머리는 그 귀의자에게 "여신을 위해 자기 목숨을 바치는 자는 그것을 찾으리"라고 이야기하고 있다. '두려워 말라'와 '은혜를 내림'은 이 여신이 자녀를 보호한다는 것을, 보편적 고통의 대립자의 쌍들은 겉으로 보이는 것과 같지 않다는 것을, 그리고 영원에 중심을 잡

고 선 자의 시각에서 보자면 일시적인 '선'과 '악'의 환영은 오로지 마음의 반영에 불과함을 가르치고 있다. 마치 여신 자신조차 비록 남신을 짓밟고 있는 것처럼 보이기는 하지만, 사실은 그 모두가 남신의 행복한 꿈에 불과하듯 말이다.[77]

    여신은
    형상을 낳고,
    형상을 죽인다.

북부에서, 그러니까 유럽의 체계에서 - 그리고 이른바 '양(陽)'과 '음(陰)'이 있는 중국의 체계에서 - 남성은 공격자, 즉 활동적인 원칙이고 여성은 수용적이고 수동적인 측면이라는 것은 상당히 흥미로운 현상이다. 하지만 인도에서는 딱 이와 반대다. 힌두교의 입장에서는 여성이 '샤크티', 즉 척추를 따라 올라오는 뱀의 힘이며 삶의 에너지의 본질이다. 여성은 활성자이며, 남성은 단지 혼자 있고자 할 뿐이다. 남성은 심리학적으로 다른 것에 대해 관심을 갖지만, 이 힘의 장이 사라지고 나면, 이제는 남성이 활성화된다. 조이스가 『피네간의 경야』에서 쓴 것처럼, "두 입술로 그녀는 이러이러한 그리고 저러저러한 이야기를 내내 그에게 혀짤배기소리로 말하고 있도다. 그녀 그이 그녀 호호 그녀는 웃지 않을 수 없어"다.[78] 이 세계를 다시 시작하는 것이 멋지지 않을까? [여자가 이렇게 물어보면] 남자는 생각한다. "이런 세상에, 맞아, 정말 그럴 거야." 이런 식으로 남자는 넘어가 버린다. 그는 그런 식으로 관여하게 되는데, 왜냐하면 그녀는 그 어떤 측면에서나 그 망할 놈의 에너지이기 때문이다.

이와 유사하게 우리가 기본적으로 이른바 청동 시대라고 부르는 신화 체계에서 여성은 위대한 신이며 모든 힘의 원천이다. 예를 들어서 파라오가 왕좌에 앉은 모습을 그린 이집트의 그림에서, 그 왕좌는 그에게 권위를 부여한 것이며, 그 왕좌는 곧 여신 이시스다. 이와 똑같은 신화의 이미지는 성모와 그리스도의 도상에서도 나타난다. 즉 아기 그리스도는 성모의 무릎에 앉아 있는데, 그 모습은 파라오가 자기 보좌에 앉은 모습과 똑같다. 즉 여성이 남성의 힘인 것이다. 이 각각의 남성은 세계의 지배자로 일컬어지지만, 그 뒤에 항상 있는 것은 바로 여성이다. 마찬가지로 미국 대통령의 옛날 사진을 보면, 보통 대통령의 아내는 남편의 뒤에 서 있곤 했다. 거기서도 대통령의 아내는 이시스이며, 대통령은 보좌에 앉은 아이인 것이다.

피그미 족의 춤 가운데에는 한 여성이 부족의 남자 전체를 밧줄로 한꺼번에 묶는 것이 있다. 남자들은 전혀 꼼짝도 하지 않고 거기 서 있고, 그러면 그 중 하나가 이렇게 말한다. "저 여자가 우리 모두를 침묵시켰다." 그러면 여자는 남자들을 풀어 주고, 남자들은 하나하나 풀려 나면서 노래한다. 그들은 우리가 잃어버린 근원적인, 아주 근원적인 신화적 내용을 알고 있는 것이다.

그녀의 자궁은 공간의 장이며, 그녀의 심장은 시간의 맥박이고, 그녀의 생은 우주적 꿈을 반영하는 우리들 각자의 삶이다. 그녀의 아름다움은 피안의 것이 아니라 바로 이곳의 매혹하는 힘이다. 성서로 치자면 그녀는 이브이다. 인류의 어머니일 뿐만 아니라 모든 사물들, 즉 바위, 나무, 짐승, 새와 물고기, 태양과 달과 별들의 어머니로 확장된 이브라고 할 수 있다.[79]

남성의 힘은 셈 족과 인도-유럽계 아리아 족과 함께 도래했으며, 유목민들의 남성지향적 사회에서 에너지의 구체적인 기능이란 바로 평원에서 가축을 제어하는 것이었다. 그때 이후로 여러분은 남성과 여성 신화 간의 관계의 문제를 지니게 된 것이다.

농사가
생계의 주요 수단일 때
이 세상에는 땅과 여신의 힘이 있다.

사냥이 주요 수단일 때,
짐승을 잡을 수 있게 하는 것은
바로 남성의 주도권이다.

셈 족의 전통에서 여신들은 일소되고, 여성의 신체 – 자연의 매력이나 위력의 의인화된 주요 상징 – 에 대한 남성의 공포는 이른바 정통파의 두드러진 특징이 된다. 이는 가령 가톨릭에서 수녀들은 심지어 자신의 몸을 쳐다봐서도 안 된다고 할 정도의 극단으로까지 치닫게 된다. 현대 종교 중에서도 가장 남성지향적인 이슬람교에서는 여성을 기껏해야 아들을 낳기 위한 수단 정도로밖에 생각하지 않으며, 남성의 기능은 대부분 여성을 보호하는 것이라고 규정하고 있다. 나는 파키스탄에 겨우 몇 시간밖에는 체류하지 않았지만, 내가 목격한 것은 정말이지 상상을 초월했다. 그곳의 여자들은 마치 천막 같은 것으로 온몸을 감싸고 돌아다녔다! 심지어 눈조차 구멍이 숭숭 난 천으로 가리고 있어서, 지금 이 앞에 있는 사람이 호호 할머니인지, 아니면 예쁜 아가씨인지 알 길이 없었다. 사람이 아니라 천막이나 마찬가지니, 도무지 알 수 없는 노릇인 것이다.

남성 = 사회의 질서
여성 = 자연의 질서

남성의 일은 생명과 관계하는 것이다.
여성의 일은 생명 자체가 되는 것이다.

남성의 주된 기능은 그 안에서 여성이 출산을 할 수 있는 환경적 상황을 수립하는 것이며, 또한 여성이 미래를 가져올 수 있도록 그 장(場)을 조성하는 것이다. 왜냐하면 여성이 곧 생명이기 때문이다. 여성은 전체다. 남성은 보호하는 인자이며, 여성의 힘의 대행자이다. 남편을 잃은 여성은 그 남성의 역할을 대신 해야 하지만, 그렇다고 해서 그것을 그 여성 자신의 에너지에 낯선 무엇인가로 간주하는 것은 잘못이다. 아니무스의 기능은 물론 모든 여성 안에 있지만, 그것은 보통 다른 누군가에게 위임되게 마련이니까.

오늘날에는 내가 생각하는 바가 현실로 이루어졌는데 – 매우 많은 여성들이 남편 없이 혼자 살면서 남성적 성취의 장에 나서게 된 것으로 – 이는 사실상 여성들이 속은 것이나 다름없다(물론 의도적으로 그런 것은 아니겠지만, 어쨌거나 그렇다). 가령 마천루로 가득 찬 도시를 건설한다거나, 달에 로켓을 보내는 등의 극적이고 현저한 남성적 활동을 우리가 매우 강조함으로 인해, 이제는 여성들조차도 오로지 남성의 목표와 미덕만이 고려할 가치가 있는 것이며, 남성의 업적만이 모두에게 적절한 목표이며 중요한 것으로 믿게 되었다. 하지만 결코 그렇지 않다.

여성은 원래부터 이 세상을 어떻게 다스려야 하는지를 알고 있었지만, 도리어 남성 - 사실은 여성의 힘의 대행자에 불과한 - 의 일을 하는 2차적인 에너지의 지위로 이동함에 따라서 여성은 자신의 진짜 힘을 잃어버리고 분개하게 되었다. 슈펭글러의 다음과 같은 말을 처음 읽었을 때, 나는 무척이나 감명을 받았다. "남성은 역사를 만든다. 여성은 역사 자체다." 여성은 그것 자체이고, 남성은 여성이 역사를 만들고 역사 그 자체인 곳 안의 장을 꾸며 줄 뿐이다.

남성의 기능은 행동하는 것이다.
여성의 기능은 존재하는 것이다.
여성은 '그것'이다. 여성은 어머니 지구이다.

따라서 여성은 '그것'이다. 가령 여성이 아이를 낳는 행위는 여성의 '존재'의 일부이며, 또한 여성의 몸 자체에 이미 존재하는 역할을 완수하는 것이다. 하지만 생산이 오로지 아이를 낳는 행위에만 국한될 필요는 없다. 여성이 상징하는 삶 속의 그 힘을, 그 특징을, 그 존재를 드러내는 행위 모두가 곧 생산이기 때문이다.

이것이 신화적 이야기에서 여성의 성격의 아름다움 또는 특징이 매우 중요한 이유이다. 물론 그렇다고 해서 육체적으로 아름답지 못한 여성이 그 힘을 지니지 못한다는 의미는 아니다. 그런 힘은 여성의 존재 바로 그 속에 있기 때문이다.

우주적 어머니라는 신화적 형상은 아이를 먹이고 보호하는 최초의 존재라는 여성적 속성을 우주에 귀속시킨다. 이러한 공상은 그야말로 자동적인 것이다. 왜냐하면 자기 어머니를 대하는 어린아이의 태도와 자기 주위를 둘러싼 물질세계를 대하는 성인의 태도 사이에는 밀접하고도 뚜렷한 대응관계가 있기 때문이다.[80]

여신의 열렬한 숭배자인 하인리히 침머가 미국으로 건너오려고 할 때에 그는 융 재단에서 일하는 노부인들로부터 많은 도움을 받았다. 노부인들은 침머에게 일자리를 알선해 주었고, 그의 아내가 집을 구하는 등의 일들을 도와주었다. 그는 이렇게 말했다. "그분들의 눈을 바라보았을 때, 나는 이렇게 말했다네. '당신이 거기 계신 게 보입니다' 하고 말이지." 이처럼 여신은 모든 여성 속에서 작용하며, 이는 남신이 남성 속에서 작용하는 방식과는 전혀 다르다. 나는 그가 이렇게 말했을 때에 그의 눈에서 빛나던 광채를 평생 잊지 못할 것이다. "당신이 거기 계신 게 보입니다."

*신*화의 그림 언어에서 여성은 (우리에게) 알려질 수 있는 것의 전체성을 표상한다. 영웅은 그것을 결국 알게 된 자이다. 영웅이 느린 입문 - 즉 삶 - 을 거쳐가는 동안, 여신의 형상은 그를 위해 일련의 변모한 형상으로 나타난다. 여신은 결코 영웅만큼 위대하지는 못하지만, 그래도 항상 영웅이 지금 이해할 수 있는 것보다 더 많은 것을 약속한다. 여신은 영웅을 유혹하고, 영웅을 인도하며, 영웅이 차고 있는 차꼬를 부숴 버리도록 명령한다. 영웅이 여신의 취지에 부응할 수 있으면, 두 가지, 그러니까 아는 자와 알려진 것은 모든 한계로부터 해방될 것이다. 여성은 감각의 모험의 숭고한 절정으로 (남성을) 인도한다. 불완전한 눈으로 인해 여성은 저열한 상태로 축소되어 보인다. 사악한 무지의 눈으로 인해 여성은 진부함과 추악함에 얽매여 있는 듯 보인다. 하지만 이해하는 눈으로 인해 여성은 구제된다. 그 여성을 있는 그대로의 모습으로 받아들일 수 있는 영웅, 즉 지나친 동요를 지닌 것이 아니라 그녀가 요구하는 친절과 확신을 지닌 영웅은 장차 왕, 육화된 신, 그 여성이 창조한 세상이 될 수 있는 것이다.[81]

한 소녀가 황금 공을 가지고 있다. 황금은 부패하지 않는 금속이며, 구(球)는 완벽한 구이며, 원(圓)은 소녀의 영혼이다. 소녀는 숲 - 즉 심연 - 의 가장자리 밖으로 나가기를 좋아하고, 거기서 작은 연못 또는 작은 샘 - 즉 지하세계의 입구 - 옆에 앉아서 자기 영혼을 이리저리 던지고 놀기를 좋아한다. 즉 작은 공을 던졌다가 다시 받고, 공을 던졌다가 다시 받고, 공을 던졌다가 - 탁! - 소녀는 공을 놓치고, 그렇게 놓친

공은 연못 속으로 빠져 버린다.

　소녀는 울기 시작한다. 자기 영혼을 잃었기 때문이다. 이것이 바로 우울이다. 이것은 삶의 에너지와 즐거움을 상실하는 것이다. 뭔가가 빠져나간 것이다. 이는 『일리아스』에서 헬레네가 납치된 것에 상응하는 일이다. 즉 헬레네가 납치되었으므로 그녀를 되찾고 싶어 하는 것이다.

　그리하여 작은 황금 공이 [연못에] 빠지자, 소녀의 영혼은 지하세계의 늑대에게 먹혀 버린 것이나 다름없게 된다. 이제 에너지가 그렇게 밑으로 내려가면, 그 연못의 바닥에 있던 힘, 즉 지하세계의 주민이 위로 올라온다. 그 주민은 용 또는 이 이야기에서처럼 작은 개구리일 수도 있다. 개구리는 묻는다. "왜 그러시나요, 아가씨?" 소녀가 말한다. "황금 공을 잃어버렸어." 개구리가 말한다. "제가 가져다 드릴게요." 소녀가 말한다. "그럼 정말 고맙지." 개구리가 말한다. "그럼 그 대가로 뭘 주실래요?"

　이제 소녀는 뭔가를 포기해야만 하며, 일종의 교환이 이루어져야만 한다. 소녀는 말한다. "내 금관을 줄게." 개구리가 말한다. "금관 같은 건 갖고 싶지 않아요." "내 예쁜 비단 드레스를 줄게." "예쁜 비단 드레스 같은 건 갖고 싶지 않아요." "그래?" 소녀가 묻는다. "그럼 뭘 갖고 싶은데?" "아가씨와 같은 식탁에서 먹고, 아가씨와 같이 놀고, 아가씨와 같은 침대에서 자고 싶어요." 개구리를 하찮게 여긴 아가씨는 이렇게 대답한다. "그래, 그렇게 할게."

　개구리는 물속으로 들어가 공을 가지고 올라온다. 이제 개구리는 모험을 떠난 영웅인 것이다. 하지만 소녀는 고맙다는 말 한마디 없이 공을 받아 들고는 집으로 달려간다. 개구리는 그 뒤를 쫓아오면서 말한다. "같이 가요." 알다시피 개구리란 놈은 원체 걸음이 느리니 말이다.

소녀는 혼자서 집에 돌아온다. 그날 저녁에 이 공주가 아버지인 왕 그리고 어머니인 왕비와 나란히 앉아 식사를 하는데, 이 초록색 생물이 문 앞으로 뛰어오른다. 개굴, 개굴, 개굴. 소녀는 안색이 파래지고, 소녀의 아버지는 묻는다. "왜 그러느냐? 저게 무어냐?" 소녀는 말한다. "어, 제가 아까 만났던 개구리에요." 왕이 묻는다. "혹시 저놈과 무슨 약속이라도 한 거냐?"

여기서 도덕적 원칙이 들어온다. 여러분은 이 모든 것들을 서로 관련시켜야만 한다. 그리하여 소녀가 "예" 하고 대답하자, 왕은 이렇게 말한다. "그럼 가서 문을 열고, 저놈을 안으로 데려오거라." 그리하여 개구리는 집 안으로 들어와 바닥에 앉은 채 이렇게 말한다. "식탁 위에 앉고 싶어요. 공주님의 황금 접시에서 음식을 먹고 싶어요." 그리하여 식사 분위기는 영 망치고 말았다. 식사가 끝나자 소녀는 잠자리로 갔다. 그러자 개구리도 계단을 펄쩍펄쩍 뛰어 소녀를 따라간 다음, 문을 두드리며 말했다. "저도 방 안에 들어가고 싶어요." 그리하여 소녀는 문을 열고 개구리를 들여보냈다. "저도 공주님 침대에서 같이 자고 싶어요." 이쯤 되자 공주도 더 이상은 참을 수 없었다.

이 이야기의 결말은 몇 가지 종류가 있는데, 그 중에서 내가 제일 좋아하는 것은 소녀가 개구리를 집어서 벽에다 힘껏 집어던지는 것이다. 개구리는 퍽 하고 산산조각 나고, 거기서 마치 낙타처럼 긴 속눈썹을 지닌 잘생긴 왕자가 걸어 나온다. 그 왕자 역시 그동안 문제를 겪고 있었던 것 같다. 즉 어느 마녀로부터 저주를 받아 개구리가 되었던 것이다. 개구리는 곧 성년으로 들어서지 못한 꼬마 소년인 셈이다. 소녀 역시 성년으로 접어들 찰나에 있다. 두 사람 모두 성년에 들어서기를 거절하지만, 이제는 그 딜레마에서 벗어나기 위해 서로를 돕고 있으며, 이것은 정말이지 아름답고 또 아름다운 경험이다.

이 이야기에 따르면, 두 사람이 결혼한 바로 다음 날 성문 앞에 마차가 한 대 도착한다. 왕자의 마차였다. 왕자가 개구리로 변한 뒤에 그의 아버지가 다스리던 왕국은 황폐해지고 말았다. 신랑신부가 그 마차에 올라타서 출발하는 순간 뭔가 "펑!" 하고 요란한 소리가 난다. 왕자는 마부에게 말한다. "무슨 일인가, 하인리히? 무슨 일이야?" 하인리히가 말한다. "아, 일찍이 왕자님께서 사라지신 뒤에, 저는 심장에다가 쇠테를 네 개나 둘렀답니다. 이제 그 중 '하나'가 부서진 모양입니다." 마차를 타고 가는 동안 그 "펑!" 하는 소리는 세 번이나 더 났고, 그러고 나서야 마부의 심장은 다시 제대로 뛰기 시작했다.

여기서 마부란 땅의 상징이다. 그는 자신의 산출이며 지배를 가능하게 하는 힘으로서 왕자를 필요로 하는 것이다. 왕자는 일찍이 그런 임무를 수행하는 데 실패하고 지하세계로 내려갔지만, 지하세계에 내려가 있는 동안에 자신의 어린 신부를 발견했다.

내가 이 이야기를 각별히 좋아하는 까닭은 남녀 두 사람 모두가 문제를 겪고 있고, 두 사람 모두 연못 바닥에 떨어졌으며, 이처럼 유쾌한 방식으로 서로를 구제해 주었기 때문이다. 그 사이에 저 위의 세상은 왕자가 돌아오기만을 기다리고 있었다. 따라서 이것이 영웅의 여정의 한 가지 예이다.

이쯤 되어 제기되는 질문은 -
백이면 백 - 이런 것이다. "여성의 여행은 없습니까?" 여성의 삶은 - 가령 생물학적 근거를 지닌 규범을 그대로 따라간다면 - 곧 세속에서의 삶이며, 자신의 가족과 이런저런 식으로 연관된 삶이다. 그러다가 은퇴할 때가 오면, 일반적인 경로는 이른바 할머니 - 즉 새로 나타난 삶에 대해 조언을 해 줄 수 있는 존재 - 로 묘사될 수 있는 단계로 접어드는 것이다. 이 세상의 손자손녀에 대하여 할머니가 될 수 있는 위치에 설 수 있다. 성숙한 그리고 삶을 육성하는 조언을 할 수 있는 역할에 서는 것이다. 여성은 이런저런 방식으로, 생물학적으로나 사회학적으로 삶을 산출하며, 그러고 나서 말년의 단계에 가서는 삶을 육성하고 삶을 인도하게 되는 것이다. 반면 말년에 접어든 남자는 말년에 접어든 여자에 비해 훨씬 내향적이다.

노인과 아이의 관계야말로 내가 보기에는 무척이나 아름다운 것이 아닐 수 없다. 언젠가 아이다 롤프와 어느 어린아이가 서로를 - 동양과 서양처럼 먼 삶의 거리를 사이에 두고 - 바라보고 있는 모습을 찍은 사진을 본 적이 있었다. 두 사람 사이의 모든, 역사적으로 조건 지워진 단계는 완전히 사라져 버렸으며, 이제는 서로를 바라보는 단 하나의 영원만 있을 뿐이었다. 여러분도 이처럼 영원한 순수를 바라보고 또 육성할 수 있는 영원한 경험의 원칙을 가능하게 하는 사회적 관계 속에 있을 수 있다면, 그것이 진정 좋은 본보기라고 할 수 있다.

하지만 역사 전반에 걸쳐 있는 사례에서 여성이 무엇을 하는지에 대해 답변이 불충분했던바-다시 말해서 여성은 자연과 사회가 기대한 바를 행했지만, 마침 상황이 너무 불모이고 나빴다는 것이다-이것은 바로 내가 '모험에의 부름'이라고 일컫는 것이다. 만약 어떤 여성이 성취의 장에 들어서는 남성의 과업을 수행한다면, 그녀의 신화는 본질적으로 그 남성 영웅과 마찬가지가 될 것이다.

그 여성 영웅은 물론 남성이 결코 만나지 못했던 또 다른 어려움이며 이득을 접하게 될 것이지만, 남성이건 여성이건 간에 내적 여정, 즉 영적 탐색은 매한가지다(비록 그 심상은 약간 달라지게 마련이라고 해도). 예를 들어 남성의 만다라의 중심 이미지는 종종 빛을 방사하는 보석이나 그와 비슷한 어떤 것이지만, 여성의 경우에는 그런 중심 이미지가 아이-자신의 영적 출산으로 낳은 아이-를 팔에 안고 있는 모습으로 드러난다. 왜냐하면 여성의 신체적 특성의 심상이 영적인 형상으로 변환되었기 때문이다.

평범한 가정주부와는 전혀 거리가 먼 내 아내 같은 사람은 남성 영웅에 상응하는 여성 영웅이 있음을 기꺼이 시인한다. 만약 어떤 여성이 전통적으로 남성의 과업이라고 여겨졌던 종류의 과업을 수행하기 위해 뛰어들었을 경우-즉 고독 속에서 어떤 일이 성취되기를 기다리는 대신 뭔가를 성취하기 위해 뛰어들었을 경우―라면 말이다. 예술가인 진은 적극적 역할을 충분히 성취했으며, 따라서 그녀의 난국은 본질적으로 남성의 것과 똑같다. 그녀가 일하는 와중에 알게 된 다른 여성들 역시 전형적인 가정주부는 아니다. 그들은 예술의 영역에서 성취에 도달했으며, 내가 알기로는 여성들이 이처럼 비인습적인 삶의 방식을 지닐 수 있는 유일한 분야는―물론 학계를 제외한다면―예술계뿐이다. 나 역시 일을 하면서 이른바 '정신노동'의 세계에 있는 여성들을 여럿 알게 되었지만, 내가 보기에 그들은 결코 예술 분야의 여성들만큼 풍부한 성취를 거두지는 못한 것 같다. 그들의 성취는 결과를 중요시하는 반면, 예술가의 성취는 오히려 과정을 중요시하므로, 이 두 가지는 전혀 다르다.

문학을 통틀어 여성의 모험을 다룬 작품은 거의 없다. 그 이유는 여성은 이미 '그것'이며, 여성에게 있어서의 유일한 문제는 어떻게 하면 그것을 자각하느냐뿐이기 때문이다. 『그림 동화』에는 어린 소녀들의 모험에 관한 이야기가 몇 가지 있는데, 그 대부분은 여성스러움을 받아들이기 위한 문턱으로 들어서기 직전의 망설임을 다루고 있다. 가령 잠자는 숲 속의 공주나, 그 밖의 이야기에서 소녀들은 결국 깨어나게 된다. 여성이 꿈을 꿀 때, 그들의 적극적인 측면은 종종 남성의 형태로 나타난다.

남성이 표상하는 것은 여성의 힘의 대행자, 그것도 특정한 종류의 기능을 지시받은 대행자이다. 하지만 남성의 몸에는 여성의 몸에 자동적으로 있는 여성의 본성으로의 상기가 있지는 않다. 따라서 남성 - 밖으로 나아가, 자신의 온전한 힘을 발휘할 장소와 도구를 발견하는 - 은 자기 안에서 여성적 요소를 발견해야 하는 문제를 지니지 않게 되는데, 왜냐하면 그의 몸속에 들어 있는 여성적 요소라는 것은 여성의 몸속에 들어 있는 여성적 요소에 비하자면 지극히 하찮은 것이기 때문이다.

남성 안의 여성적 요소란 여성 안의 여성적 요소에 비하자면 극히 미미한 것에 불과하다. 이것은 단순히 신체 구조상의 차이만을 말하는 것은 아니다. 오히려 남자와 여자의 내부에 있는 그런 [여성적] 요소의 비율 자체가 다르다는 뜻이다.

남성은 반드시 행해야만 한다.
남성은 반드시 어머니로부터 분리되어야 하고,

자신의 '행동'의 길을 찾아야 하는데,
그 길은 곧 고통의 길이다.
여성은 그저 있기만 하면 된다.

    20대 때 나는 예술가들과 함께 지냈는데, 그 중 상당수는 여성이었다. 나는 그들이 30대에 이르면 하나같이 결혼 문제에 맞닥뜨린다는 것을 깨달았다. "이제는 결혼해서 아이를 낳아야겠어." 이른바 조각가라는 내부의 여성이 자신의 힘의 도구인 망치와 끌을 발견한 경우, 말 그대로 거기에만 하루 종일 매달릴 수가 없다면 진지한 예술가로서 그녀의 이력은 지속될 수가 없기 때문에 그녀의 예술은 결국 무너져 내리고 만다.
    남성의 경우에는 이러한 파국이 일어나지 않는다. 여성이 남성을 부를 때에 남성은 그저 나아가서 결혼하기만 하면 된다. 왜냐하면 여성은 저 밖에, 그러니까 자신이 자연적으로 있는 곳에 그대로 있기 때문이다. 나는 이것이 여성의 여정에 있어서 한 가지 특징이라고 말하고 싶다. 즉 여성에게 주어진 본성 속에는 여성이 다루어야 할 훨씬 더 무거운 짐이 있다는 것이다. 이는 소녀에게 생리가 일어나면서부터 시작되며, 그때부터 소녀는 여성이 된다.
    이러한 삶에의 호출은 여러분 가운데 여성에게만 있고 남성에게는 없다. 남성의 몸 자체가 그런 사실을 나타낸다. 남성은 그런 문제가 없다. 여성도 물론 영웅의 여정을 따를 수 있지만, 그것은 자연의 장 - 여성이 곧 그 현시인 - 에 대해 여성에게만 요구되는 다른 부름들이며, 또 다른 관계가 있을 것이다.

나는 결혼에 이르기까지 오랜 세월이 걸렸다. 그 주된 이유는 여성은 항상 즐거움을 원하게 마련인데, 그런 즐거움은 결코 내 관심사가 아니라고 생각했기 때문이다. 그런 것은 내 독서에 방해만 될 뿐이라고 생각했다. 솔직히 그건 사실이다. 하지만 또 한 가지 이유는 매번 내가 진지하게 어떤 여자와 사귀려고 할 때마다 나는 일종의 부담감을 - 삶이란 무겁다는 사실을 - 느꼈기 때문이다. 그러면 나는 곧바로 그 무게에 압도당한 나머지, 세상만사 어느 것 하나 중요하지 않은 일이 없는 듯 느껴지고, 단순한 것들도 어마어마한 문제처럼 생각돼, 결국 어이쿠! "난 안 해!" 하고 물러나곤 했던 것이다. 그러다가 좀 지나면 또다시 시작하면서도 말이다.

나는 젊은 여성들을 수없이 많이 가르쳐 왔고, 그 중 상당수가 예술 분야로 진출했다. 내 아내인 진 역시 고전무용 분야로 진출했다. 하지만 나머지 여성들 가운데 상당수는 그런 활동을 전혀 용납하지 않는 남편을 두고 있다. 이런 여성들은 각각 반드시 선택을 내려야만 하며, 만약 자기 남편이 원하는 대로 굴복하겠다고 선택을 내릴 경우, 그녀의 모험은 그것으로 끝나는 것이다. 실제로 그렇다. 다른 무엇이든지 대체물은 될 수 있다. 하지만 목표는 여러분 자신의 모험에 나서는 것이어야지, 대체물을 지니는 것이어서는 안 된다. 이는 결코 쉬운 일이 아니다.

내가 이 젊은 여성들을 가르칠 때, 나는 그들을 문헌학자나 역사학자로 탈바꿈시킬 생각을 하지 않았다. 그렇다면 나는 그들에게 뭐 하러 이런 것들을 가르친 걸까? 대부분은 결국 결혼하고, 아이를 낳고, 일상의 일 - 물론 그들을 가르치는 내 일상의 일 역시 맨 처음의 흥분이 가시고 난 다음부터는 전혀 즐겁지가 않지만 - 을 처리하느라 바쁠 텐데 말이다. 하지만 똑같은 물건이라 하더라도 다르게 사용하는 법이 있게 마련이니, 나는 이렇게 생각하기로 했다. 즉 그들은 장차 가정을 꾸릴 것이고, 그들이 50대에 이르면 자녀들도 독립해서 나름의 가정을 꾸림으로써 그들도 혼자가 될 것이다. 그렇기 때문에 내 의도는 어떻게 하면 인생 여정의 후반부 동안에 세계를 읽을 수 있는지 그에 관한 영적 메시지를 그들에게 전달하는 것이 되었다. 그것은 상당히 오래전의 일이었지만, 나는 지금도 이 여성들 - 그로부터 20년, 30년, 심지어 40년이 지난 뒤까지도 - 가운데 여러 명과 연락을 하고 있으며, 그들은 내 방법이 효과를 발휘했다고, 즉 그들의 삶에서 현재의 국면에 내가 일종의 자양분을 제공하는 데 성공했다고 입을 모으고 있다.

일본이나 옛날 동양의 전통 같은 경우, 그리고 심지어 플라톤의 시대로 거슬러 올라간 고대 그리스에서도 주부와 기녀가 전혀 다른 종류의 여성이었다는 점은 매우 흥미롭다. 기녀는 예술과 문학과 이야기에 있어서 매우 능숙했던 여성이었다. 기녀의 삶의 방식은 주부 - 이들 전통에서는 여성의 삶의 성취라고 공인되던 - 의 삶의 방식과는 전혀 달랐다.

문학에 보면 또 한 가지 여성의 역할이 나타나는데 - 물론 나야 현실에서는 한 번도 본 적이 없지만 - 그건 바로 아마존으로 나타나는 여성의 역할이다. 이에 관해서는 어느 프랑크 왕의 딸이 이슬람교도에게 납치되었던 이야기가 있다. 노예로 팔린 그녀는 어느 이슬람교도와 서로 사랑하는 사이가 되었는데, 훗날 그녀는 구출되어 고향으로 돌아오게 되었다. 그러자 이슬람교도인 애인이 뒤쫓아 와서 그녀를 도로 빼앗아 달아났는데, 그녀의 형제들로 구성된 추적대가 뒤따라오자 그녀는 애인에게 말한다. "당신 칼솜씨가 어느 정도지?" 남자가 대답한다. "영 별로야. 그보다는 이불 속에서의 실력이 더 나을 정도지." "그래?" 그녀가 대답한다. "그럼 당신은 도망쳐. 추적대는 내가 맡을 테니까." 이것은 참으로 대단한 이야기이며, 이 세상의 그 어떤 이야기보다도 탁월한 것이니, 여러분도 『아라비안 나이트』에 나오는 이 이야기를 한 번쯤 찾아 읽어 보았으면 싶다.[82]

조이스는 어떤 두 가지 사이에 고리 역할을 하는 여성에 관해 이야기한 바 있다. 나라와 나라 사이에, 그리고 사람과 사람 사이에 말이다. 유능한 여성들이 전혀 낯선 문화에 속한 남성들과 결혼한 경우, 남성들이 전혀 낯선 문화에 속한 여성들과 결혼한 경우에 비해 훨씬 편안하게 느끼게 마련이다. 여성은 두 가지 사이에 고리 역할을 한다. 조이스가 『피네간의 경야』에서 이끌어 낸 것이 또 하나 있다. 즉 한 여성에게 서너 명의 아들이 있다고 치자. 그 중 하나는 좋은 아들이고, 하나는 못난 아들이다. 하지만 어머니는 이들을 모두 사랑한다. 어머니는 그런 식의 어떤 성취를 토대로 하여 자녀를 평가하지는 않는다. 다만 사람 대 사람의 관계를 표상할 뿐이다.

> 남성의 힘이 지배하는 곳에서
> 여러분은 분리를 겪는다.
> 여성의 힘이 지배하는 곳에서는
> 둘이 아닌, 포용하는 특성이 존재한다.

나는 젊은 여성들을 가르친 바 있기 때문에, 만약 제대로 된 결혼 생활을 할 경우, 여성이 남편의 직업을 이해하는 데 있어 얼마나 유능한지를 깨닫고 놀란 바 있다. 물론 본인은 남편의 직업을 공부한 바 없지만, 여성은 그와 함께 바로 거기 있는데, 왜냐하면 양쪽 구성원 가운데 누구 하나라도 실패하면 한 쌍을 모두 파괴하기 때문이다. 내 경우에는 내가 쓴 것을 모두 진에게 읽어 주고, 그러면 아내는 내게 필요한 비판과 지원을 해 주었다. 남성은 가끔 협동을 전혀 필요로 하지 않는다는 듯 생각할 때가 있는데, 사실은 그렇지 않다. 배후의 여성과 협동하는 남성은 그렇지 못하고 혼자인 남성과 커다란 차이가 있다.

신혼 때에 진은 내가 아무리 운전을 못해도 그냥 묵인하기만 했다. 그러다가 어떤 심리적 전환이 이루어졌음을 깨달은 순간이 찾아왔다. 즉 그 이후에 한동안 아내가 내 운전 방식에 대해 비판을 가한 것이다. 그리고 그다음에는 아내가 방향을 지시하는 단계가 찾아왔다. 물론 이 모두가 내게는 받아들일 만한 것이었다. 그것은 아내의 생각이 변화한 것과 관계가 있었다. 처음에 아내는 이렇게 생각했다. '우리 남편이 하는 일은 무엇이든지 훌륭해.' 그러다가 아내가 나에 대해 어느 정도 알게 된 다음부터는 과거의 무비판적인 태도가 사라지게 된 것이다. 결국 나에 대해 더 많이 알게 된 다음부터 – 이건 누구에게나 항상 마찬가지지만 – 오히려 아내가 나를 주도하게 되었다. 나는 다른 누군가에게 자동차를 넘겨주는 기분을 알고 있기 때문에 그저 이렇게 말할 뿐이었다. "혹시 뭔가랑 부딪치더라도 괜찮을 거야. 간다, 여보." 그런데 알고 보니 집사람은 무척이나 방향 지시를 잘했다. 나하고는 달랐고, 그저 그뿐이었다. 이것이 바로 '위험한 침대'다.[83]

완전 무장한 기사가
위험한 침대를 향해 다가간다.
그 안에 누우려고 할 때마다,
침대는 펄쩍 뛰고 반항하며 움직인다.

위험한 침대는
여성의 기질을 표상한다.
만약 남성이 그냥 매달릴 수만 있고,

남성이 견딜 수만 있다면,
그 침대는 얌전해지고,
남성은 그 보상을 얻게 될 것이다.

얼마 전에 나는 안식년을 맞아 1년 내내 여행을 다녔는데, 주로 인도와 일본을 다녔고, 태국과 스리랑카와 미얀마와 대만에도 갔다. 그때 내가 받은 인상 가운데 가장 뚜렷한 것은 이들 문화의 여성이 남성보다 훨씬 유능하다는 것이었다. 물론 그런 현상 뒤에 숨겨진 또 다른 진실을 바라보기 위해서는 반드시 해외로 나가야 하겠지만, 그래도 나는 동양 여성들의 활기와 권위에 강렬한 인상을 받았다.

나는 오랫동안 인도에 머물렀고, 비록 침머의 책을 여러 권 출간했〔으므로 인도에 대해서는 잘 알았〕지만, 인도에 간 사람은 누구나 한 번쯤 둘러보는 곳들을 모조리 구경 다녔고, 그 중에는 네루의 자택도 있었다. 네루의 여동생은 나를 마치 오랜 친구처럼 대해 주었고, 나는 결국 그녀의 절친한 친구들을 다 만나 보았다. 인도 여성들이 사리 등을 걸친 모습은 그야말로 소박해 보였지만, 그들〔의 내면〕은 사실 그와는 전혀 거리가 멀었다. 그들은 잠재능력이 있었다. 물론 일본에서는 이와 좀 상황이 달랐는데, 왜냐하면 그곳 남성들은 진짜로 힘센 남성들이었기 때문이다. 하지만 일본인 커플이 식당에 오는 것을 보면, 누가 계산을 하는지 아는가? 바로 여성이다. 여성이 돈을 갖고 있는 것이다.

여신 아테나의 주요 특징은 영웅들의 보호자이며 후원자인데, 그런 면에서는 왕이나 훗날 자신의 영웅이 될 사람의 지원자 노릇을 하는 인도의 여신 락슈미와 유사하다. 미술에서 아테나는 영웅의 보호자로 묘사된다. 가령 페르세우스가 메두사의 머리를 자를 때에도 함께 있었고, 종종 영웅으로서의 과업을 시작하는 젊은이에게 입문을 시키는 신도 바로 아테나다.『오디세이아』에서 그녀는 텔레마코스에게 아버지를 찾으러 떠나라고 조언한다. 스케리아 섬에 상륙한 오디세우스에게는 파이케아스 족의 공주 나우시카아를 만나라고 조언했으며, 또한 그들 부자가 상봉하는 자리에도 함께 있었다. 따라서 우리는 아테나를 영웅들의 인도자로 간주할 수 있다.

아테나는 또한 [그 이름에서 비롯된] 아테네 시의 요새인 아크로폴리스의 수호여신이다. 아테나는 자기 어머니가 아니라 아버지하고만 혈연관계를 맺고 있다. 그녀의 어머니는 메티스였는데, 제우스는 임신한 메티스를 꿀꺽 삼켜 버렸고, 그리하여 아테나는 자기 아버지인 제우스의 배에서 태어나 그의 머리를 통해 세상으로 나왔다. 이것은 프로이트가 말한 위[上] - 즉 남성 창조의 기원 - 를 향한 전이이며, 그녀는 바로 거기서 세상으로 나온 것이다. 내가 보기에 그런 전통을 지닌 사회에서 어머니는 곧 우리 본성의 어머니다. 어린이는 어머니에게서 태어나며, 작은 자연의 물체이다. 아버지는 누군가의 사회적 성숙의 부모다. 따라서 소년이 입문을 하기 위해서는 어머니를 떠나 남자들만의 캠프로 가고, 거기서 입문 의례를 치러야 한다.

아버지는 분리자이다.
어머니는 합체자이다.

헤라는 제우스 – 왕의 법, 즉 이 세계를 지배하는 정의의 표상인 – 의 아내이기 때문에 가족의 여신이다. 헤라의 역할은 영웅적 모험의 후견인인 아테나의 역할과는 전혀 다르다. 유혹자와 아내라는 대조적 역할로 본다면, 헤라는 아내 쪽이고, 유혹자 역할은 아프로디테에게 돌아간다. 하지만 아프로디테는 단순한 유혹자 이상의 존재다. 그녀는 모든 사랑의 여신으로, 다시 말해 극도로 강력한 여신이 아닐 수 없다. 사랑은 멀쩡한 사람을 유혹자로 만들어 버릴 뿐만 아니라, 나아가 삶에 대한 사랑까지도 야기하기 때문이다.

우라니아 베누스[84]는 뮤즈의 영감, 즉 영의 영감을 부여하는 존재이기도 하다. 그녀는 신체뿐만 아니라 영도 먹이는 것이다. 그녀가 이 세상에 생명을 불어넣는 방식은 이 한 가지 생명이 만물의 한 가지 진실임을 보여 준다. 예술가인 여성은 육체적 삶뿐만 아니라 영적 삶 – 그 즉시 드러내 보이는 힘이 되는 – 또한 제공하는 분야에 있다고 생각하는 까닭도 바로 그것이다.

나는 여성이 아이를 바라보는 방식이 남성의 방식과는 다르다고 생각해 왔다. 가령 비행기 안 복도를 이리저리 뛰어다니는 어린아이를 바라보는 방식에는 두 가지가 있다. 하나는 여성이 아이를 바라보는 방식으로 보는 것이고, 또 하나는 남성이 아이를 바라보는 방식으로 보는 것이다. 그렇기 때문에 나는 주요한 여성의 힘과 미덕이 바로 공감이라고 말하는 것이다. 이는 곧 이기적 고립의 결여, 다시 말해 참여에의 포용이다. 심지어 섹스에 있어서도 남성은 공격적이지만, 여성은 포용적이다. 우리 모두의 존재 기반이기도 한 보편적 공통성에 대한 포용성이 바로 공감이다. 자발적 감정을 인식하고, 포용하고, 나아가 행동으로 표현하는 것이 바로 여성의 힘이다.

『신화의 이미지』에서 나는 콴인(관음) – 마하야나의 보디사트바 아발로키테시바라의 의인화 가운데 하나이며 동정의 화신인 – 에 대한 멋진 이야기를 수록한 바 있다.[85]

중국의 어느 시골 마을에 콴인이 현현했는데, 마침 그 마을에서는 아무도 깨달음에 관해 들어 본 적이 없었다. 사람들은 모두 경마 같은 남자다운 일에만 관심이 있었다. 그리하여 콴인은 매우 아름다운 처녀로 변신해서 마을에 내려와, 강에서 잡은 생선을 팔았다. 생선이 다 팔려서 바구니가 비면 처녀는 곧바로 사라졌다. 다음 날 아침이면 이 예쁜 생선장수 처녀는 다시 마을로 왔다가 또다시 사라졌다. 이렇게 계속하다 보니 온 마을의 청년들이 이 처녀에게 홀딱 반해 버리고 말았다.

어느 날 아침, 이 처녀가 나타나자 스무 명 가량의 청년들이 처녀를 둘러싸고 말했다. "우리 가운데 한 사람과 결혼해 주시오." "글쎄요." 처녀가 대답했다. "한꺼번에 스무 분과 결혼할 수는 없으니까 내일 아침까지 『관음경(觀音經)』을 모두 암송할 수 있는 분이 있으면, 그분하고 결혼하도록 하죠."

다음 날 아침, 열두어 명의 청년이 경전 전체를 외워 오자, 처녀는 이렇게 말했다. "글쎄요. 그렇다고 이분들 모두와 결혼할 수는 없으니, 내일 아침까지 이 경전의 뜻을 제게 해석해 줄 수 있는 분이 있으면, 그분과 결혼하도록 하죠."

다음 날, 네 명의 청년이 그 뜻을 해석해 주자, 처녀는 이렇게 말했다. "저는 단 한 사람뿐이니 네 분 모두와 결혼할 수는 없지만, 혹시 오늘부터 사흘 안에 이 경전의 의미를 '경험한' 분이 계시면, 바로 그분과 결혼하도록 하죠."

사흘 뒤, 이번에는 단 한 명의 청년만 나타났다. 그러자 처녀가 말했다. "강굽이를 돌아가면 제가 사는 작은 집이 있어요. 오늘 저녁에 그리로 오시면 제 남편으로 맞아들이겠어요."

그날 저녁, 청년은 강굽이에 위치한 작은 집으로 갔다. 어느 노부부가 바깥에 나와 있었는데, 그 중 남편 쪽이 말했다. "아, 그렇지 않아도 자네가 오기를 한참 기다리고 있었네. 우리 딸아이는 안에 있다네." 하지만 청년이 들어가 보니 방 안은 텅 비어 있었다. 처녀는 거기 없었다. 청년이 창밖을 보니 발자국이 나 있었고, 청년은 그 뒤를 따라 강으로 향했다. 그곳 물가에서 청년은 작은 신발 한 짝을 발견했지만, 처녀의 모습은 간 데 없었다.

거기 멍하니 서 있는 동안 갈대가 바람에 이리저리 흔들리자, 청년은 그제야 그 갈대며 세상 만물이 바로 그 처녀임을 깨달았다. 처녀의 유혹과 매력 – 마하야나의 이미지에서 표상된 여성의 형상 – 을 통해서 그는 마침내 우주의 아름다움의 니르바나적 은혜를 깨달았던 것이다. 그 경전을 이해함으로써 그는 자신이 경험한 바가 무엇인지를 알았고, 깨달음을 얻었다.

『신곡』의 결론부에서 단테는 이와 비슷한 종류의 뭔가를 깨닫게 된다. 그는 베아트리체의 유혹에 이끌려 천국을 거쳐 하나님의 보좌로까지 나아가게 되며, 그가 그곳에 도달하자 그녀는 그곳에서 삼위일체며 천사의 형상과 함께 있다. 삼위일체의 세 위격의 뒤에서 그는 불길과 빛으로 이루어진 세 개의 원을 바라보는데, 이는 바로 하나님의 비인격적인 측면을 나타낸 것이었다. 그는 과연 어떻게 해서 의인화된 형상과 비의인화된 깨달음이 똑같은 것일 수 있을지 의문이 들었다고, 하지만 곧이어 이 세계 전체가 하나님의 사랑과 은혜 속에 있음을 깨달았다고 말한다. 다시 말해 그가 베아트리체 속에서 처음 경험했던 바로 그 사랑에 말이다.

  그 모두가 사랑일 때,
  세상 모두는 반드시 사랑이어야만 한다.
  무엇도 방해해서는 안 된다.
  사랑은 모든 것을 정복한다.

의식의 세 번째 단계
성스러운 삶과의 조우

Living
In the Sacred

'환영(幻影)'이라는 뜻을 지닌 인도의 '마야(maya)' - '측정하다; 재어서 나눠 주다; 형성하다; 창조하다; 짓다; 드러내 보이다; 전시하다'라는 뜻의 동사 어근 '마(ma)'에서 유래한다 - 는 환영을 창조하는 힘과 자기 자신을 드러내는 가상(假像) 둘 다와 관련된다. 예컨대 마술사의 기술도 마야이고, 그가 창조한 환상도 마야다. 군사전략가나 상인, 배우, 도둑의 기술도 마야다. 마야는 매혹이자 매력, 특히 여성적 매력으로 경험된다. 그리고 이 점에 있어서 한 불교도의 말을 빌리자면 "마야의 모든 형태 중에서 여성의 형태가 가장 훌륭하다."[1]

가령 우리가 그것의 세계, 즉 세계라 할 수도 없는 세계를 갖고 있다고 치자. 다시 말해 이원성의 세계가 생기기 '이전'의 에덴동산, 즉 초월의 신비를 말이다. 그런 뒤에 우리는 사물의 세계, 즉 이원성과 다양성의 세계, 마야의 세계를 갖게 된다. 그 세계에서 우리는 초월과의 연결을 상실한다.

마야란
초월을 세계로 전환시키는
힘이다.

우주 기원의 본질이자 여성성과 개인성의 본질인 마야는 다음의 세 가지 힘을 지녔다고 한다.

1. 차단하는 힘: 사물의 실재적, 내적, 본질적인 성격을 감추거나 은폐하는 힘이다. 어느 산스크리트 경전에서는 "그는 모든 생물체에 들어 있으며, 각각의 아트만으로서 우리에게 나타나 보이지 않는다"고 말한다.[2]

첫 번째 단계인 차단막은 여러분이 백색광을 보지 못한다는 사실로부터 현시된다. 이것은 이른바 마야의 차단막이라고 부르는 것이다. 여기서 주어진 이미지는 프리즘을 통해 무지개 색깔로 분산된 백색광의 이미지다. 이 프리즘이 바로 여신이다. 차단하는 힘, 즉 덮어 버리는 힘으로 인해 백색광은 통과하지 못한다.

2. 투사하는 힘: 환영으로서의 인상과 생각을, 그와 결합되는 욕망이나 혐오와 함께 방출하는 힘이다. 예를 들어 밤에는 밧줄을 뱀으로 오해하고 소스라치게 놀랄 수 있다. 무지(차단하는 힘)가 실재를 은폐한다면, 상상력(투사하는 힘)은 현상을 전개한다. "이 투영하는 힘은 모든 [겉으로 드러나는] 모습들을 창조한다. 그것이 신의 모습이건, 우주

의 모습이건."³

투사하는 힘에 의해 이 세계의 형상들이 나타난다. 프리즘은 차단 막인 동시에 또한 투사기이기도 하다. 백색광을 막아서는 것이기도 하며, 또한 무지개 색깔을 투사하는 것이기도 하다. 이 두 번째 단계에서 백색광은 [거꾸로] 이 세계의 형상을 통해 드러난다. 가령 원반 위에 여러 개의 색깔을 넣어서 회전시켜 보면, '백색'의 회전하는 원반만 나올 것이다. 이것이 바로 드러내 보이는 힘이다.

3. 드러내 보이는 힘: 미술과 조각 그리고 의례와 명상의 기능이며, 곧 뭔가를 알게 하는 기능이다.⁴

> 미술의 기능이란
> 마야의 드러내 보이는 힘에 봉사하는 것이다.
>
> 바다의 늙은 목소리, 작은 강들의 재재거림,
> (겨울은 그들에게 금 대신 은을 주었네.
> 그들의 물을 채색하고, 그 물가의 초록을 갈색으로 바꾸며)
> 서로 다른 입에서 하나의 언어가 영창되네.
> 나는 믿나니 우리가 어떤 욕망과 공포도 없이,
> 아픈 나라들의 폭풍에, 굶주림에 시달리는 도시의 분노에
> 귀 기울일 수 있을 만큼 강하기만 하다면,
> 바닷가 옆에서, 연인의 꿈속에서,

아이의 것처럼 맑은 또는 혼자 춤추는 소녀의 숨과도 같은,
그 목소리들을 또한 찾을 수 있을 것이니 -로빈슨 제퍼스[5]

공포와 욕망은
또한 예술가들의 문제이기도 하다.

마음이 인식할 준비가 된 것을
드러내는 시(詩)가 우리에겐 더 많이 필요하다.

(……) 예술의 첫 번째 기능은 내가 일찍이 신화의 첫 번째 기능이라고 명명한 것과 정확히 똑같다. 즉 경험하는 마음으로 하여금 동산 문의 수문장들 – 욕망과 두려움 – 을 지나쳐 그 안에 위치한 깨달은 삶의 나무까지 데려가는 것이다. 「천국과 지옥의 결혼」에 나온 시인 블레이크의 말을 빌리자면, "지각의 문이 정화되면, 만물이 인간에게 있는 그대로의 모습으로 무한하게 드러난다."[6] 하지만 문들의 정화, 즉 수문장들인 화염검 든 케루빔의 일소 등은 예술의 첫 번째 효과이고, 그와 동시에 두 번째 효과가 있으니, 그것은 바로 단 한 올의 터럭 속에서 '수천 마리의 황금 사자'를 인식하는 기쁨이다.[7]

"어떠한 물건이든 세심하게 관찰해 보면 신들의 불멸의 영겁에로 접근하는 문이 될 수 있지."[8] 제임스 조이스의 『율리시스』에서 벅 멀리간이 하는 대사이다. 이 대목에서 레오폴드 블룸은 자신의 가정 문제를 생각하면서, 바스 맥주의 병에 붙은 상표 속의 붉은 삼각형을 열렬

히 바라보고 있다. 누군가가 블룸을 방해하기 시작하자, 멀리간은 상대방을 가로막으며 이렇게 말한다. "(……) 드루이드 신도의 침묵을 지키란 말이야. 그의 영혼은 멀리 가 있어. 하나의 환상으로부터 깨어난다는 것은 아마 태어나는 것만큼 고통스러운 거야. 어떠한 물건이든 세심하게 관찰해 보면 신들의 불멸의 영겁으로 접근하는……." 이런 식이다.

예를 들어서 연필, 재떨이 또는 다른 무엇이든지 여러분의 양손에 들어 올린 다음, 그것을 한동안 주시해 보라. 그 용도와 이름은 잊어버리고 계속해서 주시하면서 스스로에게 진지하게 물어보라. "이게 무엇일까?" (……) 그 용도에서 떨어져 나오고, 그 명명에서 벗어나면, 곧이어 경이의 차원이 열린다. 왜냐하면 그 물건의 존재에 관한 신비는 곧 우주의 존재에 관한 신비와 똑같은 것이기 때문이다. 나아가 여러분 자신의 신비와도 똑같은 것이기 때문이다.[9]

예술은 곧 변모의 경험이다.

미술의 드러냄(계시)은 윤리도 아니고, 판단도 아니며, 심지어 사람들이 흔히 생각하듯 인간성도 아니다. 오히려 그 드러냄은 만물을 통과해 빛나는 지고의 빛을 발하는 '형상'에 대한 놀라운 인식이라고 할 수 있다.

간단히 말해서 어떤 상황 또는 현상이 우리 속에 ('의미의 확신'에 대한 가능성을 언급하는 것 대신) '존재감'을 일으키는 경우, 우리는 이와 같은 종류의 경험을 하는 것이라고 말할 수 있으리라. 이렇게 생긴 존재감은 우리의 역량이나 준비 여부에 따라서 좁거나 깊을 수도 또는 강렬할 수도 있다. 그러나 하다못해 짧은 충격(즉 가령 도시 건물들 위로 떠오른 달을 발견하거나, 밤에 날카로운 새 울음소리를 듣는 등)조차 무심(無心)의 질서-다시 말해 시적 질서, 예술의 질서-의 경험을 산출할 수 있다. 이것이 일어나면, 우리 자신의 의미 너머 실재가 깨어남으로써 (또는 이보다 더 나은 경우, 즉 '우리'가 자신의 의미 너머 실재를 향해 깨어남으로써) 우리는 생각도 아니고 감정도 아니며 그저 내적 충격뿐인 정서를 경험하는 것이다. 우주적 지시로부터 해방된 이러한 현상은 그 원칙-마법에는 익히 잘 알려진, 즉 비슷한 것이 비슷한 것을 불러낸다는 원칙-에 의해서 우리 자신을 해방시킨다. 사실 예술의 마법과 마법의 기술 양쪽 모두는 이러한 질서의 경험으로부터 비롯된 것이며, 또한 이러한 질서의 경험으로 전해진다. 거기서부터 무의미한 음절들의 힘, 마술의 주문, 그리고 형이상학과 서정시와 예술 해석의 언어표현 등이 유래한다. 그것들은 지시적으로 기능하는 것이 아니라, 환기적으로 기능한다. 아인슈타인의 공식처럼 기능하지 않으며, 마치 어느 샤먼의 북 치는 소리처럼 기능한다. 한 순간 뒤에, 우리는 그 경험을 분류하고, 거기에 대해 말할 수 있는 생각과 묘사할 수 있는 감정을-다시 말해서 공유재산인 생각들을 지니게 될 것이며, 그것들은 우리의 교육 여부에 따라서 감상적이거나 아니면 심오하게 될 것이다-지니게 될 것이다. 하지만 우리의 삶에 따라서 우리는 어느 한 순간 존재감을 지니게 되었다. 이것은 가치평가되지 않은, 방해받지 않은 시적 삶의 순간이다. 즉 생각과 감정 양자 모두에 선행하는 것이다. 이러한 것은 결코 경험적으로 검증 가능한 명제에 의해 소통될 수가 없고, 단지 예술에 의해 암시되기만 할 뿐이다.[10]

    삶의 목표는 환희다.
    예술은 우리가 그것을 경험하는 방법이다.

지금부터 나는 여러분에게 내가 아는 기초적인 미학 이론의 설명 가운데 가장 분명하고 확실한 것이라고 여겨지는 것을 펼쳐 보일 것인데, 이는 바로 제임스 조이스가 『젊은 예술가의 초상』에서 선보인 이론이다.

조이스는 이른바 '적절한 예술'과 '부적절한 예술'을 구분한다.[11] '적절한 예술'이라고 하는 것은 이른바 실제로 예술에 속하는 바를 의미한다. 반면 '부적절한 예술'이라는 것은 예술이 아닌 다른 어떤 것에 봉사하는 예술을 말한다. 나아가 관찰자의 태도를 예로 들면서, 조이스는 적절한 예술은 정적인 것이며, 따라서 심미적으로 도취되는 반면, 부적절한 예술은 활동적이며 움직임으로 가득 차 있다고 말한다. 다시 말해 여러분을 욕망으로, 아니면 두려움과 혐오로 이끈다는 의미다.

대상 – 즉 유형의 대상 – 을 향한 욕망을 부추기는 예술을 그는 외설적이라고 말한다. 대상을 향한 혐오나 두려움을 부추기는 예술은 교훈적이라고 한다. 모든 사회학적 예술은 예술적이다. 졸라의 시대 이후로 대부분의 소설은 교훈적 외설작가들의 작품이 되었으니, 일종의 사회적 교의를 설파하는 동시에, 거기다가 외설적 조미료를 첨가했기 때문이다.

가령 여러분이 잡지를 뒤적이다가 멋진 냉장고 광고를 하나 본다고 치자. 그 옆에는 새하얀 이를 내보이며 웃고 있는 젊은 여성의 모습이 보이고, 그러면 여러분은 이렇게 말한다. "나도 저런 냉장고 하나 사야겠어." 이 광고는 바로 외설물이다. 정의상으로 모든 광고 미술은 곧 외설적 미술이다. 또한 여러분이 어느 나이 지긋한 노부인의 사진을 보고 이렇게 생각한다고 치자. "저런 양반이 계시면 차라도 한 잔 대접해 드리고 싶은걸." 이 사진 역시 외설물이다. 또는 여러분이 스키 애호가의 집에 갔는데, 그 집 벽에 어느 산비탈 그림이 그려져 있는 걸 보고 이렇게 생각한다고 치자. "아, 저런 산비탈에서 스키를 타고 내려가면……." 이 그림 역시 외설물이다. 여러분과 그 대상의 관계가 순수하게 심미적이지는 않기 때문이다. 여러분은 단지 그 대상을 지각할 뿐이다. 우리가 바라보는 대부분의 미술은 교훈적이거나 외설적이게 마련이다.

조이스는 적절한 예술의 도움을 받아 아퀴나스에게로 나아간다. 그는 라틴어를 사용해서 심미적 대상이 세 가지 순간을 만들어 낸다고 말한다. '인테그리타스(integritas)' 즉 '전일성', '콘소난티아(consonantia)' 즉 '조화', 그리고 '클라리타스(claritas)' 즉 '빛'이 그것이다.[12]

가령 여러분이 책상 위에 몇 가지 물건을 놓아두고 있다고 치자. 이 상황에서 어느 부분 주위에 격자를 두르고, 이제 그 격자 안에 있는 것들을 개별적인 물체의 모음이 아니라 다른 무언가로 간주해 보자. 다시 말해 단일한 실체로, 즉 전일성으로 말이다. 이것이 바로 '인테그리타스'다.

고(故) 버크민스터 풀러는 우리에게 다음과 같이 바라보고 음미하는 법에 관한 정의를 남겨 주었다. (……)
"삶의 크나큰 복잡성을 이해하고, 우주가 무엇을 하고 있는지를 이해하기 위해서, 맨 처음 배워야 할 말은 시너지〔상승작용〕다. '시너지는 전체 체계의 행동이며, 그 각 부분의 행동에 의해서는 예측되지 않는다.' 그 가장 특별한 사례는 우리가 이른바 인력(引力)이라고 부르는 것이다. 어떤 거대한 구와 그보다는 약간 작은 또 다른 구가 나란히 긴 장재(緊張材)에 매달려 있는 경우, 이 두 개의 구는 서로를 끌어당긴다. 우리는 어느 하나의 구 속에는 그 자체로 아무런 힘이 없기 때문에, 그 구가 다른 구 쪽으로 끌려가지 않을 것이라고 예측한다. 여러분은 반드시 두 개를 가져야 한다. 그래야만 우리의 지구와 달을 엮어 주는 것과 같은 시너지가 발생한다. 이 시너지는 또한 우리의 우주를 하나로 엮어 주는 것이기도 하다. (……) '시너지와 에너지의 관계란 곧 통합과 분화의 관계와 마찬가지인 것이다.'"[13]

이른바 '의존적 기인, 또는 상호적 발생〔緣起〕'이라는 불교의 교리는 풀러가 말한 '시너지'의 원리에 상응한다. 붓다가 침묵의 꽃〔拈華微笑〕설법(이른바 선불교의 기반을 이룬 설법으로 간주되는)을 할 때, 거기 모인 회중 앞에 꽃 한 송이를 내밀었는데, 그 뜻을 이해한 유일한 사람은 그의 가장 탁월한 제자인 마하카샤파〔摩訶迦葉〕뿐이었는데, 그는 알았다는 뜻으로 스승을 향해 조용히 미소를 지었다.[14] 우주를 연꽃으로 간주하고, 또한 연꽃을 파도 속에 있는 보이지 않는 생명의 흔적이 물 표면에 나타난 것으로 간주하는 이런 상징 – 동양에는 그야말로 보편적인 – 에서 붓다의 교리는 이미 '프라티탸 사무파다(pratitya samutpada, 緣起)' 즉 '의존적 기인 또는 상호적 발생' 속에 내포되어 있다. 왜냐하면 꽃잎들은 어떤 식으로건 서로에 대해 개별적인 것으로, 또는 서로에 대해 우연적이거나 필연적인 것으로 해석되어서는 안 되기 때문이다. 그 전체 체계는 붓다 자신과 마찬가지로 그저 일어나는, 즉 '그렇게 오는(타타가타, tathagata, 如來)' 것뿐이다.[15]

여러분이 '인테그리타스', 즉 그런 격자 속의 전일성을 지니고 있으면, 이제 유일하게 중요한 것은 만물의 조화로운 배치, 즉 '콘소난티아'다. 조이스는 이를 가리켜 '아름다움의 리듬'[16]이라고 불렀는데, 여기에는 색깔들 서로의 관계, 군중 서로의 관계, 그리고 그 사이 공간들의 관계 등이 포함된다. 모든 요소들은 이 조화로운 리듬의 일부분이다. 이런 리듬이 다행히도 성취될 경우, 우리는 '클라리타스' 또는 빛을 경험한다. 우리는 심미적 대상을 다른 것이 아닌 그 자체로서 바라보며, 또 우리는 심미적으로 도취된다.

[조이스는] 이렇게 썼다. "마음[정신]은 붙잡혀서, 욕망이나 혐오를 초월하도록 고양되니까."[17] 눈의 독창적이면서도 생물학적인 기능 – 즉 뭔가를 보고, 먹을 것을 찾아내고, 두뇌에 위험을 경고하는 – 은 일순간 동안 또는 (진정한 예술가의 경우에는) 일생이 유지되는 동안 일시 중

지되며, 세계는 (관찰자의 행복과 세계의 관련성에 대한 아무런 선입견 없이 바라보면) 그 자체로 충족적인 계시로 인식된다.[18]

달리 말하자면, 그 틀은 그 대상을 밀폐 봉인하는 경계이며, 따라서 여러분이 경험하는 모든 것, 문제가 되는 모든 것은 바로 그 경계 내에 있다. 그것은 성스러운 장(場)이며, 여러분은 순수한 대상[객체]을 향한 순수한 주체가 된다. 여러분은 더 이상 이 사물들이 어떻게 이름 붙여지는지, 또는 이 사물들을 가지고 무엇을 할 수 있는지를 알 필요가 없다. 이것이 미학의 첫걸음이라고 할 수 있다. 이다음에 말할 것은 미학의 두 번째 걸음이라고 할 수 있으리라.

예술의 수수께끼란 왜 어떤 리듬은 여러분을 심미적으로 심취시키는 반면, 또 어떤 리듬은 그렇지 못하느냐는 것이다. 리듬이 없다면 음악은 아무것도 아니다. 리듬은 예술의 도구다. 음악은 체계이며 리듬일 뿐만 아니라 또한 비례이며 서로 대비되어 연주되는 음계이기도 하다. 가령 여러분이 C장조 화음을 연주하고 거기서 딸림음인 7도로 옮겨 간다면, 그것은 한 음계와 또 다른 음계 간의 관계로 이루어진 체계다. 그것이 진정으로 공간이다.

재즈 악단의 즉흥연주를 구경하면 정말이지 놀랍다. 대여섯 명의 음악가들이 서로의 소리를 맞추어 가는데, 계속 똑같은 리듬을 유지하기 때문에 그들은 결코 틀릴 수가 없다. 이제껏 그런 식으로는 한 번도 안 해 봤더라도 말이다.

피그미 족은 각각 특정한 음계를 소리 내는 작은 파이프를 갖고 있는데, 여러 사람이 둘러앉아 음계 하나씩을 불면 뭔가 놀라운 결과가 나온다. 마치 새 울음소리처럼, 숲 속의 소음처럼 말이다.

인도의 음악은 결코 어떤 시작도 없고 끝도 없다. 그들의 음악은 의식의 평원을 표상하며, 끝도 없이 계속될 뿐이다. 여러분이 그런 공연에 가면 정말 기이하게 느껴질 것이다. 그들은 각자의 악기를 가지고 놀며, 음을 맞추고 신나게 연주하기도 하는데, 이런 일이 대략 반시간쯤 지속된다. 그러다가 이들은 곧 연주로 들어간다. 이는 음악이 마치 계속적으로 진행되는 것 같으며, 음악가들은 단순히 잠깐 끼어들어 악기를 집어 들고 연주하다가 갑자기 떠나가는 것처럼 보인다. 한마디로 서양의 음악과는 전혀 다르다. 여기에는 아무런 긴장도 해소도 없고, 시작도 끝도 없다. 그저 항상 거기에 있을 뿐이다.

음악의 구조와 건축의 구조 사이에는 관계가 있다. 모든 건축은 공간 속의 구조다. 이는 또한 공간과 연관된 기능을 지니게 된다. 가령 뉴욕의 센추리 클럽은 저명한 건축가인 샌퍼드 화이트가 19세기 말에 지은 것이다. 이 건물은 역사적 기념물이다. 로비는 매우 조화롭다. 매우 균형 잡힌 공간이기 때문에, 거기 들어가면 누구나 편안한 기분이 든다. 하지만 어째서 그런지는 수수께끼로 남아 있다.

하지만 내가 생각해 낼 수 있는 유일한 답변은 세잔의 것뿐이다. "예술은 자연과 나란히 하는 조화다." 물론 여기서는 두 가지 자연이 모두 관계된다. 하나는 자연, 즉 저 바깥에 있는 세계고, 또 하나는 우리 안에 있는 자연(본성)의 세계다. 다시 말해서 예술가의 의도가 '자연과 나란히 하는 조화'를 도모하는 것이라면 – 그리고 그 밖의 다른 의도는 십중팔구 교훈이나 외설과 연관되게 마련이라면 – 그 조화는 여러분의 내부에 있는 뭔가와 공명하고, 여러분을 심미적으로 심취시키고, 여러분은 그렇게 큰 "아하!"의 경험을 하게 되는 것이다. 따라서 예술의 기능이란 유형적이고 가시적인 세계의 소진 가능한 것을 열어젖힘으로써, 그것들을 통해 광휘 – 여러분의 안에 있는 것과 똑같은 광휘 – 가 환히 비치게 하는 것이다.

내 생각에 우리가 이런 조화를 가장 강력하게 느낄 수 있는 장소는 바로 일본이 아닐까 싶다. 그곳에서는 여러분의 본성이 지속적으로 일깨워지고, 과연 어디서부터 자연이 끝나고 예술이 시작되는지 구별할 수도 없다. 일본에서는 정원을 만들 경우, 그걸 설계한 사람이 자기 아들에게 언제쯤 (정원수) 각각의 가지를 잘라 줘야 하는지를 설명해 준다. "여기가 이렇게 자라나면 잘라 주거라." 그렇게 함으로써 나무를 자연처럼 보이게 하려는 것이다. 이것이 바로 예술이다. 우리 안의 본성과 조화를 이루었던 자연인 것이다. 그러한 조화는 이러한 리듬의 첫 단계다. 이것이 바로 기초다. 추상적 예술 또는 모든 종류의 예술은 이러한 리듬의 견지에서 생각되어야 한다. 시 속에서 여러분이 이제 말하려는 것이 무엇인지에 관련해서, 시에는 어떤 형식을 사용할 것인지를, 하나의 협화음과 또 하나의 협화음의 공명을 여러분이 선택하라. 이 모든 것이 리듬이며, 여러분을 어루만지는 감각적인 리듬 효과의 견지에서 이해되어야만 한다. 특정한 리듬은 특정한 반응을 만들어 낸다.

그리고 이런 조화로운 리듬을 막는 두 가지 운동은 붓다의 두 가지 시험과 정확히 일치한다. 하나는 욕망으로 여러분이 대상을 소유하게 만들며, 또 하나는 혐오 또는 두려움으로 여러분이 그 대상으로부터 돌아서게 만든다. 여러분이 어떤 대상을 소유하러 나아가거나 또는 그 대상으로부터 돌아서게 되면, 여러분은 마야가 투사한 미혹적인 호소와 두려움의 세상에 대해 반응하는 것이 된다. 그리고 심미적 도취, 즉 마음이나 영이나 또는 그 무엇 – 욕망이나 두려움에 의해 움직이지 않는 – 의 상태는 나무 아래의 부동지점에서 붓다가 경험한 바에 정확히 상응한다. 그것은 '실제로' 부동지점이다. 그것은 여러분의 주위를 둘러싼 세계의 형상들과 여러분의 관계에 있어 일종의 심리학적 정지다.

이러한 원리에서는 (선과 악, 참과 거짓의 잣대로) 평가하려는 사회적 충동뿐만 아니라, 즐기고 지배하려는 생물학적 충동도 (그와 반대되는 혐오와 공포도 함께) 즉각적으로 사라진다. 거기에서는 자아의 상실과 자아의 고양이 동일하게 느껴지는 어떤 순수한 황홀의 경험이 나타난다. 그러한 충격은 "말로 형용할 수 없다." 그것은 다른 어떤 것에 비추어서 설명될 수 없기 때문이다. 이때 우리의 마음은 우리 자신을 옭아매는 신경망에서 생겨나는 온갖 걱정으로부터, 즉 즐기고 싶고 이기고 싶고 예의범절을 지키고 싶은 온갖 걱정으로부터 - 잠시 동안, 하루 동안, 어쩌면 영원히 - 벗어나게 된다. 이렇게 하여 자아가 해체되면 신경망에는 오로지 생명, 어디에나 존재하는 영원한 생명만이 남게 된다. 중국과 일본의 선사들은 이 상태를 '무심(無心)'의 경지라고 불렀다. 이에 해당하는 인도의 전통적인 용어에는 '해방'을 뜻하는 모크샤(moksa), '깨달음'을 뜻하는 보디, 그리고 '욕망의 바람을 초월한 경지'를 뜻하는 니르바나가 있다. 조이스는 "미적 쾌감으로 된 침묵의 밝은 정지상태"[19]에 대하여 말하는데, 그 상태에서는 심미적 이미지의 선명한 광휘가 파악된다. 그리고 이때 마음은 이미지의 총체성에 사로잡히고, 조화에 매혹당한다. "그 신비로운 순간의 마음을 셸리는 시들어 가는 석탄불에다 아름답게 비유했어"라고 그는 말했다.[20]

따라서 심미적 도구 - 즉 심미적 도취를 유발하는 아름다움의 리듬의 도구 - 는 마야의 드러내 보이는 힘이다.

예술가의 기예를 적용하는 방법에는 두 가지가 있다. 하나는 가령 칠면조 요리를 만드는 것이고, 또 하나는 그저 심미적인 것 이외에는 아무런 가치도 없는 예술을 만드는 것이다. 내가 '예술'이라는 단어를 사용할 때, 이것은 '성스럽게 넘쳐나는 아름다움'과 심미적 도취와 관계가 있다. 가령 칠면조 요리를 먹는 데에는 아무런 심미적 도취가 없다. 그것은 삶이 작용하는 것이며, 반드시 해야 하는 일을 하는 것이며, 즉 뭔가 죽은 것을 먹음으로써 여러분의 체내에 집어넣는 것이다. 이는 심미적 도취라든지 광휘를 지각함과는 전혀 다른 것이다. 여러분은 어떤 대상을 바라보고, 그걸 먹으려 하는가? 어떤 대상을 먹는다는 것은 욕망과 혐오와 관련된 것이다.

이 두 가지 간의 구분은 그것이 마야의 투사하는 힘인지, 아니면 여러분이 그 대상을 바라볼 때 현존하는 드러내 보이는 힘인지와 관계가 있다. 이 두 가지를 분명히 구분하는 것은 매우 중요하다. 만약 여러분이 그 대상과 함께 번영하느냐 실패하느냐, 그 대상을 먹느냐 먹지 않느냐에 관해 걱정하는 경우, 여러분의 관점은 욕망과 혐오, 즉 붓다가 겪은 시험, 즉 마야의 투사하는 힘과 관련되어 있다.

이처럼 조이스가 말한 심미적 이론을 마야의 관념과 결합시키는 것은 내가 보기에는 놀라운 깨달음을 보여 주는 것 같다. 나는 오늘 아침에 일어나서 이렇게 말했다. "이런 세상에, 무려 80년이 지나서야 깨닫게 되었군." 나는 심미적 도취의 함의에 관해서는 일찍부터 알고 있었지만, 이것을 마야의 관념과 연관시켜 본 적은 한 번도 없었다. 여러분이 (마야의) 투사하는 힘을 경험하는지, 또는 드러내 보이는 힘을 경험하는지 여부는 여러분의 정신적 태도에 따라 달라진다. 이 세계는 그 양쪽의 양상 모두 존재하기 때문이다. 이 세계가 변화하는 것이 아니라, 다만 여러분의 의식이 변화할 뿐이다.

 심미적 도취는 이러한 초점의 변화에서 비롯된 결과다. "아버지의 나라는 지상에 펼쳐져 있으나, 사람들이 그것을 보지 못하느니라." 여러분은 심미적 도취 속에서 그것을 본다. 하지만 이러한 초점의 변화를 통해 경험할 수 있는 내적 깊이를 발전시키기 위해서, 삶의 목표를 완전히 성취하기를 추구하는 자는 성스러운 공간으로 물러나 있어야 한다. 성스러운 공간은 – 가령 전통 문화에서 나타나는 것과 같은 공간의 경우 – 입문과 명상을 위한 장소다. 여러분이 이미 상당한 성취를 이루어서 더 이상은 입문이 필요가 없는 경우, 여러분은 그런 공간이 없어도 잘해 나갈 수 있다. 하지만 여러분이 그 궁극적 깊이에 매료되지 않는 한, 그리고 여러분의 삶의 외적 국면에 아울러서 내부까지도 풍부하게 하고 건설하는 데 관심을 지니고 있다면, 여러분은 이를 실천할 어떤 장소, 어떤 방법을 필요로 한다.

 여러분이 이런 내적 깊이를 달성하면 온 세상이 열리고, 여러분이 삶에서 하던 놀이는 이 광휘로 가득 차게 된다. 성배의 성은 장(場) – 심미적 도취를 경험하는 방법에 의해 탐험되는 – 속에 있는 것이다. 성배는 여러분이 이런 밀폐 봉인된 장을 경험함으로부터 비롯되는 완전한 환희와 영적 성취의 감각이다. 이는 마치 석유를 탐사하는 것과 유사하다. 여러분은 파이프를 꽂아 넣고, 그 파이프가 석유를 건드리면, 그제야 그 지역 밑이 온통 석유임을 깨닫게 되는 것이다. 하지만 여러분은 우선 그걸 발견하기 위해 어디론가 내려가야만 하며, 그곳이 바로 이 돌입의 장인 것이다.

내 생각에는 여러분이 이러한 심미적 정지의 상태에 도달한 스스로를 상상한다면, 여러분은 무슨 일에 대해서건 두려움과 욕망을 제거하는 것에 관해서, 그리고 '삼사라'가 '니르바나'가 되는 것 – 즉 변화하는 세상 한가운데의 정점(靜點) – 에 관해서 이해하게 될 것이다. 거기 있는 모두가 그러한 것이다. 그러고 나면 세계는 여러분이 벗어난, 그런 한편으로 자발적으로 관여하게 된 사물의 현시가 된다. 즉 "세상의 슬픔 속에 기쁜 마음으로 참여하는" 것이다. 이것은 강제적으로 연결되는 것과는 전혀 다른 일이다.

정지에서 운동으로의 의식의 변화는 곧 에덴동산에서의 인간의 타락이다. 붓다가 벗어난 그 구속들 – 욕망, 두려움 그리고 사회적 의무 – 은 그저 일시적인 문제들이다. 여러분은 자발적으로 거기 속박될 수 있지만, 강제적 속박은 마야와 연관된다. 여러분이 이걸 깨닫는다면, 여러분은 내가 줄 수 있는 모든 것을 깨달은 셈이다.

라마크리슈나는 브라흐만과 샤크티 – 또는 데비(Devi), 즉 여신 – 에 관해 이야기하면서, 브라흐만이 바로 정점, 즉 정(靜)으로 경험되는 젖의 바다라고 말했다. 샤크티는 움직임이며, 곧 기쁨이며 고통이다. 이 두 가지는 하나다. 이것이 바로 야브 – 염(Yab-Yum)[21]의 관념이다. 어젯밤에 내 머릿속에는 조이스가 우리에게 제시한 이처럼 간단한 분석의 견지에서 이런저런 생각들이 하나로 통합되었다.

조이스의 분석에서 우리는 동정과 공포의 감정을 지닌다. 이제 공포는 두려움과 혐오와는 똑같지 않다. 그것은 한편으로 초월적 작동 원리, 또 한편으로 시간의 경과에 의한 결과, 이 양쪽 모두에 대한 깨달음이다. 이것은 정적이며, 다시 말해 움직이는 공포가 아니라 정적인 공포다. 이것은 동정의 깨달음이다. 고통 받는 인간과의 동일시다. 고통 받는 빈민이나 고통 받는 흑인이나 공산주의나 파시스트 치하에서 고통 받는 사람이 아니라 고통 받는 '인간' 말이다. 이는 사회학적인 교훈을 제거해 준다. 여러분은 (스스로를) '고통 받는 종'과 동일시한다고 말할 수 있고, 그렇게 되면 공포는 모든 움직임을 지나쳐서 괴테가 말한 '샤우데른(schaudern, 전율)'이라는 정점에 도달한다. 이는 곧 세계의 순전한 현상성에 관한 깨달음의 전율인 것이다. 이것이 전부다.

여기에 한 가지 덧붙이자면, 욕정이나 사랑의 방식을 통해서 여성은 남성을 움직이게 할 수 있다고 하겠다. 유혹녀는 남성을 꾀어 세계로 이끌고, 처녀-즉 동정녀 마리아-는 남성을 초월, 즉 개인주의를 초월하는 그리스도의 원리로 인도한다. 내가 보기에는 이 매우 간단한 깨달음과 함께 만사가 제자리에 딱 들어맞지 않나 싶다.

내 삶은 한 가지 직업, 한 명의 아내, 한 명의 이미지였다. 바로 성배다. 이것은 보수주의라고도 알려져 있다. 『젊은 예술가의 초상』에는 아주 훌륭한 대사가 등장하는데, 이 모든 이단적인 주장을 듣고 있던 스티븐의 친구가 문득 너 혹시 프로테스탄트가 되려는 것이냐고 물어본다. "나는 신앙을 상실했다고 했어." 스티븐이 대답한다. "하지만 내가 자존심마저 상실했다고는 말하지 않았어. 논리적이고 이치에 맞는 부조리를 버린 후, 비논리적이고 이치에 맞지 않는 부조리를 포용한다면, 그게 어떻게 해방이 될 수 있겠니?" [22]

서기 1세기 이전의 불교 미술은 대부분 이야기였다. 붓다의 삶이며, 그와 유사한 다양한 미술이 있었지만, 붓다 자신은 한 번도 묘사된 적이 없었다. 하지만 이른바 '삼사라'가 곧 '니르바나'이며 만물이 곧 붓다[만물에 불성이 있다]라는 마하야나의 깨달음과 함께, 사상 최초로 붓다의 이미지며 다른 이미지들이 나타나기 시작했고 - 모두가 그 깨달음을 나타내는 것으로 제시되었고 - 미술 작품 그 자체도 붓다 의식[佛性]의 드러냄이 되었다. 이는 광휘, 즉 우리가 앞서 이야기했던 '클라리타스'에 대해 투명하게 되었다.

반면 기독교 미술에서는 이런 개념이 없는 것 같다. 왜냐하면 정통파에서는 이른바 그런 유형물에 관해 그리스도가 언급한 바가 없는 것으로 간주하기 때문이다. 다만 「도마의 복음서」를 보면 "장작을 쪼개면 그곳에 내가 있고, 돌을 들어 올리면 그곳에 내가 있느니라"라는 대목이 등장한다. 이런 식으로 기독교의 전통에서 우리는 오로지 일화만을 발견할 뿐이다. 가령 십자가에 못 박힘은 예수가 십자가 위에서 받은 고난의 일화다. 이것은 계시[드러냄]가 아니며, 미적 심취를 야기하지 않는다. 이것은 교훈적이다. 초기 기독교의 미술은 교훈적인 것을 의도했는데, 왜냐하면 글을 읽을 수 있는 사람이 아무도 없었기 때문이다. 고딕 시기에는 가령 샤르트르 성당 같은 데 가면 그리스도와 사도들과 제자들의 이야기가 묘사되어 있었다.

나는 그 성당에 다섯 번 가 봤는데, 한번은 안내책자를 이용해 각각의 창문에 그려진 내용들이 무엇인지 알아보았다. 모두 다 기독교의 전통에 있는 여러 일화를 언급하고 있으며, 나는 거기서 기독교의 교리 전체를 이해할 수 있었다. 하지만 장미창은 오히려 광휘를 드러내 주고 있었다. 그것은 장엄한 예술이었다. 그것을 들여다보면 우리는 심미적으로 심취되는 경험을 하게 된다. 그리고 성당 그 자체 역시 예술 작품이다.

(……) 신화의 장 내에서 상징적 세부사항은 사실상 지역적인 물질적 역사와 환경을 반영하지만, 그럼에도 불구하고 정신의 어떤 질서를 지니고 있으며, 이성의 기능에 의해서 영적 통찰의 표현으로서 해석되어야 한다. (……) 사원(또는 유럽의 성당)의 관념은 여기서 이야기되는바, 즉 그곳의 경내에 있는 모든 형상들이 내포적인 형이상학적 직관의 은유인 곳이며, 의례적 법령을 위해 떨어져 있는 곳이다.

그런 환경에 들어가면 마음이 평온해지며, 말 그대로 제 자리에 있게 된다. 즉 깨어 있는 의식의 세계에 존재하는 혼돈의 도가니로부터 물러나서, 조화(우리 자신의 본성인)의 인식 속에서 평온하고도 평화로운 상태에 놓여서, 생명이 영원히 또 다른 생명을 소비해야 하는 그 모든 끔찍한 광경을 알려 주고 있는 것이다. 그렇게 되면 의례의 기능은 우리의 삶에 대한 태도를 이런 비(非)판단적 시각과 일치시키게 만들어 주는 것이다. 결코 만들어진 적이 없는 세계에서 조잡한 자아 유지의 방법으로서가 아니라, 주마등 같은 환희에 시너지적으로 참여하는 방법으로서 말이다.[23]

샤르트르 마을은 이 성당 주위에 조성되어 있는데, 이는 고대의 사원 도시들이 그 사원을 중심으로 이루어진 것이나 마찬가지며, 이 사원은 그 도시 전체가 의존해 살아가는 영적 안내소를 표상한다. 우리 미국에는 이와 비교할 만한 것이 전혀 없다.

나는 샤르트르에서 무척이나 놀라운 경험을 한 바 있다. 나는 거기 며칠 머물면서 그곳을 모조리 둘러보고 있었는데, 하루는 관리인이 나한테 다가오더니 정오 종을 치러 가는데 좀 도와주지 않겠느냐는 거였다. 두말 하면 잔소리였다. 그래서 우리는 거대한 종이 있는 북쪽 탑에 올라갔다. 꼭대기에 올라 보니, 종은 바로 내 밑에 매달려 있었고, 종 위에는 마치 시소처럼 생긴 것이 가로질러 매달려 있었다. 관리인은 종의 저쪽에서, 나는 이쪽에서, 우리 사이에 놓인 막대에 각각 올라섰다. 우선 그가 한번 발을 구르자 막대가 움직이기 시작하면서 우리의 머리카락이 바람에 휘날렸고, 곧이어 바로 밑에서 "땡! 땡!" 하는 소리가 울렸다. 우리는 그놈의 짓을 4~5분은 했을 것이다. 정말로 엄청난 소리였다. 그리고 나서 그는 나를 밑으로 데려가서 자기가 사는 집을 보여 주었다.

그런 성당의 경우에는 회중석과 십자로가 있게 마련이다. 그리고 앱스와 성가대 칸막이가 그 주위에 빙 둘러 있다. 성가대 칸막이는 웬만큼 작은 방 하나쯤은 들어갈 정도로 넓었다. 관리인은 실제로 성가대 칸막이 속에 위치한 작은 방에 침대를 놓고 잔다고 했다. 그곳에 들어가면 성상들 너머로 바깥을 내다볼 수 있고, 바로 거기에 검은 성모[24]도 있었다. 솔직히 말해서 그는 그 장소에서 정말 특권을 누리고 있었다. 그 모두가 조화를 이루고 있었던 것이다. 조상(彫像)이며, 건축이며, 하루의 리듬이며, 올라가서 종을 치는 것까지도. 그것이야말로 아름답게 조화된 삶이었다.

12세기와 13세기에 생겨난 이야기 가운데에는 성모의 기적이라고 알려진 것들이 있는데, 그 가운데는 짧지만 뛰어난 로망스도 포함되어 있다. 그 중에서도 가장 멋진 이야기 - 몇 년 전에 뉴욕에서 연극으로도 공연된 바 있다 - 는 애인과 몰래 데이트 약속을 잡아 놓은 어느 수녀가, 마침 그 시간에 성당 바닥을 청소하라는 명령을 받게 된다는 설정으로 시작된다. 이윽고 그림 속의 성모가 살아서 내려오더니, 청소용 솔과 양동이를 빼앗으면서 이렇게 말한다. "나가서 재미있게 놀다 오거라." 성모는 결코 추기경들이 정한 규칙에 따라 움직이지는 않았던 것이다.

따라서 미술이란 동정녀의 매개다. 미술은 마야의 드러내 보이는 힘의 수단이며, 우리가 지상에서 초월로 나아가는 수단이다. 미술의 세계에서는 누구나 항상 여신을 볼 수 있기 때문이다.

프로테스탄트 공동체에서는 성모 마리아 숭배를 질색하기 때문에 아무런 미술이 없다. 뉴잉글랜드의 교회 어디를 가 보더라도 건물 자체는 매우 아름답지만, 거기서 유일하게 미술과 가까운 것이라고는 찬송가밖에 없을 것이다. 나는 어려서부터 가톨릭교도였지만, 아내인 진은 프로테스탄트 목사의 딸이었기 때문에, 나는 아내를 따라서 난생처음으로 프로테스탄트 예배에 참석해 보았다. 거기서 찬송가를 부르는 동안 서 있으면서, 나는 그녀에게 말했다. "당신네 프로테스탄트는 이미지를 지니고 있지 않은 대신, 이 찬송가 속의 이미지를 바라보고 있나 봐. 가령 '주 내 안에 오시네' 어쩌구 하는 것 말이야."

내가 이제껏 겪은 것 중에서 가장 흥미롭고 놀라운 예배는 그랜드 래피즈에 위치한 멋진 스테인드글라스로 장식된 아름다운 교회의 예배였는데, 그날 나는 모든 영혼들을 위한 켈트의 축제인 할로윈을 맞

이해서 '과자 안 주면 장난 칠 테야(Trick or Treat)'라는 제목으로 설교를 했다. 예배 도중에 문이 활짝 열리며, 신도들의 아이들이 모두 가면을 쓰고 우르르 몰려들어 왔다. 그 중 제법 큰 아이들이 선두에 섰고, 그보다 작은 아이들이 뒤따랐고, 맨 끝에는 그야말로 아주 작은 꼬마들이 기묘한 가면을 쓰고 나타났다. 가면을 쓴 아이들은 곧 앞으로 세상에 태어날 영들을 표상했다. 아이들은 피아노 앞에 모두 줄지어 서서 이렇게 노래했다. "제 의상을 직접 만들었어요, 하루 종일 오래 걸려서요." 이것이야말로 영적인 경험이었다. 아이들, 성가대 – 사실은 신도들이던 – , 이는 그야말로 숭고했다.

그러고 나서 나는 설교대에 섰는데, 이런, 솔직히 말해서 설교대는 무기나 다를 바 없었다. 거기에는 힘을 위한 예술이 있었다. 바로 그것의 배치 자체가 그 예술이었다. 그곳과 다른 모든 사람이 관계하는 방식이 그러했다. 여러분이 설교대 위에 서 보지 않은 한, 여러분은 자신에게 어떤 힘이 있는지 깨닫지 못할 것이다. 여러분이 거기 서 있으면, 어느 누구도 여러분을 다치게 할 수 없다. 여러분은 뱃머리에 선 것이며, 저 아래에 있는 바다의 표면을 가르고 나아가려는 참이다. 나는 2년 동안 두 번 그렇게 해 보았다. 처음에는 제단에 대해 약간 경외심을 품었지만, 두 번째에는 이제 그걸 어떻게 사용하는지를 잘 알게 되었다.

내가 보기에 예술가란 예술의 유능한 시행자가 아닐까 싶다. 그냥 자리에서 일어나 여기저기 쑤시고 돌아다니는 사람을 모두 예술가라고 부를 수는 없을 것이다. 언젠가 어떤 사람이 매우 진지한 투로 다음과 같이 예술가의 정의를 내린 바 있다. "[직종별] 전화번호부 상에 자기 직업을 예술가라고 해 놓은 사람이면 누구나 예술가지." 하지만 나는 여기 동조할 수가 없다. 심지어 실용 예술에서도 작업에 있어서의 완벽의 원칙은 가장 기본적으로 기대되는 바이다.

예술가란 예술 작품을 완성한 사람이지, 단순히 완성하려는 의도를 품었다고 해서 예술가라고 할 수는 없다. 올해나 내년에 그 작품을 판매할 수 있을지 없을지 여부는 예술 작품으로서 그 고유의 가치나 정의에 하등의 영향을 끼치지 못한다. 반 고흐는 평생 단 한 점의 작품도 팔지 못했지만, 이제는 그의 작품 두어 개만 가지고도 박물관을 하나쯤 만들 수 있을 정도다.[25] 크나큰 심리학적 문제를 겪고 있었지만, 그는 예술가였다.

예술가(아티스트)라는 말은 다양한 용도로 사용되는데, 그 중에서도 가장 주요한 용도는 곧 두 극단으로서, (a) 일에 유능한 사람, (b) 미술 분야의 예술가이다. 여러분이 미술가가 되기 위해서는 우선 그 일에 유능해야만 한다. 반면 단순히 유능하다는 표현은 가령 요리나 곡예나 그 밖의 일에 대해서도 사용할 수 있다. 심미적 도취의 경험은 미술과 연관이 있다. 반면 배관 일에 유능한 사람이라 하더라도, 그 일을 하면서 심미적 도취를 추구하지는 않는다. 그러다가 그 '실제적' 기능을 놓쳐 버릴 수 있기 때문이다.

나는 LSD가 처음 나왔을 때 이루어진 놀라운 실험 결과에 관해 들은 적이 있다. 4명의 브리지 선수에게 LSD를 약간씩 투여한 뒤에 게임을 시작하도록 했다. 카드를 돌리고 집어 들기는 했지만, 이들은 오로지 카드를 바라보기만 했다. 게임은 전혀 이루어지지 않았다. 이것이 심미적 도취, 즉 성스러운 공간의 사례였다. 카드는 심미적 환희를 위한 것 외에는 아무런 소용이 없었다. 일찍이 세속적 즐거움의 삶에 있어서 타당한 지위를 차지했던 그 대상이 갑자기 물자체(物自體), 즉 궁극적 존재가 되어 버린 것이다.

행동에 있어서는 가령 여러분이 의도하는 바가 단순히 행동하려는 것인지, 아니면 유능하게 행동하려는 것인지에 따라 큰 차이가 생긴다. 여러분이 도대체 무엇을 하고 있는지를 아는 것은 상당히 큰 도움이 된다. 여러분은 과연 무엇을 잘하려고 하는 것인가? 여러분은 피카소처럼 유능한 화가가 되려는 것인가? 여러분이 삶에서 달성하려는 목표가 바로 거기인가? 그것이 진정한 삶의 희생이다.

여러분이 어떤 결정을 내리건 간에, 거기에는 학습과 분석의 기간이 있으며, 여러분이 행동하고 있지 않을 때, 여러분의 몸은 움직이고 있지 않은 셈이다. 다른 누군가에게 어떤 기술을 가르쳐 본 사람이라면 이 단계를 경험해 본 적이 있을 것이다. 다시 말해 학생은 그 기술을 분석하고 시도하기는 하지만 실제로 체득하지는 못한 상태이다. 그러다가 마침내 그 사람은 자신이 표현하고자 하는 바를 표현할 수 있게 된다.

이에 관한 내 최초의, 그리고 가장 강력한 경험은 일찍이 진이 나와 함께 에설런 연구소에 와서 춤 교습을 할 예정이었을 때 일어난 바 있다. 그녀가 맡은 수강생들은 춤의 기술에 관해서는 관심이 없고, 다만 춤을 추고 싶은 사람들이었다. 그들이 일컫는 창의적 작품이란 밖으로 나가 양 팔을 벌리고, 바다를 향해 숨쉬는 것이었다. 무슨 일이 벌어지고 있는지를 알기 위해 굳이 그들과 함께 있을 만한 가치조차 없는 (진부한) 것이었다.

발레를 하는 사람들이 바 연습을 하는 과정에는 심미적인 것이라곤 전무하다. 춤을 추기 시작하더라도, 그들은 여전히 규칙을 생각하고 있으며, 그런 와중에 작품을 고안한다. 하지만 마침내 규칙이 녹아 없어지고 자연스러운 충동이 주가 된다. 예술에 관해서는 다음과 같은 오랜 속담이 있다. "우선 모든 규칙을 배운 다음, 그 규칙을 모두 잊어 버려야 한다." 다시 말해서 규칙들이 순수한 행동 속으로 녹아들게 만들어야 한다는 것이다.

내가 일찍이 받았던 것과 같은 교육을 받지 못한 젊은이들이 문필이나 편집이나 또는 그와 유사한 분야로 진출하겠다고 할 경우, 나는 그들이 아직 완전한 준비를 갖추지 못했다고 생각한다. 책을 쓰는 동안 나는 편집 쪽 일을 도와줄 똑똑한 청년들을 고용한 바 있었지만, 결국 그들이 독일어도 모르고 프랑스어도 모르고 이것도 모르고 저것도 모른다는 사실만을 알게 되었다. 그제야 나는 지금까지 내가 젊어서 받은 교육의 혜택이 어떤 것이었는지를 깨달았다. 그 막대한 양의 공부가 (거대한 빙산처럼) 모조리 물속에 잠겨 있었던 것이다. 사람들이 보는 것은 물 위에 나온 빙산의 일각뿐이다.

책을 한 권 쓰는 데 있어서 여러분은 우선 자신의 영감과 직관에서 출발한 다음, 곧이어 어려운 과정을, 즉 여러분이 여기서 저기까지 가기 위해서 반드시 지나야 하는 지역을 맞닥뜨리게 되고, 바로 거기서 멈춰 버리게 된다. 바로 그때가 여러분이 규칙을 끌어내야 할 때이다.

또한 운동에서는 연습에 연습을 거듭하고 나면 여러분이 자발적으로 할 수 있게 되는 일들이 상당수 있다. 하지만 어느 지점에 이르면 여러분은 아직 자신에게는 자발적이지 않은 몸을 움직이기 위해 규칙에 따라야만 한다. 내 생각에는 가령 장대높이뛰기나 허들이 그렇다. 이런 경우에는 정확한 자세를 익히기 위해서만도 상당한 시간을 보내야 한다. 골프를 칠 때도 마찬가지다. 일단은 골프 클럽을 어떻게 붙잡는지를 알아야 하지 않겠는가? 이 모든 것을 따져보게 되면 자발성이라는 것은 있을 수가 없다. 이 모든 것을 흡수하고 난 다음에야, 여러분은 이전에 가졌던 것보다 더 강력한 추진력을 얻게 되어, 그 모두를 깨뜨릴 수 있게 되는 것이다.

나는 C. P. 스노의 태도, 다시 말해 과학 – 지식, 즉 삶의 수학적인 측면 – 은 자발적인 인문학적 행동에 정반대 방향으로 달려간다는 태도가 적절하다고는 결코 생각하지 않는다.[26] 이 두 가지는 상호보완적이다. 가령 문학에서 소네트를 쓰는 것을 예로 들어 보자. 많은 연습을 하고 나야만 그런 종류의 구조는 단순히 뭔가 자연스레 흘러나오는 정도에 도달하게 되며, 실제로 자연스레 흘러나오는 정도가 된 다음에야 소네트 형식 없이 말할 수 없는 것을 말할 수 있게 되는 것이다.

여러분이 아는 것에 근거하여 행동하려고 한다면, 여러분은 단순히 자신의 지식에만 의지할 수는 없다. 여러분은 그것을 움직임으로 변환시켜야 한다. 예술에서는 이것이 전부다. 학생은 공부하고, 공부하고, 또 공부해서 – 기술과 법칙을 배우는 것이며, 이것이 그가 반드시 분투해야 하는 것이다 - 그 모두에 통달한 다음에야 비로소 움직일 수 있는 것이다.

> 창의적 행동은
> 뭔가를 고수하는 것이 아니라,
> 새롭고 창의적인 움직임을 산출하는 것이다.

가령 누군가가 피아노를 공부한다고 해 보자. 옆집에 피아노를 공부하는, 피아노를 연습하는 누군가가 있다는 것이야말로 최악의 상황이 아닐 수 없다. 거기에는 아름다움이 전혀 없다. 그 기능은 여러분에게 능숙함을 제공한다. 여러분이 능숙함을 체득하게 되면, 그때부터는 일이 자동적으로 이루어지고 굳이 "도…… 레…… 미…… 파……"를 생각할 필요가 없는 지점에 도달한다. 비록 분석이 유능한 행동을 촉진하기는 하지만, 계속해서 규칙을 생각하고 있으면 여러분의 행동의 자발성은 저해된다. 무슨 일이든 간에 이는 사실이다. 예술가가 되려고 시도하면서도, 그 기예를 배우지 못한 사람은 결코 예술가가 될 수 없다.

> 여러분이
> 학교로 돌아가려고 시도한다면,
> 여러분은 아직 준비가 되지 않은 것이다.

'치료요법으로서의 예술'과 '예술로서의 예술' 사이에는 큰 차이가 있으니, 치료요법은 한 사람을 인간적이게 만들고, '예술로서의 예술'은 그 사람을 인간성을 넘어 새로운 차원으로 데려간다. 그 차이란 치료요법에 있어서는 기술과 예술적 대상이 아무런 중요성을 지니지 못한다는 것이다. 왜냐하면 치료요법에서 여러분은 그저 궤도에서 벗어난 사람을 그 궤도 위로 다시 돌려놓으려 노력하기만 하면 그만이기 때문이다. 예술을 통한 치료요법의 실시는 그 사람을 자기 자신에게로 되돌려놓는, 그를 조화로운 인간으로 되돌려놓는 것이다. 하지만 예술은 조화로운 인간으로부터 비롯된다. "예술은 자연과 평행한 조화다." 그리고 만약 그 사람이 아직 자연에 평행하지 못하다면, 예술은 그 사람을 그 지점까지 데려가기 위한 치료요법에 불과하다. '치료요법으로서의 예술'은 이른바 '회복'을 위한 것이다. 이것은 그것을 실시하는 사람 본인을 제외하면 누구에게도 예술이 아니다.

가령 발레나 인도의 춤처럼 고도로 양식화된 춤은 우리가 지금 이야기하고 있는 것의 훌륭한 예라고 할 수 있다. 신체를 조종하기 위해 우리가 반드시 배워야만 하는 것들, 다시 말해 그 모든 훈련 과정 동안에는 본격적인 춤이 한동안 배제된다. 인도의 춤에서는 몸 전체가 따로따로 논다. 눈이 하는 어떤 일이 있고, 손이 하는 어떤 일이 있고 하는 식이다. 그러다가 이런 부분들이 다시 합쳐지면서, 우리는 예술 속에서 자연의 변모를 얻게 된다. 정말로 춤을 출 줄 아는 무용수가 되기 전까지는 정말 구경할 만한 것이 전무하다. 그러다가 또 다른 본성이 또 다른 평원에 도달하는 것이다.

춤이란
생명 그 자체의
지고한 상징이다.

인간은 노래하고 춤추면서 보다 높은 공동체의 일원임을 표현한다. 그는 걷는 법과 말하는 법을 잊어버리고, 춤추며 허공으로 날아오르려 한다. 그가 마법에 걸려 있음이 그의 몸짓에 나타난다. (……) 그는 스스로를 신으로 느끼며, 마치 꿈속에서 신들이 소요하는 것을 본 것처럼 그 자신도 황홀해지고 고양되어 돌아다닌다. 인간은 더 이상 예술가가 아니다. 그는 예술 작품이 되어 버린 것이다. 근원적 일자의 최고의 환희를 위하여 전체 자연의 예술적 힘은 여기 도취의 소나기 아래서 스스로 나타난다. (……) 자연이 꾸밈없는 진실한 목소리로 우리에게 말한다. "나처럼 되어라! 현상의 끊임없는 변화에서 영원히 창조적이고, 영원히 실존을 강요하며, 이 현상의 변화에 영원히 만족하는 원초적 어머니인 나를!" - 니체[27]

> 예술은
> 우리를 스스로의 얽힘에서
> 벗어나게 해 주는 한 쌍의 날개다.

슈펭글러는 이른바 '장식으로서의 예술'과 '모방으로서의 예술'이라고 스스로 정의한 것에 관해 흥미로운 구분을 하고 있다. 장식으로서의 예술의 가장 좋은 사례는 건축으로, 완성된 구조물은 그때부터 초시간적이 되고 만다. 거기 그냥 놓여 있는 것이다. 이와는 반대되는 것이 모방으로서의 예술이고, 춤이 바로 그런 경우에 해당된다. 가령 여러분이 특정한 공연을 놓치는 경우, 여러분은 바로 그 춤을 결코 다시는 볼 수 없다. 이것은 마치 삶의 한 순간과도 비슷하다. 다양한 예술가들의 서로 다른 문제들을 깨닫는 데 있어서 내게 많은 것을 시사해 주는 발상이다. 무용수의 경력에 있어서 한 가지 서글픈 것은 그런 대단한 순간이 일종의 정수이며, 따라서 그 자리에 없는 사람은 누구나 그걸 놓치는 셈이 된다는 것이다. 예를 들어서 안나 파블로바는 어떤가? 여러분이 그녀의 특정한 공연을 놓친 경우, 그건 두 번 다시는 볼 수 없다.

진과 결혼한 이후로 나는 무용계를 가까이서 접하며 살게 되었다. 아내는 춤이 곧 자신의 삶의 '일부'라는 관념을 지니고 있었기에, 고도로 양식화된 춤을 더 이상 출 수 없었을 때에도 별다른 문제는 없었다.

그녀에게 있어서 최우선은 자신의 예술이 아니라 자신의 삶이었기 때문이다. 진은 뛰어난 경력을 쌓았고, 또한 그 일을 적극적으로 후원하는 남편을 두고 있었다. 결혼 직후에 그녀는 마사 그레이엄의 그룹에 가입했고, 그것은 탁월한 무용수들이 모인 대단한 그룹이었다. 머스 커닝엄, 에릭 호킨스, 제인 더들리, 그리고 진. 장담컨대 그들 모두 일급 무용수였다.

무용수들이 말년에 들어서 이루어야만 하는 커다란 전환이 있다. 춤이라는 것을 더 이상은 공연이나 전시와 같은 방식의 어떤 것으로 생각하지 말고, 오히려 마치 새의 울음소리처럼 그 자체로서도 의미가 있다고 생각하는 것, 또 오로지 신체가 그런 범위까지만 춤을 추는 것이 좋다고 느끼게 되는 것이다. 그런 변화로부터 삶이 도출될 것이다. 왜냐하면 그때의 여러분은 여러분의 영혼이 필요로 하고 기뻐하는 행동의 한가운데 있는 것이며, 나아가 그런 변화는 여러분이 하고 있는 다른 일들 속으로도 확장될 것이기 때문이다. 세계 전체가 그 춤에 합류하는 것이다.

우리가 진정으로 원하는 것은 춤추는 것이다.

성스러운 춤은 신들을 위한 것이지 관객을 위한 것이 아니다. 이것은 여러분이 무대 위에서 포크댄스를 공연하려고 할 때에 생기는 것과 같은 현상이다. 즉 포크댄스란 그 춤을 추는 사람들의 즐거움을 위한 것이므로 그 외의 다른 방식으로는 전혀 할 수가 없는 것이다. 일찍이 중세 말에 이르러 춤은 종교에서 분리되었고, 그때 이후 순전히 세속적인 것으로 변모되었다.

    나는 최근에 춤을 공부하러 인도에 간 어느 젊은이의 유고를 놓고 작업 중이다. 그는 뉴욕 대학의 티시 예술학교에서 진의 제자였으며, 이후 인도 춤에 매료되어 결국 인도까지 찾아갔다. 유대인 청년이었던 그는 한때 랍비가 되기 위해 공부했고, 그의 가족은 아들이 다른 길로 빠지자 무척 실망했다. 그가 단순히 춤만 공부하는 것이 아니라 이교의 신인 시바의 춤을 연구하러 떠났다는 사실 때문이었다. 종교지향적인 인물이었던 그는 춤의 종교적 함의에 크게 매료되었다. 즉 신이 곧 무용수이고, 여러분은 신을 예배하기 위해, 그리고 자기 안에서 신을 찾기 위해 반드시 신이 되어야 하기 때문이다. 그가 깨달은 것은 바로 관객을 위한 춤과 신을 위한 춤이 지닌 함의 자체가 완전히 다르다는 점이었다. 여러분이 혼자이고 자기 장소에 있을 경우, 여러분은 신을 위해 춤추고 스스로를 신과 동일시한다. 이 모든 관념은 탄트라에 있어 기초적인 것이다. 즉 신을 예배하기 위해서는 여러분이 바로 그 신이 되어야 하는 것이다. 여러분이 신을 뭐라고 부르고, 신을 무엇이라 생각하건 간에, 여러분이 예배하는 신은 생성이 가능한 신이다.

    신들의 힘은 자연 속에 있는, 그리고 여러분의 본성 속에 있는 힘이 의인화된 것이다. 여러분이 그 층위를 발견하게 되면 여러분은 놀이를 하게 된다. 이것이 예술 작품이다. 왜냐하면 예술은 사실 예배이기 때문이다.

직업을 선택할 때에는 두 가지 접근 방식이 있다. 하나는 앞으로 10년 동안 이런저런 분야에서 가능하게 될 직업의 수에 관한 통계를 연구한 다음, 그걸 기반으로 삼아 여러분의 삶을 구축하는 것이다. 이것은 수레바퀴의 테두리를 따라가는 행위나 다름없다. 또 다른 방법은 스스로에게 물어보는 것이다. "나는 도대체 뭘 하고 싶어 하는 것일까?" 하지만 이런 질문은 어떤 결정을 내리는 데 있어 여러분을 궁지에 빠뜨리게 할 것이다. 그러나 만약 여러분이 "나는 내가 하고 싶어 하는 일을 할 거야"라고 말하고, 그 신념을 고수한다면, 뭔가가 일어날 것이다. 여러분은 혹시 직업을 얻지는 못하더라도, 최소한 삶을 얻기는 할 것이며, 그것은 매우 흥미로울 것이다.

운명의 수레바퀴에서는
지혜가 한가운데를 가리킨다.
젊음은 가장자리를 가리킨다.

내 주위에는 예술가가 열두어 명쯤 되는데, 상업예술가가 되지 않는 한 그들 대부분은 각자의 삶이 어디로 가는지, 또는 앞으로 어떻게 될지에 관해서 전혀 모른 채 살아간다. 여러분은 춤을 추는 아이들이 어떻게 지내는지 알 것이다. 사실 그 분야에는 어엿한 직업이란 것이 없다. 전문직이기는 하되 직업이 없는 상황이 어떤 것인지 알고 싶다면, 가령 연기학원에 찾아가 보라. 그토록 의욕이 넘치는 젊은이들이 막상 일자리가 없는 모습을 보면 정말 딱한 마음이 든다.

정상적인 상황이라면, 아마도 여러 해 동안에 걸쳐 여러분은 자신의 예술, 자신의 평생 소명, 자신의 자아실현적 행동의 장에서 일을 계속할 것이고, 그러면서도 돈은 전혀 벌지 못할 것이다. 하지만 여러분은 먹고 살아야 하므로 직업을 얻을 것이고, 이는 사실 여러분이 정말로 관심 있어 하는 일에 비하자면 그야말로 수준이 낮은 활동에 불과할 것이다. 예를 들어 여러분은 늘 혼자서 실행하던 예술을 사람들에게 가르치는 직업을 얻을 수도 있다. 그러니 가령 여러분이 가르치는 직업을 지니고 있다고 하고, 아울러 여러분의 일을 실행할 수 있는 성스러운 공간과 시간을 모두 지니고 있다고 치자. 이때 여러분의 예술은 곧 여러분의 작업이다. 그리고 여러분이 생계를 위해 하는 일이 곧 여러분의 직업인 것이다.

그리고 나서 여러분이 직장에서 능력을 발휘하면, 여러분의 고용주는 여러분을 더 높은 지위로 승진시키려 할 것이다. 여러분은 이전보다도 더 많은 것을 직업에 바쳐야 하며, 여러분은 더 많은 봉급을 받겠지만, 새로운 책임으로 인해 여러분의 자유시간이 줄어들 것이다. 내 조언은 이렇다. 승진을 받아들이지 마라. 기본 수입을 얻기 위해 반드시 해야 하는 것 위에 더 많은 무더기를 얹어 놓지는 마라. 왜냐하면 여러분은 자신의 직업이 아니라, 자신의 예술적 작업에서 발전하고 있기 때문이다. 대학 캠퍼스를 가만 살펴보면 이른바 승진에 따르는 결과가 어떤지 쉽게 알 수 있다. 여러분은 올라가고, 올라가고, 또 올라가서 결국 대학 행정부에 소속되고, 그러면 여러분이 지니고 있는 모든 것을 소비하고 만다. 예술가는 어떤 구조물을 만들어야 하는데, 그것은 사회에 대한 봉사라는 방식이 아니라 내부의 동력을 발견하는 방식이어야 한다.

그러기 위해서는, 즉 여러분의 책임과 여러분의 건강 모두를 유지하면서 여러분의 창조적 측면을 육성하기 위해서는 반드시 밀폐 봉인된 은신처를 만들어, 매일 몇 시간가량은 아무것도 침범해 들어오지 못하게 해야 하며 - 여러분이 성실하게 지킬 수 있는 시간만큼 - 그 시간은 누구도 방해하지 못하게 해야 한다. 여러분이 생각하기에 이 정도면 적절하다고 생각하는 것보다 몇 시간씩 더 자신에게 허락하되, 단 여러분이 반드시 해야 하는 작업을 할 시간과 에너지는 반드시 남겨 두어야 한다.

이는 마치 훈련을 하는 것과 유사하다. 여러분은 훈련에 돌입할 때 시간을 설정해 놓으며, 그것은 거룩한 시간이다. 여러분의 예술에 대해서도 똑같이 해야 한다. 즉 하루에 정해진 시간만큼을 여러분의 예술에 바치고, 그것을 시종일관 지켜야 한다. 그러면 뭔가를 쓰거나 쓰지 않거나 간에 그 시간 동안은 거기 앉아 있어야 한다. 이것은 소통과 표현, 즉 예술 작업의 두 가지 요소에 관한 명상이다. 이후 벌어지는 일 가운데 가장 이상적인 것은 점차적으로 - 그런 일은 이번 주나 다음 주 또는 올해 안에 일어나지 않을 수도 있다 - 여러분에게 주어진 책임이 줄어들고, 여러분의 예술을 연습할 시간이 여러분에게 많아지는 것이다. 내가 지적하고 싶은 바는 여러분의 작업 - 즉 여러분의 예술 - 과 여러분의 직업이 서로 물들어서는 안 된다는 것이다.

창조적 모험은 항상 무모하다. 이는 심지어 책을 쓰는 과정에서 내가 하는 가장 간단한 일에서도 그렇다. 괴테의 시대에 함께 활동했던 독일의 시인 프리드리히 실러는 작가의 슬럼프—이것은 작가의 내부에서 들려오는 부름에 대한 거부나 마찬가지다—에 빠진 어느 젊은 작가에게 흥미로운 편지를 써 보낸 적이 있다. 실러는 그 편지에서 이렇게 썼다. "당신의 문제는 시적 요소가 그 스스로를 드러낼 기회조차 갖기 전에 비판적 요소를 끌어냈다는 점입니다." 가령 시의 경우, 우리는 젊은 시절 내내 셰익스피어와 밀턴의 작품을 공부하고, 나중에 가서는 우리의 보잘 것 없는 짧은 시를 쓰기 시작하면서 이렇게 생각한다. '이게 도대체 뭐람.'

글쓰기에 있어서는
일단 나오는 말을 비판하지 말아야 한다.
그냥 말이 나오도록 내버려 둬라.
이걸로 돈을 벌 수 있을까? 시간 낭비는 아닐까?
하는 비판적 요소는 그냥 놓아 버려라.

내 글쓰기는 내가 지금껏 들어 본 그 어느 것과도 전혀 다른 종류에 속한다. 이 모든 신화적 재료는 저 바깥에 놓여 있으며, 커다란 덩어리로 모여 있었고, 나는 그걸 사오십 년이나 읽어 왔다. 그걸 다루는 방법은 여러 가지가 있었다. 그 중에서도 가장 일반적인 것은 그런 재료들을 한데 모아서, 거기에 관한 학술서를 한 권 펴내는 것이었다. 하지만 글을 쓰기 시작했을 때, 나는 이 재료들과의 경험적인 관계를 느끼려고 노력해 보았다. 사실 그 일이 일어나지 않는 한 나는 글을 쓸 수가 없었다. 말하자면 분쇄기(그라인더)로 고기를 갈아서 뭔가 새로운 것을 탄생시키되, 그 와중에 재료에 대해 아무런 손상도 가하지 말아야 하는 것이다. 그런 식으로 재료를 뒤섞어 보는 것은 매우 흥미로운 경험이었다.

그 재료가 진정으로 내게 다가오지 않는 한 나는 글을 쓸 수 없었고, 내 재료 선택은 그렇게 다가오는 것이 무엇이냐에 의거하고 있었다. 신화에 관해 연구한다는 것은 대부분의 경우 거의 부정행위나 다름없는데, 왜냐하면 신화는 이미 어느 정도 모습이 형성되어 있기 때문이다. 모든 기초적인 생각들이 다 거기 있다. 여러분은 그저 그걸 인식하기만 하면 되고, 그러고 나면 작품이 익기 시작하는 것이다. 이것은 정말 환장할 노릇이다. 즉 여러분은 계속 나아가고 있는데, 갑자기 자기도 모르는 새에 어떤 말들을 떠벌리고 있음을 깨닫게 된다. 왜냐하면 그것은 원래 모두 거기 있는 것이기 때문이다.

내가 글을 쓸 때, 나는 모든 학술계를 생각한다. 나는 그들이 이 재료에 관해 어떻게 생각하는지 알고 있고, 내가 거기에 대해 생각하는 방식은 그들의 방식과 같지 않다. 나는 그냥 이렇게 말해야 한다. "단두대로 내려치든가 말든가. 그래도 당신들은 이 메시지를 갖게 될 테니까." 나는 항상 나 자신이 '부딪치는 바위'를 지나가야 하고, 그 바위는 이제 곧 닫혀버릴 참인 것 같은 느낌을 받지만, 나는 그런 생각에 압도되어 버리기 전에 어찌어찌 거기서 벗어나곤 했다. 이것은 매우 기이한 과정이다. 말 그대로 문을 계속 붙잡아 열어 두고 문장들이 쏟아져 나오게 만드는 것이기 때문이다. 부정적인 생각은 하지 않는 것이다. 부정적인 것들이야 계속해서 나타나겠지만, 여러분이 일찍이 한 번도 하지 않았던 것을 하려면 그 문을 계속 열어 두어야 한다. 여러분의 작업을 하기 위해서는 모든 비판을 미루어 두어야 한다. 글쓰기에 있어서도 문장이 나오도록 하기 위해서는 항상 이런 일을 해야 한다. 비판을 미루어 두는 것은 이른바 '너는 할지니'라는 용을 죽이는 것이다. 그놈을 죽여 버려라.

우선 글을 쓰도록 하라.
비평가는 잊고 그저 쓰기만 하라.
비판적 요소를 끌어안고 문장을 다듬는 것은
그다음에도 충분히 할 수 있으니까.

'누가 과연 이런 걸 보려고 하겠어?' 하는 생각 때문에 괴로울 수도 있다. 그러면 여러분의 주장에 대해 공감할 만한 사람을 떠올린 다음, 그 사람을 위해 글을 쓰라. 특정한 사람을 마음에 둔다는 것은 더 이상의 관객을 필요로 하지 않게 되기 전까지는 크나큰 촉진제가 된다. 가령 여러분을 바라보고 있는 어린아이들의 그 작은 눈들을 생각해 보라. 그들에게 말을 걸어 보라. 그들을 위해 글을 써 보라. 책 속에서 여러분은 종종 그 책이 누구를 위해 쓴 것이라고 밝히는 진지한 헌사를 만나게 된다. 가령 『이상한 나라의 앨리스』는 한 소녀를 위해 쓴 것이었다. 내가 글쓰기를 시작할 때에는 새러 로렌스의 내 제자들을, 다시 말해 내가 상대해야 하는 실제 사람들을 생각했다. 나는 그들의 생각을 알았고, 그들에게 건네야 하는 말의 종류를 알았다.

흔히 말하는 작가의 슬럼프를 돌파하는 데 있어 핵심적인 것은 내가 보기에 두 가지가 있는데, 그 중 첫째는 우선 여러분이 말을 걸고 싶은 상대를 하나 찾으라는 것이고, 둘째는 하루에 두 시간 동안은 말 그대로 그 사람에게 사랑을 고백하는 편지를 쓰는 시간을 떼어 두라는 것이다.

작가의 슬럼프는 너무 머리가 많아서
생겨난 것일 수도 있다. 여러분의 머리를 자르라.
페가수스, 곧 시(詩)는 메두사의 머리가
잘린 곳에서 태어났기 때문이다.
글을 쓸 때에는 무모해야만 한다.
여러분의 양심이 허락하는 한 미쳐야 한다.

여러분이 어떤 유형을 지시하는 재료에 대한 감각을 지니기 시작하면, 여러분은 글을 쓰게 될 것이다. 그것은 빨리 일어날 수도 있고, 그 흐름을 찾는 데 시간이 좀 걸릴 수도 있다. 내가 『신의 가면』을 쓰기 시작했을 때, 나는 우선 제1권인 『원시 신화』로 황급히 달려들었다. 나는 그 책을 빨리 끝내려고 서둘렀다. 당시 일본에서 열린 종교사학 국제회의라는 큰 행사에 참석하기 위해 돈이 필요했기 때문이다. 나는 악착같이 그 일에 매달렸다. 그러고 나자 이 책—이것은 내 기억보다도 훨씬 더 잘 쓴 책이었다—에 대한 반응은 무척이나 좋았다. 그러나 나는 제2권을 시작하자마자 한동안 슬럼프에 빠졌다. 그러다가 이렇게 생각했다. '아니, 잠깐. 털어내 버리라고. 목을 그냥 죽 빼고, 그냥 책만 쓰는 거야.' 나는 앞서 언급한 실러가 어느 젊은 시인에게 해 준 이야기를 미리 알고 있어서 어찌나 감사했는지 모른다.

종교에서는 이른바 하나님에 대한 두려움과 하나님에 대한 사랑을 이야기한다. 하나님에 대한 두려움은 여러분을 탁 가로막아 슬럼프에 빠지게 한다. 하나님에 대한 사랑은 여러분을 계속 나아가게 한다. 여러분이 좋아하는 어떤 일을 비판의 두려움 없이 계속할 수만 있다면 여러분은 움직일 것이다. 여러분은 그 안에서 즐거움을 찾을 것이다. 여러분은 기쁨을 느끼기 위해 1인치도 더 움직일 필요가 없다. 기억하라. 붓다의 세 번째 시험은 바로 '다르마,' 즉 의무이며, 남들이 여러분에게 하라고 기대하는 것이었음을 말이다. 그것은 검열에 대한 두려움이다.

여러분이 일단 뭔가를 쓰고 나면, 그게 타자원고 상태로 나왔을 즈음에는 최대한 고치고 다듬고 싶을 것인데, 왜냐하면 그 모습이 애초에 원고 상태의 모습과는 다를 것이기 때문이다. 그러다가 여러분이 타자원고에 만족하면, 여러분은 그걸 출판사로 보낸다. 출판사에서 편집해서 교정지를 보내 주면, 여러분은 또다시 그걸 최대한 고치고 다듬고 싶을 것이다. 매번 그것은 여러분의 머리에서 나왔을 때와는 다른 형태로 나타나고, 여러분은 그것에 대해서 객관적인 태도를 지닌다. 어떤 면에서 여러분은 이제 작가라기보다는 독자가 되는 것이고, 그것을 새로운 시각으로 바라보는 것이다. 이러한 기예는 뭔가를 예술작품으로 변모시키는 과정의 일부다. 내 생각에 오늘날 사람들 가운데 상당수는 이른바 예술가가 된다는 것이 무슨 의미인지를 모르는 것 같다. 고작해야 글을 쓰는 사람이 예술가라는 정도의 인식은 아닐까. 내

말뜻은 무엇이냐면, 이 세상에는 무엇이 예술인지 아닌지를 인식하기 위한 기예와 태도와 의향이 있다는 것이다. 그리고 그것이 특정한 형태를 취하지 않으면, 그것은 예술이 아니다.

여러분이 가장 사랑하는 것을
내보내고, 아예 죽여 버려라.
그렇지 않으면 2년 뒤에
진작 그래야 했다며 후회하리라.

여러분이 마을 안에 머무를 경우, 마을이 여러분을 돌봐 줄 것이다. 하지만 여러분이 모험을 떠날 경우, 시의적절한 때에 가는 것이 분별 있는 행동이다. 여러분이 삶에서 무엇엔가 뒤늦게야 압도된 경우라든지, 불이 켜졌을 때 이미 여러 가지 책임을 떠맡고 있을 경우라면, 이것은 진짜 문제가 된다. 자기 삶뿐만 아니라 자기 가족의 삶까지도 난장판으로 만들어 버린 고갱이 바로 그런 경우였다. 하지만 그가 산산조각이 난 반면, 그의 예술은 더 훌륭해졌다. 그는 45세가 될 때까지는 그림에 진지하게 빠져 들지 않았지만, 그 이후로 그의 삶은 그의 그림 속에 있었다.

그의 여정은 영웅의 여정이었지만, 그로 인해 지불해야 했던 대가는 결코 만만치 않았다. 이는 그야말로 역설적인 상황이었다. 여러분은 그가 한 인간으로서 완전히 실패했다고 말할 수 있겠지만, 그는 예술가로서는 승리를 거두었다.

그런 다음에는 여러분이 보석을 갖고 돌아왔지만 아무도 그 보석을 원치 않는 경험이 생긴다. 이른바 '돼지에게 진주를 주지 마라'는 종류의 일이니, 혹시나 사람들이 여러분을 적대시할까 우려되기 때문이다. 대개는 기다리는 군중이 하나도 없게 마련이다. 여러분은 이른바 '자기 시대를 앞서 나간' 예술가들의 이야기를, 즉 한 세대하고도 절반이 지난 다음에야 격찬을 받은 사람들의 이야기를 잘 알고 있으리라.

1940년대와 50년대 동안 진과 함께 일했던 예술가들 중에는 그로부터 20여 년이 지나서야 정상에 오른 사람들이 여럿 있었다. 존 케이지도 그런 경우였는데, 그는 진의 무용 작품 4종의 음악을 담당했지만 그 당시에는 아무도 케이지가 누구인지 몰랐다. 무척이나 기이한 행적을 남기긴 했지만, 그때까지는 그저 별 볼일 없는 사람에 불과했다. 하지만 오늘날 그는 현대 예술 분야에서 기념비적인 인물이다.

그는 또한 이렇게 말했다. "명성이란 전혀 중요하지가 않다." 명성의 불빛은 빨리 지나가게 마련이어서, 어떤 사람은 3분 동안 그 속에 있을 수 있고, 또 30분 동안 있을 수도 있고, 또 전혀 경험하지 못할 수도 있다. 하지만 명성이란 예술가들의 목표가 아니다. 오히려 상업예술가들만 그런 말을 한다. "그들이 무엇을 원하든, 나는 그것을 줄 것이다." 진정한 예술가는 자신에게 찾아온 재능을 표현하는 것이며, 그 재능의 수용은 다음과 같은 뜻을 암시하고 있다. '나는 그걸 드러내 보일 수밖에 없었다.'

하지만 간혹 예술가는 창조적으로 뛰어듦으로 매우 환희를 느끼게 되는데, 이를 여러분은 '삶에서 유리됨'이라고 말할 수도 있다. 이것은 또한 요가에서 문제 되는 것 가운데 하나다. 깨달음이 찾아오면, 삶에서 유리되고, 여러분은 다시 돌아갈 수 없다. 이것은 예술가이지만 아직 자신의 삶에 그 깨달음을 적용하지 못한 사람들에게 나타나는 현상이다.

영적인 것을 사랑하게 되면,
여러분은 세속적인 것도 얕보지 못할 것이다.

조이스가 바로 그런 사람이었다. 이런 세상에, 그의 삶은 얼마나 당혹스러운 것이었던가! 리처드 엘먼의 전기 『제임스 조이스』를 읽어

보면, 사람이 어떻게 그런 삶을 살 수 있었는지 궁금한 생각이 들 것이다.[28] 여러분으로선 그 사람이 어떻게 그걸 견뎌 냈는지, 그의 가족이 어떻게 그걸 견뎌 냈는지, 그 주위의 친구들이 어떻게 그걸 견뎌 냈는지 도무지 알 수 없을 것이다. 하지만 그가 성취한 바를 보라. 만일 여러분에게 그걸 볼 수 있는 눈이 있다면 말이다.

그는 12년이 걸려서야 『젊은 예술가의 초상』을 완성했다. 그는 본래 1904년에 에세이를 의도하고 글을 쓰기 시작했지만, 정작 이것이 소설로 발전해서 출판된 것은 1916년의 일이었다. 그리고 만약 예이츠가 그를 에즈라 파운드 - 결국 그 작품을 출판할 수 있도록 주선해 준 - 에게 소개해 주지 않았더라면, 우리로선 아마 조이스에 관해서는 전혀 들어 본 적도 없었으리라. 그 와중에 그는 『더블린 사람들』을 탈고하고 『율리시스』를 쓰는 중이었으니, 나중 책을 쓰는 데에만 7년이 걸렸다. 마치 그는 이렇게 말하는 것 같았다. "바로 그거야. 그게 무엇인지 나 스스로가 깨닫기 위해서는 이것을 반드시 공식화해야만 해."

『율리시스』의 초판은 뉴욕과 영국 세관에서 압수되어 소각되었고, 내 생각에는 오늘날 그 중 한두 권만 살아남았을 것 같다. 마침내 그는 프랑스에서 그 책을 인쇄하도록 했고, 내가 학생이던 시절에 지구상에서 『율리시스』를 살 수 있는 유일한 장소는 바로 프랑스뿐이었다. 미국에 있는 사람들은 심지어 그런 게 있는지조차 몰랐다.

그는 16년 동안이나 『피네간의 경야』를 썼고, 그게 나왔을 때의 서평은 정말이지 난리가 아니었다. "도대체 이 작자가 뭘 하는 거야? 이 사람 미쳤나? 미친 작품을 그냥 우리 앞에 내놓은 것 아닌가?" 『피네간의 경야』의 초판본은 출간 직후 2개월이 지나도록 안 팔리고 남아 있기만 했다. 나는 권당 56센트씩을 주고 양장본 4권을 샀다. 책이 안 팔리고 남아 있자 출판사는 인쇄비라도 뽑기 위해 안달하고 있었다. 물론 저자는 한 푼도 못 받았고 말이다.[29]

조이스는 자신의 59세 생일을 3주 남기고 사망함으로써, 그가 집필하던 마지막 책은 미처 완성되지 못했다. 그는 내 삶에 있어서 모범은 될 수 없겠지만, 예술과의 관계에 있어서 모범은 될 수 있으리라. 토마스 만은 조이스야말로 20세기 최고의 소설가일 것이라고 말했다. 하지만 그 대가로 조이스가 내놓은 것이 무엇인지를 보라.

조이스는 이 모든 진통을 고스란히 감내했으니, 이는 완전함을 향한 그의 의도 때문이었다. 완전함이야말로 예술에 함의된 성취이고, 그는 그것을 달성했다. 반면 불완전함은 곧 삶이다. 삶의 모든 형태는 불완전하고, 예술의 기능은 광휘가 불완전함을 관통해 나오는 것을 바라보는 것이다.

> 예술가는
> 작품의 형태를
> 초월로 열어젖힌다.

내가 이해하는바, 예술은 마땅히 마야의 드러내 보이는 힘이 되어야 한다. 즉 음악과 무용과 시각예술과 문학에서 '성스럽게도 넘쳐나는 아름다움'을 생산하는, 즉 실용적인 유용성은 없고 다만 그 내부의 차원을 열어젖히는, 심미적 도취를 위한 대상을 생산하는 것이다. 또 한편으로 이와 같은 마야의 투사하는 힘을 나는 욕망과 혐오로 받아들이는데, 이것은 우리를 대상 그 자체에 대한 현상적 논의로 연결시켜 준다. 이것은 그처럼 분명하고도 또 분명한 것이다.

인도에는 두 가지 종류의 미술이 있다. 하나는 심미적인 미술이고 또 하나는 사원 미술로서, 후자는 그 목표에 있어서 심미적이지는 않다. 사원 미술은 사람의 눈을 붙드는 것에는 관심이 없고, 오히려 미술가와 관람자의 영적 변화에 영향을 주는 것에 관심이 있다. 우리는 여기서 또 한 가지 종류의 미술 속으로 접어든다. 이미지의 원천은 환상이다. 유럽인들은 한동안 인도 미술을 제대로 감상하지 못해서 애를 먹었다. 인도의 시와 철학은 〔비교적 쉽게〕 감상할 수 있었지만, 미술은 아니었다. 인도인들이 구현하는 이미지는 사물을 표상하는 것이 아니라 영적 변화를 위한 도구였기 때문이다.

이제 조이스 이야기가 나왔으니, 나는 『피네간의 경야』가 독자 내부의 영적 변화에 영향을 끼치는 책이라고 말하는 바이다. 독자들이 이 책을 숙독하고, 조이스가 말하는 바가 무엇인지를 찾아낸다면, 거기에는 세계와 우리의 관계를 변화시킬 수 있는 환상이 들어 있을 것이다.

쿠마라스와미는 인도의 종교 미술작품의 개념에 관해 상당히 주목해 왔다. 가령 어느 예술가가 춤추는 시바에 관해 뭔가를 하려고 한다고 치자. 그는 우선 책에서 시바에 관한 내용을 공부한다. 그 이미지의 구성이 어떻게 되어야 하는지, 그 신의 손에는 무엇이 들려 있어야 하는지 등등을 말이다. 그런 뒤에 그는 이 신의 이름을 부르고, 명상하고, 자신의 의식 속에서 춤추는 신의 이미지를 불러냄으로써, 외부의 환상이 아니라 내부의 환상으로부터 비롯된 이미지를 만든다.

보통 우리가 나타라자 시바(Nataraja Shiva, 춤의 왕 시바)를 바라볼 때에는 심미적 의도를 지니게 마련이다. 우리는 그것을 단순히 예술적 대상으로 바라본다. 하지만 시바에 귀의한 사람의 경우에는 그 대상을 자신의 의식의 중심, 즉 그의 안에 있는 시바에 상응하는 것으로 들어가는 입구로 여긴다. "나는 곧 시바다." 이것은 단순히 시바의 이미지를 바라보는 것과는 전혀 다른 일이다.

어떤 사람은 인도의 사원 미술을 결코 심미적인 방식으로 경험할 수가 없다. 왜냐하면 그것은 전혀 다른 종류의 효과를 의도하기 때문이다. 그 이미지가 여러분에게 무엇을 주는지를 파악하기 위해서, 여러분은 신의 위치로 이동해야만 한다. 인도의 사원 미술은 외설적이지 않다. 여러분은 거기 묘사된 대상을 욕망하여 흥분하지는 않기 때문이다. 가령 여러분이 심미적 경험을 하기를 열망하며 어느 미술관에 들어갔다고 해 보자. 그곳은 정적이며, 그것이 의식의 변화에 영향을 주는 한, 그것은 여러분 내에 새로운 정지상태를 만들어 낸다. 심미적 도취로 인한 변화가 있는 것과 마찬가지로, 여기서도 변화가 있게 된다. 여러분은 더 이상 호색적인 인간이 아니다. 여러분은 심미적 도취 속에서 안정된 상태가 된다. 사원 미술은 그 한 가지 차원을 더 밀고 나가서, 결국 이 세계 만물에 관한 여러분의 의식을 변화시킨다. 이것은 여러분 내부에서 일어나는 영구한 변화다. 아마도 모든 진정한 미술은 곧 사원 미술이라고 말할 수 있을 것이지만, 이른바 심미적 도취를 의도하는 미술과 영적 변화를 의도하는 미술 사이에는 분명한 차이가 있다. 여러분은 이 가운데 나중 것을 적절한 미술이 아니라고 말할 수 있으리라. 그것은 오히려 종교적 장치이기 때문이다.

어떤 예술가들은 고통을 겪지만, 또 어떤 예술가들은 그렇지 않다. 피카소는 그야말로 멋진 아내들과 애인들을 줄줄이 두고 살았다. 그로선 그 중 어느 누구도 안중에 없었으리라. 나는 피카소의 삶을 고통 속의 삶이라고 해석하는 것은 불가능하다고 본다. 현대미술관에서 내가 두 번이나 관람한 피카소 회고전에서는 한 전시실 모두가 그가 어느 하루 동안에 그린 25점의 회화에만 할당되어 있었다. 그로 하여금 이렇듯 폭발적인 행동을 하게 만든 요인은 무엇이었을까? 그는 삶이 워낙에 풍성했던, 예술조차도 쉽게 다룰 수 있는 종류의 예술가였다. 이는 그의 본성에 잠재된 위대한 실력을 보여 주는 것이다.

나는 바그너의 자서전을 읽은 바 있는데, 정말 대단했다! 이 사람은 평생 세 편의 오페라를 썼고, 세 번의 연애를 했고, 그 애인들의 남편이 자기에게 오페라 제작비를 지원하지 않자 분개하기도 했다! 눈에 보이는 게 없었던 모양이다! 신화에 관한 그의 지식은 그 당시에 알려진 어느 학자들보다도 더 앞서 있었다. 반지 연작에서 그는 독일 신화의 두 가지 측면을 하나로 통합시켰다. 이는 바로 영웅의 여정과 우주의 질서이며, 다시 말해서 이 세계로 들어옴과 이 세계에서 벗어남이다. 뿐만 아니라 그는 오페라 대본을 쓰는 동시에 오케스트라를 상당한 정도까지 확장시켜서 - 리드악기와 프렌치 호른 등을 사용하여 - 결국 완전히 새로운 오케스트라를 만들었다! 그리고 그는 역사상 그때까지 유럽에 있었던 어느 극장보다도 더 뛰어난 극장을 설계했다. 나로선 그가 도대체 어떻게 그 모든 것을 해냈는지 알 수가 없다. 다만 세상에는 일반적인 말로는 판단조차 할 수 없는 대단한 정력의 소유자가 있는 모양이라고 생각할 뿐이다.

내가 아는 예술가치고 돈을 마다하는 사람은 없었지만, 그렇다고 돈을 추구하는 사람도 없었다. 그들의 마음은 다른 어딘가에 있었다. 조이스는 자기가 아는 사람이면 누구에게나 돈을 꾸었다. 그는 돈을 벌 수가 없어서 그저 자기 일에만 전념했다. 즉 무려 16년 동안 『피네간의 경야』를 집필한 것이다. 그 엄청난 짐을 '자기 삶의 여유' 속으로 끌고 간 것이야말로 조이스가 감당할 수 있는 전부였다.

예술에 관한 심리학 분야에 있어 민감하면서도 똑똑한 학도였던 실러는 두 가지 종류의 예술가를 구분했다.[30] 하나는 그가 '감상적인' 예술가라고 부른 쪽이고, 또 하나는 그가 '소박한' 예술가라고 부른 쪽이다. 그는 괴테와 자기 자신을 그 모범으로 삼았다. 본인은 바로 감상적인 예술가, 다시 말해서 큰 수입이 없고, 자신의 건강에 대해서도 적절한 관심을 쏟지 않는 예술가다. 왜냐하면 예술은 곧 자신의 삶이며, 그 외의 다른 무엇도 아니기 때문이다. 다시 말해서 '모든 것'이 그의 예술로 들어가는 것이다. 반면 괴테는 소박한 예술가다. 경제적으로 넉넉한 삶을 영위하고, 그 지역 정치에서 중요한 인물이며, 예술이란 단지 그의 삶에서 한 가지 측면에 불과한 것이다. 그런 사람은 남들보다도 더 많은 훈련을 필요로 하지만 괴테의 경우는 놀라우리만큼 탁월한 직관, 대단한 정력, 그리고 활기를 지닌 인물이었다. 따라서 그는 최고의 예술가일 수밖에 없었다.

토마스 만은 「괴테와 톨스토이」라는 흥미로운 에세이를 쓴 적이 있는데, 이는 바로 실러의 생각을 토대로 한 것이다. 그는 도스토예프스키를 감상적인 예술가—실러가 본인이 그쪽에 속한다고 보았던—쪽에 넣고, 톨스토이를 소박한 예술가 쪽에 넣었다. 톨스토이는 상당한 재력가로서, 멋진 비단 셔츠를 입고 농노들을 부려서 농사를 지었다. 그는 자신을 농부로 자처하지는 않았지만, 그 모두를 일종의 게임의 일부로 여겼다.

 이 두 가지 유형의 작가의 작품을 서로 비교해 보는 것은 흥미롭다. 실러와 도스토예프스키의 유형은 매우 높이 솟구치는 경향이 있다. 그들의 저술에는 강력하고 극적인 충돌이 있다. 반면 톨스토이와 괴테의 경우는 온화한 작가이며, 그들의 작품은 서사시적인 부분과 놀라운 위엄을 지닌 강력한 대목을 포함하고 있다. 거꾸로 도스토예프스키의 『죄와 벌』은 고통, 즉 고통뿐이다. 내부를 향한 영적 고통의 삶인 것이다. 이것은 두 가지 서로 다른 길이며, 두 가지 서로 다른 기질이다. 고통은 감상적인 예술가들이 분투해야 할 무엇이 아니며, 오히려 자신들의 모든 정력을 성스럽게 넘쳐나는 활동에만 바치고 삶을 살아가는 것에는 주의를 기울이지 않음으로써 도출되는 것이다.

따라서 우리는 성스러운 공간을 예술로 가득 채워야 한다. 그리고 내가 말하는 '예술'이란 곧 '성스럽게 넘쳐나는 아름다움'인 것이지, 가령 여러분의 집 안에 예쁜 장식을 달고 지내라는 뜻은 아니다. 성스러운 공간이란 다시 말해 사물이 그 어떤 실용적 용도도 지니지 못하는 것으로 경험되는 곳이다. '그렇게 오는〔如來〕'-'성스럽게 넘쳐나는'-어떤 것에 관한 명상을 통해, 즉각적인 실용적 용도가 없는 우리 자신의 측면이 앞으로 드러날 수 있는 것이다. 내 생각에는 유기체의 성장도 그런 식으로 오는 것 같고, 실용적 활동 속으로 들어감으로써 오는 것 같지는 않다.

실용적 활동은 유기체가 그 스스로를 성숙에 도달한 것으로 선언한 다음에 오는 것이지, 그렇지 않다면 그것은 왜곡된 방식으로 올 것이다. 즉 사람은 그 자신을 그저 배관공이나 그와 유사한 것으로 생각하는 것이다. 이것은 인도 같은 전통 사회에서 있는 문제인데, 여기서는 사람들이 태어날 때부터 각자의 카스트의 '다르마'에 딱 고정되어 있기 때문이다. 그리고 그들은 그 이상은 아무것도 아니기 때문이다. 그들은 인간이나 개인이 될 수가 없으며, 그저 일부분으로만 남는다. 즉 그들은 보다 더 큰 구조의 구성요소로만 존재하는 것이다.

내 생각에는 이것이 인간에 대한 동양과 서양의 이상 사이의 큰 차이인 것 같다. 동양에서 인간은 전사이거나 상인이거나 또는 다른 무엇〔이라는 역할〕일 뿐이다. 하지만 서양에서는 인간이 곧 개인이다. 고대 그리스인들은 완전한 개인이라는 관념을 지녔고, 이를 고수함으로써 이른바 사회의 필요와 조화되는 삶의 패턴으로 훈련되는 사람에 관한 동양의 관념과는 전적으로 다른 것으로 만들었다. 나는 델포이에서 이런 완전한 개인이라는 관념을 경험했다. 여러분은 거기에서 모든 것이 서로 연관됨을 볼 수 있을 것이다. 즉 예언, 예술, 극장 그리고 경기장이 그 꼭대기에 세워져 있다.

대부분의 사람들에게 예술의 삶은 모든 것을 빨아들이는 문제이고, 이것은 상당히 많은 노력을 필요로 한다. 라마크리슈나가 깨달음에 관해 이야기한 바는 예술에 관해서도 똑같이 진실이다. "머리에 불붙은 사람이 연못을 찾는 것과 같은 간절함이 없다면, 그걸 추구하지 마라." 그건 너무 어렵다.

결혼한 여성의 경우에는 또한 그 남편의 입장에서 상당히 많은 동의를 필요로 한다. 이 점에 대해서는 분명히 말할 수 있다. 무용계에서 활동하던 젊은 여성 가운데 상당수가 결혼 후에 남편의 허락을 받지 못해서 결국 그 분야를 떠나고 말았음을 알기 때문이다. 물론 무용에 필요한 것과 같은 종류의 훈련을 필요로 하는 예술이라면, 그 예술과 가정을 동시에 유지한다는 것은 이만저만 힘든 일이 아닐 것이다. 무용의 경우에는 만약 여러분이 제대로 훈련을 하지 않으면, 다음번에 무대에 올라갔을 때 만천하에 그 사실이 폭로되기 때문이다.

진은 일찍이 이렇게 말한 바 있다. "예술가의 방식과 신비주의자의 방식은 비슷한데, 다만 신비주의자에게는 기예가 결여되었다는 점이 다를 뿐이다." 그 기예란 것 때문에 예술가는 이 세계의 현상들과 접촉하고, 이 세계에 대해 관계를 지니는 것이다. 이는 곧 이 세계 속의 각 사건의 유일무이성에 대한 지속적인 가치평가다. 반면 신비주의자는 엄청나게 추상적일 수 있기 때문에, 그저 구걸용 그릇 하나를 제외하면 삶과는 아무런 연관이 없는 것이다. 하지만 그런 구걸용 그릇도 가끔은 매우 생산적일 수 있다. 우리의 구루 가운데 몇 사람은 수백만 달러의 기부금을 끌어내기도 하니까 말이다. 하지만 그렇다고 해서 그들이 삶과 연관되었다고 볼 수는 없다.

나는 미국이나 유럽에서 예술가를 훈련시키는 과정을 지켜본 바 있다. 그들은 오로지 기예에 관해서만 훈련을 받는다. 그들은 뭔가를 그려내기 위한 기술을 부여받기는 하지만, 그 기술로 무엇을 할 것인지는 알지 못한다. 그럼으로써 결국 지쳐 버린 사람들도 나는 많이 봤다. 그들의 예술적 기술이 그들로선 통과할 수 없는 장벽이 된 셈이라, 그들은 자신들의 기술을 내보일 수 있는 일화나 줄거리를 구상하려고 시도한다. 그들은 사회에 너무 신경을 쓰기 때문에, 가령 이 세상이나 자기 스스로를 고치는 데 필요한 일종의 교훈이 들어 있지 않은 경우에는 자신들의 예술적 대상을 지니고 있지 않다고 생각한다. 하지만 예술 작품은 그 정의상 '성스럽게 넘쳐나는 아름다움'인 것이다.

여러분은 이 안에서 마야의 투사하는 힘과 드러내 보이는 힘을 볼 수 있는가? 욕망과 혐오의 동기가 여러분을 움직이는 한, 그것은 바로 투사하는 측면인 것이다. 여러분 스스로가 곧 마야를 만들어 내는 존재이며, 여러분의 태도가 붓다의 태도일 때 여러분은 그 드러내 보이는 힘을 여는 사람인 것이다. 나는 이런 사실을 깨닫고 정말 짜릿한 기분이었다. 나는 예술, 그리고 예술이 무엇인지에 관한 이러한 지식이 깨달음에 이르는 현대 서구의 방식이 될 수 있으리라 생각했다. 이는 여러분을 온갖 종류의 연계로부터 해방시킬 것이다. 이는 여러분을 자신이 별로 믿지도 않는 것들을 실천하지 않도록 도와주지는 못할지라도, 최소한 여러분이 삶의 여러 목표들에 집착하기 전에 심미적인 것을 성취하도록 도와줄 것이다.

여러분이 만약
선과 악을 구분할 경우,
여러분은 예술을 잃는 셈이다.

예술은 도덕 너머로 나아간다.

여러분의 공감의 범위가
곧 여러분의 예술의 범위다.

조이스의 비법은
어디에서나 상징을 보는 것이다.

(……) 존 W. 페리 박사는 살아 있는 신화적 상징의 특징을 '감응 이미지'로 규정했다. 이 이미지는 그것이 중요한 곳에서 우리에게 떠오른다. 이는 우선 두뇌에 제시되는 것도, 거기서 해석되고 음미되는 것도 아니다. 오히려 반대로 그것이 만약 거기서 읽혀져야만 하는 것이라면, 그 상징은 이미 죽은 것이다. '감응 이미지'는 감정 체계에 직접 호소하고, 곧바로 답변을 이끌어 내며, 그것이 끝난 이후에 두뇌가 거기에 대해 흥미로운 주석을 달 수 있는 것이다. 여기에는 일종의 내부적 공명의 진동이 있으며, 그것이 외부에서 보이는 이미지에 반응하는 것이다. 마치 똑같이 조율된 악기의 현들이 서로 화답하듯 말이다. 어떤 주어진 사회 집단의 생생한 상징이 그 모든 구성원에게 이와 같은 종류의 반응을 이끌어 낼 경우, 일종의 마술적인 일치가 그들을 하나의 영적 유기체로 연합시키고, 비록 공간적으로 서로 떨어져 있지만

그래도 여전히 그 존재와 믿음에 있어 하나인 이들 구성원들을 통해서 기능하는 것이다.[31]

 일단 여러분이 상징을 이해하게 되면,
 여러분 역시 어디에서나 상징을 볼 수 있으리라.

 경이로운 사실은 깊은 창조의 중심을 어루만지고 거기에 영감을 제공하는 특유의 효력이 가장 하찮은 어린이 동화 속에도 들어 있다는 것이다. 이는 마치 바다의 향취가 물방울 하나 속에 들어 있다거나, 또는 생명의 모든 수수께끼가 벼룩의 알 하나 속에 들어 있다는 것에 맞먹는다. 왜냐하면 신화의 상징들은 제조된 것이 아니기 때문이다. 그것들은 주문할 수도, 발명할 수도, 영원히 억압할 수 있는 것도 아니다. 그것들은 영혼의 자발적인 산물이며, 그 각각의 속에는 그 원천의 배아적 힘이 전혀 손상되지 않고 들어 있다.[32]

 신들의 현시는 편재하고 있건만,
 우리의 눈이 열리지 않아 못 볼 뿐이다.

 상징은 우리의 눈을 열어 준다.

 "진정한 상징은 우리를 원의 중심으로 데려가며, 원주의 다른 지점으로 데려가지는 않는다. 상징을 통해서 인간은 효과적이고 의식적으로 자신의 가장 깊은 자아, 다른 사람들, 하나님과 접촉하게 된

다."-토머스 머튼[33]

때로는 상징조차도 우리의 눈을
열어 주지 않고, 오히려 닫아 버린다.

우리가 상징을 구체화하면
우리는 거기 집착하게 된다.

간단히 말하자면 이렇다. 북아메리카의 평원에서 들소가 갑자기 사라지면서 인디언들은 중심적인 신화적 상징을 잃어버렸을 뿐만 아니라 그 상징이 한때 이바지했던 삶의 태도 자체까지 잃어버렸는데, 이와 마찬가지로 우리 자신의 아름다운 세상에서도 우리의 대중적 종교 상징이 그 권위를 잃고 시들어 버렸을 뿐만 아니라, 그 상징들이 한때 지지했던 삶의 방식 역시 사라져 버리게 되었다. 그리하여 인디언들이 결국 내면으로 돌아서게 된 것처럼, 우리의 좌절한 세상에서도 많은 사람들이 그렇게 했다. 그 중 상당수는 이 내면으로의 모험-크나큰 위험의 가능성이 있고, 종종 잘못 인도되기 일쑤인-에서 서양이 아닌 동양의 안내를 받아 감응 이미지를 추구했는데, 그 이미지로 말하자면 사실 우리의 세속화된 사회질서와 거기에 전혀 걸맞지 않는 고풍스러운 종교적 제도로서는 더 이상 그려 낼 수 없는 것이었다.[34]

이 세상은 비신성화되었다.

알에서 나온 병아리는
부활절 정신의 상징이다.

우주적 알의 이미지는 여러 신화에 나타나 있다. 가령 그리스의 오르페우스교, 이집트, 핀란드, 불교, 그리고 일본 신화에도 나온다. "처음에 이 모든 것은 드러나지 않은 실체로 있었다." 힌두교의 성전에는 이렇게 나온다. "그런데 그것이 드러났으며, 밖으로 나타나 알과 같은 모습이 되었고, 그 상태로 한 해 동안 있었다. 그리고 드디어 그것이 갈라져 절반은 은, 절반은 금이 되었다. 은은 곧 땅이요, 금은 곧 하늘이 되었다. 또 알의 겉으로 보이는 태(胎)의 모습은 산, 안으로 보이는 태의 모습은 구름과 안개, 신경과 핏줄 등은 강, 나머지 액체는 바다가 되었다. 그 알에서 태어난 것이 태양이었다."[35] 우주적 알의 껍질은 공간의 세계 틀이고, 그 안의 비옥하게 싹트는 힘은 자연의 소진되지 않는 생명적 역동성을 상징한다.[36]

병아리가 벗어던지는 알 껍질은 마치 뱀이 벗어던지는 허물이라든지, 또는 다시 태어난 달에 의해 벗어던져진 달의 그늘과도 비슷하다.

뱀과 달은 모두 옛것에 대해서 죽고,
　각자의 그늘을 벗어던지고 다시 태어난다.

날아가는 새와 십자가에 달린 그리스도. 이 두 가지는 땅의 굴레에서 벗어난 영혼을 상징한다. 그리스도와 마찬가지로 달은 죽었다가 부활한다. 달은 사흘 동안 어두워진 상태다. 예수는 사흘 밤 동안 입구를 커다란 바위로 가로막은 - 이는 달의 표면을 검은 원반이 뒤덮은 것과 유사하다 - 무덤 속에 있었다. 태양력과 태음력 모두에 따라 정해진 부활절의 날짜는 - 달에서 빛이 다시 태어나는 것과 태양에서 빛이 영원히 있는 것과 마찬가지로 - 결국 하나이다. 그 모든 신비는 바로 거기 기독교 상징 속에 있다.

게다가 달과 밤하늘의 별 그리고 은하수가 펼쳐 보이는 거대한 장관은 처음부터 경이로움과 놀라운 감정의 원천을 제공해 왔음에 틀림없다. 실제로 달은 지구와 그 위의 생명체들, 그리고 조수와 인간 내부의 조수에 물리적 영향력을 행사하고 있다. 인류는 오랜 세월 동안 이 사실을 잠재의식으로 경험해 왔을 뿐만 아니라 의식적으로도 인지해 왔다. 여성의 생리 주기와 달의 주기의 일치는 인간의 삶을 구조화하는 물리적 현실이며, 경이로움을 불러일으키면서 관찰되어 온 신비한 현상이다. 천체의 세계와 인간의 세계 사이에 삶을 구조화하는 어떤 관계가 있다고 하는 기본적인 관념은 달의 주기가 지닌 힘을 깨달으면서 시작되었을 것이다. 달은 아름다운 별들 사이를 가로지르고, 구름 속을 달리며, 깨어 있는 생명 그 자체를 일종의 꿈으로 바꾸는 경이로운 불멸의 은빛 접시다. 그 접시는 자신을 향해서 울부짖는 개와 늑대, 여우, 자칼과 코요테에 대하여 어떠한 영향력을 행사할 뿐만 아니라, 그믐달로 이지러졌다가 만월로 다시 살아나는 놀라운 신비를 지니고 있기 때문에 신화를 형성하는 데 있어서 태양보다 더 강력한 역할을 해 왔다. 그렇지만 아침마다 태양이 뜨면 이러한 달빛과 밤하늘의 별, 밤의 소리, 관능적인 분위기 그리고 꿈의 마법은 사라져 버린다.[37]

이슬은
달에서 떨어진 암브로시아다.

이 달의 상징은 오랜 역사를 지녔다. 메소포타미아에서는 달의 신을 신(Sin)이라고 했다. 모세가 오른 산의 이름은 시나이(Sinai) 산이었다. 결국 그곳은 아마도 달의 여신의 산이었을 것이다. 모세가 거기서 내려왔을 때 그는 하나님의 에너지를 받아서 몸에 광채가 번뜩였으며, 그래서 얼굴에 차단막(베일)을 썼으며, 그의 이마에는 빛의 뿔이 돋아났다고 한다. 바로 달의 신비의 뿔 말이다.

"달은 스무여드레 동안 살며, 이것이 곧 우리의 한 달이다. 이 하루하루의 날들은 우리에게 성스러운 뭔가를 나타낸다. 그 중 이틀은 위대한 영을 나타낸다. 이틀은 어머니 대지를 나타낸다. 나흘은 사방의 바람을 나타낸다. 하루는 검독수리를 나타낸다. 하루는 태양을 나타낸다. 하루는 달을 나타낸다. 하루는 샛별을 나타낸다. 나흘은 네 가지 시대를 상징한다. 이레는 우리의 일곱 큰 의례를 나타낸다. 하루는 들소를 나타낸다. 하루는 불을 나타낸다. 하루는 물을 나타낸다. 하루는 바위를 나타낸다. 그리고 마지막 하루는 두 다리로 걷는 사람을 나타낸다. 이 모든 날들을 모두 합치면 스물여덟 날이 됨을 알 수 있으리라. 또 들소는 스물여덟 개의 갈빗대를 지니고 있으며, 우리의 전쟁용 머리장식은 스물여덟 개의 깃털이 꽂혀 있다. 세상 만물에는 그 나름대로의 의미가 있으며, 사람은 이를 알고 기억해 두는 편이 좋다."-블랙 엘크[38]

경외심은 우리를 앞으로 나아가게 만든다.

문화 간의 교류가 활발한 현대 사회에서 지역적인 장벽을 뛰어넘는 지성을 소유한 자들은 낯선 형식의 경험과 깨달음 속에서도 공통의 의미를 찾아낼 수 있다. 이와 마찬가지로 대부분의 성직자와 사회학자가 서로 다른 여덟 신으로 간주하는 것을 비교신화학자와 심리학자는 동일한 한 신의 여러 양상으로 간주할 수 있다.[39]

신화의 신들은 우리 주위의 자연 속에 있는
에너지들을 의인화한 것이다.

그리하여 신들과 여신들은 불멸의 존재의 영약의 화신이나 관리자로 이해되지, 결코 그들 자체가 최상의 상태에 처한 궁극으로 이해되지는 않는다. 영웅이 그들과의 교통을 통해서 추구하는 것은 따라서 그들 자체가 아니라 그들의 은총, 즉 그들을 유지시켜 주는 물질의 위력인 것이다. 이는 기적적인 에너지 물질이며, 오로지 이것만이 불멸이다.[40]

여러분 자신의 중심에서 살아가라.

삼위일체의 상징적 관념을 통해서 해결되는 문제를 이해하기 위한 핵심은 바로 다음과 같은 탄트라의 속담이다. "신을 예배하려는 자는 우선 스스로가 신이 되어야 할지니라." 다시 말해서 여러분은 스스로의 내면에서 자신이 주의를 집중하려는 신들에 상응하는 의식의 층위에 반드시 도달해야 한다는 것이다.

삼위일체에서 성부는 여러분의 주의가 집중되어야 하는 신이다. 여러분은 성자이고, 성부를 아는 자이다. 그리고 성령은 이 둘 사이의 관계를 표상한다.

내가 보기에는 여러분은 삼위일체의 개념을 전제하지 않고서는 도무지 신의 개념을 지닐 수 없는 것만 같다. 신, 그 신을 아는 자, 또 그 둘 사이의 관계, 그리고 여러분을 그 신에게 점점 더 가깝게 다가가게 하는 점진적인 앎.

신은 여러분 안에 살고 있다.

(……) 여기에는 또 하나의 깨달음의 단계가 있는데 (……) 일본어로는 '지지무게(事事無碍)'라고 하며, 번역하면 '사물과 사물, 아무런 나뉨이 없다'는 뜻이다. 즉 사물과 사물 사이에 구분이 없다는 뜻이다. 이에 관한 비유로는 보석으로 이루어진 그물이 있는데, 그 각각의 보석은 다른 모두를 반사할 뿐만 아니라, 그 자신은 다른 모두에 반사된다는 의미다. 또 다른 이미지는 꽃다발이다. 어느 꽃도 다른 꽃의 '원인'은 아니지만, 함께 모여 있음으로 해서 모두가 꽃다발이라는 것이다.[41]

겉으로는 따로따로인 듯
보이는 사물들도
근본적으로는 하나에 불과하다.

위대한 물리학자 에어빈 슈뢰딩거는 놀라우면서도 탁월한 저서인 『나의 세계관』이라는 책에서 이와 똑같은 형이상학적 시각을 보여 준 바 있다. "우리 모든 살아 있는 존재는 서로에게 속해 있다." 그는 이렇게 주장했다. "이는 우리 모두가 사실은 어느 하나의 단일한 존재의 측면, 또는 양상인 것과 마찬가지인데, 그 단일한 존재를 서구의 용어로는 하나님이라고 하는 반면, 『우파니샤드』에서는 브라흐만이라고 부르는 것이다."[42]

대립자의 세계 너머에는
보이지는 않지만, 경험되는
통일성과 동질성이 우리 모두에게 있다.

왜냐하면 우리는 모두 — 우리 존재의 입자 하나하나까지도 — 의식의 투하이기 때문이다. 마치 동물과 식물, 그리고 자석에 붙는 금속과 달의 인력에 끌려가는 물이 그렇듯이 말이다.[43]

오늘날 지구는
유일하게 적절한 '내집단(內集團)'이다.[44]

(……) 이러한 온 우주 속에서 우리는 우리 내면의 가장 내밀한 본성을 확대한 반영으로서 인식된다. 따라서 우리는 실제로 그 귀이며, 그 눈이며, 그 생각이며, 그 말이다. 또는 신학적인 용어로 말하자면 하나님의 귀이며, 하나님의 눈이며, 하나님의 생각이며, 하나님의 말씀이다. 그리고 마찬가지의 맥락에서 우리는 우리 정신의 그 공간 내의 무한 속에서 지속되며, 행성의 진로인 동시에 우리의 동포 지구인들이 포함되어 있는 창조 행위에 지금 바로 여기서 참여하는 참여자인 것이다.[45]

이 세상의 슬픔에
기쁜 마음으로 참여한다.

분명한 교훈은 (······) 삶의 경이와 수수께끼의 지고하고도 신성한 상징에 대한 지식으로 나아가는 첫걸음은, 삶의 괴물 같은 성격과 그런 특징에 있어서의 영광을 인식하는 데 있다는 것이다. 즉 이것이 원래의 모습이며, 이는 지금이나 나중이나 결코 변화될 수 없다는 것을 깨닫는 데 있다. 우주를 지금의 모습보다도 더 나아지게 할 수 있는 방법을 안다고 생각하는 자들, 또 자신들이 그걸 만들었다면 어땠을지 안다고 생각하는 자들 - 그들의 이름은 군대다[46] - 의 경우에는 고통도 없고, 슬픔도 없고, 시간도 없고, 삶도 없기 때문에 깨달음에 적합하지가 않다. 또는 '우선 사회를 바로잡고 나서, 그런 다음에 나를 바로잡겠다'고 생각하는 자들 - 상당수가 그렇게 생각하듯 - 은 심지어 하나님의 평화의 저택의 출입문에서조차 입장을 금지당할 것이다. 모든 사회는 악하고, 슬픔이 가득하고, 불공평하다. 그리고 앞으로도 영원히 그러할 것이다. 따라서 여러분이 진정으로 이 세상을 돕고 싶다면, 여러분이 반드시 가르쳐야 할 것은 어떻게 그 안에서 살아가느냐 하는 것이다. 그리고 있는 그대로의 삶에 관한 지식에서 비롯되는 즐거운 슬픔과 서러운 즐거움 속에서 살아가는 방법을 몸소 체득하지 못한 사람은 결코 그럴 수가 없는 것이다.[47]

우리는 이 세상의 슬픔을 치유할 수는 없지만,
기쁨 안에서 사는 삶을 선택할 수는 있다.

보스턴에서 뉴욕까지 한밤중에 비행기를 타고 가면, 비행기가 인구 밀집 지역 위를 지나가는 동안 자동차 불빛이 강물처럼, 마치 혈관 속을 지나는 혈구처럼 흘러가는 모습을 볼 수 있다. 그러면 여러분은 이 전체가 기이한 유기체임을 깨닫게 된다. 이 지구의 생명은 사실상 늪지 같은 특정한 지역에 의존하고 있지만, 그런 지역들은 오늘날 침해당하고 있다. 전체에 관한 개념을 미처 지니지 못한 인간들이 이웃의 발전에 매우 불운한 일을 저지를 수 있는 것이다.

"너희를 인도하는 자들이 '보라, 하늘나라는 하늘에 있다'고 하면 하늘의 새들이 너희를 앞설 것이고, 그들이 바다에 있다고 하면 물고기들이 너희를 앞설 것이다. 하늘나라가 너희 안에 있고 너희 밖에 있으니, 너희 자신을 알게 되면 너희는 알려질 것이며, 너희가 살아계신 아버지의 자식들임을 알게 될 것이나, 너희가 너희 자신을 모르면 곤궁 속에 살 것이며, 너희가 곤궁일 것이니라." - 예수 그리스도[48]

여러분은 반드시
희열을 느끼고 돌아와
그것을 통합해[서 완전하게 만들어]야 한다.

간혹 5번가를 걸어갈 때면, 만물이 아원자 입자로 흩어져 나타나곤 하는데, 그때마다 나는 이렇게 생각한다. "아, 예수 그리스도여. 이것이 '바로' 이것의 본래 모습입니다. 이것은 마야의 경험이며, 감각의 환상입니다. 물론 감각이란 게 있다면 말이죠." 이것은 놀라운 생각이다.

제자들이 여쭈되, 하늘나라는 언제 오나이까. 대답하시되, 그것은 기다린다고 오지 아니하니, 여기 있다, 저기 있다 할 것이 아님이라. 아버지의 나라는 지상에 펼쳐져 있으나, 사람들이 그것을 보지 못하느니라."[49]

　　귀환은 어디에서나
　　광휘를 목격하는 것이다.

"워싱턴의 대통령이 우리 땅을 사고 싶다는 말을 전해 왔다. 하지만 당신들은 어떻게 하늘을 사고 팔 수 있는가? 어떻게 땅을 그럴 수 있는가? 우리가 보기에는 이상한 생각이다. 공기의 상쾌함과 물의 부글거림을 우리가 소유하지 못하고 있는데, 당신들은 어떻게 그걸 우리에게서 사겠다는 것인가?

　이 땅의 모든 부분은 우리 부족에게 성스러운 것이다. 소나무 잎 하나부터 강변의 모래사장이며, 어두침침한 숲 속의 안개며, 풀밭이며, 윙윙거리는 벌레들까지도 말이다. 그 모두가 우리 부족의 기억과 경험 속에서는 거룩한 것들이다.

　우리는 자기 혈관 속을 흐르는 피를 알듯이, 나무 속을 흐르는 수액을 알고 있다. 우리는 땅의 일부이며, 땅은 우리의 일부다. 향기로운 꽃들은 우리의 자매다. 곰과 사슴과 큰독수리는 우리의 형제다. 바위 봉우리, 풀밭의 이슬, 조랑말의 체온, 그리고 인간, 이 모두는 한 가족에 속해 있다.

　개울과 강을 흐르는 빛나는 물은 단순한 물이 아니라 우리 조상들의 피다. 만약 우리가 당신들에게 우리 땅을 판다면, 당신들은 이곳이 성스러운 곳임을 반드시 알아야 하리라. 호수의 깨끗한 물에 비치는 유령 같은 환영 하나하나가 우리 부족의 삶의 사건들과 기억들을 이야기할 것이기 때문이다. 물의 속삭임은 우리 아버지의 또 아버지의 목소리이다.

강은 우리의 형제다. 강은 우리의 갈증을 풀어 준다. 강은 우리의 카누를 나르며, 우리 아이들을 먹인다. 그러니 당신들은 강을 향해 여러분이 형제에게 주는 것과 같은 친절을 베풀어야 한다.

만약 우리가 당신들에게 우리 땅을 판다면, 이 공기가 우리에게는 소중한 것임을, 이 공기는 그것이 육성하는 모든 생명과 그 영혼을 공유하고 있음을 기억하기 바란다. 우리 할아버지에게 첫 숨을 주었던 바람은 그분의 마지막 한숨까지도 받았다. 바람은 우리 아이들에게 삶의 정신을 주었다. 따라서 우리가 만약 당신들에게 우리 땅을 판다면, 당신들은 이 땅을 별도의 신성한 곳으로, 풀밭의 꽃들에 의해 향기로 워진 바람을 맛보러 들어갈 수 있는 장소로 두어야 한다.

당신들은 우리가 우리 아이들에게 가르쳤던 것을 당신들의 아이들에게 가르치겠는가? 땅이 우리의 어머니라는 것을? 땅에서 벌어지는 일은 땅의 아들들 모두에게 벌어지게 마련이다.

우리는 이렇게 알고 있다. 땅은 인간에게 속한 것이 아니며, 오히려 인간이 땅에 속한 것이다. 만물은 우리 모두를 하나로 묶어 주는 피와 마찬가지로 서로 연결되어 있는 것이다. 인간이 생명의 그물을 짜는 것이 아니라, 인간은 다만 그 그물의 한 가닥일 뿐이다. 그가 그물에 대해 하는 일은 무엇이든지, 결국 자기 자신에게 하는 일이다.

우리는 이렇게 알고 있다. 우리의 신은 또한 당신들의 신이다. 이 땅은 그에게도 소중한 것이며, 땅을 해코지하는 것은 그 창조주를 크게 모욕하는 일이다.

당신들의 운명이란 우리가 보기에는 수수께끼다. 들소가 모두 학살되고 나면 무슨 일이 일어날까? 야생마들이 모두 길들여지면? 숲의 은밀한 구석구석까지도 수많은 사람들의 냄새가 진동하고, 무르익은 언덕의 풍경 위로 말하는 전선이 얼룩을 남기면 무슨 일이 일어날까? 수풀은 어디에 있을까? 없어져 버렸다! 독수리는 어디에 있을까? 없어져 버렸다! 그렇다면 재빠른 조랑말과 사냥에 작별을 고하는 것은 무엇일까? 삶의 종말이며 생존의 시작이다.

최후의 인디언이 자신의 황야에서 사라지고, 그의 기억은 오로지 평원을 가로지르는 구름의 그림자에 불과할 때, 과연 이 강변과 숲은 여전히 이 자리에 있을 것인가? 거기에도 내 부족들이 남긴 정신들이 남아 있기나 할는가?

우리는 갓난아이가 제 어미의 가슴 두근거림을 사랑하듯 이 땅을 사랑해 왔다. 따라서 우리가 만약 당신들에게 우리 땅을 판다면, 우리가 사랑한 것처럼 사랑하기 바란다. 우리가 돌보았던 것처럼 돌보기 바란다. 여러분이 이 땅을 받았을 때 이 땅에 있던 그대로의 기억을 여러분의 마음에 간직하라. 모든 아이들을 위해 이 땅을 보존하고 사랑하라. 신이 우리 모두를 사랑하듯이.

우리는 땅의 일부이며, 당신들 역시 땅의 일부다. 이 땅은 우리에게 소중한 것이다. 이 땅은 여러분에게도 소중한 것이다. 우리는 알고 있다. 이 세상에 신은 하나라는 것을. 인디언이건 백인이건, 그 어

떤 인간도 거기서 떨어져 나갈 수는 없다. 우리는 결국 형제이기 때문이다."-시애틀 추장[50]

이 세상은 우리의 짝이며,
우리 역시 이 세상의 짝이다.

그들은 생각을 뛰어넘어 무한한 우주로 날아간 다음, 불모지인 달을 여러 번 선회한 뒤에 먼 거리를 다시 돌아오기 시작했다. [우주비행사들은] 자신들의 목적지의 아름다움이 얼마나 반가운 광경이었는지 몰랐다고 말한다. 즉 이 지구라는 행성은 "마치 무한한 우주라는 사막 속의 오아시스 같았다!"라는 것이다. 이제 여기에는 뚜렷한 이미지가 있다. 이 지구는 온 우주를 통틀어 단 하나의 오아시스이며, 삶의 의례를 위해 따로 떼어 놓은 특별한 종류의 성스러운 숲인 것이다. 그리고 이 지구의 어느 한 부분이나 구획만이 아니라, 지구 전체가 이제는 성소, 따로 떨어진 축복받은 장소인 것이다. 더 나아가 우리 모두는 이제 하늘에서 태어난 땅이 얼마나 작은지를, 그리고 그 소용돌이치고 빛을 내며 아름다운 구의 표면에 자리 잡은 우리의 위치가 얼마나 위험천만한지를 직접 보게 되었다.[51]

(……) 우리는 최근에 달에서 찍은 사진을 통해서 보았던 이 아름다운 행성의 아이들이다. 어떤 신이 우리를 그곳에 데려다 놓은 것이 아니라, 우리가 그곳에서부터 나왔던 것이다.[52]

영(靈)은 자연의 꽃다발이다.

그렇다면 우리는 스스로를 이 지구에서 작동하는 귀와 눈과 정신으로 생각할 수 있을 것이다. 우리의 귀와 눈과 정신이 우리 몸에서 작동하는 것과 똑같은 방식으로 지구 위에서 작동하는 것이다. 우리의 몸은 이 지구, 이 놀라운 '무한한 우주라는 사막 속의 오아시스'와 함께 있는 존재다. 그리고 그 무한한 우주의 수학, 즉 뉴턴의 정신 - 또한 우리의 정신, 지구의 정신, 우주의 정신 - 에 있었던 것과 똑같은 것은 우리를 통해서 이 아름다운 오아시스에서 꽃을 피우고 열매를 맺게 되었던 것이다.[53]

신화의 첫 번째 기능은
여러분이 있는 장소를 신성화하는 것이다.

시인 릴케는 이렇게 썼다. "이 세계는 거대하지만, 우리 안에서는 바다처럼 깊다." 우리는 자기 안에 법률을 지니고 다니고, 그로 인해 세계는 질서를 유지한다. 우리 자신은 그야말로 신비스러운 존재다. 세계의 경이를 탐색함에 있어서, 우리는 우리 자신의 경이를 동시에 깨닫게 된다. 외부로의 여행으로서의 달 로켓 비행은 결국 우리 자신을 찾아 외부로 나간 것이었다. 내 말은 시적인 의미에서가 아니라, 사실적이며 역사적인 의미에서 그렇다는 것이다. 내 말은 그 여정을 실행하고 TV로 방송함으로써 인간의 의식이 이른바 새로운 영적 시대의 개막에 상당할 정도와 방식으로 확장되었다는 것이다.

(……) 그 멋진 위성은 우리 지구 주위를 수십억 년 동안이나 마치 지구의 눈에 들려고 애쓰는 예쁘지만 외로운 여인처럼 돌고 돌았던 것이다. 그녀는 이제 결국 지구의 눈길을, 따라서 우리의 눈길을 사로

잡은 것이다. 그런 종류의 유혹이 응답을 얻을 때면 항상 그렇듯이 새로운 삶이 열렸다. 보다 풍성하고 보다 흥미진진하며 충족적인 삶이 우리 모두를 위하여, 그리고 일찍이 알려진 것보다도 더, 심지어 우리가 생각하거나 상상했던 것보다도 더 크게 열린 것이다. 우리 가운데에 있는 젊은이들은 훗날 저 달 위에서 '살아갈' 사람도 있을 것이다. 또 어떤 사람은 화성을 방문할 수도 있을 것이다. 그러면 그들의 아들들은? 그들은 또 어떤 여정에 나설 것인가?[54]

여러분만의 희열을 느껴라.

새로운 신화는 무엇인가? 또는 무엇이 되어야 하는가? 신화는 일종의 시다. 그렇다면 먼저 시인에게 물어보자. 가령 월트 휘트먼은 『풀잎』(1855)에서 이렇게 말했다.

> 나는 영혼이 육체 이상의 것이 아니라고 했다
> 육체가 영혼 이상의 것이 아니라고도 했다
> 어떤 것도, 신(神)조차 우리의 자아보다 더 크지는 않다
> 공감 없이 걷는 자는 수의를 입고 제 장례식에 가는 자와 같다
> 한 푼도 없는 나나 당신도 이 땅의 알짜를 구입할 수 있다
> 눈으로 흘끗 보는 일, 또는 깍지 속의 콩 한 알을 보이는 일도 만대의 학식을 낭패스럽게 만든다
> 어떤 일이건 직종이건, 젊은이가 종사함으로써 위인이 되지 않을 것이 없다

어떤 미약한 물건도 우주의 수레바퀴의 중심이 될 수 있다
나는 모든 남녀에게 말한다
백만 개의 우주 앞에서도 냉정하게 침착한 영혼을 세우라고

또 인류에게 말한다. 신에 대해 알고 싶어 하지 마라
모든 이를 알고 싶은 나는 신에 대해서는 알고 싶지 않다
(어떠한 말로도 신과 죽음에 대한 내 평화로운 마음을 표현할 수는
없다)

나는 만물에서 신을 보고 듣지만 조금도 신을 이해하진 못한다
또 나보다 더 놀라운 자가 있으리라고도 생각지 않는다

왜 오늘보다 더욱 많이 신을 보려 하나?
나는 스물네 시간의 모든 시간마다 그리고 매 순간마다 신의
어떤 면을 보고 있다
남녀의 얼굴에서 신을 보고, 거울 속 내 얼굴에서도 본다
나는 거리에 떨어진 신의 편지들을 본다. 그 하나하나에 신의
서명이 있다
나는 그 자리에 놓아둔다. 어디로 가든
딴 편지가 틀림없이 영원토록 올 것을 아는 까닭에.[55]

휘트먼의 이 시구는 기원전 8세기경에 지어진 최초의 『우파니샤 드』, 즉 '위대한 숲의 책(브리하다란야카)'의 정서를 훌륭하게 반영한다.

사람들은 각기 여러 신을 섬기면서, 이 신에게 제례를 올리라, 저 신에게 제례를 올리라 한다. 그러나 (그 신들조차) 모두 하나의 창조자로부터 나온 창조물일 뿐이다. 이 신이 모든 신들의 모습이다. (……) 그 드러나게 한 자(신)는 지금 이 육신 안에, 손톱에서 머리끝까지 들어와 있도다. 그것은 마치 칼이 칼집 안에 보이지 않게 들어 있는 것과 같고, 세상을 먹는 자 아그니(불)가 장작 속에 보이지 않게 들어 있는 것과 같으나, 사람들은 그 안에 든 것을 보지 못한다. 그는 틀에 맞추어진 자가 아니다. 숨을 쉬므로 '숨', 말을 한다 해서 '목소리'라 부른다. 보기 때문에 '눈'이라 하고, 듣기 때문에 '귀', 그리고 생각하기 때문에 '마음'이라 부른다. 이 모든 것은 그가 하는 일에 따라 그를 부른 이름이다. (……)

그는 어느 하나의 특성으로 드러나지 않고, 다만 하나하나로 나타난다. 이러한 흔적으로 이것이 모든 것의 아트만임을 안다면, 그 아는 사람은 이 모든 세상을 알게 되는 것이다. 이것은 잃어버린 (짐승을) 그 발자국을 보고 찾는 것과도 같다. (……) 그러므로 아트만이라는 가장 소중한 것을 숭배하라. 그처럼 아트만을 가장 소중한 자로 숭배하면, 그가 가장 소중히 여기는 것은 절대로 파멸하지 않을 것이다. (……)

신은 (나와) 다르고, 또 나는 저 사람과 다르다고, (이처럼) 자신과 신을 다르게 생각하고 숭배하는 사람은 그 지혜를 알지 못하는 것이니, 그런 자라면 신들의 짐승과 다를 바 없다.[56]

실제로 우리는 초창기의 영지주의 복음서인 「도마의 복음서」에 기록된바, 그리스도 자신에게서도 이와 똑같은 말을 듣지 않았던가?

"내 입에서 마시는 자는 누구나 나와 같이 될 것이라. 내가 그가 되고, 감추어진 것들이 그에게 드러나리라. (……) 만물이 나이니, 나로부터 만물이 생겨났고, 나에게 만물이 이어지리라. 장작을 쪼개면 그곳에 내가 있고, 돌을 들어 올리면 그곳에 내가 있느니라." [57]

여러분이 모든 것을 원한다면,
신들은 그것을 주리라.
하지만 여러분은 반드시 준비가 되어 있어야 한다.

이제는 더 이상 경계라는 것이 없게 되었다. 경계가 사라짐으로 인해 우리는 충돌을, 끔찍한 충돌을 경험했고, 또 지금도 경험하고 있다. 이는 사람들 사이의 충돌일 뿐만 아니라, 신화들 사이의 충돌이기도 하다. 이는 마치 더운 공기와 찬 공기가 제각기 들어 있는 방 사이에 있는 칸막이를 제거한 듯한 형국이다. (……) 이것이 바로 우리가 경험하는 바이다. 우리는 이에 올라탄다. 이에 올라타고 새로운 시대로, 새로운 탄생으로, 완전히 새로운 인간의 조건으로 나아간다. 이에 관해서는 오늘날 살아 있는 어디의 누구도 자신이 그 여명에 대한 열쇠를, 해답을, 예언을 지니고 있다고 말할 수는 없으리라. 또한 어느 누구도 여기서 이를 단죄할 수 없으리라. (……) 지금 벌어지고 있는 일은 지극히 자연스러우며, 그로 인한 고통과 혼란과 실수 역시 지극히 자연스러운 것이다.[58]

거대한 풍파 속에서도
신과 같은 침착함으로 살아가는 것이
목표가 되어야 한다.
마치 디오니소스가 표범에 올라타고도
갈가리 찢기지 않은 것처럼.

신화는, 또는 달리 말해서, 신화와 종교는 위대한 시이며, 그와 같이 인식할 경우에는 십중팔구 사물과 사건을 관통해서 서로 완전하며 전체인 어떤 '존재' 또는 '영원'의 편재를 가리킨다. 이런 기능에 있어서 모든 신화, 모든 위대한 시, 모든 신비주의적 전통은 합치한다. 그리고 한 문명 내에서 이런 영감을 주는 환상이 효과적으로 남아 있는 곳이 있다면, 그 영역 내의 모든 것과 모든 피조물은 살아 있다. 따라서 모든 신화가 삶을 현대의 삶에 맞도록 가공하기 위해 반드시 성취해야만 하는 첫 번째 조건은 한때는 끔찍하면서도 매혹적이었던 우리 자신과 우주 ― 우리가 곧 그 귀와 눈과 정신으로 작용하는 ― 의 경이를 향한 지각의 문을 정화하는 것이다.[59]

> 어느 아메리카 인디언 소년이
> 입문제의를 행할 때
> 이런 조언을 얻었다.
>
> "삶의 길을 가다 보면
> 커다란 구렁을 보게 될 것이다.
>
> 뛰어넘으라.
>
> 네가 생각하는 것만큼 넓진 않으리라."

그렇다면 처음 질문으로 돌아가 보자. 새로운 신화는 무엇인가?

또는 무엇이 되어야 하는가?

그것은 그 '주관적 의미'에서 보자면 오래되고, 영원하고, 끊임없는 신화이며, 기억되는 과거나 투사되는 미래의 견지에서가 아니라 현재의 견지에서 시적으로 갱신되는 신화이다. 이는 우리 인류가 존재하는 한 영원히 그러할 것이다. 즉 특정한 '민족들'의 아첨에 호소하는 것이 아니라, 개인들이 스스로에 대한 지식을 각성할 수 있게 호소하는 신화인 것이다. 즉 개인이 스스로를 이 아름다운 행성 표면의 특정한 장소를 얻기 위해 싸우는 자아로서뿐만 아니라 거대한 정신[60] – 각자 자기 나름대로, 모두와 (경계 없이) 하나가 되어 – 의 중심으로서 각성하도록 호소하는 신화인 것이다.[61]

옮긴이의 말

1.

이 책은 1983년에 에설런 연구소에서 조지프 캠벨의 강의를 들었던 다이앤 K. 오스본의 필기 내용을 바탕으로 하고, 거기다가 기존에 출간된 캠벨의 저서 가운데 관련된 부분의 인용문들을 발췌, 수록한 방식으로 꾸며진 일종의 선집이다. 원제는 『조지프 캠벨 편람(Joseph Campbell Companion)』이라고 되어 있지만, 사실은 캠벨의 강의록으로서 그의 사상에 대한 개론적인 성격의 책이라고 할 수 있겠다.

한 가지 당부하고 싶은 것은, 이 책이 조지프 캠벨의 사상을 잘 요약하고 있는 것은 사실이지만, 요약된 내용만으로는 캠벨의 사상의 진면목을 고스란히 전하기에 아무래도 역부족이라는 것이다. 특히 캠벨이 자주 사용하는 용어나 개념에 익숙하지 않은 독자들로선 뜬금없이 툭툭 튀어나오는 그의 말을 이해하지 못하거나, 심한 경우 오해할 수도 있겠다. 물론 이 책을 옮기는 과정에서 그런 생략된 부분들을 최대한 메우기 위해 노력했지만, 저자의 의도를 고려하여 손을 대지 못한 부분도 없지 않기 때문이다.

가령 이 책의 「도입의 단계」에 나오는 아포리즘이 그런 경우인데, 사실 거기 나오는 말들은 이 책의 본문, 그러니까 1-3장에 나오는 내용 가운데 중요한 부분을 요약한 것이다. 따라서 「도입의 단계」만 뚝 떼어 놓고 보면 이해가 잘 안 되는 것은 물론이고, 종종 모순처럼 보이는 대목들 때문에 독자로선 당혹감을 느낄 수도 있을 것 같다. 따라서 캠벨의 사상에 익숙치 않은 독자라면 차라리 본문을 먼저 읽고, 「도입의 단계」는 나중에 복습 삼아 읽어 보는 편이 더 낫지 않을까 싶다. 그 대목으로 말하자면, 이 책의, 나아가 캠벨 사상의 정수이기 때문에, 두고두고 한번씩 들춰볼 만한 가치가 있다고 생각한다.

아울러 이 책을 통해 처음으로 캠벨의 사상에 관심을 갖게 된 독자들이라면 그의 대표작들을 몇 권 더 읽어 보길 권한다. 특히 『천의 얼굴을 가진 영웅』과 에세이 모음집인 『신화와 함께 하는 삶』은 캠벨 사상의 근간을 이루는 대표작이라고 할 수 있다.[1] 실제로 이 책에 가장 많이 인용된 캠벨의 책도 바로 이 두 권이다. 또 그가 세상을 떠나기 직전에 빌 모이어스와 함께 한 대담 프로그램에 기초한 『신화의 힘』은 비교적 읽기 편한 대화체 구성이라 그런지 우리나라에서는 이른바 신화학의 입문서로 스테디셀러가 되어 있다.

그런데 우리나라에서 캠벨의 명성이 널리 퍼지게 된 데는 2000년대에 들어와 새삼스럽게 불어 닥친 이른바 '(그리스-로마) 신화 열풍'의 덕이 어느 정도 있지 않았을까 싶다. 심지어 일각에서는 캠벨을 20세기의 대표적인 '신화학자'로 거론하곤 하는데, 그런 식의 단언은 일면 그의 사상의 폭과 깊이를 지나치게 좁혀 버리는 결과를 낳을 위험이 있다.

사실 캠벨의 주 전공은 종교학, 그 중에서도 인도의 전통에 비중을 많이 둔 비교종교학이라고 할 수 있다. 신화 연구는 그러한 학문의 추구 과정에서 자연스럽게 도출된 것이며, 보다 더 근본적인 것에 대해 이야기하는 수단이었을 뿐이다. 따라서 중요한 것은 신화에 주목하는 것이 아니라 그 신화의 의미, 다시 말해서 신화를 통해 캠벨이 가리키고자 하는 것에 주목하는 것이다. 그러므로 캠벨을 '신화학자'라고만 규정하는 것은 그 너머의 달을 보지 못하고 달을 가리키는 손가락만 보는 격이다.

캠벨의 사상을 굳이 한마디로 요약한다면, 힌두교-불교 전통에 근거한 일종의 범신론이라고 할 수 있다. 캠벨은 기독교나 불교나 힌두교 등 세계의 다양한 종교들이 결국 한 점으로 모인다고 믿었고, 그 배후의 어떤 절대적 가치를 신봉했다. '천의 얼굴을 가진 영웅'이나 '신의 가면'은 하나같이 그런 어떤 절대적 가치의 외양을 나타낸 것이다. 따라서 그는 특정 종교의 독단을 배제하고 궁극의 길은 하나로 통한다는 의미에서 겸손과 양보를 주장했다. 오늘날 특정 종교에 대한 정부의 편향적인 태도로 인해 국론 분열이 야기되는 우리나라의 상황에서는 상당히 주목할 만한 주장이 아닐 수 없다.

특히 이 책은 지금까지 대중에게 알려진 '신화학자'로서의 캠벨의 모습보다는 오히려 '인간' 캠벨의 모습을 더 많이 보여 주고 있다. 여러 주제에 대한 그의 진솔한 고백은 평생을 신화와 종교와 은유의 해석에 바친 어느 노학자의 인생철학에 가깝다. 캠벨의 인생철학은 이른바 '희열을 좇으라'라는 것으로 요약될 수 있겠다.[2]

또한 캠벨은 인생의 어떤 긍정적인 면뿐만 아니라 부정적인 면까지도, 가령 삶과 선뿐만 아니라 죽음과 악까지도 포용하고 인정하라고 역설한다. 이것 역시 힌두교-불교 전통에 크게 기인한 발언이라고 여겨지는데, 오늘날과 같은 상황에서 그리고 최근 한국의 현실에서 이런 주장은 사람들의 공감보다는 오히려 반감을 자아내기 쉬울 것 같다. 어쩌면 그것이야말로 캠벨이 자신의 저서와 강연을 통해 줄곧 지적해왔던 이분법적 사고방식, 또는 우리가 지나치게 익숙해진 서양식 사고방식의 한계는 아닐까.

캠벨은 인간의 인생을 영웅의 여정에 비유했다. 비록 사람마다 짧고 길고의 차이는 있지만, 그 하나하나는 태어남과 부름과 모험과 역경과 귀환과 노년으로 이루어지는 영웅의 여정인 것이다. 어떤 사람은 크게 성공하고, 또 어떤 사람은 애석하게도 실패하고 은거해 버린다. 하지만 사람은 누구나 자신의 '희열'을 따라, 주어진 기회를 최대한 활용하고, 선한 것뿐만 아니라 악하고 더러운 것까지도 포용하면서, 후회 없는 삶을 살아야 하는 것이다.

2.

번역서를 한 권 마무리할 때마다 느끼는 바이지만, 번역이란 결코 번역자 혼자의 힘으로만 되는 것이 아니다. 혼자만의 지식이나 문장 구사 능력이란 한계가 있기 마련이다.

캠벨의 책을 번역할 때에는 유난히 힘이 들었던 것이, 한때는 그의 책을 대부분 숙독했다고 자부하고 있었음에도 불구하고, 이제 와서 다시 읽고 옮기는 내내, 이 말을, 또는 이 표현을 도대체 뭐라고 해야할지 몰라 막막한 기분을 느낀 적이 한두 번이 아니었기 때문이다. 그

때마다 종종 도움이 된 것은 이미 우리말 번역본으로 나와 있는 여러 권의 캠벨 저서들, 그리고 그의 책에서 종종 인용되는 여러 관련서들이었다. 각주에서 그런 책들에 종종 오역이 있음을 밝혀 놓았고 방금 앞에서도 잡소리를 늘어놓기는 했지만, 이런저런 번역서들이 없었더라면 이 책을 옮기는 과정은 지금보다도 훨씬 더 힘들었으리라는 것을 시인할 수밖에 없겠다. 앞서 캠벨의 저서를 번역, 출간하신 번역자 및 출판사 관계자 여러분께 깊은 감사를 드린다.

꼼꼼하게 문장을 읽고 다듬으며 의문점을 체크하고 더 나은 용어를 제안해 주신 양상모 실장님은 언제나처럼 거의 공역이라 해도 될 정도로 수고를 해 주셨다. 양 실장님과는 벌써 세 번째 작업인데, 매번 느끼는 바이지만 정말 믿음직스럽기 때문에 뭐라고 감사해야 할지 모르겠다. 한 가지 단점이라면 교정자가 너무 꼼꼼하기 때문에 번역자가 태만해진다는 것 정도? 대강 해도 결국에는 잡아내니까 조심성이 없어진다는 거다.

아울러 여러 가지 지적과 제안을 해 주신 정다혜 과장님과, 늘 좋은 책을 펴내기 위해 노력하시는 임병삼 대표님께도 감사드린다.

3.

평단문화사의 『천의 얼굴을 가진 영웅』의 초판 역자 후기에는 그 책을 처음으로 소개해 주었던 출판디자이너 정병규를 향한 역자 이윤기의 진솔한 감사의 말이 들어 있다(여담이지만 나중에 대원사에서 나온 『세계의 영웅신화』에는 그 이름이 '정병주'로 잘못 입력되어 있다. 훗날 민음사에서 다시 나온 책에서야 비로소 '정병규'로 바로잡혔다). 나 역시 그와 유사하게 그 책을 내게 처음 소개해 준 친구 정직한(본명이다)에게 이 자리를 빌려 감사의 말을 해야 할 것만 같다.

지금으로부터 한참 전 『천의 얼굴을 가진 영웅』이란 책을 처음으로 소개해 주었으며, "이쪽 책을 읽다 보면 이윤기-정진홍-엘리아데가 쓰거나 옮기거나 한 책을 읽을 수밖에 없더라"라고 말했던, 그리고 헌책방을 드나들며 구한 신화며 종교에 관한 책을 함께 뒤적이던 그 친구가 아니었다면, 내 삶은 지금보다는 좀 더 평탄하고 점잖았을지 몰라도 어느 한편으로는 만족스럽지 못했을 것이다. 이 자리를 빌려 지금 미국에서 한창 늦깎이로 공부 중인 그 친구에게 전하고 싶다. 나 역시 나만의 희열을 따르다 보니 결국 여기까지 오고 말았노라고. 그러나 후회는 없노라고.

■주

들어가는 말 - 캠벨 사상의 정수, 그 아름다운 내면과의 마주침

1. M. 차페크(M. Capek), 『현대 물리학의 철학적 영향(The Philosophical Impact of Contemporary Physics)』(Princeton, NJ: D. Van Nostrand, 1961), p. 319: 다음 책에서 재인용. 프리초프 카프라(Fritjof Capra), 『현대 물리학과 동양사상 (The Tao of Physics)』(Boulder, CO: 1975; 이성범, 김용정 옮김, 범양사 출판부, 1989 증보개정판), p. 211(235쪽). – 원주 1.
2. 1962년에 미국 캘리포니아 주의 빅서에 설립된 대안적 인문학 연구기관으로, 기존의 학계에서 외면하던 학제간 연구(가령 과학과 철학, 또는 동양과 서양 철학의 대화 등)를 수행해 왔다. 조지프 캠벨 말고도 올더스 헉슬리, 피터 매티슨, 수전 손택, 로버트 블라이, 리처드 파인만 등이 이곳에서 강의한 바 있다.
3. 조지프 캠벨, 『서양 신화: 신의 가면 제3권(Occidental Mythology: The Masks of God, Vol. 3)』(New York: Viking Penguin Inc., 1964; 정영목 옮김, 까치, 1999), p. 508(581쪽). – 원주 2. 〔원서에는 위의 인용문 출처를 『창작 신화』로 잘못 표기하고 있어서 수정했다. – 역주〕
4. 이 구절은 다음 책에서 수정, 인용한 것이다. C. G. 융(C. G. Jung), 『영혼의 구조와 역학에 관하여(The Structure and Dynamics of the Psyche)』(The Collected Works of C. G. Jung, Bollingen Series XX, Vol. 8), pars. 789-792; 이 글은 본래 「연령 집단의 영혼 문제(Die seelischen Probleme der menschlichen Altersstufen)」라는 제목으로 『노이에 취리허 차이퉁(Neue Züricher Zeitung)』 1930년 3월 14일자 및 16일자에 수록되었다. 이후 수정 및 대대적인 개작을 거쳐 다음 제목으로 출간되었다. 「생의 전환기(Die Lebenswende)」, 『현대의 영혼 문제(Seelenprobleme der Gegenwart)』(Psychologische Abhandlunger, III; Zurich, 1931). 이 버전의 영어판으로는 다음과 같은 것이 있다. 「인생의 단계들(The Stages of Life)」, 『영혼을 찾는 현대인(Modern Man in Search of a Soul)』(trans. by W. S. Dell and Cary F. Baynes, London and New York, 1933). R. F. C. 헐(R. F. C. Hull)의 최근 번역본도 이 버전을 토대로 한 것이며, 다음 책에서 재인용했다. 『휴대용 융 선집(Portable Jung)』(ed. by Joseph Campbell,

New York: Viking Penguin Inc., 1970), pp. 19-20. - 원주 3. [위의 인용문은 다음 번역서에 나온다. C. G. 융, 「생의 전환기」, 『인간과 문화』(한국융연구원 옮김, 융 기본저작집 9, 솔), 91쪽. 단 여기서는 문맥에 맞게 다시 번역했다. - 역주]
5. 「마태오의 복음서」 18장 3절 - 원주 4.
6. 모리스 E. 오플러(Morris E. Opler), 「지카릴라 아파치 인디언의 신화와 민담 (Myths and Tales of the Jicarilla Apache Indians)」, 『미국 민속학회 회고록 (Memoirs of the American Folklore Society)』, Vol. XXXI (1938), p. 110. - 원주 5.
7. 「도마의 복음서」 본문은 다음 책 말미에 수록된 번역문에서 약간 바꿔서 인용했다. 일레인 페이절스, 『믿음을 넘어서: 도마의 비밀 복음서』(권영주 옮김, 루비박스, 2006).
8. 월트 휘트먼(Walt Whitman), 「탁 트인 길의 노래(Song of the Open Road)」, 『풀잎(Leaves of Grass)』 - 원주 6.
9. 20세기 중엽에 스코틀랜드 핀드혼 마을에 생겨난 영적 공동체를 가리키는 말이다. 오늘날에는 '핀드혼 재단'이 설립되어 이곳에 생태마을을 운영하고 있다.

의식의 첫 번째 단계 - 현세에서의 삶

1. 『피네간의 경야』(김종건 옮김, 범우사, 2002), 제9장 말미에 등장한다. "측산물(側産物)로서, 과거신속(過去迅速)히 현장에 커틀릿[肉片] 사이즈의 배우자를 등장시켰는지라." (255쪽)
2. 이에 관해서는 캠벨의 저서 『신화의 세계』(과학세대 옮김, 까치글방 149, 까치, 1998)의 다음 대목을 참고하라. "달의 의식, 곧 달과 마찬가지로 죽었다가 소생하는 의식은 만사를 이해하는 가장 중요한 실마리가 된다. 뱀은 다시 태어나기 위하여 허물을 벗는다. 따라서 그것은 생명력, 에너지, 그리고 죽음을 떨쳐 버리는 의식을 상징한다. (……) 낡은 몸을 버리고 새로운 몸을 얻는 것은 생명 에너지를 상징한다. 의식은 시간의 영역, 곧 죽음과 탄생의 영역에서 활동한다. 달은 다시 태어나기 위하여 그 그림자를 버린다. 뱀은 다시 태어나기 위하여 허물을 벗는다. 그것들이 이 힘의 상징이다." (168-169쪽)
3. 조지프 캠벨, 『신화와 함께 하는 삶(Myths to Live By)』(New York: Viking Penguin Inc., 1972; 이은희 옮김, 한숲, 2004), pp. 23-24(40쪽). - 원주 7. [인

용문은 문맥에 맞춰서 약간 손질했다. - 역주]
4. 『브리하다란야카 우파니샤드(Brihadaranyaka Upanishad)』 1.4.1-5.; 다음 책에서 재인용. 조지프 캠벨, 『원시 신화: 신의 가면 제1권(Primitive Mythology: The Masks of God, Vol. 1)』(New York: Viking Penguin Inc., 1959; 이진구 옮김, 까치, 2003), p. 105(129-130쪽). - 원주 8. [위의 인용문은 캠벨 번역본 대신 다음 책에서 가져오고, 문맥에 맞춰 약간 손질했다. 『우파니샤드 I-II』(이재숙 옮김, 한길그레이트북스 020-021, 한길사, 1996), 제1권, 559-560쪽. - 역주]
5. 『원시 신화』, 앞의 책, p. 104(127-129쪽). 『향연(Symposium)』 189d 이하의 요약. 인용문 출처는 다음과 같다. 『플라톤의 대화편(The Dialogues of Plato)』 (trans. by Benjamin Jowett, London: Oxford University Press, 1953). - 원주 9. [오역이 있어 약간 수정했다. - 역주]
6. 어원은 기하학에서의 '투영'이며, 심리학이나 정신분석학에서는 일반적으로 '주체가 자신 속에 있는, [그러나] 자기가 모르는 성향, 욕망 등을 타인에게 부여' 하는 것을 가리킨다.(장 라플랑슈 외 공저, 『정신분석사전』, 임진수 옮김, 열린책들, 2005, 483쪽, '투사' 항목 가운데 (f) 참고.) 물론 좀 더 구체적으로 파고 들어가 보면 심리학이나 정신분석, 심지어 프로이트와 융 사이에서도 용례가 다양하게 나타나지만, 이 책의 본문과의 맥락에서는 남성인 캠벨이 자신의 지니고 있던 여성에 대한 이상, 또는 [융의 분석심리학 식으로 표현하자면] 아니마를 훗날 아내가 된 진에게 '투사' 했다고 설명할 수 있겠다.
7. C. G. 융, 『아이온: 자아의 현상학에 관한 연구(Aion: Researches into the Phenomenology of the Self)』(The Collected Works of C. G. Jung, op. cit., Vol. 9, Part II, par. 26; trans. by R. F. C. Hull, New York: Bollingen Foundation, 1959); 독일어 원문 서지사항은 다음과 같다. Aion: Untersuchungen zur Symbolgeschichte, Psychologische Abhandlungen, VIII (Zurich: Rascher Verlag, 1951); 다음 책에서 인용. 『휴대용 융 선집』, 앞의 책, p. 151. - 원주 10.
8. 앞의 책, pars. 28-30, 요약 인용; 다음 책에서 재인용. 『휴대용 융 선집』, 앞의 책, p. 151. - 원주 11.
9. 에릭 루틀리(Erik Routley), 『타인을 위한 사람(The Man for Others)』(New York: Oxford University Press, 1964), p. 99; 다음 책에서 재인용. 『창작 신

화: 신의 가면 제4권(Creative Mythology: The Masks of God, Vol 4)』(New York: Viking Penguin Inc., 1968; 정영목 옮김, 까치, 1999), p. 177(211쪽). – 원주 12.
10. 지로 드 보르네유(Gurraut de Borneilh), 「이렇게 사랑은 눈을 통하여 마음을 얻는다(Tam cum los oills el cor…)」, 다음 책에 수록. 존 러더포드(John Rutherford), 『음유시인(The Troubadors)』(London: Smith, Elder and Company, 1861), pp. 34-35; 다음 책에서 재인용. 『창작 신화』, 앞의 책, pp. 177-178(211-212쪽). – 원주 13.
11. 『창작 신화』, 앞의 책, p. 567(676-677쪽); 캠벨은 여기서 다음 책을 인용하고 있다. 제임스 조이스(James Joyce), 『젊은 예술가의 초상(A Portrait of the Artist as a Young Man)』(London: Jonathan Cape, Ltd., 1916; 이상옥 옮김, 세계문학전집 45, 민음사, 2001), p. 196(265쪽). – 원주 14. [위에서 조이스의 인용문은 캠벨 번역본 대신 『젊은 예술가의 초상』 번역본에서 가져왔다. – 역주]
12. 조지프 캠벨, 『천의 얼굴을 가진 영웅(The Hero with a Thousand Faces)』 (Bollingen XVII, 2nd edition, revised, Princeton, N.J.: Princeton University Press, 1976; 이윤기 옮김, 민음사, 1999), p. 228(294쪽). – 원주 15.
13. 비슈누는 우주의 창조와 유지와 파괴를 담당하는 인도의 세 신들(비슈누, 브라흐마, 시바) 가운데 하나로, 그 중에서도 가장 크고 위대한 자로 여겨진다. 비슈누의 화신들은 종종 인간의 모습으로 나타나서 속세의 일에 관여하는데, 대표적인 것이 인도의 대표적인 서사시 『마하바라타』와 『라마야나』에 각각 등장하는 크리슈나와 라마다.
14. 라마와 하누만 모두 인도의 서사시 『라마야나』에 나오는 등장인물이다. 이 서사시에서 비슈누의 화신 라마는 악마를 퇴치하고 자신의 신부인 시타를 구출한다. 하누만은 라마가 그 와중에 만난 원숭이들의 왕으로, 처음에는 라마와 대결하지만 결국 그에게 굴복하고 충성을 맹세하는 조력자가 된다.
15. 아르투르 쇼펜하우어(Arthur Schopenhauer), 「윤리학의 두 가지 근본 문제, 제2권: 도덕의 기초에 관하여(Die beiden Grundprobleme der Ethik II: über das Fundament der Moral)」(1840), 『전집(Sämtliche Werke)』, 전12권 (Stuttgart: Verlag der Cotta'schen Buchhandlung, 1895-1898) Vol. 7, p. 253; 다음 책에서 재인용. 조지프 캠벨, 『외부 우주의 내부 범위(The Inner

Reaches of Outer Space)』(New York: Alfred van der Marck Editions, 1985; Harper & Row/Perennial Library reprint, 1988), p. 112. - 원주 16. 〔쇼펜하우어의 책은 『도덕의 기초에 관하여』(김미영 옮김, 책세상문고 고전의세계 038, 책세상, 2004)로 번역본이 나와 있다. 다만 위에서는 문맥에 맞게 다시 번역했다. "그렇다면 어떻게 '나의' 것이 아닌, '나에게' 관련되지 않은 고통이 보통 나 자신의 동기만이 그렇듯이 나에게 직접적인 것이 되어 나를 행동하도록 움직일 수 있는가?"(185쪽) - 역주〕

16. 앞의 책, p. 254. - 원주 17. 〔앞의 인용문과 마찬가지로 다시 번역했다. 우리말 번역본에는 다음과 같이 나와 있다. "'이 과정'은, 반복해서 말하는데, '신비롭다.' 왜냐하면 그 과정에 대해 이성이 직접적으로 어떤 설명도 해 줄 수 없고, 그것의 근거들이 경험의 방법으로 찾아질 수도 없기 때문이다. 그래도 그 과정은 일상적으로 일어난다. 누구나 그 과정을 자주 체험했고, 심지어 가장 냉정하고 이기적인 사람에게도 그것은 낯설지 않다. 그 과정은 우리의 눈앞에서, 개인에게서, 작은 것에서, 한 인간이 오래 생각하지 않고 직접적인 충동으로 타인을 돕고, 구하려고 달려가는 모든 곳에서 매일 나타난다. 심지어 그가 처음 보는 이를 위해 타인의 큰 필요와 위험 외에 더 이상 생각하지 않은 채 자신의 생명까지도 명백한 위험에 빠뜨리는 경우에도 동정심의 작용은 나타난다."(185-186쪽) - 역주〕

17. 『신화와 함께 하는 삶』, p. 155(184쪽). - 원주 18.
18. 멜라니 클라인(Melanie Klein), 『아동의 정신분석(The Psychoanalysis of Children)』(The International Psycho-Analytical Library, No. 27, 1930). - 원주 19.
19. 게자 로하임(Géza Róheim), 『전쟁, 범죄, 그리고 언약(War, Crime, and the Covenant)』(Journal of Clinical Psychopathology, Monograph Series, No. 1, Monticello, N.Y., 1945), pp. 137-138. - 원주 20.
20. 『천의 얼굴을 가진 영웅』, 앞의 책, pp. 173-174(227쪽). - 원주 21.
21. 『신화와 함께 하는 삶』, 앞의 책, p. 220-221(256쪽). - 원주 22. 〔오역이 있어 다시 번역했다. - 역주〕
22. 앞의 책, p. 47(66-67쪽). - 원주 23. 〔누락이 있어 다소 수정했다. - 역주〕
23. 독일의 인류학자이며 아프리카 민속 연구로 유명한 레오 빅토르 프로베니우스(Leo Viktor Frobenius, 1873-1938)를 말한다.

24. 볼프람 폰 에셴바흐(Wolfram von Eschenbach), 『파르치팔(Parzival)』 3. 118. 14-17; 28; 영문 번역본(tr. by Helen M. Mustard and Charles E. Passage, New York: Vintage Books, 1961; 허창운 옮김, 한국학술진흥재단 학술명저번역총서 서양편 26, 한길사, 2005), p. 127(115쪽)을 부분적으로 참고. ─ 원주 24.
25. 앞의 책, 3. 119. 29-30(116쪽). ─ 원주 25.
26. 조지프 캠벨, 『서양 신화』, 앞의 책, pp. 508-509(581쪽). ─ 원주 26.
27. 『창작 신화』, 앞의 책, pp. 677-678(805쪽). ─ 원주 27.
28. 제임스 조이스, 앞의 책, p. 247; 다음 책에서 재인용. 조지프 캠벨, 『야생 기러기의 비행: 동화, 전설, 상징의 신화적 차원에 대한 탐사(The Flight of the Wild Gander: Explorations in the Mythological Dimensions of Fairy Tales, Legends, and Symbols)』(New York: HarperCollins Publishers, 1990), p. 209. ─ 원주 28. 〔본문의 인용문은 『젊은 예술가의 초상』(서지사항은 원주 14 참고), 379-380쪽에 나온다. ─ 역주〕
29. 『신화와 함께 하는 삶』, 앞의 책, p. 68(90쪽). ─ 원주 29. 〔오역이 있어 수정했다. ─ 역주〕
30. 알베르 포필레(Albert Pauphilet) 편저, 『성배의 탐색(La Queste del Saint Graal)』(Paris: Champion, 1949), p. 26; 다음 책에서 재인용. 『창작 신화』, 앞의 책, p. 540(643쪽). ─ 원주 30.
31. C. G. 융, 『심리학과 연금술(Psychology and Alchemy)』(trans. by R. F. C. Hull; The Collected Works of C. G. Jung, op. cit., Vol. 12; New York: Bollingen Foundation, 1953, 1968), p. 222; 다음 책에서 재인용. 『신화와 함께 하는 삶』, 앞의 책, p. 68(90쪽). ─ 원주 31. 〔오역이 있어 수정했다. ─ 역주〕
32. 조지프 캠벨, 「창작 문학 및 예술에 나타난 신화적 테마(Mythological Themes in Creative Literature and Art)」, 조지프 캠벨 편저, 『신화, 꿈, 종교(Myths, Dreams, and Religion)』(New York: E. P. Dutton & Co., Inc., 1970), p. 148. ─ 원주 32.
33. 제임스 조이스, 『젊은 예술가의 초상』, 앞의 책, 펭귄 판, p. 203; 다음 책에서 재인용. 「창작 문학 및 예술에 나타난 신화적 테마」, 앞의 책, p. 168. ─ 원주 33. 〔조이스의 작품 인용문은 우리말 번역본 『젊은 예술가의 초상』(서지사항은 원주 14 참고), 313쪽에 나온다. ─ 역주〕

34. 앞의 책. - 원주 34.
35. 『야생 기러기의 비행』, 앞의 책, p. 226. - 원주 35.
36. 『천의 얼굴을 가진 영웅』, p. 53(73쪽). - 원주 36. 〔오역이 있어 수정했다. - 역주〕
37. 앞의 책, p. 17(30쪽). - 원주 37.
38. 「도마의 복음서」 어록 113.
39. 앞의 책, p. 217(281쪽). - 원주 38.
40. 앞의 책, p. 229(297쪽). - 원주 39. 〔누락이 있어 수정했다. - 역주〕
41. 『신화와 함께 하는 삶』, 앞의 책, p. 238(275쪽). - 원주 40. 〔누락이 있어 수정했다. 맨 끝에 인용한 공자의 말은 "일흔이 되자 마음에 하고 싶은 것을 따르도 지나치거나 구부러짐이 없었다(七十而從心所欲, 不踰矩)"인 듯하다. 따라서 여든 살 운운한 것은 아마도 저자의 착각으로 보인다. - 역주〕
42. C. G. 융, 『영혼을 찾는 현대인』(New York, Harcourt, Brace and Company, 1936), p. 129; 다음 책에서 재인용. 『원시 신화』, 앞의 책, p. 124(150쪽). - 원주 41.
43. 앞의 책, p. 126; 다음 책에서 재인용. 『원시 신화』, 앞의 책, p. 124(150쪽). - 원주 42.
44. 『원시 신화』, 앞의 책, p. 123(149쪽). - 원주 43.
45. 『천의 얼굴을 가진 영웅』, 앞의 책, pp. 365-366(459쪽). - 원주 44. 〔본문의 인용문은 캠벨 번역서가 아니라 다음 번역서에서 가져왔다. 『브리하다란야카 우파니샤드』, 4. 3. 36-37, 『우파니샤드』(서지사항은 원주 8 참고), 제2권, 661쪽. - 역주〕
46. 『야생 기러기의 비행』, 앞의 책, p. 110. - 원주 45.
47. 조지프 캠벨은 1942년에 출간된 마헨드라나드 굽타(Mahendranath Gupta)의 『스리 라마크리슈나의 복음서』 영어판의 번역 보조 및 편집을 담당한 바 있다.
48. 오스트레일리아 원주민의 제의용 악기로, 나무를 얇고 길게 깎아 끈에 매달아 휘두르면 마치 '황소울음(불로어)' 과도 비슷한 '우-우-웅' 하는 소리가 들린다.
49. 『천의 얼굴을 가진 영웅』, 앞의 책, p. 121(159쪽). - 원주 46.
50. 앞의 책, p. 356(445쪽). - 원주 47.
51. 앞의 책, p. 308(389쪽). - 원주 48.
52. 『신화와 함께 하는 삶』, 앞의 책, p. 131(160쪽). 내용 요약. - 원주 49.

53. 『바가바드 기타(Bhagavad Gita)』, 2. 27, 30, 23; 조지프 캠벨이 직접 번역, 요약, 재구성한 것으로, 다음 책에서 재인용했다. 『신화와 함께 사는 삶』, 앞의 책, p. 202(238쪽). - 원주 50.
54. 노자(Lao-tse), 『도덕경(Tao Teh King)』, 16; 드와이트 고더드(Dwight Goddard), 『노자의 도와 무위(Lzotzu's Tao and Wu Wei)』(New York, 1919), p. 18; 다음 책에서 재인용.『천의 얼굴을 가진 영웅』, 앞의 책, p. 189(248쪽). - 원주 51.
55. 오비디우스(Ovid), 『변신 이야기(Metamorphoses)』, XV, 252-255; 다음 책에서 재인용.『천의 얼굴을 가진 영웅』, 앞의 책, p. 189(313쪽). - 원주 52.
56. 『천의 얼굴을 가진 영웅』, 앞의 책, p. 367(460쪽). - 원주 53. 〔누락이 있어 다시 번역했다. - 역주〕
57. 아놀드 토인비(Arnold J. Toynbee), 『역사의 연구(A Study of History)』(Oxford University Press, 1934), 제6권, pp. 169-175, 내용 요약. - 원주 54.
58. 『천의 얼굴을 가진 영웅』, 앞의 책, p. 16(29쪽). - 원주 55. 〔오역이 있어서 수정했다. 이 대목은 아무래도 선뜻 의미가 다가오지 않기 때문에, 부득이하게 괄호 안에 이런저런 첨언을 하지 않을 수 없었다. 캠벨의 요지는 결국 인간에게 있어서 노인의 죽음과 아이의 탄생을 통한〔세대의 반복적〕재현(팔링게네시아)'이야말로 죽음을 이기는 가장 훌륭한 방법이라는 뜻이다. 인간은 누구나 '불사(죽지 않음, 또는 영원히 살아감)'를 열망하지만, 실제로 인간이 불사할 경우에는 역설적으로 그것이야말로 응보천벌여신(네메시스)에게는 인간을 괴롭힐 수 있는 가장 좋은 무기일 수밖에 없으리라는 것이다. 즉 그때가 되면 '휴식'으로서의 죽음조차도 얻을 수 없게 되어, 인간은 영원한 고통을 겪을 수밖에 없다. 그리스 신화에서는 물론이고 이후의 기독교에서도 '지옥'을 '영원히 죽지 않고 고통을 받는 장소'로 규정했음을 생각해 볼 때, 사실 '불사'에 대한 인간의 욕망이야말로 어리석은 것이 아닐 수 없다. 따라서 인간은 '불사'를 통해서가 아니라, 오히려 '세대의 반복'을 통해서만 진정으로 죽음을 극복할 수 있는 것이다. - 역주〕
59. 신약성서의 「마태오의 복음서」 10장 39절과 16장 25절, 「마르코의 복음서」 8장 35절, 「루가의 복음서」 9장 24절, 17장 33절, 「요한의 복음서」 12장 25절 등에 유사한 대목이 나온다.
60. 「갈라디아인들에게 보낸 편지」, 2장 20절.

의식의 두 번째 단계 - 깨달음을 향한 길

1. 파탄잘리(Patanjali), 『요가수트라(Yoga Sutras)』, 1. 1-2 ; 다음 책에서 재인용. 하인리히 침머(Heinrich Zimmer), 『인도의 철학(Philosophies of India)』(edited by Joseph Campbell, Bollingen Series XXVI ; New York : Bollingen Foundation, 1951), p. 284. - 원주 56. 〔침머의 『인도의 철학』은 모두 세 장으로 나누어지는데, 전체 분량의 4분의 1인 제1장과 제2장은 인도사상 개론에 해당되며, 4분의 3 가량인 제3장은 인도사상의 주요 문헌을 발췌, 수록하고 있다. 우리말 번역본(김용환 옮김, 대원사, 1992)은 이 가운데 제1장과 제2장만을 번역해서 펴낸 것이다. 위 인용문은 『파탄잘리의 요가수트라』(정창영, 송방호 편역, 시공사, 1997), 10쪽에서 가져왔다. - 역주〕
2. 조지프 캠벨, 『신화의 이미지(The Mythic Image)』(Bollingen Series C ; Princeton, NJ : Princeton University Press, 1974 ; 홍윤희 옮김, 살림, 2006), p. 313(374-376쪽). - 원주 57.
3. 앞의 책, p. 331(394-395쪽). - 원주 58.
4. 앞의 책, p. 341(405쪽). - 원주 59.
5. 앞의 책, p. 345(409쪽). - 원주 60.
6. 앞의 책, p. 350(413-414쪽). - 원주 61.
7. 앞의 책, p. 356(415쪽). - 원주 62. 〔오역이 있어 수정했다. - 역주〕
8. 앞의 책, p. 356(415쪽). - 원주 63.
9. 공격 자세를 취하고 있는 코브라 뱀 모양의 장식으로, 고대 이집트에서는 이 문양이 왕권의 상징으로 여겨져서 파라오의 이마에 돋아난 것으로 묘사되곤 했다.
10. 신과의 합일을 궁극적인 목표로 삼은 이슬람교의 신비주의 종파로, 정통 이슬람교도들로부터는 이단으로 여겨져 박해를 받았다.
11. 페르시아의 신비주의자(858-922)로 수피교의 사상을 설파하다가 순교했다. 그가 남긴 시와 산문은 이후 이슬람 신비주의에 큰 영향을 끼쳤다.
12. 프란츠 파이퍼(Franz Pfeiffer) 편집, C. 드 B. 에번스(C. de B. Evans) 번역, 『마이스터 에크하르트(Meister Eckhart)』(London : John M. Watkins, 1924-1931), No. XCVI 〔"버림(Riddance)"〕, I, 239. - 원주 64.
13. 『새로운 인생』은 단테가 베아트리체를 위해 쓴 시들을 엮고 그 각각에 관해 설명을 붙인 작품으로, 사랑을 소재로 했지만 상당히 순수한 내용인 것이 특징이다.

최근의 우리말 번역본(박우수 옮김, 세계문학전집 115, 민음사, 2005)은 영국의 화가 겸 시인 단테 가브리엘 로세티가 이탈리아어에서 영어로 옮긴 판본을 중역했다.

14. 「마태오의 복음서」 7장 6절.
15. 『만두키야 우파니샤드(Māndukya Upanisd)』, 9-11. - 원주 65. 〔우리말 번역본은 『우파니샤드』(서지사항은 원주 8 참고), 제1권, 218-219쪽에 해당된다. - 역주〕
16. 『야생 기러기의 비행』, 앞의 책, 177쪽. - 원주 66.
17. C. G. 융, 「현대인에게 있어서 심리학의 의미(The Meaning of Psychology for Modern Man)」, 『변천하는 문명(Civilization in Transition)』(The Collected Works of C. G. Jung, op. cit., Vol. 10; New York: Bollingen Foundation, 1964), pp. 144-145, ar. 304-305; 다음 책에서 재인용. 『신화의 이미지』, 앞의 책, p. 7(12쪽). - 원주 67.
18. 이 책의 후반부에서 캠벨은 이 격언을 "신을 예배하려는 자는 우선 스스로가 신이 되어야 할지니"로 약간 의역해서 사용하고 있다.
19. C. G. 융, 『분석심리학: 그 이론과 실제(Analytical Psychology: Its Theory and Practice)』(New York: Pantheon Books, 1968), p. 46; 다음 책에서 재인용. 『신화의 이미지』, 앞의 책, p. 168(229쪽). - 원주 68.
20. 『신화와 함께 하는 삶』, 앞의 책, p. 219(254-255쪽). - 원주 69.
21. 앞의 책, pp. 217-218(253쪽). - 원주 70. 〔누락이 있어 다시 번역했다. - 역주〕
22. 「마르코의 복음서」 16장 18절에는 "〔믿는 사람은〕 뱀을 쥐거나 독을 마셔도 아무런 해도 입지 않을 것이며"라는 대목이 나오는데, 이를 근거 삼아 독사를 아무렇지도 않게 만지는 것을 마치 신앙의 시금석처럼 여기는 일부 기독교 종파가 있다.
23. C. G. 융, 『분석심리학』, 앞의 책, pp. 11-14. - 원주 71.
24. 『신화, 꿈, 종교』, 앞의 책, p. 169. - 원주 72.
25. 조지프 캠벨, 『동양 신화: 신의 가면 제2권(Oriental Mythology, Vol. 2 of The Masks of God)』(New York: The Viking Press, Inc., 1962; 이진구 옮김, 까치글방 161, 까치, 1999), pp. 503-504(568-569쪽). - 원주 73.
26. 『천의 얼굴을 가진 영웅』, 앞의 책, p. 168(219쪽); 캠벨은 이에 관해 다음 책들을 참고하도록 권했다. 오카쿠라 가쿠조(岡倉覺三, Okakura Kakuzo), 『차(茶)의 책(The Book of Tea)』(New York: 1906; 김명배 편저, 『일본의 다도』, 보림사,

1987); 스즈키 다이세쓰 데이타로(鈴木大拙, Daisetz Teitaro Suzuki), 『선불교에 관한 에세이(Essays in Zen Buddhism)』(London: 1927); 라프카디오 헌(Lafcadio Hearn), 『일본(Japan)』(New York: 1904). - 원주 74. 〔오역이 있어 수정했다. - 역주〕

27. 여기서는 약간의 부가 설명이 필요하다. 캠벨이 말하는 우주선은 1968년 12월 21일에 발사된 아폴로 8호로, 사상 최초로 달 주위를 선회하고 돌아오는 임무를 수행했다. 크리스마스를 맞아 이들이 우주에서 창세기를 낭독하는 장면이 TV로 방영되어 큰 화제를 불러 일으켰는데, 그때 지상관제국 직원의 아들이 "누가 지금 캡슐을 조종하고 있느냐?"라고 묻자, 우주인 중 한 명인 윌리엄 A. 앤더스가 "내 생각에 지금 조종은 대부분 아이작 뉴턴이 맡고 있는 것 같다"라고 대답했다는 일화가 있다.

28. 이마누엘 칸트(Immanuel Kant), 『프롤레고메나(Prolegomena)』, 36-38절. - 원주 75. 〔본문의 인용문은 칸트의 책에 나온 내용을 캠벨이 재구성한 것이다. 실제로 칸트의 책의 해당 부분에서는 '우주'에 관한 내용보다는 '자연'과 거기 적용되는 '보편법칙'에 관한 논의가 이루어지고 있기 때문이다. 우리말 번역본은 『실천이성비판』(최재희 옮김, 박영사, 1975)에 「철학서론(哲學序論)」이란 제목으로 수록되어 있다. - 역주〕

29. 『외부 우주의 내부 범위』, 앞의 책, pp. 27-31. - 원주 76.

30. 『신화와 함께 하는 삶』, 앞의 책, p. 23(39-40쪽). - 원주 77. 〔누락이 있어 다시 번역했다. 인용문 마지막의 성서 구절은 「창세기」 3장 24절이다. - 역주〕

31. 나라(奈良)의 동대사(東大寺)에 있는 높이 16미터의 동불상을 말한다.

32. 조지프 캠벨, 「창작 문학 및 예술에 나타난 신화적 테마」, 앞의 책, p. 157. - 원주 78.

33. 로렌 아이슬리(Loren Eisley), 『시간의 창공(The Firmament of Time)』(New York: Atheneum Publishers, 1962; 한창호 옮김, 강, 2007), p. 140; 다음 책에서 재인용. 『창작 신화』, 앞의 책, p. 624(743쪽). - 원주 79.

34. 『신화와 함께 하는 삶』, 앞의 책, p. 77(99쪽). - 원주 80. 〔누락이 있어 다시 번역했다. - 역주〕

35. 앞의 책, p. 97(120쪽) - 원주 81. 〔누락이 있어 다시 번역했다. - 역주〕

36. 앞의 책. - 원주 82. 〔오역이 있어 다시 번역했다. - 역주〕

37. 조지프 캠벨의 말. 다음 기사에서 재인용. 유진 케네디(Eugene Kennedy), 「지구돋이(Earthrise)」, 『뉴욕 타임스 매거진(New York Times Magazine)』, 1979년 4월 15일자. – 원주 83. 〔위의 대담 기사는 다음 책의 제8장으로 수록되어 있다. 조지프 캠벨, 『네가 바로 그것이다』(박경미 옮김, 해바라기, 2004). 그 책의 247쪽에는 위의 인용문과 유사하지만 완전히 똑같지는 않은 구절이 실려 있다. "그러나 현실적이고 궁극적인 수단은 우리의 개인적 계보에 있지 않고, 공동 인간성에 있습니다." – 역주〕
38. 앞의 책. – 원주 84. 〔오역이 있어 다시 번역했다. – 역주〕
39. 『서양 신화』, 앞의 책, pp. 506-507(579쪽); 캠벨은 또 다음 책을 참고하라고 했다. 『원시 신화』, 앞의 책, p. 156. – 원주 85. 〔『원시 신화』의 경우, 우리말 번역본으로는 대략 273-276쪽(제3부 1장 말미)에 샤먼의 개인주의에 관한 언급이 있다. – 역주〕
40. 『천의 얼굴을 가진 영웅』, 앞의 책, p. 156(205쪽). – 원주 86. 〔오역이 있어 다시 번역했다. – 역주〕
41. 『신화와 함께 하는 삶』, 앞의 책, pp. 3-4(17-18쪽). – 원주 87. 〔오역이 있어 다시 번역했다. – 역주〕
42. 앞의 책, pp. 152-153(181-182쪽). – 원주 88. 〔오역이 있어 다시 번역했다. – 역주〕
43. 앞의 책, p. 153(182쪽). – 원주 89. 〔오역이 있어 다시 번역했다. – 역주〕
44. 조너선 에드워즈(Jonathan Edwards), 『진노하신 하나님의 손에 붙잡힌바 된 죄인들(Sinners in the Hands of an Angry God)』(Boston, 1742); 다음 책에서 재인용. 『천의 얼굴을 가진 영웅』, pp. 127-128(167-168쪽) 중에서. – 원주 90. 〔오역이 있어 다시 번역했다. – 역주〕
45. 『천의 얼굴을 가진 영웅』, 앞의 책, p. 128. – 원주 91.
46. 「도마의 복음서(The Gospel According to Thomas)」(Coptic text, established and translated by A. Guillaumont, H.-Ch. Puech, G. Quispel, W. Till, and Yassah' abd al Masih, Leiden: E. J. Brill; New York: Harper, 1959), p. 43, 어록 77:26-27; 다음 책에서 재인용. 『외부 우주의 내부 범위』, 앞의 책, p. 61. – 원주 92. 〔우리말 인용문은 『믿음을 넘어서』(서지사항은 「들어가는 말」 말미의 역주 참고), 어록 77, 187쪽에서 가져왔다. – 역주〕

47. 제임스 조이스, 『율리시스(Ulysses)』(Paris: Shakespeare and Company, 9th printing, 1927; New York: Random House, 1934; 김종건 옮김, 생각의나무, 2007), p. 38(97쪽) – 원주 93.
48. 「욥기」 42장 5-6절.
49. 미국 캘리포니아 주의 해안 지역으로 아름다운 자연 경관을 자랑한다. 이 책의 근간이 된 캠벨의 강의가 열린 에설런 연구소가 있는 곳이기도 하다.
50. 다음 책에서 인용. 『휴대용 융 선집』, 앞의 책, p. 634. – 원주 94.
51. 마이스터 에크하르트, 앞의 책, 제1권, 『설교와 강해(Sermons and Collations)』, 제2책, p. 10; 다음 책에서 재인용. 『서양 신화』, 앞의 책, p. 510(583-584쪽). – 원주 95.
52. 앞의 책. – 원주 96.
53. 『천의 얼굴을 가진 영웅』, 앞의 책, p. 191(250쪽). – 원주 97. 〔문맥에 맞춰 약간 다르게 옮겼다. – 역주〕
54. 조지프 캠벨의 말; 다음 기사에서 재인용. 유진 케네디, 앞의 책. – 원주 98. 〔『네가 바로 그것이다』, 260쪽에 유사하지만 아주 똑같지는 않은 구절이 있다. "하느님 나라는 우리 안에 있습니다." – 역주〕
55. 앞의 책, p. 391. – 원주 99. 〔오역이 있어 다시 번역했다. – 역주〕
56. 「도마의 복음서」, 앞의 책, 어록 113:16-17, p. 57. – 원주 100.
57. 『서양 신화』, 앞의 책, p. 276(320쪽). – 원주 101.
58. 이 대목에서 조지프 캠벨은 알렉산데르 야나이우스를 아리스토불루스의 '아들'이라고 했는데, 사실 두 사람은 '형제' 사이이다. 따라서 올바르게 수정했다.
59. 앞의 책, p. 281(326쪽). – 원주 102.
60. 「요한의 복음서」 8장 6-7절에 나오는 "예수께서는 몸을 굽혀 땅바닥에 무엇인가 쓰셨다. 그들이 하도 대답을 재촉하므로 예수께서는 고개를 드시고 '너희 중에 누구든지 죄 없는 사람이 먼저 저 여자를 돌로 쳐라' 하시고, 다시 몸을 굽혀 계속해서 땅바닥에 무엇인가 쓰셨다"는 대목을 가리키는 듯하다.
61. 힌두교의 세 주신(主神) 가운데 하나. 파괴와 생식의 신으로, 네 개의 팔, 네 개의 얼굴, 그리고 과거·현재·미래를 투시하는 세 개의 눈이 있으며, 이마에 반달을 붙이고 목에 뱀과 송장의 뼈를 감은 모습을 하고 있다.
62. 조지프 엡스 브라운(Joseph Epes Brown), 『성스러운 파이프: 오글랄라 수 족의

일곱 가지 제의에 관한 블랙 엘크의 설명(The Sacred Pipe: Black Elk's Account of the Seven Rites of the Oglala Sioux)』(Norman, OK: University of Oklahoma Press, 1953), p. 4, note 2; 다음 책에서 재인용. 『야생 기러기의 비행』, 앞의 책, p. 79. - 원주 103.
63. 『야생 기러기의 비행』, 앞의 책, pp. 197-198. - 원주 104.
64. 중국 당대의 선승 임제의현(臨濟義玄)의 말로 전해진다.
65. 『인도의 철학』(서지사항은 원주 56 참고), p. 18 편집자 주(32쪽, 편집자 주 11). - 원주 105. 〔문맥에 맞춰 다시 번역했다. - 역주〕
66. 『서양 신화』, 앞의 책, p. 280(323-324쪽). - 원주 106. 〔문맥에 맞춰 약간 수정했다. - 역주〕
67. 하인리히 침머, 『인도의 철학』, 앞의 책, p. 534. - 원주 107.
68. 『천의 얼굴을 가진 영웅』, 앞의 책, p. 160(210쪽). - 원주 108. 〔오역이 있어 다시 번역했다. - 역주〕
69. 『신화의 이미지』, 앞의 책, p. 419(497쪽) - 원주 109.
70. 괴테(Goethe), 『파우스트(Faust)』, 제2부 5장, 마지막 '신비의 합창' 중에서. - 원주 110. 〔우리말 번역본에서는 대개 "일체의 무상한 것은 한낱 비유일 뿐"으로 옮기고 있는데, 여기서는 문맥에 맞춰 다시 번역했다. - 역주〕
71. 조지프 캠벨의 말; 다음 기사에서 재인용. 유진 케네디, 앞의 책. - 원주 111. 〔『네가 바로 그것이다』, 246쪽. 번역문에는 오역이 있어 수정했다. - 역주〕
72. 구약성서 「이사야」 11장 6-9절에 나오는 말로, 이른바 히브리적인 이상향의 모습을 그린 것으로 이해된다. "늑대가 새끼 양과 어울리고, 표범이 숫염소와 함께 뒹굴며, 새끼 사자와 송아지가 함께 풀을 뜯으리니, 어린아이가 그들을 몰고 다니리라. 암소와 곰이 친구가 되어 그 새끼들이 함께 뒹굴고, 사자가 소처럼 여물을 먹으리라. 젖먹이가 살무사의 굴에서 장난하고, 젖 뗀 어린아이가 독사의 굴에 겁 없이 손을 넣으리라."
73. 『신화와 함께 하는 삶』, 앞의 책, pp. 149-151(178-179쪽). 원주 112. 〔오역이 있어 다시 번역했다. - 역주〕
74. 『신화의 이미지』, 앞의 책, pp. 321-322(383; 385쪽) 중 일부. - 원주 113. 〔우리말 번역본에서는 그림 300과 301의 설명 가운데 일부다. - 역주〕
75. 하인리히 침머, 「인도의 세계 어머니(The Indian World Mother)」, 랠프 만하임

(Ralph Manheim) 번역, 『신비의 환상: 에라노스 연감 논문 선집(The Mystic Vision, Papers from the Eranos Yearbooks)』(edited by Joseph Campbell, Bollingen Series XXX-6; New York: Bollingen Foundation, 1968; paperback reprint: Princeton, NJ: Princeton University Press, 1982), p. 77; 원저명은 다음과 같다. 『에라노스 연감, 제6집(Eranos-Jahrbücher, VI)』(Zurich, Switzerland: Rhein-Verlag, 1938). - 원주 114.

76. 앞의 책, pp. 95-96, 일부 내용 요약. - 원주 115.
77. 『천의 얼굴을 가진 영웅』, 앞의 책, p. 170, 각주 132(224쪽, 각주 131). - 원주 116. 〔문맥에 맞춰 다시 번역했다. - 역주〕
78. 제임스 조이스, 『피네간의 경야(Finnegans Wake)』(New York: Viking Press, 1939; 김종건 옮김, 범우사, 2002), p. 23-24(23쪽). - 원주 117. 〔인용문에서 맨 끝 문장은 원래 미완성인 문장을 옮긴 것이다. - 역주〕
79. 『신화의 이미지』, 앞의 책, p. 238(292-293쪽). - 원주 118.
80. 『천의 얼굴을 가진 영웅』, 앞의 책, p. 113(150쪽). - 원주 119. 〔오역이 있어 다시 번역했다. - 역주〕
81. 앞의 책, p. 116. - 원주 120.
82. 제9권의 863-894번째 밤 이야기에 해당되는 「알리 누르 알 딘과 미리암 공주」를 말한다.
83. 조지프 캠벨은 『신화의 세계』(과학세대 옮김, 까치글방 149, 까치, 1998)에서 다음과 같이 설명하고 있다. "텅 빈 방으로 들어가면 가운데에 침대가 하나 있는데, 침대 다리에는 바퀴가 달려 있다. 기사는 (……) 침대에 누워야 한다. 기사가 가까이 다가가면 침대는 한쪽으로 물러난다. 기사가 다시 다가가면 이번에는 다른 쪽으로 물러난다. (……) 기사는 전력을 다해서 침대에 뛰어오른다. 그가 침대 위에 닿는 순간, 침대는 야생마처럼 온 방안을 뛰어 돌아다니기도 하고 벽에 부딪치기도 한다. (……) 화살과 석궁살이 비 오듯 쏟아진다. 그다음에는 사자가 나타나 기사를 공격한다."(286-287쪽). 이 시련을 이기고 마법을 풀어 버린 사람이 바로 기사 랜슬롯이었다.
84. 베누스(아프로디테)의 기원에 관해서는 두 가지 전설이 있다. 제우스와 디오네 사이에서 태어난 딸 아프로디테 판데미아는 '세속적 사랑의 여신'이며, 크로노스에 의해 잘린 우라노스의 성기에서 태어난 아프로디테 우라니아는 '순수한 사랑의

여신'이다.
85. 다음을 보라. 『신화의 이미지』, 앞의 책, pp. 327-328(287-289쪽). - 원주 121.

의식의 세 번째 단계 - 성스러운 삶과의 조우
1. 루이 드 라 발레 푸생(Louis de la Vallêe-Poussin), 『불교(Le Bouddhisme)』 (Paris: G. Beauchesne & Cie, 1909), p. 140; 다음 책에서 재인용. 『신화의 이미지』, 앞의 책, p. 52(74-75쪽) - 원주 122.
2. 『카타 우파니샤드(Katha Upanishad)』, 3.12; 다음 책에서 재인용. 『신화의 이미지』, p. 52(75쪽). - 원주 123. 〔인용문은 문맥에 맞춰 약간 수정했다. 『우파니샤드』의 인용문은 우리말 번역본(서지사항은 원주 8 참고), 제1권, 122쪽에서 가져왔다. - 역주〕
3. 『바크야수다(Vakyashuda)』, 13; 다음 책에서 재인용. 『신화의 이미지』, 앞의 책, p. 52(75쪽). - 원주 124. 〔문맥에 맞춰 약간 수정했다. - 역주〕
4. 『신화의 이미지』, 앞의 책, p. 52(75쪽). - 원주 125. 〔문맥에 맞춰 약간 수정했다. - 역주〕
5. 로빈슨 제퍼스(Robinson Jeffers), 「자연의 음악(Natural Music)」, 『얼룩박이 말, 미국낙엽송, 기타 시들(Roan Stallion, Tamar, and Other Poems)』(New York: Horace Liveright, 1925), p. 232; 다음 책에서 재인용. 「창작 문학 및 예술에 나타난 신화적 테마」, 앞의 책, p. 175. - 원주 126.
6. 윌리엄 블레이크(William Blake), 「천국과 지옥의 결혼(The Marriage of Heaven and Hell)」 - 원주 127.
7. 「창작 문학 및 예술에 나타난 신화적 테마」, 앞의 책, pp. 164-165. - 원주 128.
8. 제임스 조이스, 『율리시스』, 앞의 책, p. 409(728쪽). - 원주 129.
9. 『야생 기러기의 비행』, 앞의 책, p. 196. - 원주 130.
10. 앞의 책, pp. 186-187. - 원주 131.
11. 우리말 번역본 『젊은 예술가의 초상』(서지사항은 원주 14 참고), 317쪽을 참고.
12. 우리말 번역본 『젊은 예술가의 초상』(서지사항은 원주 14 참고), 326-328쪽을 참고하라.
13. 로버트 스나이더(Robert Snyder), 『버크민스터 풀러(Buckminster Fuller)』(New York: St. Martin's Press, 1980), p. 100. - 원주 132.

14. 스즈키 다이세쓰 데이타로(Daisetz Teitaro Suzuki), 『선불교에 관한 에세이(Essays in Zen Buddhism)』(제1부), 런던 불교협회(Buddhist Society, London) 간행 (London, New York, Melbourne, Sydney, Cape Town: Rider and Company, n. d.), p. 58. – 원주 133.
15. 조지프 캠벨, 『세계 신화 역사 지도; 제1권, 동물의 힘의 길; 제2부, 대사냥의 신화(The Historical Atlas of World Mythology, Volume I: The Way of the Animal Powers, Part 2, Mythologies of the Great Hunt)』(New York: Harper & Row, 1988), p. xv. – 원주 134.
16. 제임스 조이스, 『젊은 예술가의 초상』(서지사항은 원주 14 참고), p. 233/205 (317쪽) – 원주 135.
17. 앞의 책. – 원주 136. [조이스의 인용문은 『젊은 예술가의 초상』(서지사항은 원주 14 참고), 316쪽에 나온다. – 역주]
18. 『대사냥의 신화』, 앞의 책, p. xiii. – 원주 137.
19. 제임스 조이스, 『젊은 예술가의 초상』(서지사항은 원주 14 참고), p. 214(328쪽). – 원주 138.
20. 앞의 책; 다음 책에서 재인용. 『원시 신화』, 앞의 책, pp. 469-470(530-531쪽). – 원주 139.
21. 티베트어로 '아버지-어머니'란 뜻이며, 티벳트를 비롯해 인도, 부탄, 네팔 등의 불교에서 남신과 여신의 성적 합일을 나타내는 그림을 말한다.
22. 앞의 책, p. 245(374쪽). – 원주 140.
23. 『대사냥의 신화』, 앞의 책, p. xvii. – 원주 141.
24. 유럽 각지에 있는 가톨릭교회에서 발견되는 성모 마리아의 성화나 성상 가운데 그 피부를 검게 묘사해 놓은 것을 말한다. 주로 중세에 제작된 것으로 그 동기나 이유에 관해서는 구구한 추측이 있을 뿐이며, 현재 유럽 전역에 500여 개가 남아 있다.
25. 저자는 상업적 가치와 예술적 가치가 항상 비례하진 않는다는 점을 강조하고 싶어서 든 비유인지 몰라도, 사실 고흐는 생전에 그림을 한 점 판매한 바 있다. 「붉은 포도밭」(1888)이라는 이름의 이 유화는 1890년에 브뤼셀에서 전시회를 가진 뒤에 400프랑(오늘날의 시세로 약 1백만 원 정도)에 판매되었고, 오늘날에는 모스크바의 푸시킨 미술관에 소장되어 있다.

26. C. P. 스노는 1959년에 케임브리지 대학에서 행한 「두 문화와 과학혁명」이라는 강연으로 큰 반향을 일으켰다. 여기서 그는 과학과 인문학이라는 두 가지 문화 사이의 상호적 오해와 대립이 현대에 들어서면서 점점 심화되고 있음을 지적한 바 있다. 특히 "인문학자들은 그들 사이에서는 상식처럼 여겨지는 '셰익스피어의 작품을 모르는' 과학자들을 무식하다고 여기지만, 과학자들이 보기에는 역시 그들 사이에서는 상식처럼 여겨지는 '열역학 제2법칙을 모르는' 인문학자들도 무식하기는 마찬가지"라는 요지의 대목은 이런 '두 문화'의 간극이 어느 정도인지를 잘 보여 준 대목이다. 스노의 경우에는 과학을 전공했지만 소설을 쓰는 등, 이런 '두 문화'를 넘나들며 활동한 까닭에 누구보다도 이런 간극을 더 잘 의식한 사람이었다. 하지만 문제는 '두 문화'의 간극에 관한 스노의 지적조차도 마치 '인문학을 폄하'하는 것처럼 오해를 불러일으켰다는 점이다. 이 책에서 캠벨이 스노의 태도를 넌지시 비판하는 것도 사실은 비슷한 맥락의 오해일 수 있는데, 사실 스노가 원했던 것은 '두 문화'의 간극을 기정사실화하거나 고착화하자는 것이라기보다는, 오히려 그런 게 있음을 지적하는 것이었다. 오히려 그런 '지적' 조차 일종의 '매도'로 생각했다는 것이야말로 오늘날 인문학자 및 일반인들이 과학에 대해 품은 지나친 우월감 또는 피해의식이나 다름없다. 자세한 내용은 C. P. 스노가 자신의 강연과 이후의 회고를 엮어 펴낸 다음 책을 참고하라. 『두 문화』(오영환 옮김, 민음사, 1996).

27. 프리드리히 니체(Friedrich Nietzsche), 『비극의 탄생, 또는 그리스 정신과 염세주의(Die Geburt der Tragödie; oder Griechenthum und Pessimusmus)』 (Leipzig: E. W. Fritzch, 1886), 제1절과 제16절 말미에서 인용 및 요약, 조지프 캠벨이 직접 번역; 다음 책에서 재인용. 『세계 신화 역사 지도: 제2권, 씨 뿌려진 땅의 길; 제1부, 희생(Historical Atlas of World Mythology, Volume II: The Way of the Seeded Earth, Part 1: The Sacrifice)』(New York: Harper & Row, 1988), p. 46. - 원주 142. [본문의 니체 인용문은 다음 책에서 가져왔다. 『비극의 탄생/ 반시대적 고찰』(이진우 옮김, 니체 전집 2, 책세상, 2005), 34; 35; 127 쪽. - 역주]

28. 우리말 번역본이 『제임스 조이스: 언어의 연금술사』(전2권, 전은경 옮김; 위대한 작가들 12-13, 책세상, 2002)로 나와 있다.

29. 캠벨은 『피네간의 경야』가 워낙 시대를 앞선 작품이어서 동시대인들이 미처 진가

를 알아보지 못했음을 강조하고 싶어서 한 말인지 모르겠는데, 사실 조이스는 이 책의 미국판을 출간하기 위해 바이킹 출판사와 계약하고 선금을 받았을 것이므로 아무리 재고정리로 인해 인세 지급 의무가 면제되었다 하더라도, "저자는 한 푼도 못 받았다"는 말은 과장일 수밖에 없다. 캠벨이 언급한 엘먼의 전기에는 구체적인 선금 액수가 적혀 있지는 않지만, 바이킹과의 계약 이전에 조이스에게 접촉했던 다른 미국 출판사들이 각각 '1만 1천 달러의 선인세와 20퍼센트의 인세'를 조건으로 제시했다고 언급한 바 있다.

30. 다음 책을 보라. 프리드리히 실러, 『소박문학과 감상문학』(장상용 옮김, 인하대학교 출판부, 1996).
31. 『신화와 함께 하는 삶』, 앞의 책, pp. 89-90(112쪽). - 원주 143.
32. 『천의 얼굴을 가진 영웅』, 앞의 책, p. 4(14쪽). - 원주 144. 〔문맥에 맞춰 약간 수정했다. - 역주〕
33. 토머스 머튼(Thomas Merton), 「상징: 소통인가 성찬인가?(Symbolism: Communication or Communion?)」, 『뉴 디렉션스, 제20호(New Directions, 20)』(New York: New Directions, 1968), pp. 1-2, 요약; 다음 책에서 재인용. 『신화와 함께 하는 삶』, p. 265(304쪽). - 원주 145. 〔문맥에 맞춰 다시 번역했다. - 역주〕
34. 『신화와 함께 하는 삶』, 앞의 책, p. 91(114쪽). - 원주 146.
35. 『찬도기야 우파니샤드(Chandogya Upanishad)』, 3. 19. 1-3. - 원주 147. 〔우리말 번역본 『우파니샤드』(서지사항은 원주 8 참고), 제1권, 303-304에서 인용하고, 문맥에 맞춰 약간 손질했다. - 역주〕
36. 『천의 얼굴을 가진 영웅』, 앞의 책, pp. 276-277(352-353쪽). - 원주 148.
37. 『원시 신화』, 앞의 책, p. 58(76-77). - 원주 149.
38. 조지프 엡스 브라운, 앞의 책, pp. 3-4; 80; 다음 책에서 재인용. 『야생 기러기의 비행』, 앞의 책, p. 78. - 원주 150.
39. 『원시 신화』, 앞의 책, p. 463(523쪽). - 원주 151.
40. 『천의 얼굴을 가진 영웅』, 앞의 책, p. 181(237쪽). - 원주 152.
41. 『신화와 함께 하는 삶』, 앞의 책, p. 148(176-177쪽). - 원주 153. 〔누락이 있어 다시 번역했다. - 역주〕
42. 에르빈 슈뢰딩거(Erwin Schrödinger), 『나의 세계관(My View of the World)』

(trans. by Cecily Hastings, Cambridge: Cambridge University Press, 1964), p. 95; 다음 책에서 재인용. 『신화와 함께 하는 삶』, 앞의 책, p. 257(295쪽). – 원주 154.
43. 『야생 기러기의 비행』, 앞의 책, p. 197. – 원주 155.
44. 209쪽에 나오는 '외집단'과 대조되는 의미로 사용되었다. 캠벨은 가령 유대인의 선민사상 같은 내·외집단 구분을 싫어했지만, 지구의 경우, 별다른 외집단을 찾을 수 없으므로 그냥 '내집단'으로 긍정할 수밖에 없다는 의미이다.
45. 『신화와 함께 하는 삶』, 앞의 책, p. 257(295쪽). – 원주 156. [오역이 있어 다시 번역했다. – 역주]
46. 악마를 말한다. 신약성서 「마르코의 복음서」 5장 8절과 「루가의 복음서」 8장 30절에는 악령에 사로잡힌 사람에게 예수가 이름을 묻자, "군대라고 합니다. 수효가 많아서 그렇습니다"라고 대답하는 대목이 등장한다.
47. 앞의 책, p. 106(129-131쪽). – 원주 157. [누락이 있어 다시 번역했다. – 역주]
48. 「도마의 복음서」, 앞의 책, 어록 3, p. 3; 다음 책에서 재인용. 『대사냥의 신화』, 앞의 책, p. xvii. – 원주 158.
49. 앞의 책, 어록 113, pp. 55-57; 다음 책에서 재인용. 『대사냥의 신화』, 앞의 책, p. xviii. – 원주 159. [위의 인용문은 『믿음을 넘어서』(서지사항은 「들어가는 말」 말미의 역주 참고)에서 인용했다. – 역주]
50. 1855년에 시애틀 추장이 한 연설이라는 것이 후대에 익명의 저자에 의해 편집, 배포되어 큰 반향을 일으켰는데, 본문은 그 내용 가운데 일부다. 다른 판본들은 다음 책들을 참고하라. 버지니아 암스트롱(Virginia Armstrong), 『내가 말했다: 인디언들의 목소리로 보는 미국사(I Have Spoken: American History Through the Voices of the Indians)』(Chicago: Sage Books, 1971); 토머스 샌더스(Thomas Sanders)와 월터 펙(Walter Peck), 『아메리카 인디언 문학(Literature of the American Indian)』(New York: Macmillan, 1973); 독일어판은 다음을 보라. 시애틀 추장, 『우리는 땅의 일부다(Wir sind ein Teil der Erde)』(Olten und Freiburg i Brsg: Walter-Verlag A. G. Olten, 1982); 다음 책에서 재인용. 『대사냥의 신화』, 앞의 책, p. 251. – 원주 160. [이 책에 인용된 시애틀 추장의 연설은 원문 가운데 군데군데 발췌한 것이며, 경우에 따라서는 다른 버전과 문장이 약간 다르기까지 하다. 우리나라에 나온 이 연설의 번역본 가운데 가장 유명한 것

은 『녹색평론선집 1』(녹색평론사, 1993), 16-21쪽에 수록되어 있는데, 일부 오역이 있기는 하지만 가장 완전한 형태의 번역이다. 한 가지 덧붙일 것은 시애틀 추장의 연설의 역사적 사실 여부는 오늘날 반박되고 있으며, 또한 오늘날 전해지는 연설도 후대에 상당 부분 가필되어서 원래의 모습과는 다르다는 것이다. 물론 누가 썼든지 간에 이 연설에 드러난 생명 존중 사상이 감동적인 것만은 사실이지만, 적어도 이 글의 진위 여부가 논란의 대상이 된다는 점은 기억할 필요가 있다. – 역주]

51. 『신화와 함께 하는 삶』, 앞의 책, pp. 244-245(282쪽). – 원주 161. [문맥에 맞춰 다시 번역했다. – 역주]
52. 앞의 책, p. 274(313쪽). – 원주 162. [문맥에 맞춰 다시 번역했다. – 역주]
53. 앞의 책, pp. 253-254(291쪽). – 원주 163.
54. 앞의 책, pp. 246-247(283-284쪽). – 원주 164. [문맥에 맞춰 다시 번역했다. – 역주]
55. 월트 휘트먼, 『풀잎』, 초판본(1855), 제48장, 1262-1280행, 맬컴 크롤리(Malcolm Crowley) 편집 및 서문 (New York: The Viking Press, 1961), pp. 82-83. – 원주 165. [위의 인용문은 『19세기 미시』(이영걸 옮김, 탐구당, 1976), 276-278쪽에서 가져오고 문맥에 맞춰 약간 수정했다. – 역주]
56. 『브리하다란야까 우파니샤드』, 1. 4. 6-10. 일부 요약. – 원주 166. [우리말 번역본 『우파니샤드』(서지사항은 원주 8 참고), 제2권, 561-565에서 인용. – 역주]
57. 「도마의 복음서」, 앞의 책, 99:28-30; 95:24-28; 다음 책에서 재인용. 『신화와 함께 하는 삶』, 앞의 책, pp. 258-260(300쪽). 일부 요약. – 원주 167. [캠벨 번역문에 누락이 있어 다시 번역했다. 「도마의 복음서」 인용문은 『믿음을 넘어서』(서지사항은 「들어가는 말」 말미의 역주 참고), 어록 108과 77에서 가져왔다. – 역주]
58. 『신화와 함께 하는 삶』, p. 263(302쪽). – 원주 168. [누락이 있어 다시 번역했다. – 역주]
59. 앞의 책, p. 266(305쪽). – 원주 169. [누락이 있어 다시 번역했다. – 역주]
60. 영국의 작가 올더스 헉슬리가 『지각의 문(The Doors of Perception)』(1954)과 『천국과 지옥(Heaven and Hell)』(1956) 등의 저서에서 내세운 개념이다. 즉 인간의 의식은 매우 광대하지만 현실에서는 그 중 필터에 걸러진 극히 일부만을 지각할 수 있다는 것이다. 헉슬리는 당시 각광을 받던 LSD 등의 환각제를 통해 의

식의 필터를 넘어서서 '거대한 정신'을 지각할 수 있다고 보았다. 이런 내용에 관한 헉슬리의 저서 가운데 일부 내용을 발췌한 번역본이『모크샤: 환각의 문화사 회사』(이양준, 김희선 옮김, 싸이북스, 2006)란 제목으로 나와 있다.
61. 앞의 책, p. 275(313쪽). – 원주 170쪽. 〔문맥에 맞춰 다시 번역했다. – 역주〕

옮긴이의 말

1. 안타깝게도 이 두 권의 책을 읽는 과정에서는 한 가지 주의할 것이 있으니, 바로 오역이 많다는 점이다. 이는 사실 역자도 이 책을 옮기는 과정에서 알게 되었다.
『천의 얼굴을 가진 영웅』의 초판은 1985년에 평단문화사에서 출간되었고, 이후 대원사로 판권이 넘어가면서『세계의 영웅 신화』라는 제목으로 다시 나왔지만, 이 신판을 만드는 과정에 간혹 오타가 끼어들었다.
1999년에 민음사에서 정식 계약을 거쳐 개정판본이 나오긴 했는데, 이것 역시 초판 당시의 갖가지 오역과 누락이 전혀 고쳐지지 않았고, 황당한 오타가 더 늘어난 채 지금까지도 계속해서 유통되고 있다.
조지프 캠벨의 대표작인 동시에, 이윤기라는 스타 번역자의 대표작인 이 책이 이처럼 무관심 속에 방치되고 있다는 것은 매우 아쉬운 일이 아닐 수 없다. 이 책의 오역 사례는 강대진의 서평집『잔혹한 책읽기』에서 일부분 지적된 바 있고, 또 일부는 이 책을 번역하는 과정에서도 확인했지만, 실제는 그보다도 훨씬 더 많은 오류가 산재해 있을 것으로 추정된다. 부디 출판사 측의 과감한 결단을 통해 꼼꼼한 재번역이 이루어졌으면 한다.
『신화와 함께 하는 삶』의 경우 역시 오역이나 누락이 많아서 신뢰할 만한 번역본이 아닌데, 지금은 그나마 구할 수조차 없게 되었다.
이 책은 캠벨의 주요 에세이를 모은 것으로서 그의 사상을 이해하는 필독서인 만큼 새로운 번역본이 나왔으면 한다. 번역을 생업으로 삼은 사람의 입장에서, 솔직히 남의 작업에 대해 가타부타 하는 것은 제 무덤 파기일 것이다. 어쩌면 지금 이 책도 꼼꼼히 뜯어보면 오역이 아주 없진 않을 것이다. 물론 번역자나 출판사들의 공로를 깡그리 무시할 생각은 없다. 그저 아쉬운 마음에 몇 가지 지적해 본 것이니, 부디 양해를 바란다.
캠벨의 다른 책들 중에는 역시 이윤기의 번역인『신화의 힘』에도 종종 오역이 눈에 띈다. 그런가 하면 강대진은 '신의 가면' 4부작 가운데 일부 내용에 대해 오류를 지적하면서도 그나마 다른 책에 비하면 비교적 번역이 좋다고 호의적인 반응을 보인 바 있는데, 역자도 그의 평가에 동의하는 바이다.

2. 이에 관한 캠벨의 언급은 『신화의 힘』에 가장 분명하게 드러난다. 영어로는 'Follow your bliss' 인데, 이윤기 번역에서는 이를 '천복(天福)을 따르라' 라고 옮겨 놓았다. 물론 'bliss' 의 사전적 의미는 '(더없는) 행복; 천국의 기쁨〔天福〕; 희열' 등이다. 하지만 원래 캠벨은 '기쁨; 희열' 을 의미하는 산스크리트어의 'ananda' 에 해당하는 뜻으로 이 말을 사용했다.

또한 이 구절의 정확한 의미는 『신화의 힘』에서 캠벨이 미국의 소설가 싱클레어 루이스의 『배비트』를 언급한 다음 대목에 잘 드러난다. "싱클레어 루이스의 『배비트』를 읽어 보셨어요? (……) '나는 평생 하고 싶은 일은 하나도 해 보지 못하고 살았다.' 이게 마지막 구절입니다. 이런 사람은 자기의 천복을 좇아 보지 못한 사람입니다."(221쪽) 따라서 'Follow your bliss' 에서 'bliss' 는 단순히 '기쁨' 이나 '희열' 을 뜻한다고 보는 것이 더욱 타당하지, 굳이 이것을 '천복' 이라고 옮길 필요는 없다고 생각한다. 오히려 '천복' 이라고 하면 '하늘의 축복' 을 연상할 수도 있기 때문에 오해를 사기 쉽다. 물론 '천복' 이나 '희열' 이나 결국 똑같은 것을 말하기는 하지만, 이미 『신화의 힘』을 읽고 '천복을 따르라' 에 익숙해진 독자들이 상당히 많을 것이기에 이 자리를 빌려 자세히 설명하고 양해를 비는 바이다.

■ 찾아보기

【ㄱ】
가톨릭(Catholic) 69, 200, 217, 225, 228, 229, 249, 250, 257, 274, 275, 283, 295, 296, 318, 368, 450.
감응 이미지(affect image) 79, 403, 405.
개신교(Protestant) 217.
거룹 ☞ 케루빔
경외심(awe) 26, 173, 369, 409.
고해(confession) 226-228, 256.
공감(compassion) 34, 73, 75, 104, 105, 117, 131, 151, 184, 338, 339, 385, 402, 421, 431.
공동체(community) 28, 51, 98, 111, 136, 148, 170, 210, 225, 251, 253, 283, 368, 376, 435.
공산주의(communism) 210, 364.
『관음경(Sutra of the Compassionate Kuan-yin)』 340.
광휘(radiance) 8, 35, 174, 221, 222, 238, 241, 242, 271, 272, 300, 302, 358, 360-362, 365, 392, 415.
괴테, 요한 볼프강 폰(Goethe, Johann Wolfgang von) 56, 88, 97, 288, 364, 383, 398, 447.
「괴테와 톨스토이(Goethe and Tolstoy)」 397.
구루(guru) 135, 167, 169, 190, 270, 401.
궁정연애(courtly love) 53, 63, 165, 166.
귀환(return) 35, 116, 117, 151, 201, 300, 415, 431.

그리스(Greece) 196, 197, 251, 254, 255, 333, 429, 441, 451.
「그리스 항아리에 부치는 노래(Ode on a Grecian Urn)」 191.
그리스인(Greek) 196, 254, 399.
그림자(shadow) 146, 156, 216, 245, 277, 313, 417, 435.
기독교(Christianity) 43, 60, 61, 115, 150, 200, 203, 205, 206, 208, 210, 211, 215, 235, 242, 250, 251, 254, 256, 281, 295, 296, 365, 407, 430, 441, 443.
꿈(dream) 48, 54, 173-177, 189, 204, 315, 317, 329, 347, 376, 407, 408, 439, 443.

【ㄴ】
나바호 족(Navajo Indians) 261.
『나의 세계관(My View of the World)』 411, 452.
내부 우주(inner space) 201, 239, 240.
내집단(ingroups) 35, 411, 453.
네메시스 ☞ 응보천벌여신
『누군지 모를 하나님께(To A God Unknown)』 92.
뉴턴, 아이작(Newton, Isaac) 199, 420, 444.
니르바나(nirvana) 211, 277, 278, 280, 285, 287, 289, 291, 292, 341, 360, 363, 365.
니체, 프리드리히 W.(Nietzsche, Friedrich W.) 54, 88, 119, 121, 122, 190, 196, 198, 286, 288, 305, 377, 450.

【ㄷ】
다르마(dharma) 121, 123, 302, 387, 399.
다윗의 별(Star of David) 220.

찾아보기 457

단테, 알리기에리(Dante, Alighieri) 59, 123, 166, 201, 213, 341, 442, 443.
달라이 라마(Dalai Lama) 74, 283.
대공황(Great Depression) 88, 91, 93.
대립자(opposites) 34, 35, 41, 42, 113, 203, 204, 221, 237, 238, 257, 272, 284, 288, 289, 292, 302, 314, 411.
데비(Devi) 363.
데카르트, 르네(Descartes, René) 191.
『도덕경(Tao Teh King)』 441.
「도마의 복음서(Gospel of Thomas)」 13, 221, 249, 365, 423, 435, 440, 445, 446, 453, 454.
도스토예프스키, 표도르(Dostoevsky, Fyodor) 397, 398.
동굴(cave) 33, 136, 253, 266, 277.
동산(garden) 41-44, 203-206, 345, 348, 363.
동일시(identify) 141, 147, 149, 151, 174, 183, 186, 221, 241, 276, 277, 286, 287, 364, 379.
두려움(fear) 60, 78, 112, 120, 133, 179, 189, 204-206, 278, 285, 298, 299, 301, 302, 348, 352, 359, 363, 387.

【ㄹ】
라마(Rama) 60, 437.
라마크리슈나(Ramakrishna) 36, 61, 123, 130, 162, 287, 290, 294, 308, 309, 363, 400, 440.
락슈미(Laksmi) 337.
랜슬롯(Lancelot) 228, 229, 448.
레반트(Levant) 206, 251.

로마(Rome) 147, 197, 200, 228, 251, 252, 283, 296, 429.
「루가의 복음서(Gospel of Luke)」 200, 254, 441, 543.
루시퍼(Lucifer) 214.
리비도(libido) 158.
리케츠, 에드(Rickets, Ed) 92, 95.
릴케, 라이너 마리아(Rilke, Rainer Maria) 420.

【ㅁ】
마니푸라(Manipura) 159.
마라(Mara) 276.
「마르코의 복음서(Gospel of Mark)」 249, 254, 441, 443, 453.
마르크스, 카를(Marx, Karl) 210.
마야(maya) 10, 206, 268, 345-347, 359-361, 363, 368, 392, 401, 414.
「마태오의 복음서(Gospel of Matthew」 170, 254, 435, 441, 443.
마하야나(Mahayana) 276-279, 281, 292, 293, 340, 341, 365.
마하카샤파(Mahakashyapa) 354.
만, 토마스(Mann, Thomas) 88, 108, 392, 397.
만단 족(Mandan Indians) 133.
『만두키야 우파니샤드(Mandukya Upanishad)』 174, 443.
만주스리(Manjushri) 285.
머튼, 토머스(Merton, Thomas) 296, 405, 452.
메두사(Medusa) 337, 386.
메시야(Messiah) 252.

메티스(Metis) 337.
명상(meditation) 83, 130, 139, 144, 155-157, 162, 185, 189, 195, 223, 262, 265, 266, 271, 273-275, 283, 300, 302, 310, 347, 362, 382, 394, 399.
모세(Moses) 80, 174, 408.
모크샤(moksa) 137, 360, 455.
물라다라(Muladhara) 158.

【ㅂ】
『바가바드 기타(Bhagavad Gita)』 142, 278, 441.
바그너, 빌헬름 리하르트(Wagner, Wilhelm Richard) 396.
뱀(snake) 29, 42-44, 95, 96, 123, 146, 157, 162, 203, 262, 316, 346, 406, 435, 442, 443, 446.
베누스(Venus) 338, 448.
보디사트바(Bodhisattva) 171, 279, 280-282, 285, 340.
부름(call) 30, 52, 111-113, 137, 245, 247, 327, 330, 383, 431.
부버, 마르틴(Buber, Martin) 208.
부시먼(Bushmen) 183.
부활절(Easter) 13, 201, 241, 245-248, 406, 407.
붓다(Buddha) 32, 104, 109, 115, 149, 150, 156, 177, 192, 204-206, 221, 253, 273-279, 285, 289, 292-294, 305, 306, 354, 355, 359, 361, 363, 365, 387, 401.
브라흐만(Brahman) 130, 164, 176, 185, 202, 221, 265, 271, 300, 311, 312, 363, 411.

『브리하다란야카 우파니샤드(Brihadaranyaka Upanishad)』 44, 436, 440.
비르투(virtu) 194.
비슈누(Vishnu) 60, 437.
비슈다(Vishuddha) 161.
『빌헬름 마이스터의 방랑시대(Wilhelm Meister's Wander Years)』 97.
『빌헬름 마이스터의 수업시대(Wilhelm Meister's Student Years)』 97.
빛 ☞ 클라리타스

【ㅅ】
사탄(Satan) 102, 213, 214, 233.
사하스라라(Sahasrara) 164.
사해사본(Dead Sea Scrolls) 253.
삼사라(samsara) 277, 278, 287, 289, 363, 365.
삼위일체(Blessed Trinity) 235, 236, 273, 341, 410.
『새로운 인생(La Vita Nuova)』 166, 442.
샤먼(shaman) 208, 350, 445.
샤우데른(schaudern) 364.
샤카무니 ☞ 붓다
샤크티(sakti) 72, 158, 312, 316, 363.
『서구의 몰락(Decline of the West)』 47, 92.
『선악의 저편(Beyond Good and Evil)』 196.
성배(Grail) 9, 74, 75, 101-106, 109, 110, 228, 263, 362, 364, 439.
『성배의 탐색(La Questa del St. Graal)』 228.
성서(the Bible) 203, 204, 207, 210, 233, 254, 317, 441, 444, 447, 453.
성스러운 공간(sacred space) 216, 257-266,

찾아보기 459

362, 371, 381, 399.
셈 족(Semites) 317, 318.
쇼펜하우어, 아르투르(Schopenhauer, Arthur) 76, 77, 88-90, 189, 437, 438.
수피교도(Sufi) 162.
슈뢰딩거, 에어빈(Schrödinger, Erwin) 411, 452.
슈펭글러, 오스발트(Spengler, Oswald) 47, 88, 89, 92, 93, 320, 377.
스노, C. P.(Snow, C. P.) 373, 451.
스리 라마크리슈나 ☞ 라마크리슈나
스리 아트마난다(Sri Atmananda) 268, 270.
스바디슈타나(Svadhishthana) 158.
스타인벡, 존(Steinbeck, John) 91-95.
시나이 산(Mount Sinai) 80.
시바(Shiva) 215, 262, 288, 314, 379, 394, 395, 437.
『신곡(Divine Comedy)』 166, 213, 341.
신비주의자(mystic) 170, 271, 400, 442.
『신의 가면(The Masks of God)』 386, 430, 434, 436, 437, 443, 455.
『신화의 이미지(The Mythic Image)』 56, 316, 340, 442, 443, 447-449.
신화학(mythology) 56, 409, 429, 430.
실러, 프리드리히(Schiller, Friedrich) 383, 387, 397, 398, 452.

【ㅇ】
아가페(agape) 51.
아나하타(Anahata) 160.
아냐(Ajna) 161.
아니마(Anima) 48, 49, 436.
아니무스(Animus) 48, 49, 313, 319.

아담(Adam) 41, 42, 44.
아들러, 알프레트(Adler, Alfred) 159.
『아라비안 나이트(Arabian Nights)』 333.
아리스토불루스(Aristobulus) 252, 446.
아리스토파네스(Aristophanes) 45.
아리아 족(Aryan) 198.
아마겟돈(Armageddon) 139.
《아메리카(America)》 295.
아메리카 인디언(Native Americas) 10, 37, 133, 183, 221, 261, 426, 453.
아모르(amor) 51, 103.
아발로키테시바라(Avalokiteshvara) 279-281, 283, 340.
아우구스티누스, 아우렐리우스(Augustinus, Aurelius) 248.
아움(AUM) ☞ 옴
아이슬리, 로렌(Eisley, Loren) 206, 444.
아테나(Athene) 337, 338.
아트만(atman) 44, 185, 202, 346, 423, 460.
아프로디테(Aphrodite) 338, 448.
암브로시아(ambrosia) 216, 258, 311, 408.
에덴동산 ☞ 동산
에드워즈, 조너선(Edwards, Jonathan) 215, 445.
에로스(eros) 51.
에세네파(Essenes) 525, 253.
에셴바흐, 볼프람 폰(Eschenbach, Wolfram von) 102.
에크하르트, 마이스터(Eckhart, Meister) 136, 202, 239, 288, 442, 446.
엘리야(Elijah) 201.
엘리트주의(elitism) 197.
엘먼, 리처드(Ellman, Richard) 390, 452.

연옥(purgatory) 59, 201, 213, 216, 225.
열반 ☞ 니르바나
「열왕기하(Second Kings)」201.
영웅(hero) 8, 11, 29, 30, 32, 102, 111, 114-116, 140, 219, 243, 255, 322, 232, 325, 327, 330, 337, 338, 389, 396, 409, 431, 433.
영지주의(Gnosticism) 13, 115, 149, 221, 250, 423.
예수(Jesus) 61, 147, 170, 200, 201, 205, 206, 208, 221, 237, 239, 241, 242, 248, 249, 253, 254, 256, 274, 281, 295, 365, 407, 414, 441, 453.
오나 족(Ona Indian) 132.
『오디세이아(Odyssey)』337.
오르페우스교(Orphic) 406.
오비디우스(Ovid) 142, 441.
옴(OM) 122, 163, 172, 173, 291.
와츠, 앨런(Watts, Alan) 237, 297.
외부 우주(outer space) 200, 201, 239, 240, 437, 444, 445.
외집단(outgroups) 209, 453.
요가(yoga) 123, 155-158, 162, 168, 176, 292, 294, 300, 305, 305, 307, 390.
「요한의 복음서(Gospel of John)」441, 446.
「욥기(Book of Job)」233, 235, 446.
『욥에의 회답(Answer to Job)』233, 237.
용(dragon) 13, 28, 29, 122, 132, 158, 323, 385.
우라에우스(Uraeus) 162.
『원시 신화(Primitive Mythology)』386, 436, 440, 445, 450, 452.
원형(archetype) 48, 204, 236.

월경(menstruation) 133.
유대교(Judaism) 43, 203, 210, 220, 255.
유물론(materialism) 158.
유월절(Passover) 245-248.
『율리시스(Ulysses)』76, 223, 348, 391, 446, 449.
율법(law) 60, 61, 126, 233.
융, 카를 구스타프(Jung, Carl Gustav) 11, 12, 48, 49, 84, 87, 89, 105, 107, 120, 121, 122, 126, 172, 173, 175, 178, 188, 189, 204, 233, 236, 237, 240, 259, 260, 312, 321, 434-436, 439, 440, 443, 446.
응보천벌여신(Nemesis) 144, 441.
이단(heresy) 207, 252, 264, 442.
이브(Eve) 41, 42, 44, 203, 317.
『이상한 나라의 앨리스(Alice's Adventures in Wonderland)』385.
이슬람교(Islam) 210, 211, 318, 333, 442.
이원론(dualism) 277, 287.
이원성(duality) 7, 41, 42, 185, 191, 192, 203, 229, 345.
이집트(Egypt) 167, 197, 245, 316, 406, 442.
인종(race) 178, 207, 209, 244, 261.
인테그리타스(integritas) 353, 354.
『일리아스(Iliad)』323.
일신론(monotheism) 256.
입문제의(initiation) 37, 132-134, 426.

【ㅈ】
자간마이(jaganmayi) 313.
자살(suicide) 147, 148.
장(field) 7, 44, 127, 134, 140, 168, 171,

172, 178, 201, 224, 263, 271, 285, 287,
302, 316, 317, 319, 320, 327, 330, 356,
362, 366, 381.
전도(missionizing) 209, 210.
전일성 ☞ 인테그리타스
『전쟁과 평화(War and Peace)』 98.
절대진리(Truth) 190.
정점(still place) 32, 285-288, 363, 364.
제우스(Zeus) 45, 337, 338, 448.
제임스, 윌리엄(James, William) 190.
제퍼스, 존 로빈슨(Jeffers, Robinson) 194, 348, 449.
조로아스터교(Zoroastrianism) 251, 253.
조이스, 제임스(Joyce, James) 41, 57, 86, 348, 352, 390, 437, 439, 446, 449-451.
조화 ☞ 콘소난티아
『죄와 벌(Crime and Punishment)』 398.
지바(jiva) 202.
지옥(hell) 22, 62, 74, 136, 174, 176, 201, 212-216, 218, 225, 237, 257, 277, 288, 311, 441, 454.
직관(intuition) 46, 188, 366, 372, 397.

【ㅊ】

차크라(chakra) 9, 122, 157-162, 164-167.
채식주의(vegetarianism) 169, 170, 269.
처녀수태(Virgin Birth) 239, 254.
「천국과 지옥의 결혼(The Marriage of Heaven and Hell)」 348, 449.
『천국의 초장(Pastures of Heaven)』 92, 93.
『천의 얼굴을 가진 영웅(The Hero with a Thousand Faces)』 100, 429, 430, 432, 433, 437, 438, 440, 441, 443, 445-448.

452, 455.
침머, 하인리히(Zimmer, Heinrich) 167, 172, 177, 280, 289, 312, 314, 321, 336, 442, 447.

【ㅋ】

카마(Kama) 276.
카스트(caste) 123, 401.
칸트, 이마누엘(Kant, Immanuel) 88, 199, 200, 444.
칼리(Kali) 287, 288, 314.
케루빔(cherubim) 43, 203, 204, 348.
케르베로스(Cerberus) 136.
케이지, 존(Cage, John) 389, 390.
켈트 족(Celts) 147.
콘소난티아(consonantia) 353, 355.
콴논(Kwannon) 281.
콴인(Kuan-yin) 281, 340.
쿠마라스와미(Coomaraswamy) 193, 394.
쿤달리니(kundalini) 156-158, 162, 164, 222.
쿼크(quark) 238.
클라리타스(claritas) 353, 355, 365.
키츠, 존(Keats, John) 91.

【ㅌ】

타라(Tara) 280.
타락(Fall) 42, 43, 52, 102, 203, 206, 242, 363.
타지마할(Taj Mahal) 193.
타타가타(tathagata) 355.
타트 트밤 아시(Tathatvam asi) 7, 162.
탄트라(Tantra) 220, 294, 379, 410.

텔레마코스(Telemachus) 337.
톨스토이, 레프 니콜라예비치(Tolstoi, Lev Nikolaevich) 398.
『통조림 공장 마을(Cannery Row)』 92.
투사(projection) 10, 47-49, 54, 139, 237, 346, 347, 359, 361, 392, 401, 427, 436.
트라우마(trauma) 216.
티치아노, 베첼리오(Tiziano, Vecellio) 248.

【ㅍ】
파드마(padma) 157.
파르치팔(Parzival) 5, 8, 75, 101-103, 106, 439.
파이케아스 족(Phaeacian) 337.
『파크먼 전집(The Complete Works of Parkman)』 261.
파탄잘리(Patanjali) 155, 442.
팔링게네시아(palingenesia) 144, 441.
페르세우스(Perseus) 337.
페르스벌 ☞ 파르치팔
풀러, 버크민스터(Fuller, Buckminster) 354, 449.
프라나야마(pranayama) 156.
프라티탸 사무파다(pratitya samutpada) 355.
프로메테우스(Prometheus) 115.
프로베니우스, 레오 빅토르(Frobenius, Leo Viktor) 88, 438.
프로이트, 지그문트(Freud, Sigmund) 158, 306, 307, 337, 436.
『프롤레고메나(Prolegomena)』 199, 444.
플라톤(Plato) 45, 196, 333.
피그미 족(Pygmy) 317, 357.

『피네간의 경야(Finnegans Wake)』 57, 316, 334, 391, 394, 397, 435, 448, 451.
피카소, 파블로(Picasso, Pablo) 86, 371, 396.
「필립비인들에게 보낸 편지(Epistle to the Philippians)」 242.

【ㅎ】
하누만(Hanuman) 60, 437.
하라키리 ☞ 할복
할라지(Hallaj) 162.
할복(hara-kiri) 147.
『향연(Symposium)』 45, 436.
헤라(Hera) 338.
헬레니즘(Hellenism) 147, 251.
혁명(revolution) 98, 210, 451.
호피 족(Hopi Indian) 183.
황무지(waste land) 79, 104, 105, 112, 116, 215, 216, 258.
휘트먼, 월트(Whitman, Walt) 13, 421, 422, 435, 454.
희열(bliss) 9, 11, 28-30, 35, 100, 103, 118, 158, 239, 257, 414, 421, 430, 431, 433, 456.
히나야나(Hinayana) 276.
히틀러, 아돌프(Hitler, Adolf) 198.
힌두교(Hinduism) 60, 87, 134, 175, 185, 295, 312, 314, 316, 406, 430, 431, 446.

조지프 캠벨 선집
신화와 인생

1판 1쇄 발행 2009년 2월 16일
1판 2쇄 발행 2010년 9월 3일

지은이 조지프 캠벨 | 엮은이 다이앤 K. 오스본 | 옮긴이 박중서
편집 정다혜 | 디자인 가필드 | 교정 양상모

펴낸이 임병삼 | 펴낸곳 갈라파고스
등록 2002년 10월 29일 제2003-000147호
주소 03938 서울시 마포구 월드컵로 196 대명비첸시티오피스텔 801호
전화 02-3142-3797 | 전송 02-3142-2408
전자우편 galapagos@chol.com

ISBN 978-89-90809-26-1(03200)

갈라파고스 자연과 인간, 인간과 인간의 공존을 희망하며, 함께 읽으면 좋은 책들을 만듭니다.